JN331467

現代社会と統計
2

格差社会の統計分析

岩井浩・福島利夫・菊地進・藤江昌嗣［編著］

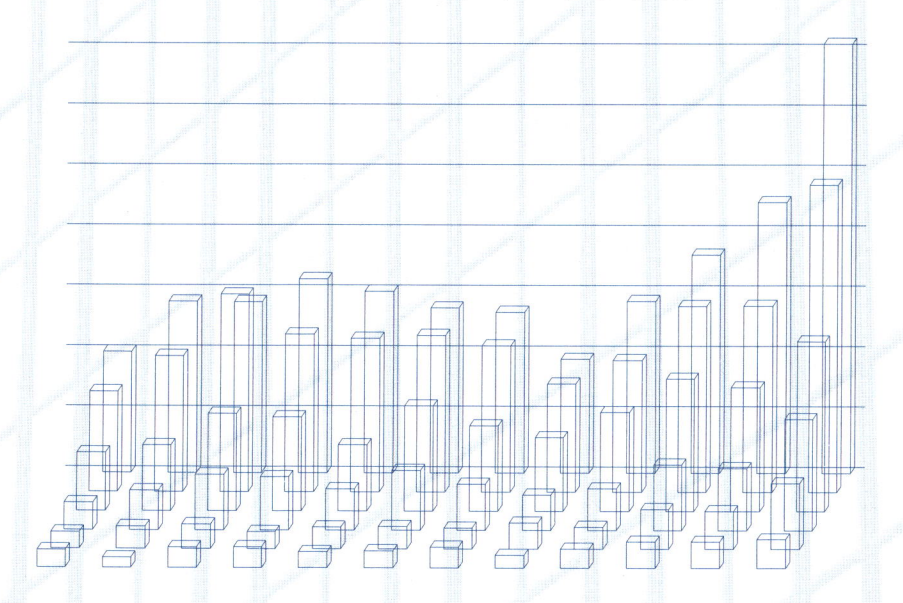

北海道大学出版会

まえがき

　本書は，北海道大学図書刊行会の4巻本「統計と社会分析」Ⅳの『現代の労働・生活と統計』(2000年6月刊行)のひとつの継承をなしている。前著では，グローバリゼーションと規制緩和，市場の自由化，労働力弾力化，「バブル」の崩壊と不況の進行による労働者の労働・生活の諸局面の悪化について，労働力移動，失業・不安定就業，家計の消費構造，消費のサービス化，社会保障，所得・資産格差等の実態が分析された。前著刊行後8カ年が経過し，規制緩和と市場万能主義，新自由主義的「構造改革」が一層深く推し進められ，経済，社会の広い領域で深刻な格差が進行し，その矛盾を露呈している。現局面で展開されている社会の格差構造を理論的，統計的に分析し，その格差構造の実態を解明することが本書の課題である。
　本書は「格差社会と統計」に関する3部13章にわたる多様なテーマの論文からなっており，その論点の取り上げ方，分析方法も多岐にわたっている。しかし，各論稿に共通する問題意識は，社会科学としての統計学の視点から，格差社会と統計に関連する諸分野の研究成果を踏まえ，対象の理論的研究を深め，統計の吟味・検討，その批判的利用に焦点をあてて，格差構造の実態を解明することにある。また独自な実態調査やミクロデータ，リサンプリング・データ利用と再分類・再集計による研究対象の新たな構造的分析などの新しい統計利用が検討されている。本書の研究対象の主な時期は，経済・社会の矛盾・対立が露呈し，その格差構造が拡大したバブル崩壊とその後の長期不況期であり，1990年代から現在に至る時期を対象にしている。
　「格差社会」論は，今や現代日本の社会問題を集約するものとなっており，そこで問題となっている「格差拡大」については，3つの意味が見いだされる。①所得や資産にみられる経済的な生活格差の広がりという事実それ自体，②格差の広がりという事実の顕在化，日常意識としての普遍化・共有化，③経済的

な格差にとどまらない，格差拡大の領域(雇用，教育，健康，結婚，希望などの格差)の広がりである。このようにして，社会的格差は社会全体の深刻な問題となっている。

　この背景には，1990年代後半以降，日本の大企業が本格的多国籍企業化への道を選択し，市場万能主義に基づく日本社会の根本的な改造である新自由主義的「構造改革」が進行したことがある。そこでは，アメリカ社会がモデルとなっており，競争と効率の追求を優先して，「市場」が社会的にコントロールされることを忌避し，国民一人ひとりの「自己責任」と「小さな政府」が強調される。この方向は，戦後世界の多くの先進資本主義諸国が掲げてきた，福祉国家体制のもとでの国家責任による国民生活の安全と平等に逆行するものである。結局，「格差社会」とは，「競争社会」がもたらす質的格差の固定化と分断化による「階層社会」・「階級社会」を意味するものである。さらに最近では，「格差社会」がワーキングプアやホームレスなどを大量に生み出す「貧困社会」でもあり，その解決のためには，反貧困ネットワークのように，政策転換を目指す人権論と運動論が不可欠であることも明らかとなってきている。

　本書では，格差社会と統計，社会の格差構造と統計分析に関して，第1部「人口・労働と統計」，第2部「生活・福祉と統計」および第3部「地域・環境と統計」の3部13章にわたって検討している。以下，各部の問題の設定と各章の主な内容について簡略に説明する。

　第1部では，人口・労働と統計の諸問題が論じられている。はじめに，社会的格差の変化の基礎には人口構造の変化があり，日本の人口動向，人口の少子化・高齢化と格差との諸関係が論じられている。次に格差の経済構造を規定している雇用・失業，賃金，労働時間の格差問題について，理論的実証的に検討を加えている。失業・不安定就業・ワーキングプアの構造的変化と格差の拡大の実態を分析するとともに，性別，年齢別，雇用形態別賃金格差と年齢別，所得別，労働時間別雇用格差の実態を考察し，労働諸条件の格差構造の分析を行っている。

　第1章「日本の人口動向と格差社会」では，現代社会の変動を規定している人口の高齢化と少子化，特に少子化と社会的格差の諸要因について論じている。高齢化と出生率の低下と平均寿命，少子化の対策とその原因としての経済的格

差，出生率低下と経済的諸条件(所得，賃金，雇用形態，性別等)に関する理論的実証的諸研究を検討し，少子化の原因としての社会的格差について若干の検討を行っている。「出生率低下の原因に対する研究においては，女性の学歴上昇・就業参加という社会的役割の変化の面から説明することに力点が置かれ，青年とくに男性の経済状況の悪化，格差の拡大の視点からの研究が立ち後れてきた」ことを明らかにしている。

　第2章「現代の失業・不安定就業・「ワーキングプア」——構造的変化と格差」では，失業・不安定就業・ワーキングプアの基本構造と諸関係，その実態が分析される。失業(顕在的，潜在的失業)とパート，派遣，下請，等の非正規雇用の増大，それに規定された生活保護基準以下の低所得のワーキングプア層の増大は，部分的に就業しているが半ば失業状態の層(失業の潜在化層)を滞留させていることを統計的に解明している。イギリスの労働力調査ミクロデータ利用による失業・不安定就業の日英比較とその結果としての日本の特徴(女性，若年層の格差)，就業構造基本調査リサンプリング・データの利用による労働力基準の「ワーキングプア」の推計結果によって，低所得層の増大と「ワーキングプア」の関係，その諸形態を明らかにしている。

　第3章「雇用労働者における年齢および所得水準による労働時間格差」では，はじめに日本の所得，賃金，生活格差が，国際的にも突出している長時間労働とそれに起因する過労死に示される労働時間の格差によるものであることを説明している。ついで，労働時間の格差は労働者属性によるが，本章では，賃金構造基本調査ミクロデータ(匿名化された個票データ)再集計によって，性，雇用形態，職業別データとクロスさせ，性別，年齢別，所得水準別労働時間の格差について，時系列的に詳細な分析を加えている。「これらの研究が示唆するのは，老若男女が労働時間を含めたあらゆる活動にバランスよく参加するためには男性の正規雇用者のライフステージによる労働時間の格差の是正が欠かせないひとつの条件である」ことを指摘している。

　第4章「労働者属性別にみた賃金格差の検討」は，所得格差の拡大の基礎にある労働者属性別賃金格差問題を考察している。はじめに格差社会と所得格差・賃金格差の諸要因を検討し，所得格差の大きな要因が，性別，雇用形態別，就業形態別などの各種の賃金格差にあることを考察している。次に，2005年

に改訂された「賃金センサス」の雇用形態・就業形態の新定義に基づいて，属性別賃金比較，賃金格差が統計的に分析されている。また定義の改訂によってデータの時系列比較が難しくなり，常用労働者に限定されるが，性別，雇用形態別賃金格差の年代別比較を行っている。

　第2部は，格差社会論の出発点となった所得格差の実態分析から始まり，次に切実な社会問題となっている年金と医療，さらに住宅問題の基礎としての世帯による土地所有を取り上げ，最後に国民生活全体の枠組みの変化およびそこから生まれる貧困の諸相と社会保障について論じる。

　第5章「税務統計にみる個人所得分布の二極化」では，まず世帯所得のジニ係数の推移によって近年の所得格差拡大傾向を概観する。次に，世帯を調査単位とした所得統計では高齢者層内部の所得格差が十分には反映されないことを指摘し，税務統計を利用して個人所得分布を検討する。そして最後に，高額所得者分布の推計を行っている。

　第6章「年金格差と高齢者の貧困」は，まず年金格差の背景として，上位の階層から形成された日本の公的年金制度の歴史的過程を取り上げ，次に年金格差の現状について紹介する。さらに，「負担力ある高齢者」論の問題点を検討する。最後に，所得階層ごとの貯蓄額分布の分析によって，高齢者世帯の最低生活費の推計を行い，高齢者における貧困の広がりの重大さを指摘している。

　第7章「医療制度改革による国民医療保障への影響」は，まず医療保険制度の概要と国民医療費の現状を紹介する。次に，現行制度の問題点として，保険者間格差と国民健康保険における滞納問題を取り上げる。最後に，2008年度医療制度改革について分析し，医療費抑制を前提にするのではなく，皆保険制と保険者間格差是正に基づく医療保障を提起している。

　第8章「日本における世帯の土地所有」では，まず世帯の土地所有の実態を明らかにする。次に，現住居敷地と現住居敷地以外の宅地の所有分布，さらに農地・山林の所有構造を取り上げる。最後に，資産としての土地分布を分析し，これらを通して世帯の土地・住宅所有格差の構造をまとめている。

　第9章「格差・貧困社会と社会保障」は，まず「格差社会」論が「貧困社会」論へと深化したことを指摘する。次に，日本の「社会保障」像と生活設計の枠組みの変化を取り上げ，さらに貧困の諸相を概観する。最後に，社会保障

制度の根底に位置する生活保護の実態分析と社会保障の制度自体が抱える格差構造の問題点を明らかにする。以上により，国家責任による総合的な生活保障と平等の達成による国民生活の安定を目指す福祉国家政策の推進と逆行が対抗する近年の状況を取り上げている。

第3部は，地域・環境と統計に焦点をあてている。人口減少と地方財政をめぐる困難性が増大するなか，地域社会をどのように構築するかが大きな課題となっている。地域間格差，地域内格差が一層拡大することになるのか，あるいは地域住民が支え合う社会づくりができるのか，行政，市民の今後の取り組みが問われるところとなっている。こうした問題意識を背景に，第3部では，①統計と地方行財政改革が進むなかでの地方統計活動，②地域コミュニティ作り，その構成員による統計作成，③行政と市民による長崎市原爆被爆者調査，④地球温暖化の原因となる二酸化炭素排出量推計という4つのテーマの論文をまとめている。

第10章の「地方自治体の政策形成と統計」では，統計法改正を軸とする統計行政の改革，政策評価をともなう行財政改革，そしてこれらの結節点としての地方統計活動に焦点をあて，今後のあり方を論じている。地方自治体における政策立案，実施計画の策定，予算措置をともなう単年度計画の作成，そして定量的指標に基づくそれらの点検・評価，その総括に基づく計画の作成といった一連の行政運営の中で，統計の果たす役割はますます大きくなっている。しかし，サンプル数の関係で地方では使えない政府統計が多い。このハンデをどう克服すべきか，その打開の方向は，行政と市民の協働による統計情報の活用，統計をめぐる産学公の連携にあるとしている。

第11章の「格差社会の地域ガバナンスと地状学」では，「平成の大合併」が「地方分権」というスローガンとは裏腹に，財政基盤の弱化した地方自治体を「踏み台」にしているため，地域ガバナンス主体の分断と多様化，民主主義の基盤としての情報インフラ基盤の弱体化が促進されていることを指摘するとともに，地方分権にふさわしい住民統治と参加と地域課題解決のために，地縁組織，子育て支援組織，「区民会議」，ボランティア・NPOなどの主体と行政との協働(collaboration)による「統治力」と「統計力」の向上を目指した，コミュニティ・ベースの統計・統計情報の企画・立案，実施，分析，利用(評価含

む），広報そして予算への反映という具体的取り組みも行われていること，また，その延長線上にその総合学である「地状学」が求められていることを示している。

第 12 章の「健康の不平等——長崎原子爆弾被爆者の健康と社会的支援の課題」では，長崎市における原爆被爆者の健康調査を悉皆調査で行い，健康の不平等の実態を明らかにするとともに，被爆者の健康と社会的支援の課題を提起している。すなわち，一般市民よりも被爆者の方が高い有病率で様々な病気に罹患していること，また，被爆後の生活において差別や偏見の体験をもつ人々や生活の困難を感じる層で，体調不良や病気の不安が一層大きいことなどを統計的に明らかにし，原爆被害者問題が過去の問題ではなく，優れて現代的な問題であることを示している。「社会統計学は，単なる観察の道具ではなく，真実を明らかにし，問題改善のための道筋を示す重要な方法であること」を実証した論文である。

第 13 章の「地球温暖化における二酸化炭素排出格差」では，深刻化する地球温暖化の原因である二酸化炭素排出の問題について，統計を用いた国際比較，とりわけ日本とドイツの比較を試みている。化石燃料，天然ガス等のエネルギー源別最終エネルギー消費に関する国際比較，産業連関表を用いた二酸化炭素の排出構造比較を行い，日本のエネルギー消費がドイツに比べ二酸化炭素をより多く排出する構造にあることを明らかにしている。そして，エネルギー消費統計や家計調査，産業連関表などの様々な統計を用いて，二酸化炭素排出を減じる産業活動，社会活動，市民生活のあり方を考える情報をもっと積極的に提供すべきであるとしている。

本書の企画は，イギリスのラディカル統計学グループの *Statistics in Society* の翻訳（『現代イギリスの政治算術——統計は社会を変えるか』北海道大学図書刊行会，2003 年 7 月）の経緯で組織された社会統計研究会で始められた。同研究会は，日本版 *Statistics in Society* の研究を意図しており，その一環として『現代の社会と統計——統計にもつよい市民をめざして』(産業統計研究社，2006 年 4 月) を出版するともに，本書の出版を企画し，数次にわたる研究会を重ね，本書の刊行に至った。本書の編集は，第 1 部—岩井浩，第 2 部—福島利夫，第 3 部—菊地

進，藤江昌嗣が分担編集した。

　格差社会の統計的実証は，所得・資産格差(ジニ係数)の拡大が，世帯全体の格差によるのか，高齢者世帯の格差によるのかの論議にみられるように，論争的側面をもっている。本書の格差社会と統計についての研究成果が，広く論議されている社会的格差の諸理論と実態について，一定の寄与をすることを願っている。

　最後に，前著に引き続き，本書のような専門書の刊行を引き受けていただいた北海道大学出版会にお礼をもうしあげたい。特に同編集部の今中智佳子さんには，編集の企画から原稿の編集・校正まで大変お世話になった。遅れがちな原稿を督促していただき，統計図表の多い紙面を綿密に校正，点検していただき，深く感謝する次第である。

　2008年8月

　　　　　　　　　　　　　　　　　　　　　　　　　　編　著　者

目　次

まえがき

第1部　人口・労働と統計

第1章　日本の人口動向と格差社会 …………………………………3

はじめに　3

1. 将来人口と高齢化　4
   - (1) 将来人口の高齢化　4
   - (2) 将来人口の出生率と死亡率　5
   - (3) 将来人口の高齢化の要因　6

2. 少子化の原因と社会格差　7
   - (1) 日本の少子化と政策　7
   - (2) 少子化の原因としての経済格差　9
   - (3) 経済状況と出生率低下の理論　11
   - (4) 時系列分析・地域別分析　12
   - (5) 個票分析　13
   - (6) 未婚化の要因分解　15
   - (7) 少子化の原因としての格差社会　17
   - (8) まとめ　20

おわりに　21

第2章　現代の失業・不安定就業・「ワーキングプア」
　　　　──構造的変化と格差 ………………………………………27

はじめに　27

1. 失業・不安定就業をめぐる国際的動向　28
2. 失業・不安定就業・「ワーキングプア」の分析視角と基本構造　32
   - (1) 分析視角と課題　32

(2)　「ワーキングプア」の規定と基本構造　34
　3．失業・不安定就業の構造的変化と格差　37
　　　(1)　失業・不安定就業構造の日英比較　37
　　　(2)　日本の失業・不安定就業の特徴と格差　47
　4．不安定就業・低所得層と「ワーキングプア」　49
　　　(1)　不安定就業と低所得層の変動　49
　　　(2)　不安定就業と若年低所得層の変動　52
　　　(3)　雇用形態別「ワーキングプア」とその格差　54
　おわりに　55

第3章　雇用労働者における年齢および所得水準による労働時間格差 …………………………61

　はじめに　61
　1．労働時間問題と労働時間格差　61
　2．労働時間格差をめぐる先行研究　66
　3．本章の分析視角および使用統計　67
　4．性と雇用形態別にみた労働時間　68
　　　(1)　「正規の職員・従業員」　68
　　　(2)　「パート・アルバイト」　68
　　　(3)　派遣労働者　69
　5．年齢による労働時間格差　70
　　　(1)　年齢，職業，性別「正規の職員・従業員」の週間就業時間　70
　　　(2)　年齢，主な職業，性別「パート・アルバイト」の週間就業時間　71
　6．所得水準による労働時間格差　75
　　　(1)　所得水準，職業，性別「正規の職員・従業員」の週間就業時間　75
　　　(2)　所得水準，主な職業，性別「パート・アルバイト」の週間就業時間　78
　おわりに　79

第4章　労働者属性別にみた賃金格差の検討 …………………………83

　はじめに　83
　1．格差社会と所得格差・賃金格差　84
　　　(1)　高齢化と所得格差　84
　　　(2)　国連による日本の所得格差の指摘　85
　　　(3)　所得格差要因としての賃金格差　86

2．雇用形態，就業形態別労働者間賃金格差　88
　　(1)　雇用形態・就業形態の定義の変更　88
　　(2)　雇用形態・就業形態別労働者グループ間の賃金格差　90
　3．各種賃金格差の時系列比較　93
　　(1)　男女間賃金格差　93
　　(2)　年齢階級間賃金格差　97
　お わ り に　101

第2部　生活・福祉と統計

第5章　税務統計にみる個人所得分布の二極化 …………………105

　は じ め に　105
　1．所得と資産の格差拡大　106
　　(1)　所得分布の諸特徴　107
　　(2)　所得格差拡大の主要因　109
　　(3)　資 産 分 布　109
　2．世帯を調査単位とした統計データの問題　111
　　(1)　厚生労働省『国民生活基礎調査』と『所得再分配調査』とにおける
　　　　捉え方　111
　　(2)　総務省統計局『家計調査』における捉え方　112
　　(3)　等価所得と世帯規模　113
　3．税務統計にみる個人所得分布　113
　　(1)　民間給与の推移　113
　　(2)　申告所得の推移　114
　　(3)　ジ ニ 係 数　116
　　(4)　地域間格差　116
　4．統計に明示されない所得分布の上層と下層　118
　　(1)　長 者 番 付　119
　　(2)　対数正規分布による推計　121
　　(3)　分析ツール　123
　　(4)　推 計 結 果　124
　む す び　124

第6章　年金格差と高齢者の貧困 ……………………………………129

　は じ め に　129
　1．年金格差の背景——日本における年金制度の成立と展開　129

  (1) 上位の階層から形成された年金制度 129
  (2) 戦争と年金制度の創設 130
  (3) 国民皆年金計画──不安定就業者を対象とした国民年金の創設 130
  (4) 基礎年金制度への移行──不十分な一元化 132
 2．年金格差の現状 133
  (1) 被保険者数から判明する国民年金の受け皿的役割 133
  (2) 依然として多い国民年金の受給者 136
  (3) 業績主義の年金額算定方式 137
  (4) 年金保険料の引き上げと低い国庫負担 138
  (5) 年金の給付格差 140
 3．高齢者の生活格差と貧困 144
  (1) 「負担力ある高齢者」論──その根拠について 144
  (2) 高齢者における貧困の広がり 147
  (3) 年収と貯蓄額との相関関係から推測される高齢者世帯の最低生活費 153
 おわりに 156

第7章　医療制度改革による国民医療保障への影響
　　──医療保障における医療保険者間格差……………………………161

 はじめに 161
 1．日本の医療保障とその現状 161
  (1) 医療保険制度──基本的な理解 161
  (2) 医療保険制度と老人保健制度 164
  (3) 国民医療費の現状 167
 2．現行制度が抱える問題点 169
  (1) 保険者間格差 170
  (2) 国民健康保険における滞納問題 173
  (3) 現行制度における問題点 176
 3．2008年度医療制度改革 177
  (1) 医療制度改革大綱 177
  (2) 医療制度改革をめぐる問題点 180
 4．医療制度改革が与える影響 181
  (1) 後期高齢者医療制度と前期高齢者の保険者間調整 181
  (2) 医療制度改革と保険者間格差 183
 おわりに 184

第8章　日本における世帯の土地所有 ……………………………………187

　　はじめに　187

　1．世帯の土地所有を捉える統計と土地所有の概観　188
　　　(1)　土地所有を捉える統計　188
　　　(2)　日本の土地所有の推計に関する先行研究　192
　　　(3)　世帯の土地所有の統計的概観　194

　2．現住居敷地および現住居敷地以外の宅地の所有分布　196
　　　(1)　現住居敷地の所有分布　196
　　　(2)　年齢別・従業上の地位別にみた所有格差　198
　　　(3)　現住居敷地以外の宅地の所有分布　203

　3．農地，山林の所有構造　206
　　　(1)　土地基本調査で把握された農地所有　206
　　　(2)　世帯の山林所有　207

　4．土地資産格差の構造　209
　　　(1)　全国消費実態調査における土地資産分布　209
　　　(2)　世帯主の職業別にみた土地資産額分布　210

　　おわりに　212

第9章　格差・貧困社会と社会保障 ……………………………………215

　　はじめに　215

　1．「格差社会」論から「貧困社会」論へ　216
　　　(1)　「格差社会」論の登場　216
　　　(2)　「格差社会」論から「貧困社会」論へ　217

　2．矮小化された「社会保障」像　218
　　　(1)　日本における生活設計の枠組み　218
　　　(2)　社会保障　218
　　　(3)　従来の生活設計の枠組みの不安定化と社会保障の岐路　219

　3．格差・貧困社会の枠組みと実態　220
　　　(1)　基本指標　220
　　　(2)　格差・貧困社会における税の役割　224
　　　(3)　国際比較でみる日本の社会保障　225

　4．社会保障と格差・貧困　226
　　　(1)　生活保護　226
　　　(2)　社会保障の中の格差・貧困　233

おわりに　235

第3部　地域・環境と統計

第10章　地方自治体の政策形成と統計
　　　　──格差拡大の危機はらむ地方行政改革 …………………………243

はじめに　243
1. バブル経済崩壊後の日本経済　244
   (1) 景気「回復」のたびに上昇した完全失業率　244
   (2) 「自助と自立」の地域経済再生　246
2. 行政改革と地方自治体の政策形成　248
   (1) 政策評価機能の強化　248
   (2) 地方分権と地方行政改革　251
   (3) 政策の重点化と政策評価　253
3. 求められる地方統計の充実　256
   (1) 統計行政をめぐる改革　256
   (2) 地方統計の整備をめぐる課題　258
   (3) 地方自治体の統計セクションの役割　261
4. 自立と後退の間に立つ地域経済──まとめにかえて　263

第11章　格差社会の地域ガバナンスと地状学
　　　　──コミュニティベースの統計の試み …………………………269

はじめに──社会的格差と地域統計分析に関わる総論　269
1. 「平成の大合併」と地域ガバナンス・コミュニケーション　272
   (1) わが国における市町村合併と「平成の大合併」の意味　272
   (2) 地域ガバナンス主体の分断と多様化，地方政府・インフラ基盤の弱体化　274
   (3) 地域ガバナンス・コミュニケーションと統計作成・分析・
       利用主体の多様化　275
   (4) IT化というコミュニケーション手段の発展と統計・統計情報　277
2. コミュニティベースの統計の実際──「地状学」の試み　278
   (1) さいたま市南区区民会議(防犯・防災・救急部会)による
       「防災アンケート」　278
   (2) 横浜市金沢区健やか子育て連絡会「キラキラ輝くかなざわっ子
       アンケート調査」　283
おわりに──コミュニティベースの「統治力」と「統計力」を　285

第12章　健康の不平等
　　　——長崎原子爆弾被爆者の健康と社会的支援の課題 …………………………289

　は じ め に　289
　1．原子爆弾による被爆災害と健康破壊　290
　　（1）原子爆弾による被爆災害の特殊性　290
　　（2）被爆者の健康問題の研究　292
　2．長崎市における原爆被爆者の健康調査　296
　　（1）調査の準備　296
　　（2）調査票の設計と調査の実施　297
　3．被爆者の健康状態と関連する諸要因　299
　　（1）健康状態に関わる諸要因とそれらの類型化　299
　　（2）被爆者における自覚的身体健康状態　301
　　（3）原爆被爆と関連する病気への不安　303
　　（4）被爆者の有病状況　303
　　（5）被爆者支援の課題——地域社会との関係・交流　305
　む　す　び　307

第13章　地球温暖化問題における二酸化炭素排出格差
　　　——日独比較を中心として ……………………………………………311

　は じ め に　311
　1．エネルギー消費の地域・国際比較　314
　2．環境先進国ドイツとの比較　321
　3．新たな要因分解式による分析　326
　むすびにかえて　335

　索　　引　343

第1部
人口・労働と統計

第1章　日本の人口動向と格差社会

はじめに

　今日,日本人口の少子化・高齢化が社会の多方面に影響を及ぼしていることはよく知られ,人口動向に対する日本社会の関心はきわめて高い。しかし,現在および将来のこの日本人口の状況は,終戦から10年余り後,1960年頃にその数十年後の姿としてすでに基本的に想定されていた。1957年に出生率(合計[特殊]出生率,TFR, total fertility rate)が2.04と,親世代と子世代の人数が同じになる「人口置き換え水準」(このとき2.2)以下に達し,人口動態が少産少死への人口転換を遂げたからである。1960年に発表された日本の将来人口推計においては1995年に日本人口が頂点(1億1300万人)に達し,高齢人口割合(65歳以上)は2015年18％に達するものと推定されている[1]。

　したがって,少子高齢化,人口減少は1960年頃にはすでに将来の日本社会の既定路線であったといえる。現に高度経済成長以後,人口減少や65歳以上人口が25％以上に達する人口高齢化も全国規模では未経験とはいえ,すでに多くの地方で経験済みである。

　とはいえ,現実の少子化と高齢化は予想を上回って進行し,高齢人口割合は2005年に20％を超えた。また,1960年代以後,常に日本社会で人口減少社会の到来や少子化・高齢化が強く意識されてきたわけではないのも事実である。特に1970年代前半には,第2次ベビーブームによって出生率が一時的に上昇し,世界的な資源問題に対する懸念と相まって,日本の伝統的な過剰人口意識が高まり,「子供を2人まで」という運動も行われた。このような紆余曲折を経て,現在の少子高齢化・人口減少社会に至った[2]。

本章では，1990年代以後急速に関心が高まった高齢化と少子化について，特に後者は格差社会との関連に注目して，過去の研究を振り返り，若干の分析を加えることにより統計学的研究の成果と課題を検討したい。

人口は多くの科学の研究対象となり，学際的な研究が行われている。その全体が人口研究(population studies)または，人口学(demography)ともいわれる。人口学は形式人口学と実質人口学からなると考えられ，前者は人口現象自体を数理的・統計学的に研究するもので，人口統計学や人口分析とも呼ばれ，後者は人口と社会との相互関係を研究するものとされている。しかし，後者の実質人口学の研究自体においても高度に統計学的な研究が広がっている。したがって，本章では，この両者にまたがる人口に関する統計学的研究を扱う。

1. 将来人口と高齢化

(1) 将来人口の高齢化

5年に1回，政府(厚生労働省)から発表されている将来推計人口は，日本社会の将来の準備のために年金など多くの目的に利用される。最新の2006年推計によれば，総人口は2005年に頂点1億2777万人に達し，以後，2025年に1億1927万人，2050年に9515万人へと減少していく一方，65歳以上の老年人口は2005年の2576万人から，2025年の3635万人，2050年の3764万人へと絶対数において増大が続き，したがって老年人口の割合は，2005年の20.2%から，2025年に30.5%，2050年に39.6%へと2倍近くになるものと推計されている。一方，0〜19歳の青少年人口は，2005年の2418万人から，2025年の1693万人，2050年の1155万人へと絶対数において2分の1以下に減少し，その割合は総人口の減少によって緩和されるものの，2005年の18.9%から，2025年に14.2%，2050年に12.1%へと低下する。このような人口状況は今後の出生率や死亡率の動きによってそのとおりになるとは限らないが，大筋では変わらず，特に2025年はほぼ確定したものである。

このような人口変化の意味を考えるため，人口高齢化を計る指標として，老年人口(65歳以上人口)の人口に占める割合が最もよく使われるが，ここでは老

表 1-1　各回政府将来人口推計による 2000 年および 2025 年の老年従属人口比率とその要因分解

人口推計回	実施年	2005年(万人) 20-64歳	2005年(万人) 65歳以上	2025年(万人) 20-64歳	2025年(万人) 65歳以上	2050年(万人) 20-64歳	2050年(万人) 65歳以上	老年従属人口比率 65歳以上/20-64歳 2005	2025	2050年
		実数								
7	1976	7,902	2,108	7,825	2,527	7,839	2,535	0.27	0.32	0.32
9	1986	7,776	2,420	7,318	3,147	6,837	3,028	0.31	0.43	0.44
11	1997	7,790	2,501	6,592	3,312	5,020	3,245	0.32	0.50	0.65
13	2006	7,783	2,576	6,599	3,635	4,596	3,764	0.33	0.55	0.82
		1976年推計人口を1とした指数								
7	1976	1.00	1.00	1.00	1.00	1.00	1.00	1.00	1.00	1.00
9	1986	1.02	1.15	1.07	1.25	1.15	1.19	1.17	1.33	1.37
11	1997	1.01	1.19	1.19	1.31	1.56	1.28	1.20	1.56	2.00
13	2006	1.02	1.22	1.19	1.44	1.71	1.49	1.24	1.71	2.53

注：20-64 歳人口の指数は逆数を示す。たとえば，1.02 は 1/1.02＝0.980 を意味する。
　老年従属人口比率の指数は，この 2 要因の指数の積になる。たとえば，1.02×1.15＝1.17。
　2006 年推計による 2005 年の人口は国勢調査の結果。
出所：将来人口推計は，厚生省人口問題研究所『日本の将来推計人口』研究資料第 213 号，同第 244 号，1976 年，1987 年，国立社会保障・人口問題研究所『日本の将来推計人口：平成 9 年 1 月推計』研究資料第 291 号，1997 年，同『日本の将来推計人口：平成 18 年 12 月推計』研究資料第 315 号，2007 年，による。

年従属人口比率を用いることにする。これは老年人口を扶養人口として分子とし，20～64 歳を生産年齢人口として分母に置いた比率(老年人口／生産年齢人口)とする。この老年従属人口比率は，生産年齢人口がすべて生産人口ではなく，老年人口がすべて扶養されているわけではないが，働いている人の高齢者扶養負担を表すためのやや過大な指標である。この指標は表 1-1 のように 2006 年推計によれば 2005 年の 33％から，2025 年に 55％，2050 年に 82％となり，2005～50 年に 2.5 倍となる。これが，3 人で 1 人を支える状態から，5 人で 4 人を支える状態に変化するといわれるものである。これを労働生産性の上昇として表すと 45 年間に 2.5 倍，つまり年平均 2％の成長が要請されることになる。また，単に経済成長だけでなく，高齢化にともない変化していく課題に取り組むため社会の組織と運営の変革が求められると予想される。

(2)　将来人口の出生率と死亡率

ところで，この人口の現状と将来像は，過去に発表された人口推計の間でかなり変化してきた。そこで，特に人口高齢化の将来像がどのように変化してき

たのかを遡って，その変化の生じた要因は何かを検討する。その際，今日のように出生率が人口置き換え水準以下であることが恒常化したのは，1970年代半ばからであるので，1976年以後に行われた数回の将来人口推計を比較する。

1976年推計の将来の出生率は，合計出生率が人口置き換え水準2.10に収斂するものとされ，死亡率は平均寿命78.78年(女，1985年以後一定)と仮定されている。一方，最新の2006年推計では将来の合計出生率は1.264に収斂し，死亡率は平均寿命90.34年(女，2055年)に向かうものと仮定されている。前者に比べ後者においては，出生率，死亡率ともに顕著に低下している。そこにはこの30年間における現実の出生率と死亡率の低下が反映されている。2005年現在，女性の出生率と平均寿命はそれぞれ1.260，85.49年で[3]，30年前の予想(1976年推計)をはるかに超えるものであることがわかる。

(3) 将来人口の高齢化の要因

各回の推計人口における老年従属人口比率を2025年についてみると，1976年推計の32%から2006年推計の55%へと1.71倍に修正された(表1-1)。これを20〜64歳人口と65歳以上人口の推計値の変化に分けてみると，前者の減少が1.19倍，後者の増大が1.44倍になった結果であることがわかる。前者の減少は主に出生率が想定以上に低下したことにより，後者の増大は死亡率の想定以上の低下による。したがって，この30年間において出生率低下より死亡率の低下の方が老年従属人口比率の伸びに大きく影響を与えたものであることがわかる。

2050年に至ると老年従属人口比率は，さすがに65歳以上人口の増加(1.49)より20〜64歳人口の減少(1.71)の効果が大きくなり，ようやく出生率低下の方がより大きな影響を与えているといえる。

少子高齢化といわれ，もっぱら少子化の進行が高齢化を促進しているように誤解されがちであるが，今後30年間における高齢化(老年従属人口比率の上昇)が過去に想定されていた以上に進行したのは，出生率よりも死亡率の予想以上の低下によっていることに注意しなければならない。とはいえ，少子化が長期的に続けば生産年齢人口の減少を通じて高齢化の進行に拍車をかけることは間違いない。そこで次に少子化について検討する。

2. 少子化の原因と社会格差

(1) 日本の少子化と政策

　日本の出生率(出生力, fertility)は戦後, ベビーブーム(1947～49年)を経験した後, 急激に低下し, 1957年には人口置き換え水準に達した。その後, ほとんど大きな変動はなかったが, 1970年代半ばから再び低下を始め, 置き換え水準以下の水準で, 現在(2007年1.34)に至るまでほぼ一方的に低下が続いてきた(図1-1)。この出生率低下は1990年代に入って社会的な関心をひき, 少子化と称されるようになった。この用語は文字通りには子ども人口の相対的な減少を意味するが, 学問的にはより限定的に人口置き換え水準以下の出生率(低下)が続くことを指して使われている。以下でもこの意味で少子化を使う。

　このような少子化は先に述べた人口の高齢化や人口減少の原因として問題にされるようになり, その対策を検討するためにも少子化の原因究明の研究が求められ, 実施されてきた。

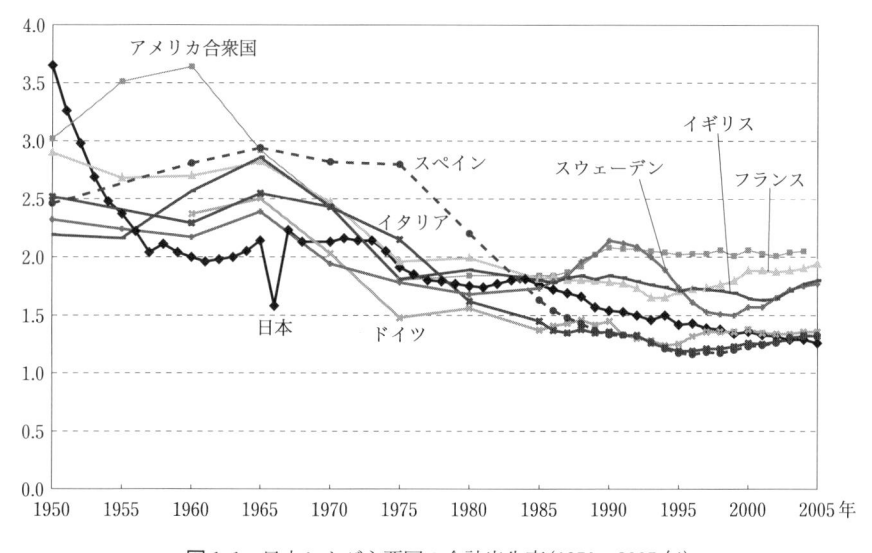

図1-1　日本および主要国の合計出生率(1950～2005年)

出所：UN, *Demographic Yearbook 2005* および Council of Europe, *Recent Demograhic Developments in Europe* による。

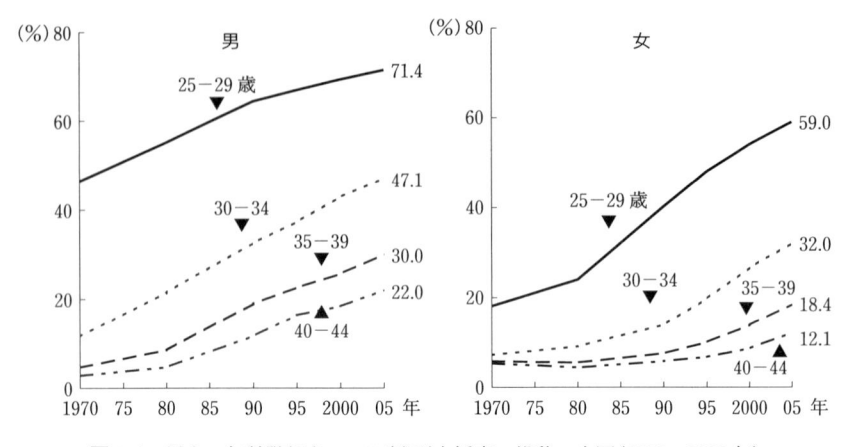

図 1-2　男女，年齢階級(25～44歳)別未婚率の推移―全国(1970～2005年)
出所：総務省統計局，国勢調査。

　出生率低下の人口統計学的分析(人口分析)の基本課題は，少子化の人口学的要因を未婚化と夫婦出生率低下の 2 側面から研究することである。未婚化は男女とも，1970 年以後急速に進んできた。図 1-2，表 1-2(後掲)に示されているように特に 25～29 歳女子において未婚率(未婚割合)は 1970 年の 17.9％から 2005 年の 54.0％へ，36.0 ポイントもの上昇が起こった。

　一方，夫婦の最終的な子ども数(完結出生率)は，最新の 2005 年出生動向基本調査(国立社会保障・人口問題研究所『人口統計資料集 2008 年』)によっても 45～49 歳(1956～60 年生まれ)の妻の出生児数は 2.2 であり，1977 年調査の 2.3 以来 30 年間変化がみられないが，シミュレーションによる夫婦の出生率についてのより進んだ分析などにより 2003 年以後は「90 年代に入り，徐々に夫婦の出生行動……の変化が期間 TFR の低下として現れる」と認識されるようになった[4]。完結出生率は変わらないとしても(より若い世代での完結出生率の低下は明白であるが)，しだいにそのタイミングが遅くなり，このような夫婦の産み方の変化が年次的な出生率の低下の無視できない部分をもたらし，人口ピラミッドの上に消すことのできない跡を残してきた。その意味で，夫婦の完結出生率の不変性のみに着目することは現実の人口への影響を軽視したものでもあった。

　1970 年代半ばからの出生率低下について，上記 2 要因それぞれの影響の大きさを定量的に明らかにすることは容易ではなかったが，ようやく 2000 年に

至って明らかにされ[5]，3割が夫婦出生率低下，7割が結婚率の低下によるものであり，後者が主要であることが確認された[6]。したがって，出生率低下が結局，主として晩婚化・未婚化という結婚率低下によって起こっているので，以下では，少子化の分析は，結婚率の低下を直接の分析対象とするものも含めて扱う。

ところが，現実の政策は，上記の人口分析の結果とは逆に，夫婦を直接の対象として子育て支援に偏ってきた[7]。少子化対策が，より広く若者の経済状況の改善の問題としても捉えられるようになったのはごく最近のことである[8]。この偏重が生まれた一要因は，政府の人口に関わる政策の伝統的特性であると考えられる。戦後一貫して人口に関わる政策の範囲はできる限り限定され，明示も避けられてきた(廣嶋1983)。このため「健やかに生み育てる環境づくりに関する各省連絡会議」が設置され(1991年)，出生率に関わる政策は，政府全体としての政策が開始された1990年代以後の政策も「エンゼルプラン」の策定(1994年)などほぼ厚生労働行政の枠内に限定されてきた。少子化対策がこの枠外に拡大し，また政府が出生率引き上げの政策をとっていることを国際的にも明言したのは次世代育成支援対策推進法と少子化社会対策基本法が成立した2003年のことである[9]。こうして出生率対策は，少子化社会対策大綱(2004年)の4つの重点課題の第1に初めて「若者の自立」の問題を取り上げるに至った[10]。

(2) 少子化の原因としての経済格差

日本社会の格差拡大の認識が広がるとともに，出生率低下の原因としても考えられるようになってきた。つまり，社会階層の低層拡大が社会全体の出生率の低下をもたらしているのではないかという問題意識である。以下で，この問題を中心にしながら，出生率低下の原因に関する研究を検討しよう。

この問題意識の前提として，まず結婚や出生に関わる青年層の経済的状況の変化に関する認識が必要である。これについてはいくつかの視点があるが，青年層における失業および不安定就業化による経済格差の拡大については，労働力調査によって明らかにされ，25〜34歳男子(卒業者)の非正規労働者は2002年69万人から2006年97万人に増大した。青年層雇用者の収入の格差拡大に

10　第1部　人口・労働と統計

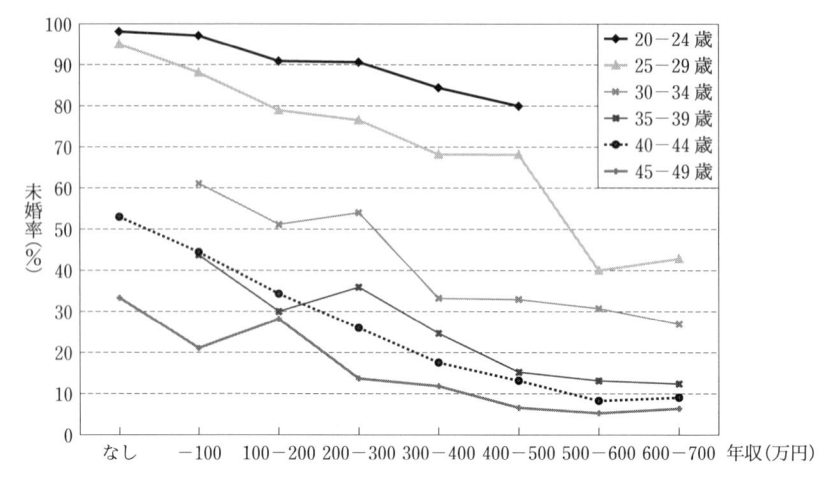

図1-3　年齢別，収入別男性未婚割合：1995年
出所：厚生省人口問題研究所『第2回人口問題に関する意識調査　1995年』1996年。

ついては，無収入を含めて個人の収入を捉える，世帯を調査対象とする就業構造調査は，1992年から2002年の間に若年男子の収入の分布は低い方に移行したことを明らかにした。また，老年人口に対して相対的に経済状態が低下していることについては所得分配調査(旧厚生省)によって明らかにされている[11]。しかし，政府の白書に若者の不安定就業問題が取り上げられたのは，ようやく2003年(国民生活白書)になってからである。青年をとりまく経済格差が多面的に深刻化しているということは最近になって政府を含めて社会的に認められるようになった。

　このような経済状況と結婚・出生との関係を端的に示す統計，たとえば，収入階層別に結婚状態あるいは出生児数の統計はあってしかるべきであるが，これらの統計はきわめて少ない[12]。その例外的なもののひとつが，1995年人口問題調査で，これによれば予想されるように男子では収入が低いほど未婚率が高い。たとえば，30〜34歳男性で年収200〜300万円では未婚割合は54%であるが，500〜600万円では31%にとどまる(図1-3)。若者の収入は上述のように低下しているから，低収入階層の増加が未婚率増大に働いたのは確かである。他の年次で同じ統計があれば，後で述べる要因分解法によって未婚率上昇に対して収入低下のもたらした影響の大きさを測ることができるはずである。

出生児数についての男子個人の年齢別収入別の同様な統計は，結婚と夫婦出生率の両方を反映した出生率に関するひとつの基本的な統計となると考えられるが，この集計は同調査で行われておらず，したがって，政府統計には現在でもほとんど存在しない。

このような少子化に関する基本的な統計が仮に十分あったとしても，結婚・出生の複雑性を考慮すると，収入等の要因がどの程度決定的なものかは，他の社会経済的変数を含めて検討する必要がある。そこで以下では，出生率・結婚率低下に関して経済社会的要因を定量的に明らかにした研究を取り上げる。出生に関して負担感の増大など主観に関する研究は取り上げないことにする。これらの研究も出生率低下を考察するのに有益ではあるが，多様な要因がそれぞれどれだけ量的に働いたかを明らかにすることはできないからである。

(3) 経済状況と出生率低下の理論

出生率低下に関する今までの研究は，それをどのような要因によって説明しようとしてきたかをまず検討する。上述のように，人口統計学的研究が少子化は主として結婚率低下によるとしたのに，現実の対策が子育て支援に偏り，結婚対策が立ち遅れたという政策の状況の重要な要因として，政策の背景となる統計分析を導く理論における問題もあると考えられる。たとえば，少子化という造語を社会に広めた『国民生活白書平成4年版』(1992年)の網羅的な少子化要因の図中[13]には，青年層の経済的不安定化という認識がまったく欠けており，これは，当時の研究の実情を反映している。すなわち，少子化，結婚率低下の原因を若者の経済要因からみることが軽視されていたとみられる。ここには，結婚率対策の財政・経済政策の現実的な困難を別として，出生率低下研究の発展過程における理論上の問題があると思われる。

そもそも，第2次大戦後の先進各国でベビーブームの後1960〜70年代から始まった出生率低下(図1-1)は，伝統的な人口学の基本命題である人口転換理論，すなわち農業から工業への産業転換と経済発展によって近代的出生率低下が起こるという理論で説明できない難問であった。これに対して，アメリカを中心とする経済学においては，この基本理論に反して，子どもの養育費の上昇によって，男性の絶対的または相対的な所得が逆に出生率に対して正の効果を

もつものと転換され、また女性の雇用労働参加と賃金の上昇が育児の負担と競合し(機会費用)、出生率に負の影響をもたらすことが付加された[14]。この両者がベビーブーム以後の出生率低下をもたらしたと考えられた。これが新家政学的モデルといわれるものである。

(4) 時系列分析・地域別分析

このような理論に基づき、日本においても、巨視的な政府統計(集計データ)を使い、年次別(地域別)の合計出生率などを被説明変数とした時系列分析[15]あるいは都道府県別の地域分析[16]によって、戦後の出生率低下の再現が目指され、特に1970年代半ば以後進行する少子化の説明が試みられた。これらの時系列分析は、すべて政府統計の集計結果を用いるものであり、個票データがほとんど利用できない条件のもとで選ばれた分析法であるという面もある。

これらの分析では、女性の雇用労働参加および賃金の高さと男性の賃金・所得が説明変数として入っているが、主として、出生率低下の役割は前者がもっているものと考えられている。その負の効果が有意に取り出されるかどうかが主要な問題とされ、Ohbuchi(1982)やKato(1997)を除き、おおむね有意とされた。1990年代に入ってからは、女性の機会費用の概念を拡張して、女性の学歴の上昇が少子化の要因として注目されてきた(経済企画庁1992;小椋・ディークル1992)。

一方、男性の所得は出生率に正の効果をもつからそれが下がるときには出生率を下げることを認識していたものと思われるが、現実に、経済企画庁(1992)の時系列分析では、1971~90年について実質世帯所得はおおむね正の伸びを示し、合計出生率の対前年増加率に対して正の効果をもったと分析された。したがって、1990年代には、この分析結果が影響して、世帯あるいは男子の所得が出生率低下に働くと認識されていなかったものと考えられる。実際、いくつかの研究では男性の所得が説明変数の中に欠けている(経済企画庁1992［地域分析］;筒井2000)。ただし、この実質所得は青年の所得に限定されていないことに注意しなければならない。男性の収入が年齢で限定されたものは、高山ほか(2000)までなく、特に若者の経済状況に注目するという意識がみられない。また、絶対所得でなく、親世代所得などに対する相対所得として検討することも

1980年代のOhbuchi(1982)の他にみられない。青年とくに男性の所得から出生率低下の問題をみるという視点がしだいに欠けていったものといえる。

時系列分析は，出生率の時間的変化を再現しようとする回帰分析で，現実の少子化の要因を説明しようとするものと一応いってよいが，直接各個人の行動を通して観察していないので次に述べる個票による分析に比べ因果関係を明らかにする上での制約が多いと考えられている。

(5) 個票分析

調査の個票データ(ミクロデータ)を利用すると各調査対象者の社会経済条件と出生行動との関係を通して出生率低下の原因に関するより具体的な統計的研究が可能となる。このような個票データを使った出生率に関する分析は，従来は厚生省人口問題研究所の出生動向基本調査(出産力調査)などを利用できる場合に限られていた[17]が，1990年代からは民間組織などによる個票データの作成・公開が開始され[18]，これを利用した出生率・結婚率低下の原因に関する研究が登場した[19]。

これら出生率低下に関わる多変量解析による個票分析は，時間変数(年齢)の関数である結婚や出生の発生強度(ハザード)を社会経済的属性別に推定し比較する分析法(経歴分析)[20]が主要なものである。たとえば，学歴別に比較して高学歴の初婚ハザード率が低い(結婚が遅い)ということを明らかにした。この場合，説明変数として就業状態，収入など，その値や効果が時間とともに変化する変数を用いる場合には注意を要する。特に結婚や出産にともなって大きく変化しがちな女性の就業状態を時間的不変の説明変数としてそのまま用いるのは疑問である。1995年SSM調査(社会階層と社会移動全国調査)による一時点の状態の分析(ロジット分析)によって，男性の収入と未婚率が負の関係にあることが見いだされたのは意義あるものであるが，女性の収入と未婚率との正の関係(白波瀬2005，66頁)は女性の収入が高いと結婚しにくいというだけでなく，逆に，未婚であると収入が高いという面も含まれているはずである。

女性の経済的属性については2時点以上の状態を把握した縦断的調査(パネル調査)によって，同一対象に対して追跡調査する必要がある[21]が，政府統計でパネル調査は厚生労働省「21世紀縦断調査」(2004年～)などきわめて少ない。

このような統計技術的な理由から収入を説明変数として正確に扱った分析例はきわめて少ない。パネル調査の結果によると，女性の正規就業，高い所得は未婚確率を高くするという結論が得られている(樋口ほか1999)。

世帯形成の経済的中心となる男性の収入に関わって，経済の低成長が未婚率の上昇をもたらしていると指摘された[22]が，若者の経済的条件が結婚率・出生率を下げている要因であるという統計的実証研究はまだ多くない[23]。

ではそもそも，若者の経済的条件が出生率低下要因となったのは，いつからだろうか。高度経済成長の終了した1970年代前半からか，バブル経済崩壊の1990年代はじめからか，2000年代はじめからか。年代別の少子化・未婚化を分析するのでなければ，この問いに答えることができないが，おそらく，1990年以前と以後もほぼ同質であって1970年代半ばから経済要因はほぼ同じように重要な要因であったのではないかと予想される。その手がかりは，Ohbuchi (1982)による若い夫の父親世代に対する相対所得の1970年代前半からの低下が合計出生率の低下とよくあっていること，後でみる女性の高学歴化による未婚化・少子化への効果が1970年以後一貫してごく限られたものであるという要因分析の結果などである。

このように出生率低下の研究において若者とくに男性の収入など経済状況に対する関心が弱いように思える[24]。それと関わって，出生行動の研究のほとんどが女性を軸にして研究されてきたことに気づかされる。このことは，第1に，女性の就業と家庭生活の関係が少子化対策の観点から重要と考えられていることが関わっていると思われるが，第2には，人口統計学が出生率をほとんど常に女性を中心にして分析するという習慣が影響しているように思われる。出生は女性から捉えた方が漏れがなく把握しやすい，年齢的に女性の出生は男性と比べて集中していて扱いやすいという統計上の理由によってできた習慣である。

この関心や習慣は，世帯の経済的中心は依然として男性の就業であり，多くの女性の就業はライフコースの一要素という側面が強いという現状に十分対応していないと思われる。男性の経済的状況を軸にして，その経済階層が結婚・出生の両面において，世代の再生産とどう関わっているかをみる基本的な視点からずれているといわなければならない。

以上のように，時系列分析と同様に，女性の賃金上昇や雇用参加，高学歴化

が機会費用の上昇をもたらし結婚率・出生率低下に働くという説明が主要であるといってよい。このような個票による属性別出生率・結婚率の比較研究は，出生率低下の要因解明につながる側面をもち，また出生率に関わる個別の政策の必要性を示すためには必要であろうが，近年の出生率低下の主要原因が女性の社会的状況変化にあると解釈するのは適切ではない。

　すなわち，一時点の個票による分析で，属性別の結婚率，出生率の違い，特に，女性の就業状態，所得，学歴によるその違いを明らかにすると，他の統計による属性別構成の変化(雇用参加，高賃金化，高学歴化)の事実によって未婚化・少子化の進行がこれら女性の状況変化によって説明されるように感じられる。しかし，この分析結果は近年の未婚化・少子化という歴史的変化がどの程度女性のこの階層構造変化によってもたらされたかを明らかにするものではない。以下にこれを目指した要因分解法を説明する。

(6)　未婚化の要因分解

　要因分解法とは，2時点間の率の差について，その率を構成する階層別率の差と階層構成割合の差の2つによって表すものである。階層の種類は1種類以上通常3種類(率を含めて4要因)までぐらいが普通である。この全体率と階層別率との関係は定義式で表され，個票分析のような統計的推定式ではない。データは基本的に個票ではなく政府統計を中心とした集計結果を用いる。たとえば，階層の種類を1つとして，各階層の割合を p_i，その階層の率を m_i，全体の率を M とし，時点を添え字 0, t で表すと，$M_0 = \sum p_{i0} m_{i0}$ から $M_t = \sum p_{it} m_{it}$ への変化，$M_t - M_0$ は以下の要因分解式で表せる。

$$M_t - M_0 = \sum p_{it} m_{it} - \sum p_{i0} m_{i0}$$
$$= \sum (p_{it} - p_{i0})(m_{i0} + m_{it})/2 + \sum (m_{it} - m_{i0})(p_{i0} + p_{it})/2$$

この第1項を階層構成変化の効果，第2項を階層別率の変化の効果とすることができる。

　未婚率上昇の要因分解を学歴別未婚率を用いる例によって説明する。社会が高学歴と低学歴の2階層からなるとし，高学歴，低学歴を添え字 $i = 1, 2$ で，その割合を p_1, p_2 とすると，$p_1 + p_2 = 1$ で，その未婚率をそれぞれ，m_1, m_2 とすると，上記の要因分解式の右辺の第1項を学歴構成変化の効果，第2項を

学歴別未婚率の変化の効果とすることができる。高学歴化は学歴別割合について $p_{10}<p_{1t}$，したがって，また $p_{20}>p_{2t}$ と表せる。0，t の両時点において未婚率は高学歴の方が低学歴より高い $m_{10}>m_{20}$，$m_{1t}>m_{2t}$ とする。

$p_{20}=1-p_{10}$，$p_{2t}=1-p_{1t}$ を上記第1項に代入すると，$(p_{1t}-p_{10})\{(m_{10}+m_{1t})/2-(m_{20}+m_{2t})/2\}$ と表せるから，2時点において未婚率 m_1 が m_2 より平均的に高いとき正になり，たしかに高学歴化は未婚率を高める。しかし，第2項の大きさは高学歴と低学歴の未婚率変化によって決まる。高学歴化しても低学歴の方がまだ多い($p_{1t}<p_{2t}$)から，実は低学歴の未婚化，つまり m_2 の上昇の方が比重が大きくなり，こちらの方が第1項(高学歴化効果)より大きな要因である可能性がある。

実際に国勢調査を用いて未婚率上昇の学歴による要因分解の結果(表1-2)を1970～2000年の女性25～29歳未婚率について検討すると，1970年の17.9%から2000年の54.0%まで36%ポイントの上昇で，大学・大学院卒の未婚率は34.9%から69.3%へ，またその割合は3.4%から16.1%に増大した。全体の未婚率上昇を要因分解すると，高学歴化は8.5%ポイント，学歴別未婚率の上昇が27.5%ポイントの増大をもたらしたことになる。つまり，未婚率の上昇を100とすると，前者は23.6，つまり，4分の1にすぎない。学歴の構成変化(高学歴化)に関わらない上昇が76.4を占めるのである[25]。なかでも高校卒の未婚率上昇により全体の未婚率上昇のうちの13.2%ポイント(上昇全体の36.7%)がもたらされているのが最大である。このようにどのような学歴にも共通して未婚率上昇が生じているという場合，この解明のためには学歴以外の社会的要因についてもさらに検討する必要が出てくる。

女性の就業状態について同様な未婚率の要因分解を1970～2005年について就業状態の2階層に区分して行うと表1-3のようになる。就業者割合(就業率)は，進学率上昇の影響を受ける20～24歳を除き，おおむねしだいに上昇し，未婚率は20～24歳を除き非就業者より就業者の未婚率が大幅に上昇した。要因分解の結果は，就業者の増大よりも就業者の未婚率が上昇したことによって多くが説明される。つまり，20代後半から30代前半における未婚率の上昇は，就業率の上昇がその4分の1を説明するが，4分の3は就業状態別の未婚率が上昇したことによる。非就業者の未婚率上昇も無視できない。未婚率上昇に対

表 1-2 女性の年齢別にみた学歴別割合，未婚率および未婚率上昇の要因分解

(%)

	学歴別割合 1970	学歴別割合 2000	未婚率 1970	未婚率 2000	未婚率上昇の要因：1970-2000年 総数	学歴構成変化	学歴別未婚率上昇
20〜24歳							
総数	100.0	100.0	71.2	87.9	16.8	11.8	5.0
卒業者総数	93.8	78.1	69.4	84.8	−0.6	−5.3	4.7
小・中学校	30.6	4.8	56.1	65.5	−14.1	−14.1	0.0
高校・旧中	52.4	34.9	74.0	79.9	−10.9	−13.6	2.8
短大・高専	8.8	27.4	84.3	90.7	17.4	16.0	1.4
大学・大学院	2.0	9.0	84.3	95.6	6.9	6.4	0.5
在学者	6.0	21.9	98.9	99.3	15.8	15.7	0.1
25〜29歳							
総数	100.0	100.0	17.9	54.0	36.0	8.5	27.5
卒業者総数	99.6	98.7	17.7	53.5	32.7	5.6	27.0
小・中学校	41.9	5.4	13.5	42.1	−3.4	−6.5	3.1
高校・旧中	47.9	40.3	18.8	45.1	9.2	−4.0	13.2
短大・高専	6.3	33.1	28.0	56.5	16.9	9.9	7.0
大学・大学院	3.4	16.1	34.9	69.3	10.0	6.2	3.8
在学者	0.2	1.3	80.1	85.9	0.9	0.9	0.1
30〜34歳							
総数	100.0	100.0	7.1	26.6	19.4	2.5	16.9
卒業者総数	99.7	99.4	6.9	26.4	17.8	1.3	16.5
小・中学校	50.6	5.3	5.9	26.7	−1.6	−4.1	2.5
高校・旧中	42.3	46.9	7.2	22.6	7.5	−0.3	7.8
短大・高専	4.5	30.3	11.3	27.1	7.7	3.7	4.0
大学・大学院	2.3	13.5	14.5	33.2	4.1	1.9	2.2
在学者	0.1	0.5	59.1	57.8	0.2	0.2	0.0

注：1970年の学歴別未婚率は出生児数別既婚女性数から推定した。詳しくは廣嶋清志「1970-90年における女子の未婚率上昇の要因分解」『経済科学論集』島根大学，25号，1999年，1-41頁参照。学歴別割合の総数には未修学者と学歴不詳を含む。1970〜2000年の要因分解は，この間の各10年の分解の合計による。総数には学歴不詳を含む。

出所：国勢調査報告。

して，就業率上昇が従属的な役割しか果たしていないというのは，上記の学歴上昇に関する分析と同様である。以上の結果から未婚化について女性の学歴上昇・就業率上昇以外の要因が存在すると考える必要がある[26]。

(7) 少子化の原因としての格差社会

以上，取り上げてきたのは，社会格差拡大によって出生率の低い層が増大することにより全体の出生率を下げているのではないかという問題を中心とした研究である。これに対して，社会格差が出生力低下をもたらしていることにつ

表1-3 女性の年齢別就業状態別割合，未婚率および未婚率上昇の要因分解

	構成割合 1970	構成割合 2005	未婚率 1970	未婚率 2005	未婚率上昇の要因：1970-2005年 総数	就業率上昇	就業状態別未婚率上昇
20～24歳							
総数	100.0	100.0	71.5	88.7	12.4	−4.8	17.2
就業者総数	69.2	61.4	83.1	92.8	−0.5	−7.3	6.8
非就業者	30.8	33.7	45.5	79.8	12.9	2.5	10.4
25～29歳							
総数	100.0	100.0	18.0	59.0	34.9	7.8	27.2
就業者総数	44.1	66.1	32.5	70.3	32.2	11.6	20.6
非就業者	55.9	29.5	6.5	28.4	2.7	−3.8	6.6
30～34歳							
総数	100.0	100.0	7.2	32.0	22.2	2.3	19.9
就業者総数	46.7	57.5	11.8	42.2	18.8	3.5	15.3
非就業者	53.3	39.6	3.1	12.7	3.4	−1.2	4.6
35～39歳							
総数	100.0	100.0	5.7	18.4	12.2	0.1	12.1
就業者総数	55.9	58.9	7.8	24.4	10.0	0.4	9.6
非就業者	44.1	38.9	3.1	9.3	2.2	−0.3	2.5

注：数値は各要因変化（就業率変化および就業状態別未婚率変化）による未婚率の上昇分（％ポイント）を示している．総数には就業状態不詳を含み，要因分解は就業状態不詳を除く．1970-2005年の間の各5年間の要因分解の合計による．
資料：国勢調査．

いてまったく別の視点がある．社会の格差の程度が出生率と負に相関し，格差や競争の程度が強いほど社会のすべての階層の出生率を下げるというのである．つまり，競争が激しい地域社会は子供を生み育てる環境として適切でないから，人々の結婚や出生に影響するというものである．この考えは，健康が地域社会の競争の激しさの影響を受けるという考え[27]と共通するところがあり，いくつかの研究で示唆されているが，実証研究は行われていないようだ．

そこで，地域社会における格差を示す指標として世帯収入のジニ係数を用いて都道府県別統計によって検討する．表1-4に全国消費実態調査による都道府県別の世帯収入の平均およびジニ係数と合計出生率との相関係数を示す．平均収入との相関は1960年頃のやや高い負の相関（−0.51）からしだいに低下し，1990年以後−0.20程度の低い相関にとどまっている．これは所得の高い大都市地域の出生率が低いことを示している．これに対して，収入についてのジニ係数の方は1964年に弱い正の相関（0.28），つまり格差が大きい県で出生率が高いことがあったが，1990年以後はおおむねきわめて弱い負の相関で，収入が

表 1-4　都道府県別合計出生率と平均収入および収入のジニ係数との相関係数

年次	平均収入	収入のジニ係数
1959	−0.51	0.08
1964	−0.19	0.28
1969	0.07	−0.10
1974	−0.33	—
1979	−0.32	−0.09
1984	−0.23	0.16
1989	—	−0.06
1994	−0.17	−0.14
1999	−0.15	−0.08
2004	−0.20	−0.10

注：沖縄県を除く。
都道府県別平均収入および収入のジニ係数は全国消費実態調査(2人以上世帯)による。ただし，1969年以前のジニ係数は新たに計算した。

平等な県では出生率が高いということはほとんどいえない。

収入だけではなく，資産の各側面との相関を1999年と2004年についてみると，表1-5のように，資産のうち負債，特に住宅・土地のための負債との負の相関が最も目立つ(−0.71, −0.62)。つまり，これらの負債が大きいほど出生率が低い。これは収入より資産しかも住宅・宅地のための負の資産(負債)が出生率を下げているという興味ある結果である。世帯当たり自動車保有台数との正の相関は解釈が難しいが，現代の日本では子育てに自動車が必要な地域で出生率が高いことを表している。学習・研究行動者率やインターネットの利用行動者率は出生率に対して負の相関をもち，若者の結婚を遅らせる要因を示しているのかもしれない。

一方，ジニ係数では，住宅・宅地資産額，貯蓄高，耐久消費財について格差が小さいと出生率が高いという負の関係(−0.38, −0.49, −0.53：2004年)がみられる。これはこの面で平等な社会では出生率が高いという予測に沿った結果といえる。また，社会生活基本調査によるボランティア活動の行動者率と合計出生率との相関の高さは(相関係数0.72：2004年)注目され，地域社会としての精神面でのゆとりから来る子育てのしやすさが表れているものと考えられる[28]。

以上のように，資産格差の少ない地域社会という地域変数が出生率に正の影響をもつものとして得られた。このようなマクロな指標は地域別統計から見つ

表 1-5　都道府県別社会経済変数と合計出生率の相関係数

	1999 年	2004 年
年間収入	−0.15	−0.20
資産総額(資産合計)	−0.37	−0.44
金融資産	−0.10	−0.15
貯蓄現在高	−0.35	−0.35
負債現在高	−0.66	−0.58
うち住宅・土地のための負債	−0.71	−0.62
住宅・宅地資産額	−0.43	−0.48
宅地保有率	0.51	0.30
住宅保有率	0.48	0.24
自動車保有台数(世帯当たり)	0.74	0.73
ジニ係数		
年間収入	−0.08	−0.10
住宅・宅地資産額	−0.30	−0.38
貯蓄高	−0.44	−0.49
耐久消費財	−0.49	−0.53
ボランティア活動の行動者率	0.66	0.72
学習・研究行動者率	−0.66	−0.63
インターネットの利用行動者率	−0.77	−0.69

注：沖縄県を除く。
　　収入・資産は全国消費実態調査(1999，2004 年，2 人以上世帯)による。
　　行動者率(行動した者の割合)は社会生活基本調査(1996，2001 年)による。
　　資産総額は金融資産＋実物資産。金融資産は貯蓄−負債。
　　実物資産は住宅・宅地資産額＋耐久消費財資産額＋ゴルフ会員権等の資産。

け出す必要があって，個票データの中から直接発見することは難しい。さらに，このマクロな指標を導入して個票分析を行うことが可能である。個票分析の中に他の統計から得られる地域および社会全体のマクロな変数を導入する研究は年代別の経済成長率を使った加藤(2001)，福田(2004)など[29]，まだ例が少ないが，今後，個人，地域社会，全国的時代変数といういくつかの水準の変数によって結婚・出生を説明する必要があると思われる(多水準分析)。

(8)　ま と め

　こうした社会経済的属性と結婚率・出生率低下との関わりの統計分析は，若年男性の収入の軽視など，統計データ上の制約と統計分析法の問題があり，完成したものとはいえないが，今までの分析から示唆される重要な知見は，未婚化・出生率低下は社会経済属性と関わらず社会全般における結婚・出生に関す

る意識変化からもたらされた部分がかなり大きいと推定されることである。理論的には，これは，女性の雇用拡大にともなう機会費用の上昇による女性の結婚・出生への参与の低下という機会費用説と一見無関係のようであるが，機会費用が機能するには，女性の意識の変化が前提とされているし，また，機会費用を心理的にも拡張すれば，女性の雇用と家庭両立上の困難がそれを増大させているといえる。その意味で，若年男子の経済条件悪化がひとつの軸になるにしても，女性の雇用参加を中心とした社会変化がもうひとつの軸であることは否定できないであろう。

おわりに

　日本の人口高齢化・人口減少は基本的にはすでに半世紀前の 1960 年頃に予測されていたものであるが，現在，この予測以上に進行している。そうなった理由は，死亡率と出生率が予想以上に低下してきたことである。また，人口高齢化に対する死亡率低下の役割については現在，軽視されているようにみえる。このような出生率・死亡率の低下を十分予想できなかったことには現実の人口の変化を過小にみる理論を重視しがちな人口学者の保守性も影響したように思われる。

　1970 年代半ばに始まった人口置き換え水準以下への日本の出生率の低下に対して，約 30 年後の 2003 年に至って本格的な政策の取り組みが始まった。出生率低下の原因に関する研究においては，女性の学歴上昇・就業参加という社会的役割の変化の面から説明することに力点が置かれ，青年とくに男性の経済的状況の悪化，格差拡大の視点からの研究が立ち遅れてきた。このことは研究の関心が直接的政策に偏ってきたこととともに出生を女性中心にみる伝統的な人口学の研究態度も影響していると思われる。

　出生率低下の原因の分析方法については，当初の集計データを扱う時系列・地域分析から個票データを用いることができるようになり多変量的な精緻な分析が行われるようになったが，本来の課題である出生率低下の定量的な歴史的分析そのものからは乖離することになり，要因分解や地域分析などのマクロな分析を取り入れた個票分析の方法の工夫によってこの課題に取り組むことが求

められている。

注
1) 厚生省人口問題研究所『男女年齢別推計人口　昭和35年6月1日推計』研究資料第138号，1960年。
2) 戦前戦後の日本の人口問題意識の変遷については，廣嶋清志「人口問題の質的側面」南亮三郎・濱英彦編『人口問題の基本考察』千倉書房，1983年，57-86頁，廣嶋清志「人口政策の展開と家族研究——1970年以降の少子化対策との関連で」『比較家族史研究』23号，2009年，1-20頁参照。
3) 国立社会保障・人口問題研究所『日本の将来推計人口：平成18年12月推計』研究資料第315号，2007年。
4) 岩澤美帆「近年の期間TFR変動における結婚行動および夫婦の出生行動の変化の寄与について」『人口問題研究』58巻3号，2002年。夫婦の出生行動変化による低下は実際には，時期により程度の差はあるが1970年代半ば以来であることは同論文の図16をみれば明らかである。ここでは影響力のある研究者たちがそのように認識するようになったことを指摘する。
5) 廣嶋清志「人口：少子・高齢化の人口分析」『社会科学としての統計学』第4集，産業統計研究社，2006年，154-163頁。
6) 廣嶋清志「近年の合計出生率低下の要因分解：夫婦出生率は寄与していないか？」『人口学研究』26号，2000年，1-20頁。出生率低下に対して夫婦出生率低下の影響が3割を占め，無視できない意義があるという認識は，2003年頃から人口統計学の内外にしだいに広がり社会にも普及し始めたが，今でも夫婦出生率低下を認めない見方は生き続けている（国立社会保障・人口問題研究所『人口統計資料集2008年』66頁；白波瀬佐和子『少子高齢社会のみえない格差ジェンダー・世代・階層のゆくえ』東京大学出版会，2005年，52頁）。なお，この夫婦出生率低下の認識の広がりは，以下で述べる少子化対策の子育て支援偏重を是正するのに論理的には逆行するが，現実には少子化対策に対する社会の関心を高め，青年の未婚化対策へとその幅を広げる役割を果たしてきた事実は興味深い。
7) ただし，子育て支援は未婚化対策として位置づけられてきた。厚生省大臣官房政策課監修『人口減少社会，未来への責任と選択——少子化をめぐる議論と人口問題審議会報告書』ぎょうせい，1998年。
8) 内閣府『平成16年版　少子化社会白書』2004年。
9) United Nations, *World Population Policies 2003*, 2004.
10) このように青年層の経済状況を青年の自立の問題として考えることが遅れたことには，日本社会の家族主義の特質も現れていると思われる。たとえば，高額の大学教育費が親の負担であること，そのことが青年の自立を妨げている要因のひとつであることについて大きな疑問がもたれていない社会状況が存在する。
11) 玄田有史「劣化する若年と自営業の所得構造」樋口美雄編『日本の所得格差と社会階

層』日本評論社，2003 年，145-168 頁．
12) その理由は後でみるような青年の経済状況との関係を検討する関心が低かったこともあるが，他にも，「低収入男性に対する差別を助長する」(山田昌弘『新平等社会』文芸春秋社，2006 年，208 頁)という懸念があったことが指摘されている．山田昌弘『少子社会日本』岩波新書，2007 年．例外的な統計として，就業構造基本調査(2002 年)を加工した結果が『中小企業白書 2006 年版』第 3-3-7 図に掲載されている．
13) 経済企画庁『平成 4 年国民生活白書　少子社会の到来，その影響と対応』1992 年，第 1-1-3 表．これと対照的に『平成 16 年版　少子化社会白書』図 1-1 は「経済的に不安定な若者の増大」を掲げている．
14) 大淵寛『出生力の経済学』中央大学出版部，1988 年．
15) Ohbuchi, Hiroshi, "Empirical Tests of the Chicago Model and the Easterlin Hypothesis: A Case Study of Japan,"『人口学研究』5 号，1982 年，8-16 頁；Ogawa, Nohiro and Andrew Mason, "An Economic Analysis of Recent Fertility in Japan: An Application of the Butz-Ward Model,"『人口学研究』9 号，1986 年，5-15 頁；経済企画庁・前掲書；大谷憲司『現代日本出生力分析』関西大学出版部，1993 年；大沢真知子『経済変化と女子労働』日本経済評論社，1993 年；Kato, Hisakazu, "Time-series Analysis of Fertility Change in Postwar Japan,"『人口学研究』20 号，1997 年，23-35 頁．
16) 古郡鞆子「若年の勤労観，就業行動と出生率の変化」『人口学研究』15 号，1992 年，45-55 頁；小椋正立，ロバート・ディークル「1970 年代以降の出生率の低下とその原因——県別，年齢階層別データからのアプローチ」『日本経済研究』No. 22，1992 年；経済企画庁・前掲書；筒井晶子「少子化の経済分析」島田晴雄編『高齢・少子化社会の家族と経済』NTT 出版，2000 年，112-130 頁；高山憲之・小川浩・吉田浩・有田富美子・金子能宏・小島克久「結婚・育児の経済コストと出生力——少子化の経済学的要因に関する一考察」『人口問題研究』56 巻 4 号，2000 年，1-18 頁．小椋・ディークル論文は 46 県の 3 期間についてプールしたデータを使っている．
17) 大谷憲司「初婚確率と第 1 子出生確率の PROPORTIONAL HAZARDS MODEL 分析」『人口問題研究』45 巻 2 号，1989 年，46-50 頁；小島宏「独身者・夫婦の融合データによる結婚と出生の分析」厚生省人口問題研究所『独身青年層の結婚観と子供観』1994 年，93-109 頁．
18) 研究者の利用できる調査として，1993 年から家計経済研究所による女性を対象にした「消費生活に関するパネル調査」，1998 年日本家族社会学会による第 1 回全国家族調査があり，東京大学社会科学研究所附属日本社会研究情報センターは，SSJ データアーカイブ(2007 年 735 調査)により個票データの提供を 1998 年 4 月から行っている．一橋大学経済研究所附属社会科学統計情報研究センターは，総務省統計局から依頼され秘匿処理を施した政府統計ミクロデータ(個々の調査票のデータ)の，大学研究者への提供を 2007 年 8 月から実施した．
19) 新谷百合子「出生力に対する公務員的就業環境効果の分析」『人口学研究』25 号，1999 年，41-50 頁；永瀬伸子「少子化の要因：就業環境か価値観の変化か——既婚者の

就業形態選択と出産時期の選択」『人口問題研究』55巻2号，1999年，1-18頁；加藤彰彦「未婚化・社会階層・経済成長」『家族社会学研究』13巻1号，2001年，47-58頁；和田光平「結婚と家族形成の経済分析」大淵寛・高橋重郷編『少子化の人口学』原書房，2004年，65-83頁；白波瀬・前掲書；阿部正浩「雇用所得の環境悪化が出生行動に与える影響——出生率低下の一背景」樋口美雄編『少子化と日本の経済社会』日本評論社，2006年，115-136頁．

20) イベント・ヒストリー分析．その中心は生存時間解析，サバイバル分析と同じで，比例ハザードモデル(Cox 回帰)がしばしば使われる．時間(多くは年齢)ごとの事象の発生の仕方を扱うため，過去の影響を含む確率の代わりにハザードが用いられる．ただし，イベント・ヒストリー分析には確率を使う分析が含められる場合も多い(津谷典子「イベント・ヒストリー分析」日本人口学会『人口大辞典』培風館，2002年，428-431頁)．

21) 樋口美雄・岩田正美『パネルデータからみた現代女性』東洋経済新報社，1999年．

22) 山田昌弘『結婚の社会学』丸善ライブラリー，1996年．

23) 加藤・前掲論文；加藤彰彦「未婚化・晩婚化と社会経済的状況」渡辺秀樹・稲葉昭英・嶋崎尚子編『現代家族の構造と変容——全国家族調査「NFRJ98」による計量分析』東京大学出版会，2004年，41-58頁；森田陽子「子育て費用と出生行動に関する分析」『日本経済研究』No. 48，2004年；阿部・前掲論文；西本真弓・七條達弘「就業状態や職種が男性の結婚に与える影響」『人口学研究』40号，2007年，37-49頁．

24) 若者の経済条件悪化が近年の出生率低下の重要な要因という見解が人口学で確立しているわけではないことは，以下のような叙述にも現れている．「このような若者の不安定就労化と少子化との関係は必ずしもはっきりしているわけではないが，……容易に想像がつく」(阿藤誠「少子化と家族政策」『少子化の政策学』原書房，2005年，53頁)．

25) 要因分解と原理的には共通する人口学的なモデル・シミュレーションによって，金子隆一「高学歴化と出生率変動——人口学的シミュレーション」(稲葉寿編『現代人口学の射程』ミネルヴァ書房，2007年)は，1970年以後生まれのコーホートにおける学歴上昇による出生率の低下を定量的に把握している．出生率低下の定量分析に取り組んでいる数少ない論文のひとつである．これによると，合計出生率の1990年1.54から2004年1.29への低下0.25について，もし，1970年生まれ以後の女性の学歴がすべて高校卒であったとしたら，合計出生率の低下は0.16と計算している．したがって，この低下0.16つまり低下量0.25の6割は学歴構成の変化と関わらず起こったことを意味している．実際には高卒以外に短大・大卒が存在し，それぞれにおける合計出生率の低下は高卒以上に大きい．したがって，女性の高学歴化以外の変化によって出生率低下がもたらされた部分が6割以上であることが示されている．同上書，22-43頁．

26) 理想的には女性の学歴と就業状態をクロスした未婚率を用いる必要があるが，その集計結果はない．学歴と就業状態を同時に用いると，3要因の要因分解法となる．この要因分解法では要因が3個以上になると，その分解式は加速度的に複雑になり(たとえば，廣嶋清志「近年の合計出生率低下の要因分解：夫婦出生率は寄与していないか？」『人口学研究』26号，2000年，1-20頁参照)，多変量による分析は難しい．そこで，個票データに基づくコーホート(世代)などについての回帰式による要因分解法が考案されて

いる。基本となる世代の回帰式を作り，異なる世代との間の差は回帰係数の操作によって求める（金子隆一「わが国女子コウホート晩婚化の要因について——平均初婚年齢差の過程・要因分解」『人口問題研究』51巻2号，1995年，20-33頁，同「少子化過程における夫婦出生力低下と晩婚化，高学歴化および出生行動変化効果の測定」『人口問題研究』60巻1号，2004年，4-35頁）。ただし，コーホート間の差の要因分解によって年次間の差を完全に説明することは難しい。

27) 近藤克則『健康格差社会』医学書院，2005年。

28) 内閣府『ソーシャル・キャピタル：豊かな人間関係と市民活動の好循環を求めて』2003年。

29) 福田亘孝「出生行動の特徴と決定要因——学歴・ジェンダー・価値意識」渡辺秀樹・稲葉昭英・嶋崎尚子編『現代家族の構造と変容——全国家族調査「NFRJ 98」による計量分析』東京大学出版会，2004年，77-97頁。

第2章　現代の失業・不安定就業・「ワーキングプア」
——構造的変化と格差

はじめに

　グローバリゼーションの進行，資本・労働力の節約，合理化による失業の増大，パートタイム，派遣労働等の非正規雇用の増大が国際的規模で進行している。また近年問題となっている最低生活基準以下の低所得で働かざるをえないワーキングプア(Working Poor)が，失業・不安定就業と低賃金・低所得層の増大にともない，世界的に滞留・拡大している。本章では，失業・不安定就業・ワーキングプアの構造的変化と格差の拡大について，若干の考察を加える。

　1節では，失業・不安定就業をめぐる国際的動向について概観する。2節では，失業・不安定就業・ワーキングプアの分析視角とその基本構造について考察する。ワーキングプアを含めた失業・不安定就業の分析では，グローバリゼーションと規制緩和によって展開している失業・不安定就業の諸局面を，顕在的失業(公表失業)と潜在的失業の視点から分析する。失業の潜在化は，非労働力人口に隠蔽されている就業希望・非求職層，求職意欲喪失者などの潜在的失業(隠された失業)とともに，生計を維持するためにいかなる労働条件のもとでも働かざるをえない不安定就業者層に表われている。後者の不安定就業には，派遣・下請，ワーキングプア等の不規則な低所得の底辺層が存在し，部分的に就業しているが半ば失業状態の層が含まれている。

　不安定就業の底辺にあるワーキングプアの分析では，アメリカ労働統計局(BLS)のWorking Poor基準に準拠し，一橋大学経済研究所附属社会科学統計情報研究センター提供の就業構造基本調査(1992・1997・2002年)の秘匿処理済ミクロデータ(リサンプリング・データ)の利用によって推計・分析した日本の

「ワーキングプア」(失業・就労貧困者)を利用する(一般のワーキングプアと識別するためにカギカッコつきの「ワーキングプア」の用語を使用している)[1]。「ワーキングプア」の規定と推計，その基本的特徴について概説し，失業・不安定就業の枠組みの基底にある部分就業としての「ワーキングプア」の基本構造について述べる。

　3節では，2節の失業・不安定就業・「ワーキングプア」分析の基本視角に依拠して，失業・不安定就業構造の日英比較とその結果としての日本の失業・不安定就業の若干の諸特徴と格差について考察する。日本の労働力調査(特別調査，詳細調査)とイギリスの四半期別労働力調査と労働力調査ミクロデータを利用する。労働力調査の概括表と年齢別詳細表によって，顕在的失業，潜在的失業および不安定就業構造の日英比較の分析を行い，日本の失業・不安定就業の若干の特性と格差――その性別格差と若年層の雇用不安について考察する。4節では，ワーキングプア増大の要因である低所得層の変動を雇用形態別に分析し，ワーキングプアの雇用形態別格差について考察する。

1. 失業・不安定就業をめぐる国際的動向

　国際的規模で，グローバリゼーション，資本・労働力の節約，合理化による

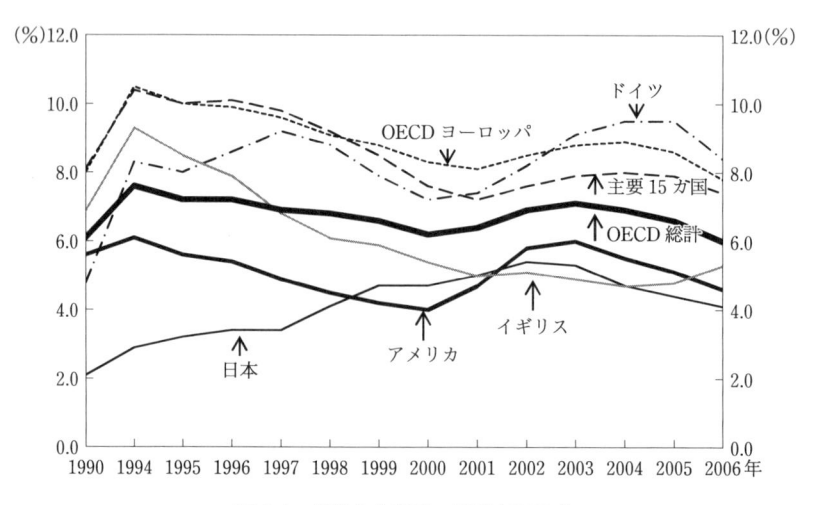

図2-1　標準化失業率の推移(OECD)

出所：OECD, *Employment Outlook 2007*, Standardised Unemployment rate.

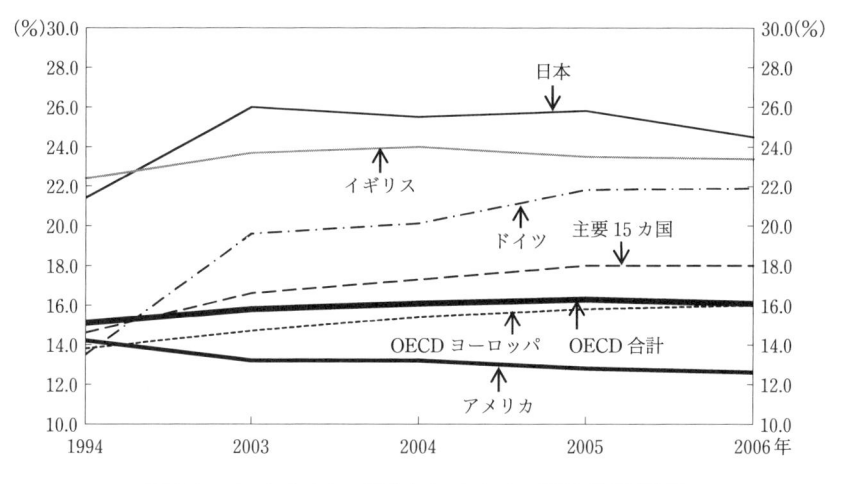

図 2-2 パートタイムの動向(パートタイム雇用／被雇用者)
出所：OECD, *Employment Outlook 2007*, Statistical Annex, Table E.

失業，パートタイム等の非正規雇用が拡大している。また最低生活基準以下の低所得のワーキングプアが，失業・不安定就業と低賃金・低所得層の増大にともない，滞留している[2]。

図 2-1 は，標準化失業率による OECD 主要国の失業率の推移を示している。各国の景気動向により失業変動には差がみられるが，1994 年をピークに多少低下傾向(ドイツを除いて)がみられ，OECD ヨーロッパでは，9％前後，OECD 総計で 7％前後の失業レベルを示している。アメリカは 2000 年には 4％台に低下したが，その後上昇しており，イギリスは，1994 年の 10％弱の高失業率から，その後の景気の持続により 4％台に低下している。日本は，1980 年代まで持続した低失業率(2〜3％)から，バブルの崩壊と長期不況により失業率は上昇し，2003 年には 5.3％になっている(近年の景気回復で失業率は若干低下しているが)。

不安定就業，非正規雇用は国際的に増大しているが，OECD の資料による図 2-2 から，主要国のパートタイムの動向(被雇用者に占めるパートタイム雇用の割合)をみると，主要 15 カ国のパートタイムの割合は増加しており，日本が 25％前後，イギリスが 23％前後の高い割合を示し，ドイツが 13％台から 22％と，その比重を急速に高めている。図 2-3 はパートタイムの動向の性別表であるが，各国ともパートの女性の比重が圧倒的に高いことを示している。特に日

30　第1部　人口・労働と統計

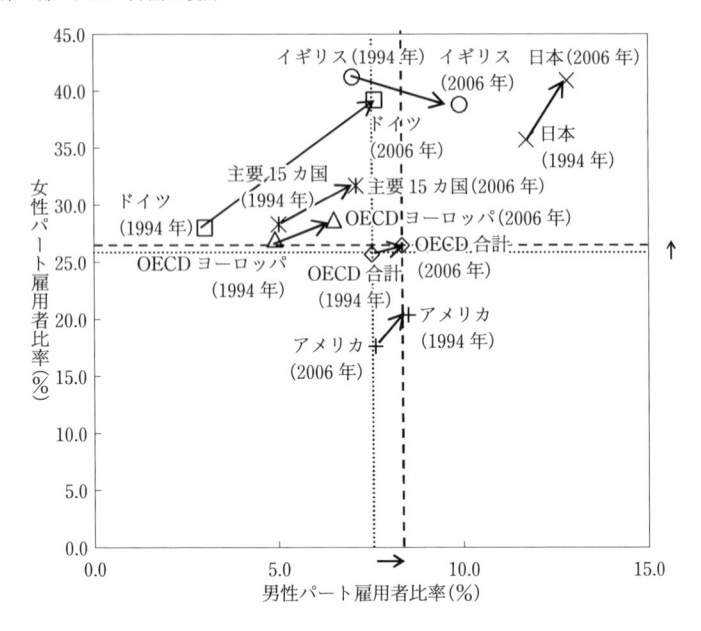

図2-3　パートタイムの動向（性別）

出所：OECD, *Employment Outlook 2007*, Statistical Annex, Table E より作図。

本，イギリス，ドイツの女性のパートタイムの割合の高さが顕著である。

　日本では，バブル以前の1980年代までは，日本的雇用制度（終身雇用制と年功序列制，余剰労働力の企業内労働市場への滞留，配転・出向等と雇用保険制度等）に支えられて失業率は相対的に低水準に推移した。図2-4は，失業率と有効求人倍率（有効求人数／有効求職者数）の変動を示している（図の網かけ部分は景気後退期）。バブル後は，新自由主義的なグローバリゼーションと労働力の合理化・節約，終身雇用制の揺らぎにともない，総失業率の上昇と若年層の失業率の増大（総失業率の2倍の水準）という失業の欧米化が進んでいる。

　政府の「構造改革」論では，「労働市場の構造改革」，「労働分野の規制緩和（規制改革）」，雇用の流動化（労働力需給ミスマッチ論，人材ビジネス産業の育成，等）と派遣労働，有期契約などの非正規雇用の積極的活用が推進され，失業の増大と非正規雇用，パートタイムの著しい増大がみられる。欧州の多くの国では，一定の所得保障と職業訓練，就業支援の積極的雇用政策，勤労福祉政策が採用されているが，日本では本格的には行われていない。

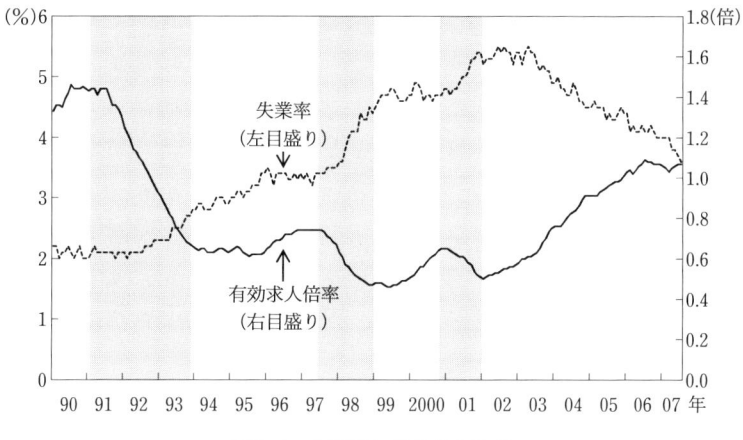

図2-4 失業率と有効求人倍率

注：網かけ部分は景気後退期を示す。
出所：総務庁統計局『労働力調査』，厚生労働省『職業安定業務統計』。

　各国の雇用政策の基礎には勤労福祉政策がある。イギリスの労働党政権は，失業給付や公的扶助などの従来の「現金福祉」型から変わって「教育福祉」型の勤労福祉政策を提唱し，教育・訓練サービス，「能力の再分配」を行い，労働市場への再参入を促進するための積極的就労支援政策を推進している。それは，welfare（福祉依存）からworkfare（自立支援）のニューディール（若年失業者ND，長期失業者ND，高齢者ND，ひとり親世帯ND，障害者ND，失業者の配偶者ND）の勤労福祉政策（welfare to work）の推進である。またイギリスの勤労福祉政策の基礎には，貧困者，失業者，障害者などの人々を社会的に排除された人々として把握して，教育，訓練などの就労支援と自立によって，排除からの解放と社会的統合を目指す政策があり，雇用，貧困，生活関連の社会的排除指標（social exclusion indicators）が研究・開発されている。社会的排除から社会的統合のための政策は，EUの労働政策，社会政策になっており，ILOの政策にも導入されている。

　国際的に論議されているワーキングプアの政策的基礎には，勤労福祉的政策がある。アメリカでは，1960年代，ジョンソン政権の「貧困に対する闘い」において，社会的扶助の対象である貧民（窮民）の自助・自立を促すために，教育や職業訓練によって，貧民に就労と自活の機会を提供し，貧困の撲滅を図る

という勤労福祉政策がとられた。1960年代から70年代に展開された半就業指標研究では、失業(公的失業と求職意欲喪失者)、不安定就業(非自発パートタイム)、低所得(貧困)に関する総合指標が、個人と世帯について調査研究された。BLSは、1980年代の雇用と所得の調査研究を経て、労働力調査の特別調査に所得と労働力状態のクロス調査標識を導入して1989年にWorking Poor報告を公表し、今日に至っている[3]。アメリカで展開された勤労福祉政策は、社会的扶助の削減と強制的就労の性格をもっていた。EUのWorking Poorの規定と測定では、各国のWorking Poorの測定の政策的背景に積極的労働市場政策、勤労福祉政策があることが示されている。

2. 失業・不安定就業・「ワーキングプア」の分析視角と基本構造

(1) 分析視角と課題

　国際的規模でのグローバリゼーションの進行は、企業間の激しい競争を引き起こし、規制緩和と資本・労働力の厳しい節約による失業・不安定就業、非正規雇用の増大をもたらしている。また近年、失業・不安定就業(非正規雇用)と低賃金、低所得階層の拡大にともない、最低生活基準に満たないワーキングプアの増大が問題になっており、ワーキングプアは絶対的格差として様々な社会的格差の基底にあるとされている。

　本節では失業・不安定就業・ワーキングプアの分析視角とその基本構造について述べる。筆者は、本シリーズの前著『現代の労働・生活と統計』で、失業・不安定就業の構造的統計指標について、以下のように述べている。「失業として顕在化した失業者数や失業率の規模と構成の統計指標と共に、資本に雇用され就業しているが、その就業状態が不規則・不安定な就業者層の統計指標の研究が大きな課題となっている。……バブル期までの日本の相対的低失業率(顕在的な完全失業率)の背後には、失業の潜在化、すなわち労働・就業条件の低い不安定就業層の増大と非労働力・就業希望(求職・非求職)層の存在と拡大がある。失業の潜在化は、生計を維持するためにいかなる労働条件のもとでも働か

なければならない不安定就業者層の増大として表われている。非正規雇用のパートタイム，また臨時雇，日雇，転職希望の労働者などの不安定就業者(特に非自発的就業)の拡大は失業の潜在化の一形態である。また失業の潜在化は，非労働力人口のうちの就業希望者(求職・非求職)の諸層，非求職の一形態である求職意欲喪失者層の増大として存在している。いわゆる「隠された失業」「潜在的失業」といわれる周辺労働力(労働力と非労働力の境界層)の問題の存在である。失業の潜在化は殊に……女性労働の特殊性と深く関係している」[4]。

　伍賀は，現代の不安定就業分析の一連の著作で，失業，不安定就業，ワーキングプアの基本的諸関係を，次のように説明している。「規制緩和は，原理的にまず労働基準を緩和し，本来の現役労働者を削減し，失業者を増加させるが，だが今日の雇用の弾力化はそれにとどまらず，失業者のなかに部分的に就労する労働者(部分就労者または半就労者)をつくりだしている。パートタイマー，派遣労働者，契約労働者などがそれである。半失業者(部分就労者)にたいしては本来の現役労働者に適用される労働基準が事実上適用されず，しばしば低い労働基準が設けられている」[5]。伍賀は，論文「今日のワーキングプアと不安定就業問題」において，不安定就業を「雇用と失業の中間形態」とみなし，雇用と失業の中間に位置して，「部分就業」，「半失業」を失業の潜在化の一形態とみなしている。失業と雇用，部分就業(半失業)の境界は曖昧であるが，正規雇用と部分就業者の境界の指標として，転職・追加就業希望指標をあげ，転職・追加就業希望者である不安定就業者は部分的に就業している半就業であり，失業の潜在化であるとする。ワーキングプアは，「雇用と失業の中間」に位置する膨大な不安定就業である。「彼らは就労しているという意味では現役労働者であるが，同時に程度の差はあるものの失業者としての性格をもっている。……ワーキングプアは低賃金労働者であるが，同時に失業者としての性格をあわせもつ存在である」と規定している[6]。

　グローバリゼーションと規制緩和，市場万能主義と合理化の進展は，失業と雇用，失業と非労働力の境界を曖昧にし，生計を維持するために，いかなる労働条件のもとでも余儀なく働かざるをえない不安定就業者層を増大させ，派遣・下請，ワーキングプア等の不安定就業の底辺層を滞留させている。それは部分的に就業している半失業の存在であり，失業の潜在化を推し進めている。

失業の潜在的指標に関して，失業の代替指標の国際比較では，失業と就業と非労働力の境界が定かでなくなり，公表失業率(顕在的失業)の限界が指摘され，隠された失業として潜在的失業指標(求職意欲喪失者等)および不安定就業指標としての非自発的パートタイム(involuntary parttimer)指標が論議されている。OECD の「補足的尺度」では，①公表失業率，②非自発的パートタイム，③求職意欲喪失者が，その構成要因になっている[7]。非労働力人口の就業希望・非求職(求職意欲喪失者等)は隠された失業指標(潜在的失業指標)であり，またフルタイムの仕事に就けず，余儀なく働かざるをえないパートタイムは非自発的パートタイムと規定されている。それは，不安定就業，非正規雇用において余儀なく就業しているパートタイム指標であり，その一定部分は部分就業(半失業)であり，失業の潜在化に関連する指標である。失業の代替指標は，失業と非労働力，失業と不安定就業に関する多様な格差を示している。

(2) 「ワーキングプア」の規定と基本構造

　ワーキングプアは，一般に使用されている用語では，最低生活基準(生活保護基準)に満たない低所得で働いている就労貧困者の世帯(または個人)と規定されている。ワーキングプアを世帯単位で把握するか，個人単位で把握するかによって，その推計結果に差がある。世帯単位推計の1例をあげると，後藤は生活保護基準として，被保護世帯最低生活費の世帯人員別全国平均(被保護世帯全国一斉調査，2000年)を利用して，ワーキングプア世帯数を推計している。2002年で，就労している貧困世帯数が 620 万 3000 世帯(就労貧困世帯率 18％)であり，失業している貧困世帯 36 万 2000 世帯(失業貧困世帯率 50％)を加えると，総貧困世帯数は 656 万 5000 世帯(同貧困世帯率 18.7％)になっている[8]。

　本章では，アメリカ BLS の Working Poor 基準に準拠し，一橋大学経済研究所附属社会科学統計情報研究センター提供の就業構造基本調査(1992・1997・2002年)の秘匿処理済ミクロデータの利用によって推計・分析された日本の「ワーキングプア」(失業・就労貧困者)を利用する(岩井・村上(2007a))(「ワーキングプア」の規定，推計方法，推計結果については，注1，参照)。

　一定期間の経済活動(求職失業者と就業者)を対象とする労働力基準の「ワーキングプア」の規定と推定では，就業構造基本調査(以下，就調と略す)ミクロデー

タの再集計によって，第1に，最低生活基準以下の低所得の就労世帯が選定され，第2に，その世帯に属する世帯員個人に関する所得と労働力状態のクロス表から求職失業者(失業貧困者)と就業者(就労貧困者)が推計・算定される。「ワーキングプア」は最低生活基準に満たない低所得の失業貧困者と就労貧困者からなっている。後者の就労貧困者は不安定就業の底辺層をなす「部分就業」(半失業)を形成している。「ワーキングプア」には就労貧困者と求職失業者が含まれており，その貧困率は失業・就労貧困率を意味している(ただし本推計では，推計技術上から最低生活基準として生活扶助のみを対象にし，各種扶助[住宅扶助，教育扶助など]は対象外にしているので，過小推計の側面がある)。

　労働力概念を基準とする「ワーキングプア」の分析では，その統一的な規定・推計を基準として，失業・就労貧困者の存在と形態を，相互に比較可能な体系(静態と動態，構造と時系列)として把握することに大きな意義がある。「ワーキングプア」では，顕在的失業の貧困部分(失業貧困者)の動向とともに，就労貧困者の動向が連動して捉えられるので，最低生活基準以下の低所得の失業貧困者と就労貧困者(部分就業，半失業)の動向が相関連して，統一的に把握される。この結果，「ワーキングプア」の年齢別，学歴別の基本的属性，雇用形態別，企業規模別等属性では，同一基準による多様な格差が鮮明に表示される(注1および本章第4節，参照)。

　表2-1は「ワーキングプア」の雇用形態別属性の基本表である。「ワーキングプア」は，最低生活基準以下の所得の世帯を抽出し，その世帯員個人の労働力状態によって失業貧困者と就労貧困者を推計する。たとえば最低生活基準に準拠した世帯人員4人(15歳以上2人，15歳未満2人)の最低生活基準額は243万1440円である(推計では，世帯類型[人員別]で異なった基準額がクロスされる)。2002年で，1人以上の有業人口(就業者)の基準以下の貧困世帯数は241万992であり，世帯貧困率は17.2%となっている。最低生活基準以下の低所得の労働力層(求職失業の失業貧困者と有業の就労貧困者)の雇用形態別属性の時系列的推移をみると，1992年から2002年に，総計(失業・就労貧困者)では，257万6663人から583万8147人と2.3倍に増大しており，「ワーキングプア」層の著しい増大を示している。そのうち，顕在的失業者(無業者の中の求職者)は，失業貧困者総数で，42万3111人(構成比16.4%)から141万4400人(24.2%)と実数で3.3倍，構

表 2-1 「ワーキングプア」の基本表(雇用形態別属性)

	実数 失業・就労貧困者			構成比 失業・就労貧困者			失業・就労貧困率		
	総数	男性	女性	総数	男性	女性	総数	男性	女性
1992年									
総数(有業者+求職失業者)	2,576,663	1,269,374	1,307,289	100.0	49.3	50.7	4.6	4.0	5.5
有業者	2,153,552	1,076,993	1,076,559	83.6	41.8	41.8	4.1	3.5	5.0
求職失業者	423,111	192,381	230,731	16.4	7.5	9.0	13.8	19.3	11.1
雇用形態									
正規の職員	540,909	335,970	204,939	21.0	13.0	8.0	1.8	1.6	2.1
パート・アルバイト・	549,696	161,211	388,486	21.3	6.3	15.1	7.2	9.0	6.7
嘱託・派遣合計									
パート	322,560	28,701	293,859	12.5	1.1	11.4	6.8	11.0	6.6
アルバイト	202,364	117,230	85,135	7.9	4.5	3.3	10.1	11.4	8.7
嘱託など	20,310	13,358	6,951	0.8	0.5	0.3	2.9	2.9	2.9
派遣社員	4,462	1,921	2,541	0.2	0.1	0.1	3.4	4.9	2.8
その他	87,796	60,867	26,929	3.4	2.4	1.0	10.9	12.3	8.6
1997年									
総数(有業者+求職失業者)	3,964,968	1,913,199	2,051,769	100.0	48.3	51.7	6.9	5.8	8.4
有業者	3,107,563	1,470,340	1,637,223	78.4	37.1	41.3	5.8	4.7	7.5
求職失業者	857,405	442,859	414,546	21.6	11.2	10.5	20.4	27.9	15.8
雇用形態									
正規の職員	786,262	424,382	361,879	19.8	10.7	9.1	2.5	2.0	3.9
パート・アルバイト・	1,169,929	402,845	767,083	29.5	10.2	19.3	12.7	18.3	10.9
嘱託・派遣合計									
パート	540,158	48,210	491,948	13.6	1.2	12.4	9.7	13.8	9.4
アルバイト	579,801	334,241	245,560	14.6	8.4	6.2	21.7	25.3	18.2
嘱託など	34,808	16,856	17,952	0.9	0.4	0.5	4.5	3.4	6.3
派遣社員	15,162	3,538	11,624	0.4	0.1	0.3	7.6	8.8	7.3
その他	117,341	80,698	36,643	3.0	2.0	0.9	14.3	16.4	11.1
2002年									
総数(有業者+求職失業者)	5,838,147	2,937,781	2,900,367	100.0	50.3	49.7	10.3	9.1	12.0
有業者	4,423,747	2,168,687	2,255,060	75.8	37.1	38.6	8.5	7.1	10.5
求職失業者	1,414,400	769,094	645,307	24.2	13.2	11.1	29.7	37.2	23.9
雇用形態									
正規の職員	1,036,139	635,151	400,988	17.7	10.9	6.9	3.8	3.3	5.0
パート・アルバイト・	1,951,763	666,423	1,285,340	33.4	11.4	22.0	16.0	19.6	14.6
嘱託・派遣合計									
パート	857,674	90,466	767,208	14.7	1.5	13.1	13.7	18.1	13.3
アルバイト	843,644	467,507	376,136	14.5	8.0	6.4	24.9	27.9	22.0
嘱託など	191,088	90,089	100,999	3.3	1.5	1.7	9.6	8.5	10.7
派遣社員	59,358	18,361	40,997	1.0	0.3	0.7	10.4	11.0	10.1
その他	136,377	95,897	40,480	2.3	1.6	0.7	18.1	22.0	12.8

		貧困世帯	貧困世帯	世帯貧困率
1992年	総計	3,445,998	100.0	10.7
	有業人員別			
	なし	1,930,726	56.0	38.7
	1人	1,051,602	30.5	8.5
	2人以上	463,670	13.5	3.1
1997年	総計	5,114,340	100.0	14.6
	有業人員別			
	なし	2,763,601	54.0	44.0
	1人	1,899,517	37.1	13.6
	2人以上	451,221	8.8	3.1
2002年	総計	6,499,696	100.0	18.0
	有業人員別			
	なし	3,394,934	52.2	41.9
	1人	2,410,992	37.1	17.2
	2人以上	693,770	10.7	5.0

注：雇用者別合計は抽出した値なので総計とは一致しない。また推計には，リサンプリング・データの復元倍率を使用しており，小数点以下を四捨五入しているので，必ずしも合計は合わない。
出所：岩井浩・村上雅俊(2007b)『日本の Working Poor の推計と雇用形態別格差——就業構造基本調査リサンプリング・データの分析』(表2-2 注1，参照)。

成比で1.5倍に増加しており，失業貧困者の窮状の悪化を示している。雇用形態別でみると，非正規雇用が54万9696人(21.3%)から195万1763人(33.4%)と，実数で3.6倍，構成比で1.6倍も増加している。特にパート，アルバイト等が大きく増大しており，その大多数を女性が示しているとおり，雇用形態別就労貧困者の格差とともに，その性別格差も拡大している。

不安定就業の中の「ワーキングプア」の増大は，失業貧困者(顕在的貧困失業者)の増加とともに，就労しているが低所得の厳しい労働条件で働いている就労貧困者の増大であり，まさに部分的に不規則・不安定な労働で就業しており，低所得で働かざるをえない半ば失業状態にある潜在化された失業の大量の存在を示している。

3. 失業・不安定就業の構造的変化と格差

本節では，2節の分析視角から，失業・不安定就業構造の日英比較と日本の失業・不安定就業の若干の特徴——性別格差と若年層の雇用不安について考察する。

(1) 失業・不安定就業構造の日英比較

失業・不安定就業の日英比較は，日本の労働力調査(同特別調査，詳細調査)の枠組みと指標を基準にして構成されている。イギリスの失業・不安定就業(概括表)は四半期別労働力調査，同年齢別詳細表は労働力調査ミクロデータに基づいている(パートタイムは30時間基準であるが，日本の35時間基準に準拠して算定されている)。日英の失業・不安定就業指標の比較は，主に1992〜2002年の時期についての比較である[9]。

日英比較の1992〜2002年の時期は，日本はバブルの崩壊と長期不況の時期であるが，イギリスは，1970年代〜80年代まで続いた高失業率の局面から好景気局面に移行した時期である。景気局面としては対照をなしており，指標の比較ではこの点を考慮に入れなければならない。以下，日英の失業・不安定就業構造の比較結果の特徴的側面について説明する。

表 2-2 失業・不安定就

		1992 年			1994 年			1996 年		
		総数	男	女	総数	男	女	総数	男	女
顕在的失業指標	完全失業者	2.1	2.1	2.1	2.9	2.8	3.1	3.3	3.3	3.3
	‥失業期間6ヶ月以上1年未満	0.4	0.4	0.0	0.4	0.4	0.3	0.4	0.5	0.3
	‥失業期間1年以上	0.3	0.4	0.2	0.3	0.3	0.2	0.4	0.5	0.2
	‥主な仕事の求職	1.6	1.9	1.3	2.2	2.5	1.7	―	―	―
	‥非自発的失職失業	0.4	0.5	0.3	0.8	1.0	0.7	0.9	1.1	0.6
	‥世帯主失業	0.6	0.9	0.1	0.8	1.2	0.1	1.0	1.5	0.1
	‥世帯員失業	1.1	0.8	1.6	1.7	1.0	2.6	1.9	1.4	2.6
潜在的失業指標	(非労働力)	55.9	28.0	96.7	57.1	28.4	99.1	57.4	28.6	99.7
	就業希望者	14.7	5.3	28.5	14.8	5.4	28.4	14.1	5.4	26.8
	求職意欲喪失者	4.9	1.5	9.8	6.1	2.1	12.0	5.9	1.8	12.0
	‥すぐするつもり	0.9	0.3	1.6	1.2	0.5	2.3	1.5	0.6	2.7
不安定就業指標	A. 週35時間未満	19.7	10.7	32.7	19.7	11.7	34.2	20.5	11.2	34.1
	‥主に仕事に従事※	7.0	6.4	7.8	8.1	7.0	9.7	8.3	7.2	9.9
	B. 週35時間未満	19.7	10.7	32.7	20.8	11.7	34.2	20.5	11.2	34.1
	‥転職希望	2.1	1.1	3.5	2.3	1.2	3.9	2.3	1.1	4.0
	不安定雇用者	9.2	4.6	16.0	9.3	4.6	16.3	8.8	4.7	14.9
	臨時雇	5.6	2.7	9.7	6.0	2.8	10.6	5.5	2.8	9.5
	‥主に仕事に従事※	2.4	1.6	3.5	2.6	1.7	4.0	2.5	1.8	3.6
	日雇	2.4	1.8	3.3	2.4	1.7	3.3	2.6	1.9	3.6
	‥主に仕事に従事※	1.4	1.5	1.1	1.3	1.4	1.2	1.4	1.5	1.3
	内職者	1.2	0.1	2.9	1.0	0.1	2.4	0.8	0.1	1.8
	‥主に仕事に従事※	0.1	0.1	0.2	0.1	0.1	0.2	0.1	0.1	0.1
雇用形態別	被雇用者総数	76.0	79.2	71.3	77.3	80.2	73.2	78.0	80.4	74.5
	被雇用者	70.4	71.8	68.3	71.9	72.9	70.3	72.2	72.9	71.2
	非正規雇用者	14.4	6.4	26.1	14.6	6.2	27.0	15.5	6.9	28.3
	‥パートタイム就業者	11.7	3.6	23.6	12.0	3.7	24.4	13.0	4.3	25.7
	‥派遣社員	―	―	―	―	―	―	―	―	―
	‥その他(嘱託等)	2.6	2.7	2.5	2.6	2.5	2.6	2.6	2.6	2.6
	正規の職員(フルタイマー)	56.0	65.5	42.3	57.3	66.7	43.4	56.6	66.0	42.8
	労働力人口	100.0	100.0	100.0	100.0	100.0	100.0	100.0	100.0	100.0

注:1)※「主に仕事に従事」は,「方わらに仕事に従事」の対語になっており,非自発的に不安定就業に従事
2)紙幅の関係で隔年表示。2001年8月『労働力調査特別調査』以降の求職意欲喪失者は,それ以前の
出所:総務省統計局『労働力調査特別調査』,『労働力調査(詳細結果)』。

① 失業・不安定就業の概括的特徴

表2-2,2-3の概括表によると,日本では規制緩和と労働力の節約(合理化,解雇),終身雇用制度等の揺らぎ,長期不況の継続により,公表失業率(顕在的失業)が著しく上昇し,2002年の失業率は5.4%の高水準に達した。また長期失業率の増加,会社の倒産,整理などによる非自発的失職失業も増加し,失業状況の厳しさを示している。非労働力人口中の就業希望者が増大し,特に女性の

第 2 章　現代の失業・不安定就業・「ワーキングプア」　39

業指標(概括表)(日本)　　　　　　　　　　　　　　　　　　　　　　　　　　　(単位：%)

1998年			2000年			2002年			2004年			2006年		
総数	男	女	総数	男	女	総数	男	女	総数	男	女	総数	男	女
3.6	3.8	3.4	4.6	4.7	4.4	5.4	5.5	5.1	4.7	4.9	4.4	4.1	4.3	3.9
0.5	0.5	0.4	1.0	1.1	0.9	0.9	1.0	0.9	0.7	0.8	0.7	0.6	0.6	0.6
0.4	0.6	0.2	1.2	1.5	0.7	1.6	1.9	1.1	1.6	2.0	1.0	1.4	1.8	0.8
−	−	−	−	−	−	4.4	5.0	3.5	3.8	4.4	2.9	3.3	3.8	2.6
1.1	1.4	0.7	1.5	1.9	0.9	2.3	2.8	1.5	1.8	2.3	1.2	1.4	1.6	1.0
1.0	1.6	0.3	0.8	−	−	1.5	2.2	0.4	1.2	1.8	0.4	1.0	1.5	0.5
2.0	1.6	2.7	−	−	−	3.1	2.5	4.0	2.8	2.4	3.4	2.5	2.2	3.0
57.8	29.2	99.3	60.0	30.7	102.6	63.2	33.7	105.9	65.5	36.1	107.3	65.5	36.5	106.3
14.5	5.9	26.9	15.1	5.9	28.6	7.9	3.3	14.6	8.0	3.6	14.2	7.2	3.2	12.8
6.0	2.1	11.7	6.6	2.4	12.7	3.1	1.4	5.6	2.9	1.4	4.9	2.3	1.1	4.0
1.9														
22.6	12.5	37.3	22.6	12.0	38.0	23.3	12.9	38.4	23.7	12.9	39.1	22.7	11.8	38.1
9.8	8.3	12.0	9.4	7.6	12.0	11.8	10.2	14.1	12.3	10.4	15.1	11.0	8.9	13.9
22.6	12.5	37.3	22.6	12.0	38.0	23.3	12.9	38.4	23.7	12.9	39.1	22.7	11.8	38.1
2.7	1.4	4.6	2.8	1.4	4.8	4.0	2.2	6.5	4.1	2.2	6.7	3.6	1.9	6.0
9.9	5.1	16.8	10.3	5.6	17.0	12.0	6.7	19.8	12.2	6.7	20.0	12.1	7.0	19.3
6.3	3.0	11.2	7.0	3.6	11.8	9.8	5.2	16.4	10.0	5.4	16.6	10.1	5.7	16.4
2.9	1.9	4.2	3.4	2.4	4.9	4.9	3.6	6.8	5.4	3.9	7.4	5.3	4.0	7.2
2.7	2.0	3.8	2.6	1.9	3.6	1.9	1.4	2.6	1.8	1.3	2.6	1.7	1.3	2.2
1.6	1.7	1.4	1.4	1.6	1.1	1.0	1.1	0.9	1.0	1.1	0.9	0.9	1.0	0.8
0.8	0.1	1.8	0.7	0.1	1.6	0.4	0.1	0.9	0.4	0.1	0.8	0.3	0.1	0.7
0.1	0.0	0.1	0.0	0.0	0.0	0.0	0.0	0.1	0.0	0.0	0.1	0.0	0.0	0.1
78.6	80.1	76.4	77.8	79.2	75.8	79.8	80.0	79.5	81.0	81.0	81.1	82.5	82.1	83.0
73.1	73.0	73.3	72.5	72.0	73.0	73.9	72.5	75.9	75.0	73.2	77.6	76.6	74.5	79.6
17.3	7.6	31.4	18.8	8.4	34.0	21.7	10.9	36.6	23.6	12.0	40.1	25.2	13.3	42.0
14.5	4.8	28.6	15.9	5.8	30.7	15.7	5.8	30.2	16.5	6.1	31.4	16.9	6.4	31.8
−	−	−	0.5	0.2	0.9	0.6	0.3	1.2	1.3	0.7	2.1	1.9	1.3	2.8
2.8	2.7	2.8	2.4	2.4	2.3	5.3	4.9	5.2	5.8	5.2	6.6	6.4	5.7	7.4
55.9	65.5	41.9	9.3	63.6	39.1	52.2	61.6	38.5	51.4	61.3	37.5	51.3	61.1	37.6
100.0	100.0	100.0	100.0	100.0	100.0	100.0	100.0	100.0	100.0	100.0	100.0	100.0	100.0	100.0

せざるをえないことを示している。
『労働力調査特別調査』と比べて，全体として数値が低く，接続不良である。

　比重が大きく，2000 年には 28.6% に達した。求職意欲喪失者層の割合が高く，女性は 10% を超える水準になっており，先進国の中では，日本の女性の潜在的失業の高さは異常な水準を示している。
　日本の不安定就業でも，労働市場の規制緩和にともない，35 時間未満の短時間就業者が，1992 年の 19.7%(女性 32.7%)から 2004 年の 23.7%(女性 39.1%)へと増大し，そのうちの転職・追加就業希望者の割合も 2.1%(女性 3.5%)から

表2-3 失業・不安定就業指標の概括表(イギリス)

(単位:%)

		1992			1994			1996			1998			2000			2002			2003		
		総数	男性	女性	総数	男性	女性	総数	男性	女性	総数	男性	女性	総数	男性	女性	総数	男性	女性	総数	男性	女性
顕在的失業者	失業者	9.9	11.6	7.5	9.8	11.5	7.5	8.4	9.8	6.5	6.3	6.9	5.5	5.5	6.0	4.8	5.1	5.6	4.4	4.8	5.5	4.1
	‥失業期間6カ月未満	4.4	4.6	4.0	3.8	3.8	3.7	3.7	3.7	3.6	3.4	3.3	3.6	3.1	3.1	3.1	3.1	3.2	3.0	3.0	3.2	2.8
	‥失業期間6カ月以上~1年未満	2.0	2.5	1.5	1.6	1.9	1.3	1.4	1.6	1.1	0.9	1.0	0.7	0.8	0.9	0.8	0.8	1.0	0.6	0.7	0.8	0.6
	‥失業期間1年以上	3.5	4.6	2.1	4.4	5.8	2.5	3.2	4.4	1.7	2.0	2.6	1.3	1.5	2.1	0.9	1.2	1.5	0.7	1.1	1.4	0.7
	フルタイム求職の失業者	8.2	10.6	4.9	7.9	10.4	4.7	6.5	8.6	3.7	4.7	6.0	3.0	0.0	0.0	0.0	0.0	0.0	0.0	0.0	0.0	0.0
	非労働力人口																					
潜在的失業者	就業希望者	7.4	4.5	11.2	7.9	5.3	11.3	8.1	5.6	11.2	8.3	6.1	11.0	8.0	0.0	0.0	7.7	0.0	0.0	7.2	5.7	9.2
	‥すぐするつもり	3.0	1.8	4.6	3.2	2.0	4.8	3.1	2.1	4.4	2.5	1.7	3.6	2.2	1.6	3.1	2.1	1.7	2.7	1.9	1.5	2.6
	求職意欲喪失者	0.5	0.4	0.5	0.5	0.5	0.4	0.4	0.4	0.3	0.2	0.2	0.2	0.2	0.2	0.2	0.1	0.0	0.1	0.1	0.1	0.1
	長期疾病	1.2	1.4	1.1	1.8	2.0	1.4	2.0	2.2	1.7	2.6	2.9	2.2	2.6	2.9	2.3	2.6	2.9	2.2	2.3	2.6	2.0
	家庭・家族の世話	2.7	0.3	5.8	2.8	0.3	5.9	2.7	0.4	5.6	2.6	0.5	5.2	2.2	0.4	4.5	2.1	0.4	4.2	1.9	0.4	3.7
	学生	0.7	0.6	0.8	0.8	0.8	0.9	0.9	0.9	1.0	0.9	0.8	0.9	0.9	0.8	1.0	1.0	0.9	1.0	0.9	0.9	1.0
	その他	1.4	1.0	1.8	1.3	1.0	1.7	1.4	1.1	1.8	1.3	1.0	1.6	1.3	1.0	1.6	1.2	1.1	1.4	1.2	1.0	1.4
不安定就業者	パートタイム/フルタイム・従業上地位別																					
	A パートタイム就業者	21.0	6.1	40.4	22.9	6.8	41.2	22.9	7.6	41.9	23.2	8.2	42.1	24.0	8.7	42.4	24.2	9.2	42.1	24.8	10.0	42.5
	雇用者	17.9	4.0	36.1	18.7	4.6	36.9	19.9	5.5	37.9	20.3	6.1	38.0	0.0	0.0	0.0	0.0	0.0	0.0	0.0	0.0	0.0
	自営業者	1.9	1.1	2.9	2.1	1.3	3.2	2.3	1.5	3.2	2.5	1.7	3.5	0.0	0.0	0.0	0.0	0.0	0.0	0.0	0.0	0.0
	副次的仕事の就業者	3.4	2.7	4.3	4.0	3.2	5.1	4.5	3.4	5.9	4.1	3.3	5.2	4.1	3.1	5.3	3.9	3.0	5.1	3.9	2.9	5.1
	フルタイム就業者	69.2	82.2	52.1	68.4	81.6	51.2	69.4	82.6	51.6	70.5	84.9	52.4	70.5	85.2	52.8	70.6	85.1	53.5	70.3	84.5	53.3
	B パートタイム・自営業者総数	19.9	5.2	39.2	20.9	5.9	40.2	22.1	6.9	41.2	22.7	7.7	41.5	23.5	8.4	41.7	23.8	8.9	41.5	24.4	9.7	42.0
	フルタイムを求職しない	15.1	2.1	32.2	15.2	2.1	32.0	15.9	2.6	32.1	16.2	3.0	32.9	17.1	3.5	33.1	17.4	3.8	33.5	17.8	4.5	33.8
	フルタイムの仕事を見いだせない	2.2	1.1	3.6	2.9	1.6	4.5	2.8	1.8	4.0	2.6	1.8	3.6	2.2	1.6	3.0	1.9	1.4	2.6	1.9	1.5	2.4
	学生	2.2	1.7	2.9	2.4	1.9	3.1	3.1	2.4	3.8	3.4	2.6	4.3	3.7	2.9	4.6	3.9	3.2	4.7	4.0	3.2	4.7
	病気・障害	0.3	0.2	0.5	0.3	0.2	0.4	0.3	0.2	0.4	0.4	0.3	0.5	0.4	0.3	0.6	0.5	0.4	0.6	0.5	0.4	0.6
	C パートタイム就業者	19.9	5.2	39.1	20.9	5.9	40.1	22.1	7.0	41.1	22.7	7.8	42.2	23.5	0.0	0.0	23.8	0.0	0.0	24.3	9.5	42.0
	常雇の仕事を見いだせない	2.2	1.2	3.6	2.9	1.7	4.6	2.8	1.8	4.1	2.7	1.9	3.7	2.2	0.0	0.0	1.9	0.0	0.0	1.5	1.5	2.4
	D 臨時雇就業者	4.5	3.5	6.0	5.2	4.1	6.6	5.8	4.7	7.2	6.0	4.9	7.5	5.9	0.0	0.0	5.4	0.0	0.0	5.1	4.2	6.1
	常雇の仕事を見いだせない	1.6	1.5	1.8	2.2	2.0	2.5	2.4	2.2	2.6	2.2	2.1	2.3	1.8	0.0	0.0	1.4	0.0	0.0	1.4	1.4	1.3
	労働力人口	100	100	100	100	100	100	100	100	100	100	100	100	100	100	100	100	100	100	100	100	100

注:紙幅の関係で隔年表示。本表は、各カテゴリーに属する人口を抽出したものであるために、各カテゴリーでの合計は必ずしも細目と一致しない。
出所:政府統計局『四半期別労働力調査』(Quarterly Labour Survey), 『労働力調査ミクロデータ』(Quarterly Labour Force Micro-data)。

4.1％(女性6.7％)と著しく増大している。不規則・不安定な厳しい労働条件にある転職・追加就業希望者は，部分就業(半失業)層の増加を示している。臨時雇，日雇の非正規雇用も増大し，そのうちの主に仕事に従事している就業者(非自発的非正規雇用)も増加している。被調査者の呼称による非正規雇用は，1992年の14.4％(男性6.4％，女性26.1％)から2006年の25.2％(男性13.3％，女性42.0％)と急増しており，女性が多数(特にパートタイム)を占めている。

イギリスでは，1970年代から80年代にかけて，高失業時代(失業率12〜13％台)を迎え，サッチャー政権の労働市場の規制緩和と合理化，労働力流動政策のもとで，失業・不安定就業は著しく増大した[10]。1990年代に入り，1993年の失業率10.4％をピークに，1997年の労働党政権の成立と勤労福祉政策のもとで，相対的な好況期が持続したこともあり，失業率は漸減し，2003年には失業率4.8％になり，バブル景気が懸念される経済状況が続いている。求職意欲喪失者の失業の潜在的指標は低い水準(0.5％から0.1％に減少)にあり，性別格差も小さい。ただし就業希望・非求職の理由の中には，求職意欲喪失者の他に，「家庭・家族の世話」があり，2％台と高い比率を示し，その多数は女性が占めている。求職意欲喪失者の比率の低さの裏には，この指標の大きさがある。

イギリスのパートタイム比率は，1節でみたように，日本に次いで高い水準にあり，1992年の21.0％(女性40.4％)から2003年の24.8％(女性42.5％)に達し，女性が圧倒的多数を示している。非自発的パートタイム(フルタイムの仕事を見いだせない)の比率が高くなっている。長期不況時と比較して，好況期におけるイギリスの失業構造(顕在的，潜在的指標)，不安定就業構造は大きく変容している。

② 失業・不安定就業の年齢別特徴

日英の失業・不安定就業の年齢別性別指標(表2-4, 2-5)を分析すると，以下の特徴がみられる。全体として，若年層(16〜24歳)，青年層(25〜34歳)，高年層(55〜64歳)に顕著な動向がみられる。

日本の顕在的失業指標では，不況の進行により，総失業率が急速に上昇し，年齢別では，若年層(15〜24歳)の失業率が1992年の4.3％から2002年の8.3％へと，総失業率の約2倍の上昇を示しており，失業構造の欧米化が進行している。また中高年，特に55〜64歳の退職・高齢層の失業率の高さが顕著である。長期失業率(6ヵ月以上12ヵ月未満，12ヵ月以上)が増加している。

42　第1部　人口・労働と統計

表2-4　失業・不安定就

		顕在的失業指標										潜在的失	
		失業									非労働力人口 (労働力人口=100)		就業	
		総数		6ヶ月以上 12ヶ月未満		12ヶ月以上		非自発的失業		自発的失業				総数	
		総数	女性	総数	女性	総数	女性	総数	女性	総数	女性	総数	女性	総数	女性
1992	15〜24歳	4.3	4.0	0.6	0.5	0.4	0.2	0.5	0.5	2.2	2.2	130.6	131.9	29.3	32.4
	25〜34歳	2.5	3.4	0.7	0.7	0.3	0.2	0.2	0.4	1.4	1.8	28.5	74.4	16.5	43.9
	35〜44歳	1.6	2.0	0.2	0.3	0.2	0.3	0.3	0.2	0.7	0.9	20.8	49.6	11.6	27.7
	45〜54歳	1.3	1.3	0.2	0.3	0.2	0.2	0.3	0.3	0.6	0.5	19.5	44.1	8.8	19.9
	55〜64歳	2.3	1.1	0.7	0.6	0.5	0.3	1.1	0.6	0.4	0.3	53.6	112.3	14.2	28.1
	65歳以上	1.0	0.7	0.3	0.0	0.5	0.0	0.5	0.0	0.0	0.0	316.8	565.5	20.2	26.1
1997	15〜24歳	6.8	6.6	1.4	1.3	1.2	0.8	0.5	0.5	3.4	3.6	117.6	120.4	30.5	34.1
	25〜34歳	4.0	5.0	0.6	0.7	0.7	0.4	0.7	0.7	2.1	2.6	24.4	58.7	13.5	32.8
	35〜44歳	2.3	2.5	0.4	0.4	0.5	0.4	0.6	0.6	1.0	0.8	22.1	52.9	12.4	30.0
	45〜54歳	2.2	2.5	0.4	0.4	0.5	0.3	0.9	0.7	0.9	1.2	19.6	44.3	8.0	18.1
	55〜64歳	4.2	2.9	1.3	0.8	1.1	0.5	2.2	1.6	0.7	0.8	53.3	112.8	14.8	29.0
	65歳以上	1.6	0.7	0.2	0.0	0.7	0.0	0.7	0.0	0.0	0.0	351.9	646.7	20.1	24.3
2002	15〜24歳	8.3	8.0	1.3	1.1	1.7	1.7	1.4	1.1	2.8	2.8	100.6	113.2	16.7	20.1
	25〜34歳	8.1	6.8	1.2	1.1	2.2	1.4	2.5	1.8	3.6	3.2	29.3	48.0	10.4	17.3
	35〜44歳	3.3	4.4	0.6	0.9	1.1	0.9	1.4	1.3	1.2	1.6	17.9	49.2	6.3	17.7
	45〜54歳	4.4	3.5	0.8	0.7	1.4	0.7	2.4	1.5	1.3	1.0	22.3	41.7	4.9	8.9
	55〜64歳	6.6	3.7	1.2	0.7	2.2	0.9	4.8	1.8	0.8	0.7	58.6	98.9	6.0	9.0
	65歳以上	2.9	1.1	0.5	0.0	1.6	0.6	1.6	0.6	0.3	0.0	490.3	665.7	8.9	8.4
2004	15〜24歳	7.6	6.3	1.4	1.2	1.8	1.0	1.2	1.0	2.5	2.2	100.0	95.4	16.9	16.9
	25〜34歳	6.2	4.3	0.8	0.5	1.9	0.8	1.8	0.9	2.8	2.0	24.3	35.3	9.0	13.0
	35〜44歳	4.0	3.3	0.5	0.4	1.4	1.0	1.5	0.8	1.5	1.2	22.7	38.1	8.2	13.9
	45〜54歳	3.0	2.6	0.5	0.6	1.1	0.6	1.5	1.0	1.0	1.0	17.5	35.7	3.7	7.4
	55〜64歳	5.1	2.7	1.0	0.6	2.0	1.0	3.3	1.1	0.9	0.6	57.8	87.2	5.8	7.6
	65歳以上	2.6	0.7	0.7	0.3	0.9	0.0	1.6	0.3	0.2	0.0	468.0	430.2	8.6	5.2
2006	15〜24歳	7.3	5.1	1.3	0.9	1.5	0.7	1.0	0.7	2.8	2.1	110.9	85.9	17.7	14.4
	25〜34歳	5.1	4.0	0.7	0.5	1.6	0.8	1.0	0.8	2.5	2.0	20.5	34.6	7.3	12.3
	35〜44歳	3.7	2.6	0.5	0.4	1.3	0.6	1.2	0.7	1.7	1.1	23.2	34.1	8.1	12.0
	45〜54歳	2.5	2.2	0.4	0.4	1.0	0.6	1.1	0.7	1.0	0.8	16.1	31.4	3.3	6.3
	55〜64歳	4.5	2.5	0.8	0.5	1.7	0.5	2.6	1.1	1.0	0.7	55.2	81.9	4.9	6.6
	65歳以上	2.2	0.6	0.2	0.0	1.0	0.3	1.4	0.3	0.2	0.0	429.4	430.8	6.7	4.5

出所：総務省統計局『労働力調査特別調査』,『労働力調査(詳細結果)』。

第 2 章　現代の失業・不安定就業・「ワーキングプア」　43

業指標の概括表（日本）　　　　　　　　　　　　　　　　　　　　　　　　　　（単位：%）

業指標 希望 すぐ就ける		求職意欲 喪失者		不安定就業指標 1					不安定就業指標 2						労働力 人口	
^		^		35 時間未満雇用者					臨時雇		日雇		内職		^	
^		^		合計		転職・追加 就業希望者		^		^		^		^	
総数	女性	総数	女性	総数	女性	総数	女性	総数	女性	総数	女性	総数	女性	総数	女性
1.9	2.2	4.6	5.2	18.7	20.3	5.7	5.9	10.3	10.1	0.2	2.0	0.0	0.0	100.0	100.0
0.7	2.0	4.3	11.7	13.3	28.3	3.6	6.5	3.9	8.7	1.4	2.2	0.9	2.5	100.0	100.0
1.2	2.8	5.1	12.3	19.4	40.1	4.0	8.3	5.3	12.0	2.3	4.0	1.7	4.2	100.0	100.0
0.9	2.0	4.0	8.9	18.4	35.0	2.6	4.7	4.9	10.8	2.3	3.9	1.3	3.2	100.0	100.0
1.9	3.1	6.1	12.0	23.1	35.1	2.3	2.5	5.7	8.6	3.4	3.6	1.6	3.9	100.0	100.0
3.1	2.8	8.4	9.2	47.8	52.8	2.1	2.1	5.0	4.2	2.6	2.1	2.4	4.9	100.0	100.0
3.8	4.6	6.5	7.4	24.6	27.2	7.9	9.4	13.8	14.5	4.3	4.1	0.0	0.0	100.0	100.0
1.1	2.6	4.5	11.3	14.0	27.3	4.1	7.7	4.6	8.9	1.6	2.4	0.4	1.1	100.0	100.0
1.4	3.2	6.3	15.6	19.8	42.6	4.7	9.7	5.5	12.4	2.4	4.6	0.9	2.3	100.0	100.0
1.6	3.8	4.3	10.1	20.3	39.4	3.2	6.2	4.9	10.4	2.6	4.6	0.9	2.1	100.0	100.0
3.9	7.0	8.1	16.2	23.5	38.9	2.4	2.9	5.5	8.9	3.5	4.7	0.9	2.3	100.0	100.0
5.4	5.3	11.2	12.5	47.9	55.3	1.4	1.3	6.3	4.6	3.3	3.3	2.1	4.6	100.0	100.0
2.9	3.6	6.5	7.4	28.8	29.8	8.3	8.3	20.1	20.1	3.5	2.8	0.0	0.0	100.0	100.0
1.2	2.0	2.1	3.5	15.1	25.0	3.7	5.9	7.2	11.8	1.2	1.4	0.3	0.6	100.0	100.0
1.0	2.7	2.4	6.8	21.5	48.6	4.5	8.8	7.9	16.1	1.4	2.4	0.4	0.9	100.0	100.0
1.4	2.8	2.5	5.0	22.5	40.5	3.4	6.1	7.6	15.0	1.5	2.2	0.4	0.9	100.0	100.0
2.4	3.7	3.5	5.7	26.1	40.9	2.8	3.9	8.4	13.1	1.9	2.5	0.8	2.1	100.0	100.0
3.9	3.4	5.2	4.5	42.7	52.2	1.8	1.1	8.1	7.3	2.0	2.2	1.0	2.2	100.0	100.0
2.6	2.4	5.7	5.3	25.4	24.8	7.7	7.5	18.9	17.8	3.0	2.4	0.0	0.0	100.0	100.0
0.8	1.1	1.7	2.3	14.8	21.8	3.4	4.6	7.2	10.3	1.1	1.4	0.2	0.4	100.0	100.0
1.1	1.9	2.6	4.7	19.6	33.8	4.2	7.4	7.4	13.6	1.1	1.7	0.3	0.7	100.0	100.0
0.9	2.0	1.8	3.9	21.4	37.4	3.5	5.9	7.5	14.6	1.4	2.2	0.3	0.7	100.0	100.0
2.2	2.9	3.3	4.6	26.8	41.5	3.1	4.4	8.7	13.6	1.9	2.7	0.5	1.3	100.0	100.0
4.0	2.4	5.1	3.1	35.3	36.4	1.6	1.4	6.3	5.2	1.5	1.4	0.6	1.0	100.0	100.0
2.8	2.1	5.4	4.2	23.5	22.5	6.2	5.6	17.3	15.7	2.5	1.9	0.0	0.0	100.0	100.0
0.8	1.3	1.2	1.9	13.3	20.8	3.1	4.4	7.3	10.4	1.1	1.1	0.1	0.3	100.0	100.0
1.1	1.5	2.5	3.7	17.5	30.2	3.6	6.1	7.2	12.6	1.0	1.5	0.2	0.5	100.0	100.0
0.8	1.5	1.4	2.9	19.4	34.8	3.0	5.3	7.4	14.1	1.2	1.8	0.3	0.6	100.0	100.0
1.7	2.2	2.4	3.4	25.2	40.9	2.6	3.8	8.6	13.5	1.7	2.3	0.4	0.9	100.0	100.0
2.8	1.6	3.4	2.3	36.9	38.3	1.9	1.6	7.5	5.8	1.8	1.6	0.7	1.3	100.0	100.0

表 2-5　失業・不安定就業

		顕在的失業指標(労働力)										潜在	
		失業										非労働力人口	
		合計		6ヶ月以上 12ヶ月未満		12ヶ月以上		非自発的失業		自発的失業		(労働力人口=100)	
		総数	女性	総数	女性	総数	女性	総数	女性	総数	女性	総数	女性
1992	16～24歳	17.9	14.5	3.5	2.5	4.2	2.6	6.3	3.9	3.2	3.5	42.9	52.3
	25～34歳	10.3	8.4	2.3	1.8	3.8	2.4	4.5	2.5	3.2	3.9	22.3	44.3
	35～44歳	7.6	6.3	1.6	1.4	3.1	2.1	2.9	1.9	2.2	2.2	17.6	32.3
	45～54歳	6.8	5.0	1.5	1.0	3.1	2.0	2.5	1.6	1.6	1.3	21.3	35.7
	55～64歳	8.3	4.2	1.3	0.6	4.7	2.3	2.3	0.8	1.8	1.6	94.1	161.1
	65歳以上	4.6	4.0	0.6	0.7	2.7	2.0	0.8	0.9	1.5	1.1	1745.2	2833.9
1997	15～24歳	13.5	11.2	2.5	2.0	3.0	2.0	5.7	3.9	2.1	2.2	43.7	52.1
	25～34歳	6.8	5.8	1.1	1.1	2.9	1.6	3.7	2.4	2.1	2.4	20.6	36.3
	35～44歳	5.5	4.8	0.8	0.8	2.4	1.4	2.8	1.8	1.7	1.7	18.8	30.8
	45～54歳	4.9	3.7	0.7	0.6	2.2	1.3	2.8	1.8	1.3	1.1	22.4	32.9
	55～64歳	6.1	3.8	0.8	0.4	3.5	1.8	3.3	1.7	1.7	1.4	94.3	149.1
	65歳以上	3.3	2.3	0.2	0.2	2.3	1.6	0.5	0.0	1.9	1.4	1820.3	2883.0
2002	15～24歳	11.0	9.0	2.2	1.4	1.2	0.8	4.3	2.9	2.0	2.1	67.5	75.0
	25～34歳	5.0	4.9	0.8	0.7	1.2	0.9	2.5	2.0	1.7	2.0	20.0	33.3
	35～44歳	3.8	3.5	0.5	0.6	1.1	0.7	2.0	1.5	1.0	1.1	17.8	28.4
	45～54歳	3.4	2.9	0.5	0.5	1.0	0.7	1.8	1.3	0.9	0.9	21.2	29.7
	55～64歳	3.4	2.2	0.3	0.2	1.4	0.6	1.9	1.2	1.0	0.7	83.0	121.3
	65歳以上	2.8	1.8	0.2	0.2	0.9	0.4	0.7	0.7	1.5	1.3	1679.3	2531.3

出所：イギリス労働力調査ミクロデータ．

　特に若年層の長期失業率が，2002年で全年齢のトップを占めており，若年層の失業問題の深刻化を示している．人員整理，解雇等の理由による非自発的失職の失業率は全年齢層で増えているが，特に55～64歳の高年層が高く，解雇，早期退職等の人員整理が進んだことを示している．

　イギリスの顕在的失業指標では，総失業率は1993年の10.4％をピークに著しく低下しているが，年齢別では，若年層の失業率が2002年11％に達し，一番高いのが特徴である．長期失業率は全体として高い(特に男性)が，若年層では特に高く，2002年でトップを示し，若年層の雇用不安の深刻さが示されている．非自発的失業率は中高年層で低下しているが，若年層では4.3％(2002年)の高さを示している．労働党政権は，勤労福祉のニューディール政策によって若年失業者への職業訓練・就労支援を行い，一定の成果をあげているが，若年層の雇用問題は，依然として厳しい側面を残存させている．

　日本の潜在的失業指標では，非労働力人口の就業希望者は景気回復にともな

指標の概括表(イギリス)　　　　　　　　　　　　　　　　　　　　(単位:%)

的失業指標(非労働力)					不安定就業指標 1				不安定就業指標 2				労働力人口	
仕事を望んでいる				求職意欲喪失者		35時間未満雇用者				パート(常雇が見つからない)		臨時雇(常雇が見つからない)			
合計		すぐつける			合計		転職・追加就業希望者						
総数	女性	総数	女性	総数	女性	総数	女性	総数	女性	総数	女性	総数	女性	総数	女性
7.7	10.0	3.9	4.7	0.3	0.2	5.9	7.2	1.0	1.3	3.3	3.8	2.9	2.8	100.0	100.0
6.9	13.2	3.0	5.5	0.2	0.2	6.8	10.7	0.6	0.9	1.1	1.4	1.9	2.2	100.0	100.0
5.6	9.7	2.7	4.7	0.3	0.5	8.0	13.1	0.5	0.9	1.0	1.4	1.5	1.7	100.0	100.0
5.3	8.2	2.5	4.2	0.4	0.7	7.5	12.8	0.3	0.4	0.7	1.1	1.2	1.5	100.0	100.0
6.0	8.5	3.1	4.8	1.0	1.5	5.1	9.2	0.2	0.3	0.6	0.5	1.1	1.0	100.0	100.0
0.0	0.0	0.0	0.0	0.0	0.0	5.0	6.0	0.2	0.7	0.0	0.0	0.6	0.7	100.0	100.0
9.9	9.5	7.0	6.5	0.1	0.1	11.7	13.1	1.4	1.6	3.8	5.0	3.8	3.9	100.0	100.0
8.0	7.7	4.2	3.8	0.1	0.2	11.0	15.4	1.1	1.5	2.2	2.9	2.3	2.5	100.0	100.0
6.4	6.4	3.4	3.4	0.1	0.2	12.1	18.3	1.1	1.4	2.5	3.9	2.2	2.6	100.0	100.0
4.8	4.6	2.7	2.4	0.3	0.4	11.2	16.7	0.6	0.9	3.0	4.4	1.9	1.9	100.0	100.0
2.1	1.3	1.6	0.9	1.9	2.1	9.3	14.6	0.3	0.3	4.1	5.0	1.5	1.2	100.0	100.0
0.8	0.7	0.8	0.7	5.3	0.0	5.5	7.7	0.0	0.0	1.3	1.8	0.5	0.5	100.0	100.0
8.8	8.6	5.7	5.4	0.8	0.8	11.2	12.7	1.3	1.2	2.8	2.9	2.5	2.4	100.0	100.0
7.5	7.1	3.3	3.0	0.5	0.5	9.7	13.4	0.9	1.1	0.8	0.7	1.6	1.5	100.0	100.0
5.4	5.1	2.6	2.5	0.6	0.8	12.2	18.6	0.8	1.1	0.7	0.9	1.1	1.3	100.0	100.0
4.1	4.2	1.9	1.8	0.7	0.9	10.4	15.8	0.6	0.9	0.6	0.8	1.2	1.3	100.0	100.0
1.7	1.3	1.1	0.7	1.8	2.0	10.1	16.2	0.1	0.2	0.3	0.3	1.0	0.6	100.0	100.0
0.2	0.4	0.2	0.4	3.6	0.0	4.7	6.4	0.0	0.2	0.0	0.0	0.3	0.0	100.0	100.0

い若干低下の傾向がみられるが，若年層，青年層では高い比率を示している。求職意欲喪失者は特に女性の比重が大きく，若年層の失業の潜在化が進んでいる。女性の年齢別求職意欲喪失者は日英で顕著な特徴がみられる。イギリスの女性の求職意欲喪失者は，55〜64歳の高年層が高い。図2-5にみられるように日本の女性の求職意欲喪失者は，若年層と35〜44歳の年齢層の比率が増加している。若年層では，2002年で7.4%に至っている。イギリスとは対照的に，日本の35〜44歳の働き盛りの女性の求職意欲喪失者の比重が大きいことは，日本の性別就業格差を示す女性のM字型就業分布(結婚・退職し，30代後半より再び就業)を反映しているとみなされる。

　日本の不安定就業指標では，図2-6にみられるように週35時間未満の短時間就業者が大きく増加し，転職・追加就業希望者も増大し，特に若年層で高くなっている。また女性の転職・追加就業希望者の比率が高く，35〜44歳の年齢層が高くなっている。女性の短時間就業者の厳しい就業状態を示し，部分就

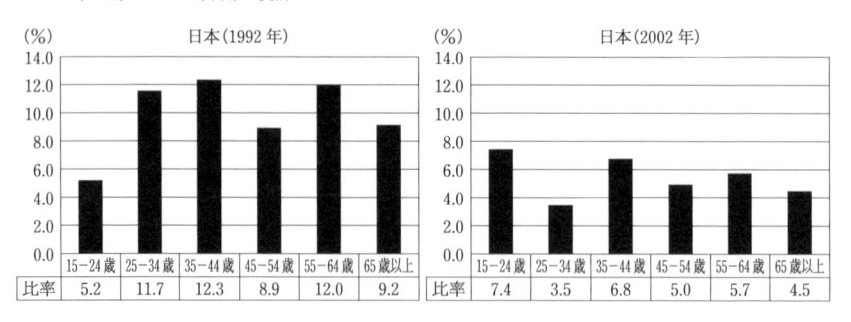

図2-5 日本の求職意欲喪失者(女性)

日本(1992年)

年齢	15-24歳	25-34歳	35-44歳	45-54歳	55-64歳	65歳以上
比率	5.2	11.7	12.3	8.9	12.0	9.2

日本(2002年)

年齢	15-24歳	25-34歳	35-44歳	45-54歳	55-64歳	65歳以上
比率	7.4	3.5	6.8	5.0	5.7	4.5

出所：表2-4より作図。

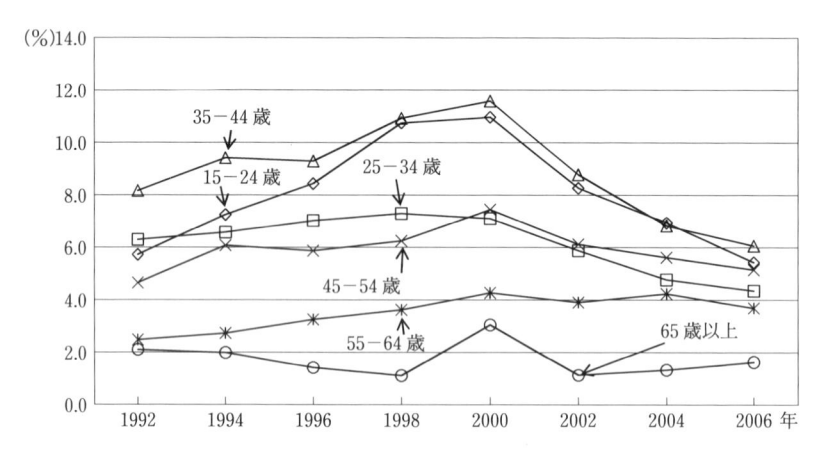

図2-6 35時間未満転職・追加就業希望の年齢別就業者の推移
(各年齢の総数に占める割合，女性)

出所：総務省統計局『労働力調査特別調査』，『労働力調査(詳細結果)』。

業(半失業)が増えている。臨時，日雇では，全体として増加しているが，特に若年層で顕著であり，若年層の非正規雇用，雇用不安が進行している。イギリスの不安定就業では，週35時間未満雇用者は全体として比重を増大させているが，転職・追加就業希望者では若年層の比重が高く表示されている。常雇が見つからないパート，臨時雇用は若年層で著しく高くなっており，若年層の雇用不安の厳しさを示している。

(2) 日本の失業・不安定就業の特徴と格差

　失業・不安定就業の日英比較を考察したが，2006年までの追加データを含めて，日本の失業・不安定就業の若干の特徴について述べる。

① 失業・不安定就業の性別格差の拡大

　バブル崩壊後の日本では，失業の増大，特に若年層の失業が急増し，失業の長期化，自発的失業の増大など，厳しい失業状態(顕在的失業)が続いた。日英比較でみたように，失業・不安定就業の性別格差の存在とその拡大が特徴である。失業の潜在化指標である非労働力人口中の就業希望・求職意欲喪失者の割合が，国際比較でも高く，その多数は女性で占められている。前述のように，女性の求職意欲喪失者の年齢別表示では，35～44歳の中年層の比率が，どの年次でも最も高くなっており，日本の性別就業格差を示すM字型分布と表裏をなしている。

　不安定就業では，週35時間未満の短時間就業者でも，非正規雇用者(被調査者による呼称)でも，その数と比率を著しく上昇させているが，その多数は女性のパート，派遣等の非正規雇用の増大で占められている。女性の転職・追加就業希望者は男性の約3倍の比率を示し，女性の不安定就業の厳しさ，半ば失業状態の大きさを示している。正規職員の男女別格差も拡大し，男性の非正規雇用も増大しているが，非正規雇用の性別格差が特に拡大している。特にパートタイムの多数は女性であり，その性別格差が大きいのが特徴である。

② 若年層の雇用不安と格差

　乾彰夫編著(2006)[11]によって，フリーター，ニートの日英比較が検討され，日本の若者(若年層)の雇用不安，雇用実態に迫った研究成果が出版されている。著者たちは，一般にフリーター，ニートについて，かなりの研究者やマスコミが，これらの増加の原因を「若者たちの意識・性向に求めている」傾向があることを批判し，若者たちの失業・雇用，不安定就業の実態の分析を行っている。イギリスで提起されたNEET(Not in Education, Employment or Training)も，日本では，働く意志のない無業者の若者とみなされているが，イギリスでは若者の失業者への職業訓練や就職紹介に対応できないでいる若者に注意を喚起するために規定された用語であり，若者の失業とその対策が中心にあることを指摘

している。

　バブル後の長期不況，規制緩和と合理化，終身雇用制や年功序列型の雇用制度の揺らぎの中で，若年層の失業・不安定就業の変動，雇用不安が顕著な現象として現れている。顕在的失業指標では，若年層の失業率は，全体の失業率の2倍近くに増大している。2002年以降の若干の景気回復とともに，失業率の低下傾向がみられるが，若年層の失業率は，1992年の4.3％(全年齢2.1％)から，2002年8.3％(同5.4％)へと上昇し，全年齢層のトップを占めている。長期失業率も全年齢層で最も高くなっており，若年層の雇用・失業状態の厳しさを示している。若年層の非労働力人口は，65歳以上を別にすると特に大きく，若年層が就業機会が少なく，就職困難に直面している状態がみられる。そのうちの就業希望者の割合は，他の年齢層に比較して圧倒的に高く，就業機会が少なくて就業を希望する厳しい状態にある多数の若者が存在している。

　景気回復傾向もあり，若年層の35時間未満就業者の比率は多少下がっているが，若年層総数で，1992年の18.7％から2002年の28.8％に増大し，2006年では23.5％となっており，その多数を女性が占めている。若年層の短時間，転職・追加就業希望者は最も高い比重を占めて増加しており，図2-5にみられるように，女性の若年層(青年層を含む)が10％を超える割合となっている。若年層の臨時雇は，他の年齢層と比較すると著しく高く，雇用の多数が非正規，臨時的雇用にすぎない。日雇も同様な状況にある。若年層の雇用不安定と劣悪な雇用状態，その性別格差が示されている。

　4節で考察する低所得・雇用形態別属性の分析結果では，非正規雇用の低所得層が増大しており，若年層の非正規・低所得層(200万円未満)は，特にパートタイム，アルバイトでは，65歳以上を除くと，最大の割合を占めており，若年層の低所得の厳しい実態を示している(後掲表2-8, 2-9参照)。「ワーキングプア」の指標では，若年層の失業・就労貧困率が1992年の4.3％から2002年の18.0％へと急増している。若年層の失業・不安定就業の増加(特に転職・追加就業希望者の増大)，またその最低生活基準以下で働かざるをえない「ワーキングプア」の増大にみられるように，若年層の雇用は不規則・不安定で劣悪な状況にある。若年層では，不安定就業における失業の潜在化(部分就業，半失業)が著しく進んでいる実態が明らかにされている。

以上，日英の失業・不安定就業指標の比較と日本の失業・不安定就業の若干の考察(性別格差と若年層)を行った。日英の失業・不安定就業の格差には，さらに雇用政策や失業保険の差異がある。日英の失業保険の違いは，イギリス(多くの欧米諸国)では，求職者への職業訓練，職業紹介等が，勤労福祉政策の一環として，積極的雇用政策として推進されるとともに，失業給付期間(日英とも6ヵ月間)を超過しても，失業者への所得保障(社会的扶助)が制度化されており，失業者の安全ネットワークが作用している。日本の失業保険(雇用保険)は，拠出制の失業給付のみであり，失業給付期間を過ぎると，失業者に何らの失業扶助(所得扶助)はない。失業者の安全ネットワークの未整備は，失業をより厳しいものにしている。

4. 不安定就業・低所得層と「ワーキングプア」

本節では，就業構造基本調査(就調)の雇用形態・所得の詳細クロス表に基づいて，「ワーキングプア」の増大の基礎をなしている不安定就業・低所得層の構造的変化について考察する。バブルの崩壊と長期不況の進展は，失業・不安定就業を増大させ，賃金・所得の抑制と消費の低迷(価格破壊)を引き起こし，非正規雇用と低所得層を滞留，拡大させた。不安定就業の非正規雇用・低所得層は，「ワーキングプア」の増大の大きな要因をなしており，不安定就業における「部分就業」(半失業)の増大の源泉をなしている。ここでは，低所得の諸階層の変化と雇用形態別，年齢別変動の関係を分析することを課題としている[12]。

(1) 不安定就業と低所得層の変動

1992～2002年の間に，どのように低所得層の分布が変化したかを，実数と構成比から考察する。1992～2002年の雇用者数と構成比を示したのが表2-6である。雇用形態別にみると，1992年から2002年の間で大幅に減少したのが，正規の職員・従業員である。一方で，1992年から2002年の間で大幅に増加したのが，パート，アルバイトなどの不安定就業層である。

このような雇用構造の変化の中で特に増大しているのが低所得層である。雇用者全体では，年収200万円以上の雇用者が約14万人の増加にとどまったこ

表 2-6　1992〜2002 年の低所得層の構造変化

(単位：実数は千人，構成比は%)

			雇用者			正規の職員・従業員			パート			アルバイト		
			男女計	男性	女性	男女計	男性	女性	男女計	男性	女性	男女計	男性	女性
実数	1992年	総数	51288	31306	19982	37795	25946	11849	5897	318	5579	1617	745	872
		150万円以上総数	41483	29731	11752	35311	25372	9939	697	133	564	504	346	158
		200万円以上総数	37328	28243	9085	32240	24308	7932	271	80	191	277	209	68
		150万円未満総数	9805	1575	8230	2484	574	1910	5200	185	5015	1113	399	714
		200万円未満総数	13960	3063	10897	5555	1638	3917	5626	238	5388	1340	536	804
		50万円未満	1195	193	1002	121	36	85	630	19	611	255	70	185
		50〜99万円	4805	431	4374	486	88	398	3455	76	3379	505	153	352
		100〜149万円	3805	951	2854	1877	450	1427	1115	90	1025	353	176	177
		150〜199万円	4155	1488	2667	3071	1064	2007	426	53	373	227	137	90
	2002年	総数	53180	31436	21788	34421	24346	10089	7772	612	7161	2946	1452	1518
		150万円以上総数	41384	29180	12224	32896	23905	9004	1241	250	991	949	628	325
		200万円以上総数	37474	27675	9816	30968	23149	7831	523	133	391	511	365	148
		150万円未満総数	11796	2256	9564	1525	441	1085	6531	363	6170	1997	824	1194
		200万円未満総数	15706	3762	11972	3453	1197	2258	7249	480	6770	2435	1086	1370
		50万円未満	1568	333	1241	132	40	92	676	35	641	425	138	292
		50〜99万円	5434	687	4760	334	77	258	3693	129	3564	820	299	531
		100〜149万円	4794	1237	3564	1059	324	736	2162	198	1965	752	386	371
		150〜199万円	3910	1506	2408	1928	756	1173	717	117	600	438	263	177
構成比	1992年	総数	100.0	61.0	39.0	73.7	50.6	23.1	11.5	0.6	10.9	3.2	1.5	1.7
		150万円以上総数	80.9	58.0	22.9	68.8	49.5	19.4	1.4	0.3	1.1	1.0	0.7	0.3
		200万円以上総数	72.8	55.1	17.7	62.9	47.4	15.5	0.5	0.2	0.4	0.5	0.4	0.1
		150万円未満総数	19.1	3.1	16.0	4.8	1.1	3.7	10.1	0.4	9.8	2.2	0.8	1.4
		200万円未満総数	27.2	6.0	21.2	10.8	3.2	7.6	11.0	0.5	10.5	2.6	1.0	1.6
		50万円未満	2.3	0.4	2.0	0.2	0.1	0.2	1.2	0.0	1.2	0.5	0.1	0.4
		50〜99万円	9.4	0.8	8.5	0.9	0.2	0.8	6.7	0.1	6.6	1.0	0.3	0.7
		100〜149万円	7.4	1.9	5.6	3.7	0.9	2.8	2.2	0.2	2.0	0.7	0.3	0.3
		150〜199万円	8.1	2.9	5.2	6.0	2.1	3.9	0.8	0.1	0.7	0.4	0.3	0.2
	2002年	総数	100.0	59.1	41.0	64.7	45.8	19.0	14.6	1.2	13.5	5.5	2.7	2.9
		150万円以上総数	77.8	54.9	23.0	61.9	45.0	16.9	2.3	0.5	1.9	1.8	1.2	0.6
		200万円以上総数	70.5	52.0	18.5	58.2	43.5	14.7	1.0	0.2	0.7	1.0	0.7	0.3
		150万円未満総数	22.2	4.2	18.0	2.9	0.8	2.0	12.3	0.7	11.6	3.8	1.5	2.2
		200万円未満総数	29.5	7.1	22.5	6.5	2.3	4.2	13.6	0.9	12.7	4.6	2.0	2.6
		50万円未満	2.9	0.6	2.3	0.2	0.1	0.2	1.3	0.1	1.2	0.8	0.3	0.5
		50〜99万円	10.2	1.3	8.9	0.6	0.1	0.5	6.9	0.2	6.7	1.5	0.6	1.0
		100〜149万円	9.0	2.3	6.7	2.0	0.6	1.4	4.1	0.4	3.7	1.4	0.7	0.7
		150〜199万円	7.4	2.8	4.5	3.6	1.4	2.2	1.3	0.2	1.1	0.8	0.5	0.3

注：1) 1992 年の総計には派遣社員が表示されていないため 2002 年には派遣社員を表示していない。
　　2) 千の位未満を四捨五入している。必ずしも合計は一致しない。2002 年の各「総数」は，百の位まで示されている原表の数値（たとえば，50〜99 万円）を千の位で四捨五入し合計したものであるため，男性・女性・男女計は必ずしも一致しない。
出所：総務省統計局『就業構造基本調査』各年版より作成。

表 2-7　1992〜2002 年の年齢別低所得層の構造変化　　　（単位：％）

		雇用者			正規の職員・従業員			パート			アルバイト			労働者派遣事業所の派遣社員		
		男女計	男性	女性	男女計	男性	女性	男女計	男性	女性	男女計	男性	女性	男女計	男性	女性
1992年	150万円未満 15〜24歳	16.5	11.4	21.6	10.6	7.2	14.1	85.9	52.0	90.8	63.8	55.8	72.1	−	−	−
	25〜34歳	12.2	2.2	29.8	3.8	1.2	10.0	89.3	30.0	90.9	61.2	38.2	75.2	−	−	−
	35〜44歳	20.5	1.4	50.9	4.7	0.7	16.3	91.5	35.0	92.1	75.2	37.5	91.2	−	−	−
	45〜54歳	20.2	1.6	48.6	5.7	0.7	18.4	87.3	40.7	88.0	76.6	40.0	91.2	−	−	−
	55〜64歳	23.5	9.1	52.6	9.9	3.4	28.5	83.3	61.4	86.9	74.1	64.1	89.4	−	−	−
	65歳以上	39.9	30.2	61.3	28.0	18.3	48.9	83.9	70.7	92.0	78.9	72.9	100.0	−	−	−
	200万円未満 15〜24歳	36.1	26.6	45.6	30.5	22.1	39.2	99.0	68.0	100.0	81.2	74.0	88.8	−	−	−
	25〜34歳	18.2	5.4	41.1	9.2	3.8	22.1	95.8	45.0	97.2	78.3	61.1	88.8	−	−	−
	35〜44歳	25.3	3.2	60.7	9.3	2.1	30.0	96.8	55.0	97.2	83.9	55.6	95.9	−	−	−
	45〜54歳	25.8	3.4	59.8	10.8	2.1	33.4	94.8	59.3	95.3	86.3	62.0	96.0	−	−	−
	55〜64歳	32.0	15.4	65.2	18.3	8.7	45.7	93.1	78.0	95.6	84.7	78.6	94.1	−	−	−
	65歳以上	51.6	43.0	70.5	44.4	35.6	63.6	93.1	86.9	96.9	92.7	89.6	100.0	−	−	−
2002年	150万円未満 15〜24歳	25.2	19.3	30.9	8.4	6.6	10.5	73.9	57.6	77.3	67.4	63.3	71.3	26.6	16.1	33.1
	25〜34歳	14.5	4.6	29.4	2.9	1.2	8.3	81.6	48.9	83.8	60.0	48.2	71.7	18.8	8.8	21.9
	35〜44歳	21.2	2.2	49.6	2.9	0.8	9.7	87.9	40.5	88.9	69.3	37.5	86.6	38.4	7.5	47.1
	45〜54歳	23.1	2.7	50.9	3.6	0.9	11.2	85.3	36.9	86.6	71.8	41.0	90.3	45.7	5.8	60.6
	55〜64歳	26.8	10.0	54.6	6.6	2.2	19.3	81.7	62.3	84.7	74.8	63.6	91.8	45.4	23.7	69.5
	65歳以上	44.1	34.7	63.0	28.4	17.1	48.7	82.1	72.6	88.2	79.8	76.1	91.9	70.7	65.7	79.7
	200万円未満 15〜24歳	44.2	35.3	52.9	26.9	21.1	33.7	91.4	84.1	92.9	85.1	81.8	88.3	50.6	34.6	60.3
	25〜34歳	21.6	9.1	40.4	7.8	4.3	15.3	92.3	72.8	93.6	78.1	68.9	86.9	35.4	24.7	38.7
	35〜44歳	25.6	4.1	57.7	5.7	1.9	17.7	94.9	62.0	95.6	79.3	55.6	92.1	51.5	16.9	61.1
	45〜54歳	28.1	4.8	60.1	7.0	2.1	20.7	93.8	57.9	94.8	81.3	59.0	94.7	58.2	16.9	73.6
	55〜64歳	34.2	15.5	65.2	12.4	5.4	32.5	91.7	79.4	93.6	86.8	80.6	96.2	61.5	41.1	84.3
	65歳以上	54.8	46.3	71.9	42.1	31.0	62.2	92.4	88.7	94.6	90.1	88.3	96.0	85.6	84.3	86.4

注：各年齢別，性別の雇用人口を100とした場合の数値である。
出所：総務省統計局『就業構造基本調査』各年版より作成。

とに対して，200万円未満の雇用者が約175万人，150万円未満の雇用者が約199万人増加している。200万円未満の所得階級の分布をみると，100〜149万円の所得階級での増加が著しい。

　不安定就業に就き，低所得(年収200万円未満)である層を構成比でみると，200万円未満のパートは，1992年の11.0％から2002年の13.6％に増加している。200万円未満のアルバイトは，1992年の2.6％から2002年の4.6％に増加している。これらから，パート，アルバイトなどの不安定就業層の増加が，低所得層の増加の大きな要因になっていることがわかる。

　上記を年齢別に詳しく検討する。表2-7は，各年齢階層別・男女別の人口を100とし，そのうち200万円未満の雇用者が占める割合を示したものである。

　表2-7から明らかなように，若年(15〜24歳)低所得雇用者の割合が高い。しかも，雇用者全体において，1992年の36.1％から2002年の44.2％へと著しく

増加している。他の年齢層では，おおむね3.5ポイント未満の増加であるが，15～24歳の若年層では，8ポイントの増加となっている。これらを男女別にみると，男性は，15～24歳の若年層と65歳以上の高齢層の低所得層の割合が，他の年齢層と比較して突出している。

　一方で，女性の場合は，若年低所得層の割合が増加してきていることは男性と同様であるが，他の年齢層においても低所得層の割合が大きい。この原因として，様々なことが考えられるが，そのひとつとして，制度的な要因があげられよう。すなわち，税制度上の配偶者控除や配偶者特別控除，社会保険制度における保険料負担など，それぞれの所得基準が200万円未満の中のある水準に設定されていることによるものであると考えられる。加えて，女性の賃金が男性の賃金よりも低いこともひとつの要因であると考えられる。雇用者全体でみると，若年低所得層の増加が著しいことがわかった。次に，低所得層に大きな比重を占める若年層について考察する。

(2) 不安定就業と若年低所得層の変動

　前節までにおいて，1992～2002年に，就業の不安定就業化（パート，アルバイトの増加）を背景とする低所得層の増加が生じ，それが特に若年層において顕著であることをみた。フリーター，ニート等の若年層の雇用不安，雇用問題の深刻化が，近年，指摘されている。

　ここでは，特に15～24歳の若年雇用者の動向をみることとする。表2-8は，15～24歳の雇用者の1992～2002年における変化（実数）と，1992年ならびに2002年の構成比（対総数）を示したものである。若年の正規の職員・従業員は，男女とも減少しており，構成比でみると，200万円以上の正規の職員・従業員の規模は，若年雇用者全体の5割を下回るようになった。同時に，低所得の正規の職員・従業員も減少した。

　このような状況は，主にそれ以外の不安定就業層の増加によるものである。パートの若年雇用者全体に占める割合は，1992年の2.7％から2002年の6.1％へと増大し，とりわけ，200万円未満パート労働者の構成比の上昇が顕著である。パート労働者以上に増加が著しいのが，アルバイトである。アルバイト全体では，1992年に7.0％であった構成比が，2002年には2.5倍以上（18.6％）に

第2章 現代の失業・不安定就業・「ワーキングプア」 53

表2-8 若年低所得層の変動

(単位：実数は千人，構成比は％)

		雇用者			正規の職員・従業員			パート			アルバイト			労働者派遣事業所の派遣社員		
		男女計	男性	女性	男女計	男性	女性	男女計	男性	女性	男女計	男性	女性	男女計	男性	女性
1992～2002 実数変化	総数	−2402	−1217	−1185	−3186	−1520	−1667	109	28	81	413	191	223	−	−	−
	150万円以上総数	−2437	−1274	−1164	−2777	−1400	−1377	52	10	42	116	50	66	−	−	−
	200万円以上総数	−1936	−1107	−829	−2095	−1166	−930	25	0	24	41	14	27	−	−	−
	150万円未満総数	35	57	−21	−409	−119	−290	57	17	40	297	140	157	−	−	−
	200万円未満総数	−466	−110	−356	−1091	−354	−737	85	27	57	372	177	195	−	−	−
	50万円未満	41	18	23	−8	−3	−5	3	1	2	41	18	23	−	−	−
	50～99万円	101	46	54	−40	−17	−23	−9	4	−13	119	56	63	−	−	−
	100～149万円	−106	−8	−98	−360	−99	−261	63	13	50	137	66	71	−	−	−
	150～199万円	−501	−167	−335	−682	−235	−447	28	10	18	75	36	39	−	−	−
1992年 構成比	総数	100.0	49.9	50.1	87.8	44.7	43.1	2.7	0.3	2.3	7.0	3.6	3.4	−	−	−
	150万円以上総数	83.5	44.2	39.2	78.5	41.5	37.0	0.4	0.2	0.2	2.5	1.6	0.9	−	−	−
	200万円以上総数	63.9	36.6	27.2	61.0	34.8	26.2	0.0	0.1	−0.1	1.3	0.9	0.4	−	−	−
	150万円未満総数	16.5	5.7	10.8	9.3	3.2	6.1	2.3	0.2	2.1	4.4	2.0	2.4	−	−	−
	200万円未満総数	36.1	13.3	22.8	26.8	9.9	16.9	2.6	0.2	2.4	5.7	2.6	3.0	−	−	−
	50万円未満	1.4	0.6	0.8	0.3	0.1	0.1	0.2	0.0	0.1	0.8	0.4	0.4	−	−	−
	50～99万円	3.8	1.3	2.5	0.9	0.4	0.5	1.3	0.1	1.2	1.7	0.7	1.0	−	−	−
	100～149万円	11.3	3.8	7.5	8.0	2.6	5.4	0.9	0.1	0.8	1.9	0.9	1.1	−	−	−
	150～199万円	19.6	7.6	12.0	17.5	6.7	10.8	0.4	0.1	0.3	1.2	0.6	0.6	−	−	−
2002年 構成比	総数	100.0	49.6	50.4	66.2	35.8	30.5	6.1	1.1	5.1	18.6	9.1	9.5	2.0	0.7	1.2
	150万円以上総数	74.8	40.0	34.8	60.7	33.4	27.3	1.6	0.4	1.2	6.1	3.3	2.7	0.5	0.1	0.4
	200万円以上総数	55.8	32.1	23.7	48.4	28.2	20.2	0.5	0.2	0.4	2.8	1.7	1.1	1.0	0.2	0.7
	150万円未満総数	25.2	9.6	15.6	5.5	2.4	3.2	4.5	0.6	3.9	12.5	5.8	6.7	0.5	0.1	0.4
	200万円未満総数	44.2	17.5	26.7	17.8	7.6	10.3	5.6	0.9	4.7	15.8	7.4	8.4	1.0	0.2	0.7
	50万円未満	2.9	1.2	1.6	0.3	0.1	0.1	0.3	0.0	0.3	2.0	0.9	1.1	0.1	0.0	0.1
	50～99万円	7.6	2.8	4.8	0.6	0.3	0.3	1.7	0.2	1.5	4.9	2.2	2.7	0.1	0.0	0.1
	100～149万円	14.7	5.5	9.2	4.7	1.9	2.8	2.5	0.4	2.1	5.6	2.6	3.0	0.4	0.1	0.3
	150～199万円	19.0	7.9	11.1	12.3	5.2	7.1	1.1	0.3	0.8	3.3	1.7	1.6	0.5	0.1	0.3

出所：総務省統計局『就業構造基本調査』各年版より作成。

なっている。パート労働者と同様に200万円未満アルバイトの構成比の大きさが顕著である。このように，他の年齢層と比較して不安定就業者の増加が顕著であり，なおかつ，低所得者の増加も顕著である若年層内部では，所得水準に関わらず正規の職員・従業員が大幅に減少し，一方で，特に低所得のアルバイトが大幅に増加していることがわかる。

以上，就調を用いて，近年の低所得層の変動をみてきた。これらの低所得層が，貧困であるか否か，すなわち，世帯所得が最低生活基準に満たない世帯に属する層であるか否かは，上記の分析からは判断できない[13]。そこで，先述した定義をもとに「ワーキングプア」を捉え分析する。

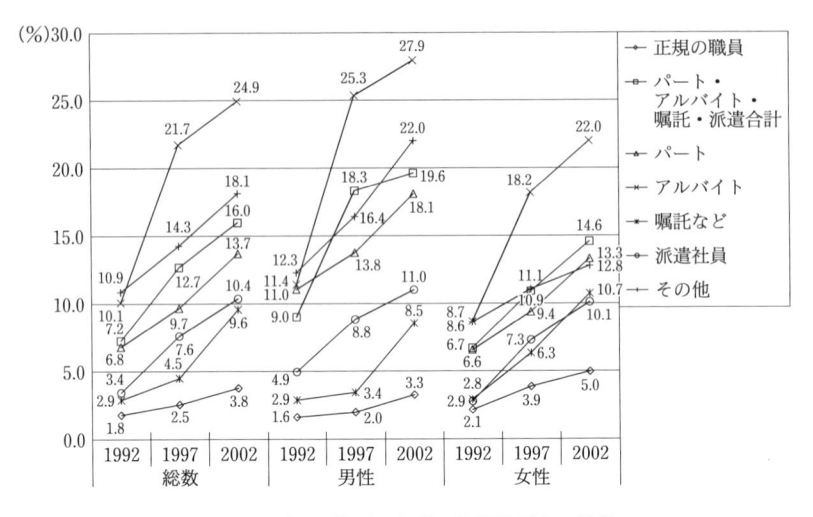

図 2-7　雇用形態別の失業・就労貧困率の推移

出所：表 2-1 より作成した。

(3) 雇用形態別「ワーキングプア」とその格差

　前項で，近年の低所得・雇用形態別被雇用者の構造的変動を分析した。ここでは，日本の「ワーキングプア」を推計し，その特徴を主に雇用形態別にみることとする。分析には，失業・就労貧困率という指標を用いる。加えて，失業・就労貧困率は，分母の大きさによって大きく変化するため，「ワーキングプア」層内部での構成比(poverty share)も用いて分析する。

　表 2-1 の雇用形態別の失業・就労貧困率についてグラフ化し，日本の「ワーキングプア」の特性をみる(図 2-7)。前節までにおいて，不安定就業層の増加が低所得層の増加に寄与していることをみた。図 2-7 をみると，男女とも失業・就労貧困率が上昇し，特に，近年になればなるほど，正規の職員・従業員とそれ以外の雇用形態との格差が大きくなっていることがわかる。特にアルバイトに就く者の失業・就労貧困率の上昇は顕著であり，パートがそれに続く。これは，前節までにおいてみたパート，アルバイトの増加に影響を受けた低所得層の増加とパラレルの関係にあるといえる。

　ただし，正規の職員・従業員の失業・就労貧困率が，緩やかではあるが，上

昇していることは注目すべき事象である。前節までにおいてみたように，1992～2002 年の間に，全体的に正規の職員・従業員が減少した。このような厳しい雇用情勢の中で，正規の職員・従業員の失業・就労貧困率が上昇しているということは，離職することを免れた正規の職員・従業員も，賃金の切り下げなどの影響を受けたということを示唆している[14]。

次に，表 2-1 の「ワーキングプア」層内部の構成比と労働力総計の構成比と比較し，特にどのような雇用形態に「ワーキングプア」が集中しているのかをみる。

労働力総計においても，パートやアルバイトなどの不安定就業層の構成比は，1992 年の 13.7%から 2002 年の 21.6%へと増加しているが，不安定就業層であり「ワーキングプア」である層の構成比の増加は，労働力総計の不安定就業層のそれよりも大きく，1992 年は 21.3%，2002 年は 33.4%となっている。正規の職員・従業員の労働力総計内における構成比は，5 割前後であるが，「ワーキングプア」内では，2 割未満にとどまっている。「ワーキングプア」は，主に不安定就業層に集中しており，性別では，その多くは女性であることがわかる。

以上のように，近年の日本の長期不況，労働市場の規制緩和，グローバリゼーションの進展を起因とする労働市場構造の変化は，全年齢にわたる正規の職員・従業員の減少を生じさせる一方で，不安定就業層の急増をもたらした。それと同時に進行したのが，低所得層の急増である。それは，15～24 歳の若年層の雇用動向に顕著に表れている。なお，本節のデータが示すように，不安定就業者の多くは女性である。

「ワーキングプア」の分析では，「ワーキングプア」が年を追うごとに増加してきていること，「ワーキングプア」の多くが不安定就業に集中しており，その多くは女性であることが明らかとなった。「ワーキングプア」の部分就業（半失業）の実態のいくつかの側面が明らかにされた。

おわりに

本章では，失業・不安定就業・「ワーキングプア」の構造的変化と格差の拡

大について，若干の考察を加えた。

　1節で，失業・不安定就業の国際的動向を概観し，2節では，失業・不安定就業・ワーキングプアの分析視角とその基本構造につて考察した。グローバリゼーションと規制緩和，諸資本の激しい競争と市場万能主義の拡大は，失業と雇用，失業と非労働力の境界を曖昧にするような失業・不安定就業の諸形態を拡大させた。生計を維持するために，いかなる労働条件のもとでも働かざるをえない不安定就業者層の増大は，雇用と失業の中間形態である派遣・下請，ワーキングプア等の劣悪な，最低の底辺層を滞留させている。それは不安定就業において，労働基準法が適用されず，部分的に就業しているが，半ば失業状態にある層を形成し，失業の潜在化を推し進めている。

　本章で推計・分析した労働力概念を基準とする「ワーキングプア」の分析では，その統一的な規定・推計を基準として，失業・就労貧困者の存在と形態を，相互に比較可能に体系(静態と動態，構造と時系列)として把握することに大きな意義がある。「ワーキングプア」は，求職失業者である顕在的失業の貧困部分(失業貧困者)の動向とともに，就労貧困者の動向が連動して捉えられるので，最低生活基準以下の低所得の失業貧困者と就労貧困者が統一的に把握される。「ワーキングプア」は，顕在的な失業貧困者であるとともに，就業しているが，最低生活基準にも満たない就労貧困者すなわち失業状態に近い部分的就業者(潜在的失業者)を意味している。

　上記の分析視角に立って，3節では，特に年齢別性別クロス表に基づいて，失業・不安定就業の日英比較とその結果としての日本の失業・不安定就業の特徴——性別格差と若年層の雇用不安について考察した。1992〜2002年の時期(長期不況の日本と好景気のイギリス)の失業・不安定就業の対峙する諸特徴と格差を分析した。日英とも，失業・不安定就業の諸矛盾は，程度の差はあるが，女性と若年層に累積していることが明示された。半ば失業状態の部分就業は，女性と若年層に滞留し，拡大している。4節では，低所得と雇用形態別属性とのクロス分析を行い，低所得層が非正規雇用(パートタイム，派遣等)と深く関係して増大しており，「ワーキングプア」増大の基底にあることを明示した。特にその特徴は若年層の動向に明示されている。低所得と非正規雇用の増大に起因している「ワーキングプア」の滞留と拡大は，まさに不安定就業の劣悪な労

働と最低生活基準以下の最低層の増大であり，失業貧困者の増大と就労貧困者としての「半失業」，「部分就業」層(潜在化された失業)の滞留と拡大を意味している。社会的格差の根底には失業・不安定就業・「ワーキングプア」の構造的格差があり，それはまた100万世帯を超える生活保護世帯の増大にみられる最低生活層(貧困層)の滞留・拡大につながっている[15]。

注

1) 一橋大学経済研究所附属社会科学統計情報研究センター提供の就業構造基本調査(1992・1997・2002年)の秘匿処理済ミクロデータ(リサンプリング・データ)利用による日本の「ワーキングプア」の推計と分析については，以下の文献を参照。岩井浩・村上雅俊(2007a)『日本のWorking Poorの計測——就業構造基本調査リサンプリング・データの利用』「サステイナブル社会と公共政策」「調査と資料」103号，関西大学経済政治研究所，2007年1月。同(2007b)「日本のWorking Poorの推計と雇用形態別格差——就業構造基本調査リサンプリング・データの分析」静岡大学『経済研究』11巻4号，2007年2月，同(2007c)「日本のWorking Poorの計測——就業構造基本調査リサンプリング・データの分析」経済統計学会『統計学』92号，産業統計研究社，2007年3月。本推計では，労働力基準の「ワーキングプア」(求職失業の貧困者と就業貧困者)が対象とされており，一般のワーキングプアと識別するために，カギカッコつきの「ワーキングプア」の用語を使用している。一定期間，労働市場で活動している「ワーキングプア」の推計では，生活保護基準以下の貧困世帯の確定とその世帯員個人の労働力状態を対象にしている方式に依拠しているので，一般のワーキングプア推計と相違している。また本推計では，世帯類型別基準のクロス推計技術上から，生活保護基準として生活扶助が対象にされ，各種扶助(住宅扶助，教育扶助など)が算入されていないので，推計結果が過小になる側面がある。

　　最近のワーキングプアの論議については，次の文献を参照。後藤道夫他「現代日本のワーキング・プア」『ポリティーク』10号，旬報社，2005年5月，後藤道夫他『格差社会とたたかう——〈努力・チャンス・自立〉論批判』青木書店，2007年，ディヴィット・K・シプラー，森岡孝二他訳『ワーキング・プア　アメリカの下層社会』岩波書店，2007年。

2) Working Poorの国際的動向については，R. Peña-Casas and M. Latta, *Working poor in the European Union*, European Foundation for the Improvement of Living and Working Conditions, 2004, 参照。同書におけるEU各国のWorking Poorの規定については，岩井・村上・前掲書のIの1，参照。

3) アメリカにおける半就業指標の研究からWorking Poorの形成に至る経緯は，岩井・村上・前掲書のIの1「Working Poorの規定と推計」およびII「Working Poor推計の歴史的経緯と現状」参照。

4) 岩井浩「現代の失業・不安定就業の構造的変化」岩井浩・福島利夫・藤岡光夫編著『現代の労働・生活と統計』第2章，北海道大学図書刊行会，2000年，57-58頁。

5) 伍賀一道『雇用の弾力化と労働者派遣・職業紹介事業』大月書店，1999年，7頁。
6) 伍賀一道「今日のワーキングプアと不安定就業問題」静岡大学『経済研究』11巻4号，2007年2月，531頁。伍賀はまた同論文で，フランスのディディエ・ドマジエールの次の所説を引用している。ドマジエールは，『失業の社会学』(都留民子訳，法律文化社，2002年)において，「失業の算定」を論じて，「失業者を数値化することの困難」性を指摘し，「非労働力，失業，そして雇用の境界をつけることは次第に困難になってきている」とし，「余儀なくされた短時間雇用は，就業と失業が交差した状況である。同様に，制度的メカニズムまたは経済的拘束性から招かれた非労働力の状況(経済的理由の解雇後の早期退職年金，実習生，求職活動免除……)は，隠された失業形態である」と述べている(同書，33-34頁)。またドマジエールは，「失業と雇用の間には，余儀なくされたパートタイム雇用と非自発的不安定雇用があり，失業と非労働力の間には，早期退職，職業養成実習で対処されている失業，求職活動の免除，求職活動の断念がみられる」と述べている(同書，189頁)。
7) OECD補足的尺度の国際比較では，日本の求職意欲喪失者，特に女性のそれの異常な高さが表示されている。失業代替指標の国際比較とOECD補足的尺度については，注4の岩井(2000)，62-64頁，参照。
8) 後藤道夫「格差社会とたたかう」後藤他・前掲書，1章，21頁，表1-3。
9) 本節の失業・不安定就業の日英比較は，Hiroshi Iwai and Masatoshi Murakami, "A comparative study of unemployment & unstable employment indicators in Great Britain and Japan using micro-data," *Kansai University Review of Economics*, No. 7, March 2005をベースにしている。イギリスの労働力調査ミクロデータによる年齢別詳細表は村上雅俊の試算に依拠している。
10) 保守党政権下のイギリスの労働市場と雇用・失業構造については，シモン・デーキン，キンナ・リード「事態の根本的改善？ それとも悪化か？ 1980年代，90年代におけるイギリスの規制緩和と雇用」G. エスピン-アンデルセン，マリーノ・レジーニ編，伍賀一道他訳『労働市場の緩和を検証する』第5章，青木書店，2004年，参照。
11) 乾彰夫編著『不安定を生きる若者たち――日英比較　フリータ・ニート・失業』大月書店，2006年，参照。
12) 近年の，低所得層・世帯の構造変化の分析として，後藤・前掲論文，伍賀・前掲論文がある。本節では，低所得層の構造変化をみるために，1992～2002年の低所得層(年間所得200万円未満の層)の分布を雇用形態別に捉える。所得が200万円未満の就業者＝「ワーキングプア」とはみなさない。
13) たとえば，結婚しており，パートで働いており，年間所得が150万円の女性でも，パートナーの男性の年間所得が高額であれば貧困とはならない。一方で，パートナーの男性の所得が一定程度あるので，あえてパートに就いている，もしくは就業しない女性も存在する。
14) 男性の失業・就労貧困率よりも女性のそれが低いのは，分母の大きさによるものである。たとえば，パート労働者の圧倒的多数は女性であり，よって，失業・就労貧困率を計算すると，分母の大きい女性は失業・就労貧困率が低く表示され，分母の小さい男性

はそれが大きく表示される。
15) 本章は，1節，2節は岩井，3節(1)は岩井・村上，3節(2)は岩井，4節は村上の分担執筆である。

第3章　雇用労働者における年齢および所得水準による労働時間格差

はじめに

　本章の課題は，年齢と所得水準による労働時間の格差を統計によって明らかにすることである。労働者の社会・経済的属性によって労働時間には格差が生じうるが，本章では，基本的な属性として性と雇用形態を重視し，これを土台として，さらに年齢と所得水準に絞って労働時間を分析し，格差の規模やその時間的推移を検討する。したがって本章は，他の重要な社会・経済的属性を含むより多面的な研究の序論に位置づけられるものである。以下ではまず，これまで一般的に指摘されてきた労働時間問題を改めて整理した上で，先行研究を踏まえつつ本章で重視する年齢と所得水準における労働時間格差の分析視角を説明し，作成した統計表から読み取りうる点を指摘する。

1. 労働時間問題と労働時間格差

　労働時間格差を論じる前提として，日本の労働時間をめぐってこれまで主に何が問題とされてきたのか簡単に指摘しておきたい。
　第1に，長時間労働問題がある。表3-1は雇用者1人当たりの平均労働時間の推移をまとめたものである。日本において長時間労働問題が特にクローズアップされ始めるのは，過労死問題が顕在化する1980年代後半からであった。この頃の男性労働時間は週50時間，年間では2600時間を超えるほどの長時間労働であった。これは平均値であるので，週50時間を超えて働く男性が相当数，存在していたことになる。この時期に日本はバブル経済に突入して，海外

表 3-1　非農林業雇用者の労働時間の推移，1980〜2005 年　(単位：時間)

	「労働力調査」週間就業時間		年換算推計値			
			「労調」就業時間		「毎勤」所定外労働時間	
	男性	女性	男性	女性	男性	女性
1980	49.9	42.4	2,609	2,217	205	72
1985	50.9	41.7	2,654	2,174	226	80
1990	50.2	39.8	2,618	2,075	239	86
1995	47.4	37.7	2,472	1,966	178	65
2000	47.6	36.4	2,489	1,903	181	72
2005	46.7	35.2	2,442	1,840	197	78

注：「労働力調査」(「労調」)は非農林業雇用者の数値。年間就業時間は週間就業時間を52.1(365/7)倍して計算した。「毎月勤労統計調査」(「毎勤」)は常用労働者30人以上規模事業所の数値。年間労働時間は，調査産業計の常用労働者1人平均月間総実労働時間数を12倍した。
出所：総務省統計局『労働力調査年報』(各年)，厚生労働省『毎月勤労統計要覧』(各年)。

への直接投資や輸出を大幅に拡大したために，国際社会から過労死を生み出すような働き方が問題視されるのを契機として，日本政府も長時間労働の是正に取り組むようになった。しかし，バブル景気崩壊後の1990年代における経済不況により，政府はもとより，企業や市民の間からも労働時間の短縮を進める気運は以前に比べると減退してしまった。表3-1をみると，この時期の労働時間は男女ともに少し短くなる傾向にあるが，これは労働時間の比較的短い非正規雇用者の増大の影響が大きい。後にみるように，正規雇用者の労働時間(特に男性)は短くなってはいない。21世紀に入って一般的には景気が回復してきたといわれて久しいが，後述するように，「働き方の多様化」と称する労働法制の緩和に重点が置かれ，長時間労働の是正が正面から取り上げられることは依然として少ない。

　第2に，国際社会において突出し続ける日本の長時間労働問題である。表3-2はフルタイム雇用者1人当たりの週実労働時間を日米および主要なEU諸国についてまとめたものである。調査方法やフルタイムの定義を可能な限り統一させるように作成した。2005年時点で，日本のフルタイム雇用者(正確には「正規の職員・従業員」)の労働時間は男女ともに米・EU諸国に比べて格段に長い。こうした状況は1980年代から基本的に変わっていない[1]。経済大国となった日本の経済活動がますますグローバル化し国際社会との相互依存関係を強める中で，突出した日本の労働時間は国際社会との関係に悪影響を与えうるし，他

表 3-2 週実労働時間の国際比較，フルタイム雇用者平均，2005 年
(単位：時間)

	男性	女性
日本	48.3	42.3
米国	42.1	38.4
英国	42.2	38.2
ドイツ	42.0	39.9
フランス	38.4	36.4
ベルギー	38.8	36.8
オランダ	39.6	37.6
スペイン	41.0	38.8
ポルトガル	40.2	38.3
イタリア	40.0	36.4
デンマーク	39.6	36.6
ノルウェー	39.9	37.1
スウェーデン	39.4	37.6
フィンランド	39.2	37.0

出所：①日本：総務省統計局「労働力調査 詳細結果(平成17年平均)」の「正規の職員・従業員」の数値。
②米国：センサス局「Current Population Survey」のフルタイム雇用者の数値。
③その他：欧州連合統計局「Labour Force Survey」のフルタイム雇用者の数値。

国の企業が日本との国際競争力を維持させるために労働者の労働条件を切り下げる(そのひとつとして労働時間の延長がある)圧力ともなりうる点で憂慮される問題である。

　第3に，このような長時間労働によって引き起こされる，過労死あるいは過労自殺の問題である。過労死・自殺の件数を明確に把握することはできないが，全国の労働基準監督署が労働災害と認めた過労死(過労による脳・心臓疾患での死亡)・過労自殺(過労による精神障害等での自殺)件数がひとつの目安となる。それによれば過労死は2002年度に過去最高の160件に達した後も150件前後で推移し(2007年度は142件)，過労自殺は2002年度以降40件台であったのが2007年度には81件に急増している。この認定件数は氷山の一角にすぎず，その背後には膨大な労災請求件数があり，過労死・過労自殺に関わる相談を受け付けている「過労死弁護団全国連絡会議」には毎年，数百件の相談が寄せられている。この過労死・過労自殺の主要な原因はいうまでもなく長時間労働である。

　第4に，長時間労働をもたらす要素として，長い残業時間，短い年次有給休

表 3-3 年休付与・取得日数の推移，非農林業雇用者の 1 人平均，1981～2005 年

(単位：日数，%)

	付与日数	取得日数	取得率(%)
1981 年	15.0	8.3	55.3
1985 年	15.2	7.8	51.3
1990 年	15.5	8.2	52.9
1995 年	17.2	9.5	55.2
2000 年	18.0	8.9	49.4
2005 年	18.0	8.4	46.7

注：調査対象は常用労働者 30 人以上規模。調査項目に年休が加わったのは 1981 年から。
出所：厚生労働省『就労条件総合調査』(各年)，旧労働省『賃金労働時間制度等総合調査』(各年)。

暇日数(年休)，完全週休 2 日制の低い普及率の問題がある。残業時間は本来，法定労働時間である 1 日 8 時間・週 40 時間をやむをえぬ事情があるために特別に延長した時間である。だからこそ労働基準法では残業時間(正確には時間外労働)には通常賃金の最低 25% 以上の割増し賃金を支払うように規定されている。しかし，この残業時間(表 3-1 では「所定外労働時間」がこれに対応)は，実労働時間のうち少なからぬ部分を恒常的に占めている。さらに，割増し賃金が支払われた残業時間以外に，それが支払われていない，不払残業時間(いわゆる「サービス残業時間」)が存在する。厚生労働省が 2003 年に不払残業解消に向けた対策や指針を公表して以来，不払残業に対する監督・指導が強化されたこともあり，大手を含む相当の企業が未払い分の賃金を支払う事態となった。厚生労働省労働基準局の発表によると，2007 年度に労働基準監督署による監督や指導の結果，不払いになっていた割増し賃金を支払った企業(1 企業当たり合計 100 万円以上)は 1728 企業，支払われた割増し賃金の合計額は 272 億円にも上っており，この企業数は 2003 年以降増加傾向にある。年休については，1980 年代からの年休の付与および取得日数を表 3-3 にまとめた。企業は労働者に 1 人平均 15～18 日を付与してきたが，実際に労働者が休みをとったのはその半分であり，特に懸念されるのは，最近(2000 年以降)の傾向として取得率が半分にも満たないことである。

完全週休 2 日制の普及率については，その他の週休制度とともに 1980 年代からの推移を表 3-4 にまとめた。完全週休 2 日制は 1980 年代以降増加してき

表 3-4　週休制の形態別適用労働者数割合の推移，非農林業雇用者，1980～2005 年

(単位：％)

	完全週休 2 日制	何らかの週休 2 日制	週休 1 日，週休 1 日半制	その他	合計
1980	23.0	51.1	25.8	0.0	100
1985	27.1	49.4	23.4	0.0	100
1990	39.2	47.2	13.6	0.0	100
1995	57.8	38.4	3.5	0.3	100
2000	57.6	37.3	3.1	2.0	100
2005	60.4	30.8	3.7	5.1	100

注：調査対象は常用労働者 30 人以上規模。
出所：厚生労働省『就労条件総合調査』(各年)，旧労働省『賃金労働時間制度等総合調査』(各年)。

ているとはいえ，依然 6 割にとどまっている。さらに事業所規模が小さいほど普及率は低下する傾向にある。

　第 5 に，労働時間に関わる法制度の緩和をめぐる問題である。日本の長時間労働の大きな原因のひとつとして労働時間規制が弱いことが指摘されて久しい。1987 年の労働基準法改正によって一部の例外はあるものの法定労働時間は 1 日 8 時間・週 40 時間となった。しかし，時間外労働については依然として上限規制が弱いまま今日に至っており，他方で 1 日 8 時間・週 40 時間という原則をより緩和できる制度(変形労働時間制やみなし労働制など)を拡大させてきた。そして，この一連の規制緩和の流れを受けて 2006 年以降，急速に議論されたのが「労働ビッグバン」と名づけられた，労働契約や労働時間に関わる法制度の規制緩和である。その中で特に労働時間との関わりが深いのは「日本版ホワイトカラー・エグゼンプション」であった。これは，アメリカの例，つまりアメリカ公正労働基準法にある残業規制(週 40 時間を超える労働時間に対しては通常賃金の 1.5 倍を支払わなければならない)が管理，運営，専門職等のホワイトカラーには適用除外(exemption：エグゼンプション)されることを参考に，日本版の労働時間規制の適用除外者を新たに設けようとするものであった。日本のホワイトカラーでも管理監督者は労働基準法第 41 条によってすでに労働基準法の適用を除外されているので，今回の「日本版エグゼンプション」では，さらにその範囲を広げようとしたと言い換えることができるだろう。この議論は 2007 年 1 月末の通常国会に法案として提出されるかどうかで非常に注目を浴びたが，適用除外対象者の新基準(業務内容や年収など)をめぐって批判的な世論が盛り上がり，結局，提出は見送られた。しかし経営者側は依然としてこの議論を支持し

ているので，今後の動向に注視する必要があるだろう[2]。

　以上のように重大な諸問題を抱える労働時間の現状や傾向を統計によって把握し，改善の方向を探ることがますます重要となっている。ただしその際には，労働時間は労働者の社会・経済的属性によって大きく異なるので，平板的ではなく，諸属性別に労働時間を把握する必要があろう。労働者は様々な社会・経済的属性をもつが，さしあたり基本的な属性として考えられるのは，性と雇用形態である。日本では，長時間働くことのできる男性正規雇用を中心とする企業の雇用慣行とその男性稼ぎ主を家庭で支える女性(非正規雇用あるいは無業の女性)を優遇する社会保障制度体系が高度経済成長期以来長らく定着した。そのために，性別格差をともないながら雇用形態によって労働時間の長さが決定的に異なる，つまり男性は正規雇用の圧倒的多数を占めてさらに長時間働き，女性は非正規雇用の圧倒的多数を占めるが短時間働くという構造が存在する。この性と雇用形態の区分を土台として，さらに他の社会・経済的属性，たとえば年齢(ライフステージ)，職種，勤め先の産業や企業規模(従業員規模)，所得水準等によって労働時間に格差が生じている。

2．労働時間格差をめぐる先行研究

　労働時間の属性別格差としては，藤本[3]が産業，企業規模，職種，性別等の格差について，大雑把な国際比較も交えつつ，統計によって早くから指摘していた。藤本は労働時間や賃金における格差が日本において大きい理由として，産業構造(特に二重構造といわれる日本的下請制度)，近代化・民主化の遅れ(特に男女差別意識)，労働法の不備・不完全，日本の企業別組合(ヨーロッパの産業別組合と対置して)をあげている[4]。しかし，藤本の研究では今日的な非正規雇用が急増するよりも前の時期が分析対象となっている点，藤本の先行研究を踏まえてさらに発展させた統計的研究が依然として欠けている点が課題として残されている。その後，総務省統計局による「労働力調査」を使って「性別分化を伴った労働時間の二極化傾向」を森岡[5]が指摘した。しかし，森岡の研究は平板的な全雇用者の労働時間で議論しており，雇用形態別の労働時間分析にはなっていない。森岡の指摘を発展させるべく，性と雇用形態別による労働時間の動向

(1992年と2002年の比較)について，また，長時間正規労働者の属性的特徴(正規雇用者の中で長時間労働しているのは性，職業，産業別にみてどのような組み合わせが多いか)について水野谷[6]が検討した。

3. 本章の分析視角および使用統計

　労働時間の格差をどのような視点でどの属性を取り上げて論じるのがよいのかはさらに議論を要するが，本研究では，先行研究では必ずしも十分に取り上げられてこなかった年齢と所得水準における労働時間格差を分析する[7]。従来の年功序列的な賃金制度が崩れ成果主義的な色合いの強い賃金制度が導入される中で，年齢や所得水準による労働時間格差の動向が注目されるからである。ただし，年齢や所得水準だけで労働時間格差を論じてみても，より基礎にある性や雇用形態といった属性を平板化することになる。そこで本研究では性，雇用形態および職業における労働時間格差が決定的に重要であると考え，これらの属性の組み合わせによってできる労働者群をあらかじめ分類しておいた上で，年齢と所得水準による労働時間格差について分析する。言い換えると，労働時間格差の大きい性，雇用形態および職業の属性についての条件をそろえることによって，年齢や所得水準による「より純粋な」労働時間格差を見極めることができると考えたのである。

　このような多様な属性と労働時間を調査項目にもつ統計調査は，総務省統計局が5年に1度実施している「就業構造基本調査」(以下，「就調」と略す)であるが，上述の諸属性をクロスさせた労働時間の集計表は，公表されている統計表の中にはない。そこで，同調査のミクロ統計データ(匿名化処理された個票データ)[8]を使用して，分析視角にあった集計表を独自に作成する。分析期間としては，バブル経済崩壊直後の1992年，そして経済不況に入った1997年と2002年に実施された調査のミクロ統計データを使い，この10年間における変化をみる[9]。なお，「就調」の労働時間に関する調査項目は，「ふだんの1週間の就業時間」を10階級(15時間未満，15〜21時間……49〜59時間，60時間以上)の中から選択させる形式であり，実数を回答させてはいない。10階級では細かすぎて傾向を読み取ることが難しいので，次節以降ではより少ない階級に再集計

し，その階級別の雇用者構成比をみる。

4. 性と雇用形態別にみた労働時間

年齢と所得水準別に労働時間を分析する前に，基礎的な属性として位置づけた性と雇用形態について，労働時間にどれほどの違いがあるのかを，労働時間階級(5階級)別の就業者構成比で以下確認しておく(表3-5)。

(1) 「正規の職員・従業員」

「正規の職員・従業員」(以下，「正規雇用者」と略す)は，1992年から1997年には男女ともに49時間以上の割合を減らし，35〜42時間の階級割合を増やした。しかし1997年から2002年では，長時間労働者割合(週49時間以上階級)が増加した。ただし長時間労働者割合の水準は男性で女性の倍近くあり，男性の超長時間労働者割合(週60時間以上階級)は2002年には17％に達し，長時間労働者割合では4割を超えている。男性「正規雇用者」の長時間労働化が強まっている。

(2) 「パート・アルバイト」[10]

正規雇用である場合，就業規則で決められた労働時間は通常週40時間，つまりフルタイムで働くことが一般的である。フルタイム労働を少なくとも週35時間以上と考えた場合，「パート・アルバイト」でありながら週35時間以上働く労働者の割合は男性で約5割，女性で約3割である。これらの労働者は時間の長さだけからみれば「パート」というよりは「正規」雇用者(別名「フルタイム・パート労働者」あるいは「擬似パート労働者」とも呼ばれている)である。ここに労働実態と処遇の格差，つまり正規雇用と同程度長い時間を働いても正規雇用よりもはるかに劣る処遇しか受けられないという格差が存在している。

各労働時間階級の水準を時系列でみると，男女ともにこの10年間であまり大きな変動はない。つまり男性では約5割，女性では約3割の「フルタイム・パート労働者」が存在しつづけているのである。

第3章 雇用労働者における年齢および所得水準による労働時間格差　69

表3-5　性，雇用形態，週間就業時間別就業者構成比，1992・1997・2002年

(単位：％)

		計(千人)	計(=100)	35時間未満	35-42時間	43-48時間	49-59時間	60時間以上
男性	正規の職員・従業員							
	1992年	25,177	100.0	1.8	24.2	39.2	23.1	11.7
	1997年	25,949	100.0	1.7	34.2	33.7	18.9	11.5
	2002年	23,511	100.0	2.0	27.6	29.7	23.5	17.2
	パート・アルバイト							
	1992年	1,083	100.0	49.6	20.9	18.5	7.9	3.2
	1997年	1,442	100.0	51.4	22.7	17.3	5.8	2.8
	2002年	2,046	100.0	53.7	20.7	14.0	8.3	3.4
	派遣労働者							
	1992年	41	100.0	7.3	35.4	42.7	13.4	1.2
	1997年	38	100.0	8.5	38.0	33.8	15.5	4.2
	2002年	187	100.0	10.1	38.2	28.1	18.0	5.7
女性	正規の職員・従業員							
	1992年	11,452	100.0	5.1	33.5	43.4	14.2	3.7
	1997年	11,438	100.0	4.8	47.0	34.7	10.2	3.3
	2002年	9,579	100.0	5.6	41.4	32.5	14.5	6.0
	パート・アルバイト							
	1992年	526	100.0	64.7	22.0	10.5	2.2	0.6
	1997年	6,872	100.0	68.1	22.1	7.1	2.1	0.6
	2002年	7,969	100.0	71.3	18.6	6.7	2.5	0.8
	派遣労働者							
	1992年	92	100.0	33.5	53.5	8.6	3.2	1.1
	1997年	158	100.0	25.8	59.4	11.4	3.4	0.0
	2002年	458	100.0	24.9	56.0	13.9	3.9	1.3

出所：総務省統計局「就業構造基本調査」のミクロ統計データを筆者が集計。

(3) 派遣労働者

　男性割合の一番大きな労働時間階級は1992年では43〜48時間だったが，それ以降は35〜42時間に移行した。この10年では，43〜48時間の割合が減ってきた分，短時間労働(35時間未満階級)と長時間労働の割合が増加，つまり二極化傾向がみられる。

　女性では過半数が35〜42時間の階級に集中しており，この傾向はこの10年間で基本的に変わっていない。

5. 年齢による労働時間格差

　性と雇用形態を区分した前節において，労働時間階級別に雇用者数の分布が大きく異なることが明らかになった。したがって，労働時間分析において性と雇用形態を区分する重要性もまた確認された。本節では，性および職業別に「正規雇用者」と「パート・アルバイト」に分けた上で[11]，さらに年齢によって労働時間にどれだけ格差が生じているのかを検討する。ただし，年齢は3階級(15～34歳，35～54歳，55歳以上)という非常に粗い区分にとどまっている。これは表の大きさをなるべく抑えるための処置であり，本章の限界でもある。

(1) 年齢，職業，性別「正規の職員・従業員」の週間就業時間

　本節以降の表では「週間就業時間」について「42時間以下」，「43～48時間」，「49時間以上」の3階級のうち両極の2階級だけが示されている。これは表のスペースを節約し，両極にある短時間および長時間労働者の割合に注目できると考えたからである。

　全体的な傾向として第1に，1992年から1997年にかけてほぼどの年齢階層においても49時間以上割合の減少と42時間以下割合の増加がみられたが，1997年から2002年にかけてその逆の傾向がみられた(表3-6)。1992年と2002年の水準を3つの労働時間階級(本章では便宜的に42時間以下を「短時間労働」，43～48時間を「並時間労働」，49時間以上を「長時間労働」とする)で比較すると，「並時間労働」割合が減少し，それ以外の割合が増えていることになる。ただし，両極の割合が同じように増加し労働時間が二極化するというよりは，その傾向は性，職種，年齢によって多様である。第2に，どの年齢階層においても「長時間労働」割合が高い職種は，男性では「販売」，「サービス」，「運輸・通信」，女性では，「サービス」，「販売」，「管理」である。逆に「短時間労働」割合が比較的多い職種は，男女ともに「事務」である。また，1992年と2002年を比較して男女どの年齢階層でも「長時間労働」割合を増やした職種は「販売」である。つまり，「販売」職は，「長時間労働」割合が他の職種に比べて高く，さらにこの10年間でその割合を増やしていることになる。

次に，年齢階級(ここでは便宜的に15～34歳を「若年層」，35～54歳を「中年層」，55歳以上を「高年層」とする)の格差をみる。1992年と2002年を比較した場合，男性では「若・中年層」の「長時間労働」割合の増加率が「高年層」に比べて大きく，一方で，「高年層」の「短時間労働」割合の増加率が「若・中年層」に比べて大きい。これは最近の若年労働者(特に男性)の長時間労働化[12]を部分的に裏づける傾向であると思われる。また，一方で「高年層」男性労働者の中で42時間以下という比較的短い時間で働く者の割合が増えたことはあまり指摘されてこなかったように思われる。女性には男性のような傾向はみられず，職種と年齢によっては「短時間労働」割合が増えているもの(たとえば「中・高年層」「サービス」職)や「長時間労働」割合が増えているもの(たとえば「中・高年層」「管理」職)もある。

(2) 年齢，主な職業，性別「パート・アルバイト」の週間就業時間

「パート・アルバイト」の人数は「正規雇用者」に比べて少ないので，欄によっては該当する数値がないか表示するには標本が少なすぎる場合がある。したがって，人数が比較的多い「事務」，「販売」，「サービス」，「技能，労務」職に絞って検討する。これは次節の所得水準による分析でも同様である。

全体的な傾向として第1に，「正規雇用者」に比べると大きな変化はないようにみえる(表3-7)。第2に，「パート・アルバイト」でありながら49時間以上割合が多いのは，2002年でみると，男性の「技能，労務」職・「若年層」で17％，「中年層」では23％も存在する。女性では49時間以上割合が10％を超えている職業・年齢層はないが，男性に比べて人数が多いので，10％以下の割合でも人数的には一定程度の長時間働く「パート・アルバイト」労働者が存在することに注意が必要であろう。

次に年齢階級による格差をみる。男性では「若年層」が「高年層」に比べ長時間労働者割合が高く，1992年と2002年を比べても，「若年層」が「高年層」に比べ短時間労働者割合を減少させ，長時間労働者割合を増加させる傾向にある。正規雇用だけではなく非正規雇用においても「若年層」で長時間労働者が増加する傾向にあるのではないか。女性では全体的に男性に比べて変化が少な

表3-6 性，職業，年齢別正規の職員・従業員における週42時間

		15－34歳		35－54歳		55歳以上	
		42時間以下	49時間以上	42時間以下	49時間以上	42時間以下	49時間以上
男性	1992年						
	専門・技術	25.4	37.3	28.4	31.5	36.1	15.8
	管理	5.9	60.8	38.1	30.2	47.6	15.6
	事務	32.8	27.0	40.2	21.4	46.3	16.0
	販売	16.6	50.0	22.6	43.6	34.2	27.4
	サービス	13.7	56.5	13.8	60.9	20.8	39.1
	保安	40.6	27.2	37.2	30.5	30.6	35.9
	農林漁業	20.4	46.2	16.7	43.1	30.4	25.0
	運輸・通信	13.5	53.2	15.0	49.8	18.2	41.5
	技能，労務	21.0	37.6	23.7	32.6	26.5	22.8
	1997年						
	専門・技術	28.6	38.2	35.5	32.6	60.7	12.6
	管理	16.2	62.2	41.9	30.4	67.6	12.5
	事務	42.4	25.5	53.1	20.9	67.4	8.1
	販売	22.0	46.7	31.9	38.2	46.9	21.5
	サービス	18.8	55.8	22.3	48.0	33.5	35.0
	保安	44.8	24.1	47.5	26.0	49.6	22.3
	農林漁業	25.6	41.9	26.0	38.4	45.5	21.6
	運輸・通信	22.2	45.5	27.3	40.2	30.5	31.4
	技能，労務	27.9	32.9	34.2	25.6	43.5	13.8
	2002年						
	専門・技術	23.9	48.3	31.1	42.2	51.7	21.0
	管理	14.7	58.8	40.1	37.7	57.3	17.8
	事務	35.6	35.5	43.5	30.7	58.3	16.9
	販売	13.7	61.6	21.2	52.9	36.4	29.4
	サービス	15.2	61.4	24.7	56.0	33.9	41.8
	保安	36.8	30.4	33.0	40.4	46.3	28.0
	農林漁業	22.2	43.3	25.7	40.7	29.9	40.3
	運輸・通信	18.4	55.9	20.5	55.2	24.8	42.2
	技能，労務	23.1	42.5	29.2	34.3	37.6	24.6

注：表中の「…」は，集計サンプル数が少ないので非掲載とした箇所である。
出所：総務省統計局「就業構造基本調査」のミクロ統計データを筆者が集計．

第 3 章 雇用労働者における年齢および所得水準による労働時間格差 73

以下および週 49 時間以上就業者の割合，1992・1997・2002 年 (単位：％)

		15−34 歳		35−54 歳		55 歳以上	
		42時間以下	49時間以上	42時間以下	49時間以上	42時間以下	49時間以上
女性	1992 年						
	専門・技術	28.5	25.1	28.2	17.6	40.9	16.4
	管理	…	…	23.1	23.1	…	…
	事務	46.5	12.9	44.7	12.8	47.0	15.8
	販売	40.3	21.6	46.8	23.3	40.9	27.0
	サービス	27.8	40.2	34.3	26.3	35.2	27.7
	保安	60.0	15.0	…	…	…	…
	農林漁業	…	…	44.4	22.2	50.0	17.6
	運輸・通信	33.3	37.3	40.9	13.6	…	…
	技能，労務	37.3	17.1	30.6	15.4	31.2	14.0
	1997 年						
	専門・技術	42.2	19.8	45.8	13.2	57.8	6.2
	管理	…	…	46.7	20.0	64.3	7.1
	事務	57.2	10.1	62.7	8.2	64.3	8.7
	販売	44.2	21.9	52.2	18.0	43.5	25.4
	サービス	38.8	28.5	53.0	18.9	50.6	22.1
	保安	40.7	14.8	60.0	20.0	…	…
	農林漁業	…	…	50.0	12.5	41.7	8.3
	運輸・通信	33.8	31.3	69.2	13.5	…	…
	技能，労務	47.3	12.7	48.4	9.6	49.5	7.0
	2002 年						
	専門・技術	38.8	26.7	46.7	20.0	52.9	16.2
	管理	…	…	56.3	25.0	46.2	23.1
	事務	49.9	15.6	55.4	13.7	59.4	13.6
	販売	37.2	28.3	43.5	29.1	32.2	36.4
	サービス	33.8	37.2	47.0	25.9	50.3	25.5
	保安	60.0	23.3	47.4	31.6	…	…
	農林漁業	…	…	20.0	45.0	33.3	16.7
	運輸・通信	32.5	35.0	29.2	33.3	…	…
	技能，労務	44.5	20.0	46.5	16.1	54.5	13.3

表3-7 性，主要職業，年齢別パート・アルバイトにおける週42時間以下および週49時間以上就業者の割合，1992・1997・2002年

(単位：％)

		15－34歳 42時間以下	15－34歳 49時間以上	35－54歳 42時間以下	35－54歳 49時間以上	55歳以上 42時間以下	55歳以上 49時間以上
男性	1992年						
	事務	85.2	2.2	…	…	75.5	9.4
	販売	75.2	10.1	…	…	…	…
	サービス	84.3	6.9	…	…	77.6	10.2
	技能，労務	64.9	14.2	39.3	24.4	69.7	7.3
	1997年						
	事務	87.8	6.5	…	…	80.2	8.1
	販売	76.6	9.2	…	…	63.0	25.9
	サービス	83.3	3.6	53.8	11.5	89.1	10.9
	技能，労務	66.8	12.0	53.6	15.2	77.9	2.4
	2002年						
	事務	82.8	10.0	85.7	14.3	88.6	1.9
	販売	82.2	6.2	34.8	30.4	65.5	12.1
	サービス	82.3	7.7	50.0	42.5	78.6	13.1
	技能，労務	61.4	17.0	52.8	23.0	84.9	6.2
女性	1992年						
	事務	86.9	2.3	92.0	1.8	89.3	3.8
	販売	80.7	3.1	87.8	3.1	76.8	4.3
	サービス	85.3	5.3	88.5	3.5	84.0	5.1
	技能，労務	84.2	3.0	86.7	2.1	79.9	3.3
	1997年						
	事務	88.6	3.3	94.1	1.5	94.2	1.8
	販売	83.6	4.3	90.7	2.6	88.6	5.0
	サービス	88.6	2.9	93.2	2.6	90.0	2.6
	技能，労務	84.5	6.3	90.7	1.7	86.3	3.8
	2002年						
	事務	89.8	2.7	93.5	1.7	91.7	2.9
	販売	88.0	4.6	89.8	3.3	87.1	5.1
	サービス	89.2	4.4	90.3	3.6	88.6	5.1
	技能，労務	83.7	6.8	89.7	3.0	87.4	3.3

注：表中の「…」は，集計サンプル数が少ないので非掲載とした箇所である。
出所：総務省統計局「就業構造基本調査」のミクロ統計データを筆者が集計。

く，また42時間以下割合を増加させる傾向にある。

6．所得水準による労働時間格差

前節と同様に，所得水準による労働時間格差について「正規雇用者」と「パート・アルバイト」に分けて検討する。

(1) 所得水準，職業，性別「正規の職員・従業員」の週間就業時間

全体的な傾向として第1に，労働時間の問題とは別に，所得階層(本章では便宜的に400万円未満を「低所得層」，400〜699万円を「中所得層」，700万円以上を「高所得層」とする)において，女性の「中・高所得層」の割合が男性に比べて少なく，所得分布における大きな性差自体の問題(特に性別賃金格差)があることを確認しておく。第2に，どの所得階層も基本的に，1992年から1997年に「長時間労働」割合が減少したが，2002年にはその揺り戻しがあった(表3-8)。別の言い方では，1992年から2002年にかけて，「並時間労働」の割合が減少し，その分が両極の「短時間労働」と「長時間労働」の割合が増加した。ただし，男性・「高所得層」の「専門・技術」「管理」「事務」職，女性・「中所得層」の「サービス」職，女性・「高所得層」の「専門・技術」「販売」職では10年間一貫して「長時間労働」割合が増えた。

次に所得階級による格差をみる。所得水準と労働時間の間にはっきりした関係はみられないが，表から読み取りうるとすれば，所得水準と労働時間の間の負の関係が，男性の「中所得層」と「高所得層」，女性の「低所得層」と「中所得層」の間でみられる。1992年と2002年を比較して所得階層による労働時間割合の増減規模にははっきりした違いはあまりみられないものの，性と職種によっては違いがある。たとえば男性・「管理」職・「高所得層」は他の所得階層に比べて「長時間労働」割合増加率が大きい，女性・「販売」職・「高所得層」は他の所得階層に比べて「長時間労働」割合増加率が大きい，等である。

表 3-8 性,職業,年間所得別正規の職員・従業員における週 42 時

		400万円未満		400-699万円		700万円以上	
		42時間以下	49時間以上	42時間以下	49時間以上	42時間以下	49時間以上
男性	**1992年**						
	専門・技術	29.0	31.3	24.4	35.1	31.1	31.1
	管理	22.8	37.0	25.3	34.5	48.2	22.4
	事務	33.7	23.2	35.5	25.3	48.6	17.8
	販売	17.2	47.0	19.3	48.1	32.2	34.5
	サービス	15.2	53.8	11.7	61.1	24.2	57.6
	保安	34.9	33.7	35.3	29.5	44.3	27.5
	農林漁業	21.5	35.8	21.4	46.4	…	…
	運輸・通信	13.8	48.2	14.8	52.9	24.0	40.1
	技能,労務	20.3	32.3	24.2	35.6	38.8	27.1
	1997年						
	専門・技術	35.9	29.7	31.4	35.3	38.4	33.1
	管理	57.5	20.5	42.9	31.3	50.3	24.5
	事務	47.4	19.8	49.1	22.2	57.3	19.5
	販売	25.9	39.0	25.3	45.1	40.1	33.5
	サービス	21.3	50.9	20.0	52.6	40.2	30.4
	保安	41.8	24.3	49.0	26.6	49.0	23.4
	農林漁業	31.2	33.8	27.5	40.2	…	…
	運輸・通信	26.2	38.0	24.8	43.2	35.1	34.5
	技能,労務	31.7	25.8	31.8	28.6	44.7	23.9
	2002年						
	専門・技術	31.3	40.5	27.6	44.5	32.3	42.1
	管理	44.0	30.0	36.9	36.0	48.3	30.0
	事務	39.8	30.7	42.2	30.9	46.6	28.9
	販売	17.8	54.5	17.9	56.0	27.6	47.8
	サービス	20.0	55.8	20.5	62.4	30.3	53.0
	保安	35.7	33.6	34.7	35.4	36.7	37.5
	農林漁業	24.5	36.7	26.3	56.6	60.0	0.0
	運輸・通信	19.2	54.1	19.4	54.5	38.8	35.5
	技能,労務	26.2	35.9	27.2	38.3	40.5	29.1

注:表中の「…」は,集計サンプル数が少ないので非掲載とした箇所である。
出所:総務省統計局「就業構造基本調査」のミクロ統計データを筆者が集計。

間以下および週49時間以上就業者の割合，1992・1997・2002年　　　　　　（単位：％）

		400万円未満		400−699万円		700万円以上	
		42時間以下	49時間以上	42時間以下	49時間以上	42時間以下	49時間以上
女性	1992年 専門・技術	30.6	22.0	24.1	22.0	35.2	16.0
	管理	…	…	…	…	…	…
	事務	44.9	13.5	51.5	10.2	53.7	11.2
	販売	42.2	22.4	44.8	26.9	59.8	19.5
	サービス	31.1	33.2	43.1	14.4	…	…
	保安	61.1	22.2	…	…	…	…
	農林漁業	42.5	23.3	…	…	…	…
	運輸・通信	33.3	31.6	46.7	13.3	…	…
	技能，労務	32.1	15.5	47.2	15.7	…	…
	1997年 専門・技術	47.2	15.8	41.8	16.0	39.5	18.8
	管理	…	…	53.3	20.0	…	…
	事務	58.5	9.2	63.9	9.7	66.4	11.1
	販売	47.9	20.2	43.0	24.1	43.3	31.3
	サービス	44.7	24.1	59.3	17.1	76.2	19.0
	保安	56.7	10.0	42.9	21.4	…	…
	農林漁業	42.1	10.5	…	…	…	…
	運輸・通信	38.7	27.0	77.8	16.7	100.0	0.0
	技能，労務	47.8	9.7	59.4	11.1	…	…
	2002年 専門・技術	42.9	23.8	42.8	22.0	46.3	22.9
	管理	…	…	58.8	23.5	…	…
	事務	52.6	14.6	52.9	14.2	59.5	18.5
	販売	39.9	28.9	35.6	31.3	27.5	47.1
	サービス	40.9	32.0	50.9	20.5	53.8	19.2
	保安	66.7	18.5	57.9	26.3	…	…
	農林漁業	25.0	32.5	…	…	…	…
	運輸・通信	28.1	34.4	…	…	…	…
	技能，労務	47.7	16.7	45.2	16.9	…	…

表 3-9 性，主要職業，年間所得別パート・アルバイトにおける週 42 時間以下および週 49 時間以上就業者の割合，1992・1997・2002 年
(単位：%)

		100 万円未満		100 万円以上	
		42 時間以下	49 時間以上	42 時間以下	49 時間以上
男性	1992 年				
	事務	90.0	2.0	52.9	22.9
	販売	94.9	1.0	65.1	16.3
	サービス	86.7	6.7	55.6	24.1
	技能，労務	92.4	2.0	48.9	18.2
	1997 年				
	事務	87.8	6.5	…	…
	販売	76.6	9.2	…	…
	サービス	83.3	3.6	53.8	11.5
	技能，労務	66.8	12.0	53.6	15.2
	2002 年				
	事務	82.8	10.0	85.7	14.3
	販売	82.2	6.2	34.8	30.4
	サービス	82.3	7.7	50.0	42.5
	技能，労務	61.4	17.0	52.8	23.0
女性	1992 年				
	事務	94.0	1.4	65.6	6.8
	販売	96.3	1.2	63.9	11.8
	サービス	100.0	0.0	33.3	0.0
	技能，労務	94.0	1.0	64.4	5.7
	1997 年				
	事務	80.2	8.1	88.6	3.3
	販売	63.0	25.9	83.6	4.3
	サービス	89.1	10.9	88.6	2.9
	技能，労務	77.9	2.4	84.5	6.3
	2002 年				
	事務	88.6	1.9	89.8	2.7
	販売	65.5	12.1	88.0	4.6
	サービス	78.6	13.1	89.2	4.4
	技能，労務	84.9	6.2	83.7	6.8

注：表中の「…」は，集計サンプル数が少ないので非掲載とした箇所である。
出所：総務省統計局「就業構造基本調査」のミクロ統計データを筆者が集計。

(2) 所得水準，主な職業，性別「パート・アルバイト」の週間就業時間

　全体的な傾向として，1997 年と 2002 年の間では職種によって傾向が様々である(表 3-9)。1992 年と 2002 年を比較した場合，100 万円未満労働者は男女ともに「長時間労働」割合を増やした。100 万円以上労働者では男性は「事務」

職以外で「長時間労働」割合を増加させ，女性は「短時間労働」割合を増加させた。この4職種における100万円未満男性労働者の長時間労働化が懸念される。

次に所得階級による格差をみる。100万円以上労働者の方が「並時間労働」と「長時間労働」割合が高く，特に男性ではその傾向が強い。これは時給で働くことが多い「パート・アルバイト」にとって長く働けばそれだけ高い所得が得られるという必然の結果を示している。

　おわりに

本章では，主に年齢と所得水準による労働時間格差を1992，1997，2002年の3カ年について明らかにしようと試みた。所得水準による労働時間格差については「正規雇用者」および「パート・アルバイト」のそれぞれにおいて明確な傾向を見いだすことはできなかった。ただ，特定の職業と所得階層の組み合わせによっては他との格差が2002年に大きくなる傾向が認められた。年齢による格差分析については重要と思われる事実を得たので，これを指摘して本章のまとめとする。

それは「正規雇用者」の男性において「若・中年層」と「高年層」の間で格差が拡大する傾向，すなわち「若・中年層」の「長時間労働」割合が増加する一方で「高年層」の「短時間労働」割合の増加が1992年と2002年の比較からみられたことである。「高年層」と比較して，収入を得るための仕事において「若・中年層」というライフステージは，キャリアを蓄積する時期であり，仕事に対する要求も高いことが予想される。他方で，この時期は新たに家族を形成したり，あるいは社会的・文化的活動(趣味，学習，地域活動等)を充実・発展させたりする重要な時期でもあり，このような活動に対する要求もまた高いだろう。しかし本章の結果は，男性「若・中年層」の正規雇用者は収入労働において長時間労働を強いられ，家庭生活や社会的・文化的活動の充実がますます難しくなっていることを示唆している。これはとりもなおさず女性(特に男性正規雇用者の妻)の収入労働に対する機会や投入時間の抑制，家事・育児等の家庭生活に対する大きな負担と表裏一体である。収入労働を含めた人間生活のあら

ゆる活動を時間的側面から把握しようとする生活時間調査および研究でも同様な指摘がされている[13]。これらの研究結果が示唆するのは，老若男女が労働時間を含めたあらゆる活動にバランスよく参加するためには男性正規雇用者のライフステージによる労働時間格差の是正が欠かせないひとつの条件であるということである。

注

1) 1980年代から2000年までの日本を含めた労働時間の国際比較は，水野谷武志『雇用労働者の労働時間と生活時間――国際比較統計とジェンダーの視角から』御茶の水書房，2005年，に詳しい。
2) この議論についての文献は特に2006年前後から多くみられる。米国の制度と現状を含め，この議論の背景にあった政財界の動き等をまとめた，森岡孝二「新しい働きすぎとホワイトカラー・エグゼンプション」森岡孝二編『格差社会の構造――グローバル資本主義の断層』桜井書店，2007年，が参考になる。
3) 藤本武『労働時間』岩波書店(岩波新書青版481)，1963年，藤本武『今日の労働時間問題』(労働科学叢書81)労働科学研究所出版部，1987年，藤本武『国際比較　日本の労働者――賃金・労働時間と労働組合』新日本出版社，1990年。
4) 藤本・前掲『国際比較』192-196頁。
5) 森岡孝二「日本型企業社会と労働時間構造の二極化」『経済』No.335，1992年，118-135頁，森岡孝二『企業中心社会の時間構造――生活摩擦の経済学』青木書店，1995年，森岡孝二『働きすぎの時代』岩波書店，2005年。
6) 水野谷・前掲書，水野谷武志「ジェンダー視点からみた労働・生活時間の配分構造」社会政策学会編『働きすぎ――労働・生活時間の社会政策』(社会政策学会誌第15号)，法律文化社，2006年，19-32頁。
7) 水野谷武志「性と雇用形態を重視した週間就業時間分布の多重クロス分析」『研究所報』法政大学日本統計研究所，2005年，63-108頁，において同様のミクロ統計データを使って，年齢や所得水準等による労働時間格差について検討したが，暫定的な集計および分析にとどまっていた。
8) 本章において使用した就業構造基本調査のミクロデータは，日本学術振興会の平成15年度科学研究費補助金(研究成果公開促進費)の交付を受けて，ミクロ統計データ活用研究会(代表：井出満大阪産業大学経済学部教授)によって作成された「ミクロ統計データベース」のデータ(就業構造基本調査のリサンプリング・データ)である。本研究遂行のために，ミクロ統計データベースの使用にあたっては，就業構造基本調査調査票の目的外使用の承認を得ている。総務省統計局および(独)統計センターの関係各位ならびにミクロ統計データ活用研究会事務局の方々には多大なお世話をいただいた。記して謝意を表する。
9) 1992，1997，2002年の3カ年のみを比較して，そこから時系列の傾向を読み取るに

は，中間年の傾向や3カ年に特別な事情がなかったかどうかを確かめる必要があろう。中間年については「就調」は5年ごとの調査なので残念ながら確かめるすべはない。別の労働時間統計として毎月，同じく総務省統計局によって実施されている「労働力調査」の性別雇用者における年平均の週間就業時間によって傍証してみると，男女ともに，1992〜2002年にかけて特に大きく変動した年はなく，1992〜1997年は男女ともに毎年微減した期間であり，1997〜2002年にかけては男性ではほぼ横ばい，女性では微減した時期であった。したがって，本章における3カ年比較には一定の有効性があると思われる。

10)「パート・アルバイト」とは，「就調」における雇用形態のうち，「パート」と「アルバイト」を合わせたものである。

11) 前節では「正規雇用者」と「パート・アルバイト」に加えて派遣労働者の労働時間についても検討した。しかし派遣労働者の標本数が他の雇用形態に比べて非常に少なく，本節以降の多重クロス分析には適さないので取り上げることができなかった。

12) 玄田有史『仕事のなかの曖昧な不安——揺れる若年の現在』中央公論社，2001年，熊沢誠『若者が働くとき——「使い捨てられ」も「燃え尽き」もせず』ミネルヴァ書房，2006年，熊沢誠『格差社会ニッポンで働くということ——雇用と労働のゆくえをみつめて』岩波書店，2007年，小林美希『ルポ"正社員"の若者たち——就職氷河期世代を追う』岩波書店，2008年。

13) 水野谷・前掲『雇用労働者の労働時間と生活時間』。

第4章　労働者属性別にみた賃金格差の検討

はじめに

　「格差社会」という言葉が注目され，広く認識されるようになってすでに久しい。新聞や各種メディア等でも連日のように取り上げられ，各種様々な特集が組まれるに至っている。また，インターネットの世界では，日本最大のポータルサイトであるYahoo! JapanのNewsサイトに，「格差社会」というトピックが常設されるほど，国民の多くが関心を寄せるテーマとなってきている。

　この「格差社会」の「格差」が意味するところは実際には様々で，一般的にいわれる経済的格差の他にも，社会的地位や身分といった「階級」論的な格差，さらには現代風に表現すれば社会的ステータスの差異に起因する「勝ち組」「負け組」といった精神的な格差論まで，非常に多岐にわたると理解されている。したがって，「格差社会」という言葉を一言で明確に説明するのは容易ではないことである。

　しかし，我々が「格差社会」を問題とするとき，やはりその焦点の中心は「所得格差」であり，現在の日本の複雑な雇用形態・就業構造などに起因する各種「賃金格差」がその大きな要因となっていることは明らかである。

　そこで本章では，社会的関心事となりつつある「格差社会」問題の一側面として所得格差，とりわけ賃金格差問題に注目し，日本における労働者間の賃金格差の構造を把握する手がかりとして，労働者の性別・雇用形態・就業形態などといった労働者属性に起因する賃金格差の実態を統計から明らかにしていくこととする。なお，本章で示される統計データは，厚生労働省『賃金構造基本統計調査』(以下，賃金センサスと略す)のデータを主として利用しており，賃金の

概念や雇用形態の定義・名称，産業・職業の分類等も同資料に依拠することとする。

1. 格差社会と所得格差・賃金格差

(1) 高齢化と所得格差

　日本では，社会的身分や地位に起因するいわゆる社会的・人的「格差」の問題に比べ，経済的格差の問題はそれほど議論されず，逆に他の先進諸国に比べ比較的に平等な社会であるとさえいわれてきた。

　1990年代以降，各種統計データを用いた所得格差の統計分析が政府やその他多くの研究者によって活発に行われ，実際に所得格差の拡大が統計から実証されることとなったが，しかし同時に，急速に進展しつづけている高齢化の現状を考慮すると，それら所得格差の拡大要因の大部分は人口の高齢化，すなわち急激な年齢構成の変化によって説明できると指摘された。所得格差の拡大は，人口の高齢化にともなう「見かけ上の格差拡大」にすぎないということである[1]。

　このことは，近年の世帯構造の変化とも密接に関係し，所得格差が世帯単位で議論される点に起因する。たとえば，従来の日本に多くみられた世帯構成では，年金収入を得ている親と同居しつつ同一世帯を形成するというパターンが比較的に多かったが，それらの関係は時代とともに徐々に崩れ，近年では高齢者の同居比率の低下，すなわち独立高齢者世帯の比率が上昇してきているのが現状である。その結果として，低所得高齢者世帯の増加が世帯間での所得格差を拡大する要因となりえているのである。

　世帯ごとの所得のばらつきを示す指標「ジニ係数」が2005年には0.5263に達し，過去最高水準になったと厚生労働省は発表している[2]。このことから所得格差は大幅に拡大していると解釈することも可能であるが，一方で，この発表で推計されたジニ係数の算出では公的年金は所得に加えていないため，所得のない高齢者の世帯が推計上大きく影響していることも予想された。厚生労働省は以上のような点を踏まえ，大幅な係数上昇の約8割は高齢化要因であると

見解することとなった。そして，係数上昇分の約8％程度が雇用形態の違いなど「真の所得格差」に起因するものであると指摘している。

このように，無就業の高齢者世帯の増加に起因する世帯間所得格差の増大に影響を与える高齢化問題であるが，世帯全体としてではなく，労働市場内部の年齢構成における高齢化も，労働者間賃金格差の見かけ上の拡大に影響を与えているとされる。これは，日本の企業における一般的な賃金体系が，主として年齢・もしくは勤続年数に基づく右肩上がりの賃金カーブに依拠するところによるものである。

少子化の進展が徐々に新規の労働力の参加を減少させ，労働人口の中心が中・高齢者にシフトしてきているのは周知の事実であるが，その結果として，労働市場全体でみると，比較的高水準の賃金を得ている労働者の比率が，以前に比べて相対的に増えていく結果となっている。日本では年齢間の賃金格差は上記の賃金カーブの影響により比較的大きいため，各年齢間の賃金格差はそれほど拡大していなくても，高水準賃金の労働者層が増えたため，労働市場全体における賃金格差が拡大したかのようにみえることとなるのである。

また別の見方もある。日本の賃金構造においては，同一年齢内の賃金格差は年齢が高くなるに従って大きくなる傾向があるため，労働人口の高齢化によって賃金格差の比較的大きな階層の全体比率が上昇することで，結果的に労働者全体の賃金格差がさらに拡大しているかのように解釈されやすいのである。

このように，世帯全体でみた所得格差や労働者間の賃金格差は統計上実際に徐々に拡大してきてはいるが，これら不平等度の上昇の多くは見かけ上の格差拡大にすぎず，人口高齢化の効果によって説明できるとされているのである。

(2) 国連による日本の所得格差の指摘

研究者のみならず，日本政府の公表資料においても，日本の所得格差は大部分が高齢化による見かけ上の格差であると発表してきているのに対し，国連は2007年4月に，高齢化が進む日本で，主に若年層に賃金格差が広がっていることなどを懸念する「2007年アジア太平洋経済社会報告」を発表した。報告では，OECDによる世界各国のジニ係数の推計値を引用し，日本の家計所得の格差が1980年代から一貫して拡大し，現在ではOECD諸国の平均よりもさ

らに速く拡大していると指摘している。

　さらに報告では，高齢化の影響でジニ係数がかさ上げされたとする，前述のような日本政府の主張も踏まえた上で，それでもなお，特に若年層，とりわけ20代から30代のジニ係数が10年前より大幅に上昇したことを指摘し，その原因として，低賃金の非正規労働者の増加が影響した点をあげている。同報告によれば，非正規労働者の賃金は正規労働者に比べて40％も低いが，労働者数としては逆にここ5年で倍増しているとされている。そして，これらのような「社会保障の恩恵が非常に限定的である不安定な雇用形態」の増長は，将来的に年金を受けられない高齢者や失業保険・生活保護に依存する低所得者の増大を招きかねないと指摘している。

　なお，上記報告に先立って発表された内閣府による2006年版『経済財政白書』では，所得格差の上昇は高齢化が主な原因であったとする従来の説を支持しながらも，近年の若年層における所得格差拡大には注意が必要であるとし，若年層において拡大する非正規雇用という雇用形態の急激な増加との関連も示唆している。

　若年層における賃金格差の拡大と，非正規雇用の増大には相互に関係があることは明らかのようである。しかし一方で，この非正規雇用という形態は，若年層に限定的な問題ではなく，近年ではその他の年齢階層にも着実に拡大しつづけている。したがって，もはや非正規雇用の問題は若年層に限定的な問題ではなく，経済全体の問題として，日本の所得格差の拡大に関連するものとして認識し，議論していく必要がある問題である。

(3)　所得格差要因としての賃金格差

　所得格差の要因として賃金格差を捉える場合，異なる労働者属性として何を取り上げるのか，それら労働者属性間での賃金格差を検討するのか，それともそれら労働者属性内で他の労働者属性間の賃金格差を検討するのかなど，多種多様に賃金格差は検討されうる。それら賃金格差指標の代表例としては以下のようなものがあげられる。

　賃金格差を検討する労働者属性としてまずあげられるのは，性別，すなわち男女間賃金格差である。この性別による賃金格差の問題は，長年にわたって常

に議論されている問題である。

　男女雇用機会均等法が施行されてから久しいが，女性の社会進出は目覚しいものの，女性の平均賃金と男性の平均賃金とを比較すると，依然として大きな格差が存在するということは，もはや周知の事実として認識されている。日本の男女間賃金格差（女性の賃金／男性の賃金）を男女雇用機会均等法が施行された1986年についてみてみると，その数値は59.7％であった[3]。現状の水準は若干の縮小傾向にあるとされるが，国際的にはなお格差が大きいのが現状である。

　次に一般的によくあげられる労働者属性は，年齢階級，すなわち年齢間賃金格差である。

　前述のように日本の賃金体系は，若年時には低く抑えられ，勤続年数や年齢の上昇によって賃金水準も上昇する右肩上がりの賃金カーブを描いている[4]。近年このような賃金体系に変化が現れつつあるとはいえ，依然として支配的であり，したがって年齢間での格差も結果としてなお存在している。また，この年齢間格差は，男性と女性で差があることが指摘されているが，その理由は，女性の賃金カーブが男性のそれに比べ傾斜が低いことによるものである。

　その他，労働者の学歴による賃金格差や，就業形態（フルタイムかパートタイムか）の違いによる賃金格差，労働者の属する企業の従業員規模の違いによる格差など，いくつもの格差指標となる候補はあるが，現在の日本において特に注目すべき労働者属性は，雇用形態，すなわち正規・非正規の違いによる賃金格差であるように思われる。前述のように，日本における所得格差の要因として若年層における所得格差が指摘されているが，その主たる要因もまた，若年層に拡大する非正規雇用の問題であるとされている。

　非正規雇用が急激に増大した背景には，近年まで長引いた景気低迷が影響していたとされている。以前までのパターンでは，景気後退期においても正規雇用の増加は一定程度維持され，非正規雇用が抑制されることで雇用調整されてきたが，近年では，景気後退局面では正規雇用が急激に減少する一方で，非正規雇用が拡大，つまり，非正規雇用は，雇用のバッファー的役割から，正規雇用の代替としての活用という役割を求められているのである。

　また，労働を供給する側の意識やニーズも変化しつつある。社会的にも，従来のように男性が産業社会や家計を支えた時代から，女性や高齢者も含め，幅

広い社会構成員が社会や家計を支える時代への変容が求められ,「柔軟で多様な働き方」という労働供給側にとってより積極的な選択肢が要求されてきている。

しかし,そのような柔軟・多様な働き方には,それなりの雇用の安定性や処遇が確保されていなければならないのであるが,現状においては依然として不十分であり,特に正規雇用と非正規雇用間の賃金等の処遇に関する不平等が存在するのは明らかなところである。そしてその結果,先の報告にあるように所得格差を拡大させる結果となっているのが実情である。

以上のような,現在の日本における所得格差・賃金格差に関する問題を踏まえ,次節以降では主として賃金格差に焦点を置いて,その現状を統計から明らかにしていくこととする。

2. 雇用形態,就業形態別労働者間賃金格差

ここでは,労働者の雇用形態,就業形態などによって,より詳細に区分した各労働者グループ別に,『賃金センサス』の最近年のデータによってその賃金格差をみていく。なお,雇用形態とは,『賃金センサス』の定義に従って,「正社員・正職員」と,「正社員・正職員以外」とを区別している。雇用期間の定めの有無や労働時間の長短は一切関係ない定義区分である[5]。

(1) 雇用形態・就業形態の定義の変更

『賃金センサス』では従来,労働者を区分する際に「常用労働者」と「臨時労働者」に分け,さらにその常用労働者について,雇用形態として「常用名義」と「臨時名義」とに区分していた。この「常用労働者」とは,(ア)期間を定めずに雇われている労働者,(イ)1カ月以上の期間を定めて雇用される労働者,(ウ)1カ月以内の期間を定められている労働者のうち,前月・前々月にそれぞれ18日以上働いた労働者と定義されている。したがって,正社員(常用名義)ではないが雇用期間を定めていない長期雇用の臨時社員も,1〜2カ月の契約だが月に18日以上勤務する臨時労働者も,同じく「臨時名義の常用労働者」に区分されていた[6]。

表 4-1 賃金センサスにおける労働者区分

			就業形態	
	雇用形態		一般労働者(1)	短時間労働者(2)
常用労働者(A)	正社員・正職員(A)	雇用期間の定めなし(A)	AAA1	AAA2
		雇用期間の定めあり(B)	AAB1	AAB2
	正社員・正職員以外(B)	雇用期間の定めなし(A)	ABA1	ABA2
		雇用期間の定めあり(B)	ABB1	ABB2
臨時労働者(B)			B	

注：常用労働者・臨時労働者等用語の解説は本文参照。
出所：厚生労働省『賃金構造基本統計調査』平成18年版より筆者が作成。

　それに対し，2005年調査から，労働者の雇用形態をより詳細に「正社員・正職員」，「正社員・正職員以外」，「期間の定めあり」「期間の定めなし」に区分することとなった（表4-1）。これにより，上記のような雇用期間を明記しない長期雇用の臨時社員と短期間の契約である臨時社員との区別が可能となった。そして，雇用形態別常用労働者の集計表と臨時労働者の集計表が新規に掲載されることとなった。

　また，その他の変更点としては，常用労働者は就業形態により「一般労働者」と「パート労働者」とに区分されていたが，2005年調査から，「一般労働者」と「短時間労働者」に区分されることとなった。この短時間労働者は，従来の「パートタイム労働者」と同義であると説明されている。したがって，統計上のデータの接合は可能である[7]。

　これらの労働者区分に従って，雇用形態・就業形態別の構成比をみると，「正社員・契約の期限なし・一般労働者」（AAA1）が最大部類の66.3%であり，次に多い労働者は「正社員以外・期間定めあり・短時間労働者」（ABB2）の10.4%であった。参考に前年のデータも併記しているが，水準もほぼ等しく，この傾向はほぼ変わらないようである（表4-2，図4-1）。

　一方で，臨時雇い労働者は1.9%と非常に少ない数値を示しているが，さらにそれよりも構成比の少ない労働者は「短時間・正社員」の労働者で，期間の定めなし（AAA2）が0.4%，期間の定めあり（AAB2）が0.1%であった。この数値結果はきわめて低いものであるという印象を受けるが，短時間労働者を正社員として雇用すること自体が一般的に考えてもまれな例であると思われるので，逆にそのような雇用形態が現在の労働市場において成立してきていることが注

表 4-2 雇用形態・就業形態別労働者構成比と賃金格差

	一般				短時間				臨時
	正社員		正社員以外		正社員		正社員以外		
	期間定無	期間定有	期間定無	期間定有	期間定無	期間定有	期間定無	期間定有	
2006年	AAA1	AAB1	ABA1	ABB1	AAA2	AAB2	ABA2	ABB2	B
人数(十人)	1,809,694	59,402	103,446	183,566	10,125	2,417	228,301	283,185	50,741
構成比	0.663	0.022	0.038	0.067	0.004	0.001	0.084	0.104	0.019
時間当たり所定内給与(円)	1,908	1,909	1,089	1,207	1,173	1,206	945	979	1,717
格差(AAA1比)	1.000	1.001	0.570	0.633	0.615	0.632	0.495	0.513	0.900
(参考:2005年)									
人数(十人)	1,853,204	50,403	104,166	178,772	11,425	2,741	255,194	286,068	36,174
構成比	0.667	0.018	0.037	0.064	0.004	0.001	0.092	0.103	0.013
時間当たり所定内給与(円)	1,926	1,643	1,082	1,212	1,168	1,124	953	983	1,524
格差(AAA1比)	1.000	0.853	0.562	0.629	0.606	0.584	0.495	0.510	0.791

出所：厚生労働省『賃金構造基本統計調査』各年版より筆者が作成。

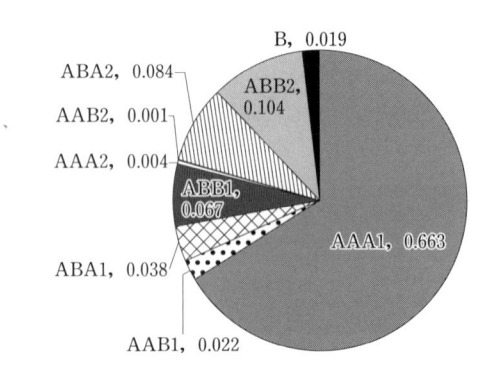

図 4-1 雇用形態・就業形態別労働者構成比(2006年)
出所：表 4-2 より筆者作成。

目すべき点である。

(2) 雇用形態・就業形態別労働者グループ間の賃金格差

　正規・非正規間の賃金格差を指数として計算すると，男性については一般労働者で 0.6 程度，短時間労働者で 0.7 から 0.8 程度であった(表 4-3)。やはり指数自体は一般労働者の場合の方がきわめて低く，男性においては正規・非正規の賃金格差は非常に大きいと判断できる。

表4-3 雇用形態・就業形態別賃金格差

	一般				短時間			
	正社員		正社員以外		正社員		正社員以外	
	期間定無	期間定有	期間定無	期間定有	期間定無	期間定有	期間定無	期間定有
賃金格差	AAA1	AAB1	ABA1	ABB1	AAA2	AAB2	ABA2	ABB2
性別(女/男)	0.702	0.601	0.766	0.775	0.870	0.716	0.903	0.885
正規・非正規格差								
男	—	—	0.599	0.637	—	—	0.786	0.746
女			0.654	0.821			0.816	0.921
一般・短時間格差								
男					0.622	0.667	0.817	0.781
女					0.771	0.795	0.963	0.892
(参考：2005年)								
性別(女/男)	0.697	0.699	0.757	0.795	0.811	0.717	0.878	0.893
正規・非正規格差								
男			0.593	0.749			0.784	0.768
女			0.644	0.852			0.849	0.955
一般・短時間格差								
男					0.636	0.758	0.841	0.776
女					0.740	0.778	0.974	0.872

出所：厚生労働省『賃金構造基本統計調査』各年版より筆者が作成。

一方女性についてみると，一般労働者のうち期間の定めのないグループでは0.65程度と非常に低い水準であったが，その他，一般労働者でも期間の定めのある女性グループや短時間労働者のグループでは，数値は相対的に高い。短時間労働者で雇用期間の定めのあるグループに至っては，格差指数は0.9を超えている。このことから，女性については正規・非正規の違いによる賃金格差は限定的で，男性に比べその格差は少ないということが明らかになっている。

次に，一般労働者と短時間労働者の賃金水準を相互に比較するために，一般労働者・短時間労働者双方ともに，「所定内現金給与総額」の月額数値を所定内実労働時間で除して，時間当たり賃金を算出し[8]，就業形態間の賃金比較として，一般労働者と短時間労働者との間の賃金格差をみると，正社員男性においてとりわけ低い結果を示していることが明らかとなる(表4-3)。ただし，短時間労働者は正社員以外であることの方が一般的ではあるので，正社員以外のグループについて限定してみてみると，その格差指数は0.8前後となり，格差は縮小することとなる。一方で，女性についてみてみると，その数値は0.9を超え，正社員以外の女性労働者においては短時間労働と一般労働者の格差はほ

賃金格差（AAA1 比）

	AAA1	AAB1	ABA1	ABB1	AAA2	AAB2	ABA2	ABB2	B
格差	1.000	1.001	0.570	0.633	0.615	0.632	0.495	0.513	0.900

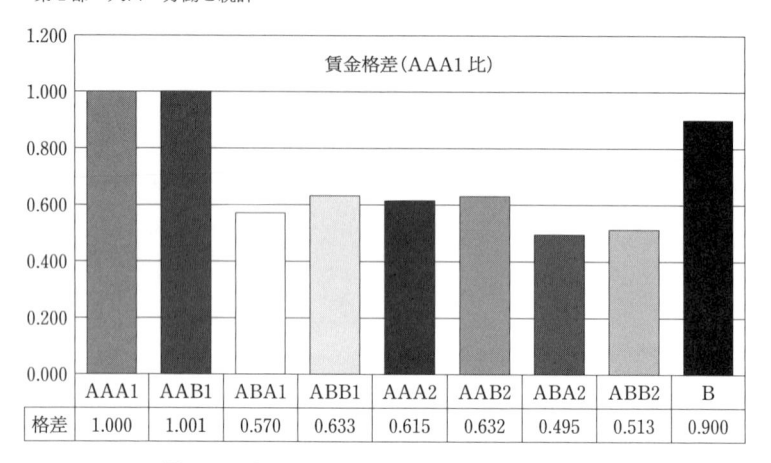

図4-2　雇用形態・就業形態別賃金格差（2006年）
出所：表4-2より筆者作成。

とんどないといってよい。

　時間当たり賃金の格差指数として、「正規雇用・契約の期限なし・一般労働者」であるAAA1グループを基準とし、その賃金水準に対する比率を推計して比較してみると、正規雇用・期限あり・一般労働者（AAB1）の賃金格差指数が1.0を超えており、基準となるAAA1グループより水準が高いことが明らかとなっている（表4-2、図4-2）。この点は非常に興味深い点である。前年データの比較表では、指数は0.85と最も高いものの、その格差指数が1.0を超えることはなかった。ところが2006年のデータでは、わずかながら両者の水準が逆転してしまっている。このことから、所定内労働に関してはAAA1とAAB1の格差、すなわち雇用契約の期間の定めの有無による格差は解消されていることがわかる。ただし、あくまでもこの数値は所定内給与のみを対象としているので、所定外労働や賞与その他の給与を考慮するとまったく違った結果が出ることも十分考えられる点は注意を要する。

　対AAA1比の格差指数において、次に数値の高い（格差の少ない）労働者グループは、意外なことに臨時雇い（B）グループであった。時間当たり賃金水準は1717円で、格差指数は0.90となっている。逆に最も数値の低い（格差の大きい）グループは「正社員以外・期間定めなし・短時間」労働者（ABA2）の0.495で、こちらは格差指数で0.5を下回る結果となった。

属性の同じグループ同士を比較して性別の賃金格差をみると，最も格差の大きい(数値の低い)グループは，「AAB1」で，0.601であった。次いで格差の大きいグループがAAA1で，こちらの方は前年結果では最も格差の大きいグループであった。雇用期間の定めの有無によって順位は入れ替わったが，依然として，「正規雇用・一般労働者」のグループでは，男女間賃金格差が大きく存在していることが明らかとなっている(表4-3)。

逆に最も格差の少ないグループは，「正規以外・期間定めなし・短時間」の労働者(ABA2)の0.903であった。2005年は同じく正規社員以外の短時間労働者で，期間の定めあり(ABB2)グループの労働者が最も男女間賃金格差の小さいグループであった。

雇用期間の定めのありなしによる性別賃金格差の開きは，前年のデータによる数値結果からはほとんど見うけられなかったが，2006年データではやや拡大傾向にあることが示されている。特に「正社員・短時間」の労働者グループでその開きが大きい。なお，結果数値からは，各グループで「雇用期間の定めなし」のグループの方が男女間格差が大きい(数値が小さい)結果となっているが，唯一，正社員以外の一般労働者のグループのみ，逆に雇用期間の定めのないグループの男女間賃金格差が小さくなっている。

3. 各種賃金格差の時系列比較

以下では，前出した各種賃金格差指標のうち，男女間賃金格差，年齢間賃金格差指数を1986年，1996年，2006年の3年代で比較していく。なお，雇用形態間格差については，賃金センサスでは2005年以降のデータしか利用できないため，今回は年代比較の対象から除外した。

(1) 男女間賃金格差

『賃金センサス』のデータを利用して，所定内給与額の男女比を男女間賃金格差指数(女性／男性)として計算した(表4-4)。

まず年齢階層別にみてみると，多くの年齢階層で格差指数は上昇，すなわち男女間格差は縮小してきていることがわかる。特に30代後半と40代前半の階

表 4-4　男女間賃金格差の年齢階層別各年比較

	1986 年	1996 年	2006 年
〜17 歳	0.938	0.916	0.814
18〜19 歳	0.919	0.921	0.910
20〜24 歳	0.880	0.901	0.925
25〜29 歳	0.814	0.847	0.868
30〜34 歳	0.697	0.753	0.791
35〜39 歳	0.600	0.673	0.715
40〜44 歳	0.527	0.595	0.628
45〜49 歳	0.501	0.548	0.577
50〜54 歳	0.518	0.525	0.555
55〜59 歳	0.624	0.545	0.571
60〜64 歳	0.706	0.666	0.688
65 歳〜	0.765	0.745	0.781

注：網掛け数値は最も数値が低い(格差が大きい)ことを示す。
出所：厚生労働省『賃金構造基本統計調査』各年版より筆者が作成。

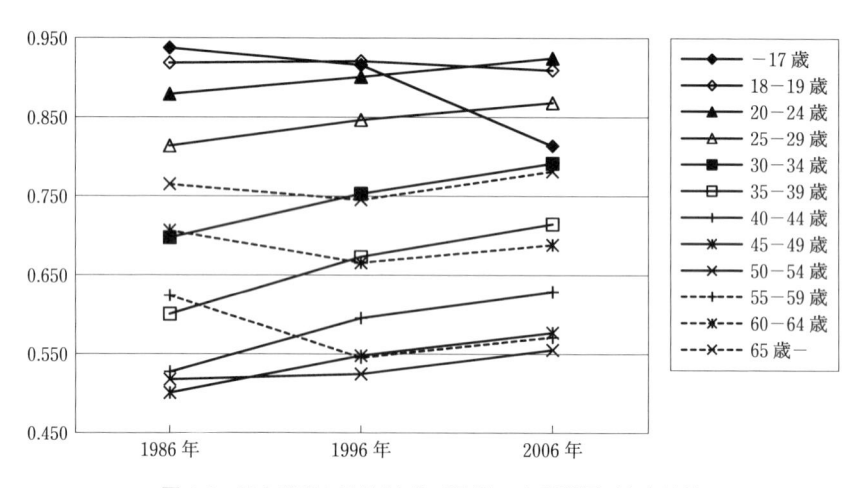

図 4-3　男女間賃金格差(女性／男性)の年齢階層別各年比較
出所：表 4-4 をもとに筆者が作成。

層において賃金格差指数の伸び率が顕著で，0.1 を超える数値の伸びを示している。

しかしその一方で，40 代後半の階層ではその格差水準および賃金格差指数の上昇率ともに低調で，1986 年に全グループ内で最低水準だった同年齢階層は，2006 年の結果においても低位の(全体として 3 番目に低い)水準を示している。

この結果から，女性の賃金の高水準化が順調に進展してきているものの，40

男女間賃金格差(女性／男性)

	1986年	1996年	2006年
◆ 中卒	0.58	0.58	0.62
■ 高卒	0.63	0.65	0.66
▲ 高専・短大	0.68	0.75	0.77
× 大学・院卒	0.67	0.68	0.68

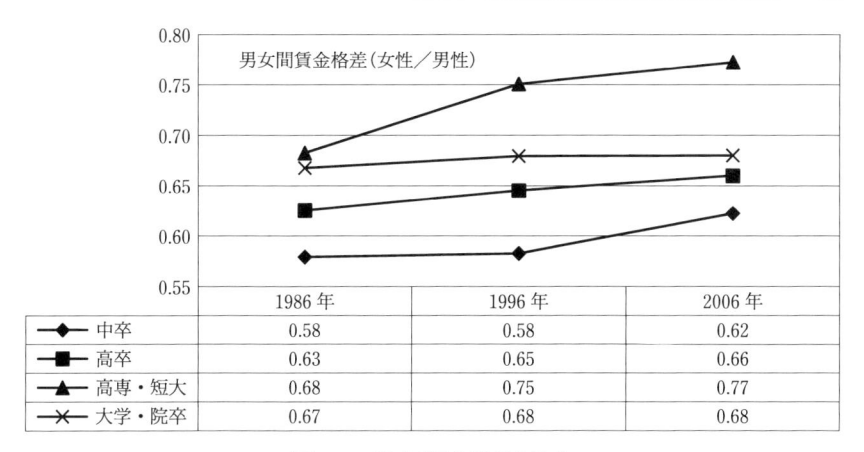

図 4-4　学歴別男女間賃金格差

出所：厚生労働省『賃金構造基本統計調査』各年版より筆者が作成。

代後半では頭打ちとなり，男女間格差は縮小されていかないということが読み取れる。

　上記とは逆に，賃金格差指数が1986年－1996年－2006年と低下し続けている年齢階層は17歳以下のグループであった。特にここ10年では，その低下幅はきわめて大きく，0.1ポイントを超えている。賃金水準が最も低いグループにおいて，さらに男女間の賃金格差が存在するため，同グループの女性労働者はきわめて低い水準で雇用され労働を強いられているといわざるをえない。

　55歳以上の3グループをみると，この20年間で賃金格差指数は低下ののち上昇という結果を示した。つまり賃金格差は1996年にかけて拡大したものの，2006年にかけて縮小されたことになる。ただし，この年齢グループの賃金水準の推移を男女別にみると，女性の賃金水準は横ばいであるのに対し，男性の賃金水準が低下していることがわかる。したがって，この高齢世代の男女間賃金格差の縮小は，男性労働者の賃金水準低下によるのが実際のところである。

　学歴別に男女間格差指数をみると，緩やかにかつ順調に格差指数が上昇し（つまり男女間格差が縮小され）てきている高卒グループ，1986年から1996年にかけて急激に格差が縮小された高専・短大卒グループ，1996年から2006年にかけて特に縮小傾向にある中卒グループ，ほぼ横ばいの大卒グループと，四者四様の結果を示している（図4-4）。ただし，その水準自体は4グループで大きく

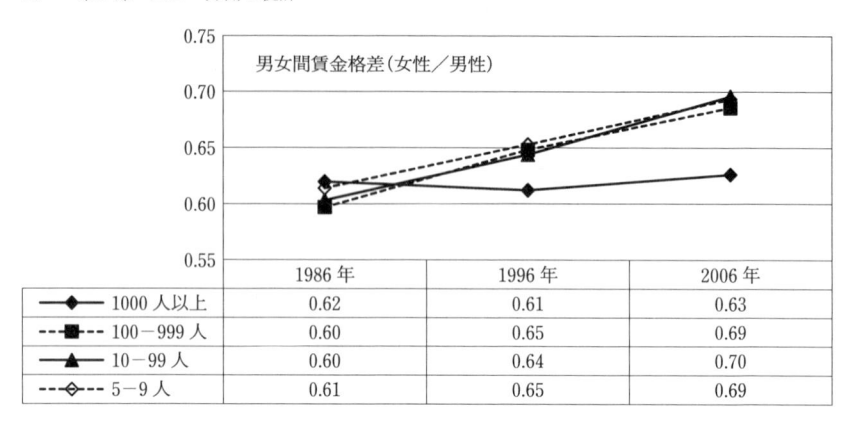

図4-5 従業員規模別男女間賃金格差

男女間賃金格差(女性／男性)

	1986年	1996年	2006年
1000人以上	0.62	0.61	0.63
100-999人	0.60	0.65	0.69
10-99人	0.60	0.64	0.70
5-9人	0.61	0.65	0.69

出所：厚生労働省『賃金構造基本統計調査』各年版より筆者が作成。

差があり，最も格差の大きいグループは中卒グループ，逆に最も格差の少ないグループは高専・短大卒グループであった。中卒グループについては，若年グループにおける女性労働者と同様に，グループ間格差と同時に男女間格差も大きいため，中卒女性労働者はきわめて低水準の賃金で雇用されていることが明らかである。

なお，高専・短大卒グループと大卒では男女間賃金格差に大きな開きがあるが，賃金額自体の水準を比較すると，大卒男性の賃金が圧倒的に高い。したがって学歴に関していえば，男性では大卒以上であるかどうか，女性では高専・短大卒以上であるかどうかが賃金水準の大きな基準点となっており，その両者のズレが，学歴別にみた男女間賃金格差のズレに影響を与えていることが明らかとなっている。

従業員規模別に男女間賃金格差をみると，1986年当時の賃金格差は企業規模別の差異がほとんどなかったが，以降2006年まで1000人以上の大企業以外のすべての規模の企業において，賃金格差は順調に縮小してきていることがわかる(図4-5)。また，その水準(格差指数の大きさ)もほぼ等しく，従業員規模による男女間賃金格差の差異はほとんどないと考えてよいであろう。唯一例外なのが1000人以上規模の企業で，賃金格差水準は1986年当時と比べ，ほとんど縮小されていない。大企業においては依然として男女間の賃金格差が根強く，や

	1986年	1996年	2006年
一般	0.60	0.64	0.67
短時間		0.81	0.89

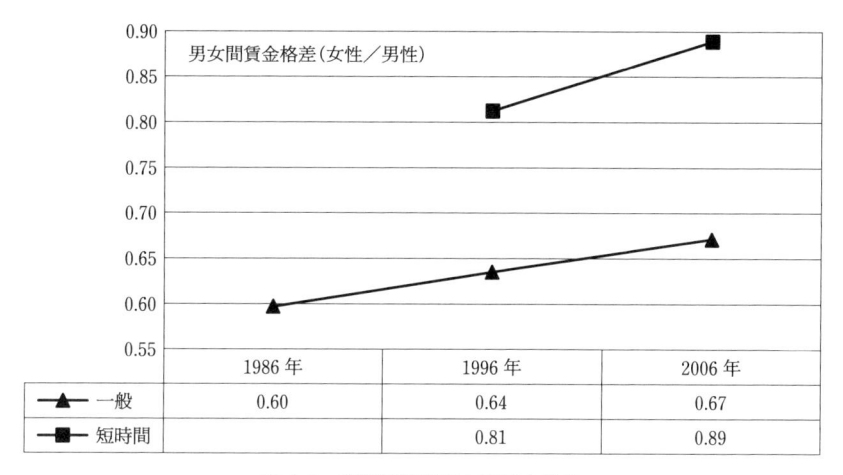

図4-6　就業形態別男女間賃金格差

注：1986年については男性のパート労働者が集計されていない。
出所：厚生労働省『賃金構造基本統計調査』各年版より筆者が作成。

や普遍的な傾向であるとも考えてよい。

　最後に就業形態別に男女間格差を比較してみる（図4-6）。1986年については，短時間（パートタイム）労働者の数値が空欄であるが，これは当時男性のパートタイム労働者の数値が集計されていなかったことによる[9]。

　男女間賃金指数の推移をみると，どちらも順調に数値は上昇してきており，特に短時間労働者の指数の上昇傾向が強いことがわかる。賃金格差指数は約0.9と非常に高い数値を示しており，短時間労働においては，男女間の賃金格差はかなりの割合において縮小されてきていると判断してよいであろう。ただし，一般労働者における男女間賃金格差の水準はそれほど高いとはいえず，就業形態間で男女間賃金格差のギャップが存在している点には注意を要する。

(2) 年齢階級間賃金格差

　年齢階級間の賃金格差の検討では従来，横軸に年齢階級を，縦軸に賃金額をプロットした年齢階級別賃金カーブが議論の材料として利用されるが，ここではやや視点を変えて，年齢階級グループ間の格差指数を検討してみたい。ただしすべての年齢階級について推計するのではなく，代表グループとして，（ア）若年層，（イ）就業者比率最大層，（ウ）最高賃金年齢層の3つのグループを設定

した。ここで，若年層とは10代〜24歳に属するグループとし，17歳以下，18〜19歳，20〜24歳の3グループをあわせて再集計している。

　まず，全年齢階級のうち，就業者構成割合が最も高い年齢階級を1986年，1996年，2006年それぞれについて計算すると，男性では1986年が35〜39歳(就業者比率17.2%)，1996年が45〜49歳(就業者比率14.6%)，2006年が30〜34歳(就業者比率14.9%)であった。同様に女性についてみると，それぞれ1986年が25〜29歳(就業者比率12.1%)，1996年が25〜29歳(就業者比率17.1%)，2006年が25〜29歳(就業者比率16.3%)であった。これら階級を比較基準階級となる「就業者比率最大層」として定義する。

　次に，全年齢階層のうち最も所定内給与額が高い階級を「最高賃金年齢層」として定義する。男性では1986年が45〜49歳，1996年は50〜54歳，2006年は50〜54歳で，女性は1986年が55〜59歳，1996年は35〜39歳，2006年が50〜54歳であった。

　これら3つの年齢グループを設定し，所定内給与の比較から年齢間賃金格差指数を計算することとする。

　比較基準階級となる就業者比率最大層に対する賃金格差指数を，若年層，最高賃金年齢層それぞれについて計算し，その両者を併記(若年格差：最高賃金格差)すると，その指数は2006年の男性で0.68：1.46，女性では0.87：1.17であった(図4-7)。この結果について男性を例にして説明するならば，若年層に区分される労働者は，年齢階級別にみて構成割合が最大である階級(つまり比較基準階級)である30代前半の労働者の7割程度の賃金しか得ていないことを示し，同時に，その比較基準階級である30代前半の労働者でさえ，最高賃金水準階級である50代の労働者の7割程度しか賃金を得ていないことを意味する。この格差はきわめて大きいといわざるをえない。

　また，男女で比較をすると，若年層での格差指数が男性0.68に対して女性が0.87と相対的に高い数値を示している。逆に，最高賃金層では男性1.46に対して女性1.17と，女性はかなり低い結果を示している。これらの結果をみても，年齢階級別賃金カーブにおける振れ幅の違い同様，男性の方が若年層から最高賃金年齢層まで年齢の格差による賃金格差の幅が大きく，女性は逆にそれほど大きくない(比較的変動の少ない)ことを示している。

第4章 労働者属性別にみた賃金格差の検討　99

	1986年	1996年	2006年
▲─ 若年格差(男)	0.538	0.475	0.689
◆─ 最高賃金格差(男)	1.177	1.038	1.463
▲-- 若年格差(女)	0.844	0.855	0.875
◆-- 最高賃金格差(女)	1.107	1.124	1.175

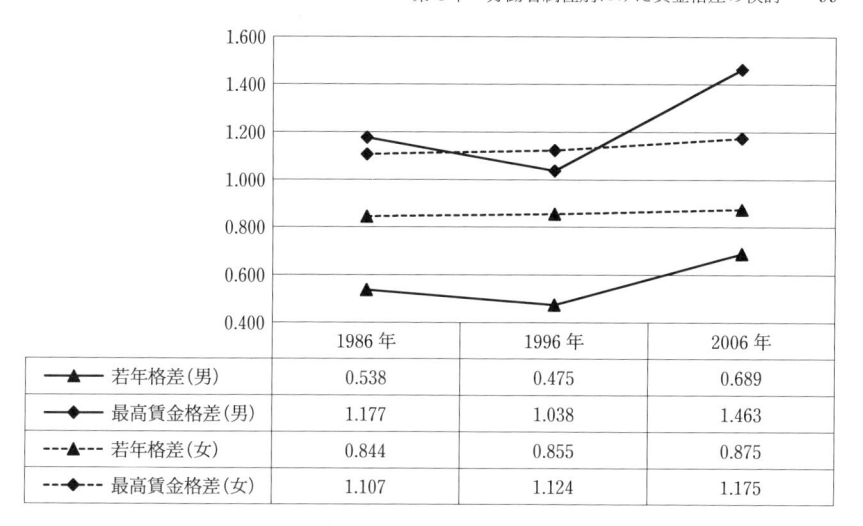

図4-7　年齢階級間賃金格差指数(性別)

注：「若年格差」とは「若年層／就業者比率最大層」の賃金格差である。
　　「最高賃金格差」とは「最高賃金年齢層／就業者比率最大層」の賃金格差である。
　　「若年層」「就業者比率最大層」「最高賃金年齢層」についての詳細は本文を参照。
出所：厚生労働省『賃金構造基本統計調査』各年版より筆者が作成。

　1986年からの推移でみると，女性に関しては若年格差，最高賃金格差ともにほぼ横ばいとみてよいであろう。それに対し，男性では，1996年に最高賃金格差が大きく数値を下げ，2006年には逆に数値が上昇している。このことから，1996年前後の不況期には，最高賃金年齢層の賃金伸び率はその上昇の勢いをやや押さえつけられていたが，近年の景気の回復傾向に促される形で回復し，結果として就業者比率最大層との間での賃金格差が拡大する結果となったと考えられる。しかし，この推計では，1996年の就業者比率最大層が45〜49歳(就業者比率14.6%)で他の2つの年代に比べやや高い年齢階層であるため，相対的に賃金水準の高い階層が基準となっており，そのことが格差数値に影響を与えている可能性がある点は注意しなければならない。

　同様のグループ間比較を従業員規模別についてもみてみると(表4-5)，女性については，若年格差はどの年代においても，どの企業規模においてもほとんど数値が変わらないことがわかる。格差水準そのものはそれほど低くはないが，格差自体は1986年より今日まで，ほとんど縮小されていないということであ

表 4-5 各年齢グループ間の賃金格差指数比較(性別,従業員規模別)
(単位:賃金月額・千円)

	男				女			
	1000人以上	100-999人	10-99人	5-9人	1000人以上	100-999人	10-99人	5-9人
	1986年				1986年			
若年層	151.8	143.8	143.8	144.9	137.9	128.6	121.1	114.2
就業者比率最大層	300.9	266.9	247.0	239.9	169.5	151.7	140.7	146.7
最高賃金年齢層	386.2	315.3	266.2	256.9	271.3	165.0	144.2	146.7
若年格差	0.504	0.539	0.582	0.604	0.814	0.848	0.860	0.778
最高賃金格差	1.283	1.181	1.078	1.071	1.601	1.088	1.025	1.000
	1996年				1996年			
若年層	199.9	193.5	197.5	197.9	186.0	178.5	170.7	161.2
就業者比率最大層	485.4	237.9	349.9	343.1	219.1	208.6	204.4	205.0
最高賃金年齢層	518.5	417.2	354.3	343.8	289.9	234.4	203.6	213.1
若年格差	0.412	0.813	0.565	0.577	0.849	0.856	0.835	0.786
最高賃金格差	1.068	1.754	1.013	1.002	1.323	1.124	0.996	1.040
	2006年				2006年			
若年層	206.3	197.1	191.2	186.4	195.9	184.5	173.3	163.1
就業者比率最大層	390.3	277.3	268.6	267.7	223.1	210.6	196.6	195.8
最高賃金年齢層	509.1	405.5	341.6	323.7	285.9	249.3	218.8	213.3
若年格差	0.529	0.711	0.712	0.696	0.878	0.876	0.882	0.833
最高賃金格差	1.304	1.462	1.272	1.209	1.281	1.184	1.113	1.089

注:「若年格差」とは「若年層/就業者比率最大層」の賃金格差である。
「最高賃金格差」とは「最高賃金年齢層/就業者比率最大層」の賃金格差である。
「若年層」「就業者比率最大層」「最高賃金層」についての詳細は本文を参照。
出所:厚生労働省『賃金構造基本統計調査』各年版より筆者が作成。

る。

　男性についてみると,1000人以上規模の事業所における若年格差の大きさが目立つ。1996年には数値は0.41で,0.5を下回っている。つまり,1996年当時,若年層は就業者比率最大層の賃金水準の4割程度しか賃金を受け取っていなかったということであり,年齢間賃金格差,特に若年層とその他多くの就業者との格差の問題がかなり明白に示されている。2006年には,1000人以上規模以外のグループでは,若年格差は縮小傾向にあるが,数値そのものは依然として低く,やはり格差は明らかに存在している。また,1000人以上のグループではあまりその数値は改善されていない。このことから,若年層の賃金格差はやや回復傾向にはあるものの,依然として改善の度合いは十分ではなく,企業規模が1000人を超える大企業ではとりわけその傾向が強く現れることが明らかとなっている。

最高賃金格差については，従業員規模の影響がかなり色濃く反映する結果となっている。また，男性と女性で，明らかにその傾向が異なる。

女性については，1000人以上の大企業において，最高賃金格差がきわめて高く，999人以下の各従業員規模グループではそれほど差がない。それに対し，男性では，100人から999人の規模において最高賃金格差が際立って高く，1000人以上になると，その格差は他の2つのグループの水準とそれほど変わらない結果となっている。

以上のように，本章では基本統計を利用した大まかな賃金格差しか確認していないが，それでもなお，現代の日本における賃金構造には多くの，そして大きな賃金格差が内在していることが明らかとなった。

お わ り に

賃金格差の検討に用いた統計資料である『賃金センサス』では，前述したように，やっと2005年より「正規・非正規」の別，「雇用契約期間の期限の有無」の別によって労働者を区分して集計されるようになったばかりである。したがって本章でも2年分のデータを利用した比較しか行うことができず，雇用形態・就業形態によって区分した労働者間の賃金比較，賃金格差の検討は，きわめて限定的なものとなった。また，その他の年代別比較では，常用労働者全般での比較にとどまらざるをえなかった点も残念な点である。

しかし，今後は時系列データの蓄積にともなって，この『賃金センサス』を利用した賃金格差分析がより活発になるのではないかと期待する。そして本章が，さらなる多くの諸研究の足がかりとして，わずかながらでも貢献できることを期待する。

注
1) 大竹文雄『日本の不平等——格差社会の幻想と未来』日本経済新聞社，2005年，において非常に詳細にかつわかりやすくまとめられている。
2) 「所得再分配調査」2005年結果の数値による。なお，税や年金などの社会保障制度を通じた所得の再分配後のジニ係数は0.3873で前回調査と比べてほぼ横ばいであった。
3) 『賃金センサス』より所定内給与を所定内労働時間で除して推計した時間当たり所定

内給与での比較数値である。
4) このような賃金体系は年功賃金体系と呼ばれ，終身雇用とともに日本的経営の主要な柱とされてきた。
5) したがって，「正規雇用・短時間労働者」という区分も「非正規雇用・一般労働者」という区分もありえるわけである。
6) なお，雇用形態別に集計されていたが，統計表として掲載はされていなかった。
7) 従来の「パートタイム労働者」という定義と調査・集計時にそこに区分される労働者の実態とが乖離していたことへ配慮し，その改善を目的として今回の「短時間労働者」という呼称変更に至ったと思われる。
8) 臨時労働者のデータは，時間当たり賃金のデータをそのまま利用している。
9) 1986年当時はパートタイムといえば女性に特化した就業形態として認識されていたことを明確に示しているといえる。

第 2 部

生活・福祉と統計

第5章　税務統計にみる個人所得分布の二極化

はじめに

　この章は近年における所得格差拡大傾向と分布の諸特徴を税務統計に基づいて跡づけ，格差拡大の主要因をめぐる論議への参考資料を提供しようとするものである。

　構成は次のとおりである。まず近年における所得格差拡大傾向を概観し，世帯を調査単位とした所得統計の問題点について検討する。所得分布研究は多くの場合，世帯所得額に基づいて行われる。世帯が労働力再生産の場であり，個人が享受する経済的厚生が主として世帯所得と世帯規模とによって規定されると考えるならば，世帯所得に依拠して所得格差研究を進めるのが妥当であろう。しかし高齢者層内部における所得格差の問題を考える場合，世帯を調査単位とする統計調査にはいくつかの問題がある。たとえば統計上の定義によって「高齢者所得」に多くの高齢者の所得が反映されずまた高齢者以外の世帯員所得が含まれる。

　さらに，世帯所得に代えて税務統計に依拠した個人所得分布の諸特徴を，ジニ係数の比較を通じて示す。

　最後に，高額所得者分布の推計を行う。税務統計に示される個人所得データも世帯所得データも高額所得者分布が明示されないという問題がある。たとえば税務統計においては年収5000万円以上の人数が示されるだけであり，年収が10億円を超える人も5000万円台の人も区別されない。2004年を最後に国税庁の高額納税者(いわゆる長者番付)の縦覧が廃止された。これを補う試みとして対数正規分布を用いた推計を行う。

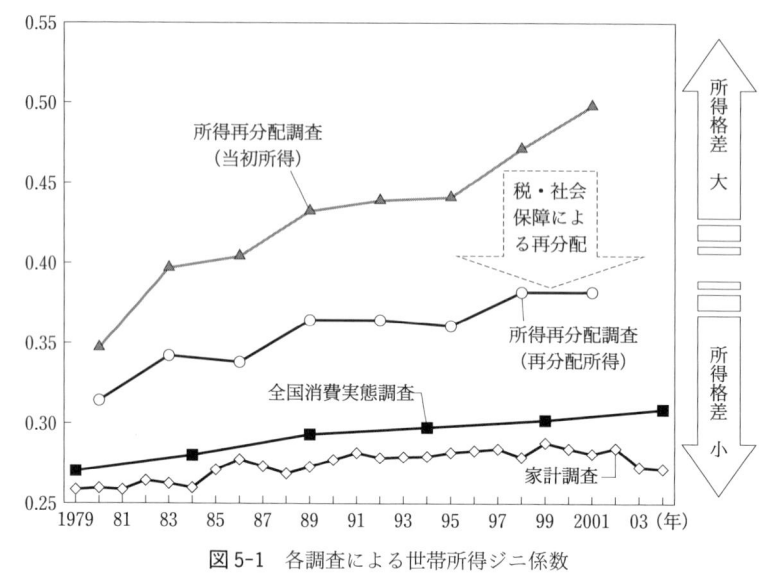

図5-1　各調査による世帯所得ジニ係数

出所：内閣府『月例経済報告』2006年1月，より転載。

1. 所得と資産の格差拡大

　1980年代半ば以降世帯所得の格差が拡大しつつあることが各種の統計によって示されている。世帯所得を示す主要な統計として『家計調査』『全国消費実態調査』『所得再分配調査』があり，これらの数値に依拠したジニ係数を示したのが図5-1である。これによると依拠した統計に応じて数値に大きな違いがあるものの，近年における格差拡大傾向が明らかとなっている。ジニ係数は0から1までの値をとり1に近づくほど所得格差が大きいと判定される。厚生労働省の『2005年所得再分配調査報告書』[1]によると当初所得に基づいた世帯所得ジニ係数は0.52631となり，過去最高の数値を示した。OECDが行った国際比較によると，日本の相対的貧困率は2000年において15.3％[2]であり先進国の中で貧困層の比重の高い国として位置づけられている。

　『2005年国民生活基礎調査』に基づいて全世帯の所得分布を折れ線グラフで示したのが図5-2である。ここにみられるように所得の低い世帯の比重が高く，

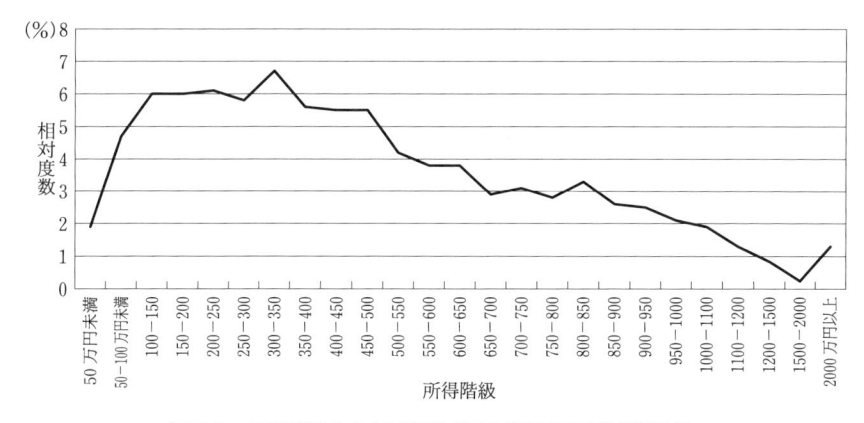

図 5-2　世帯所得分布（全世帯）（2005 年国民生活基礎調査）

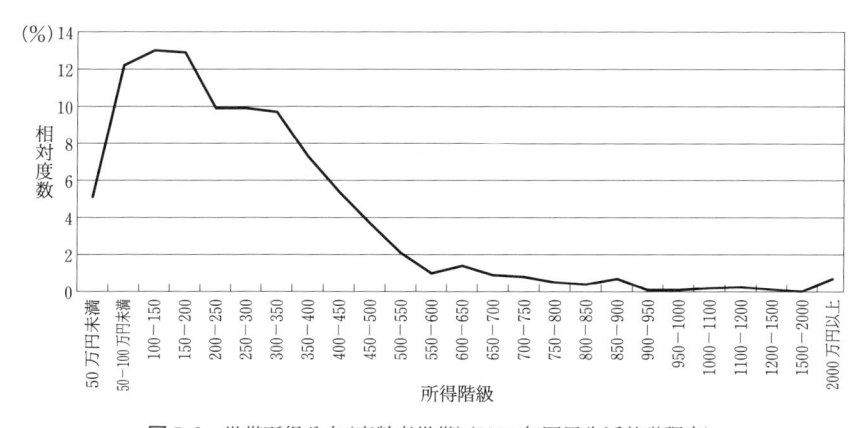

図 5-3　世帯所得分布（高齢者世帯）（2005 年国民生活基礎調査）

右に歪んだ分布となっている。

(1)　所得分布の諸特徴

　世帯所得の年平均は 580 万 4000 円と比較的高い数値を示しているが，年収 200 万円未満の世帯が全体の 18.6％ であり低所得世帯の割合が高い。

　高齢者世帯の所得分布を折れ線グラフ表示したのが図 5-3 である。図 5-2 で示した全世帯の所得分布よりもさらに低所得世帯の比重が高く，より歪んだ分布である。高齢者世帯の年平均所得は全世帯の平均所得を大きく下回る 296 万 1000 円である。年収 200 万円未満の高齢者世帯は全高齢者世帯の 43.3％ に上

表 5-1　世帯所得分布　　　　　(%)

所得階級	全世帯	高齢世帯	母子世帯
総　　数	100.0	100.0	100.0
50万円未満	1.9	5.1	5.6
50-100万円未満	4.7	12.2	15.7
100-150	6.0	13.0	13.5
150-200	6.0	12.9	15.7
200-250	6.1	9.9	19.1
250-300	5.8	9.9	10.1
300-350	6.7	9.7	7.9
350-400	5.6	7.3	1.1
400-450	5.5	5.4	1.1
450-500	5.5	3.7	1.1
500-550	4.2	2.1	―
550-600	3.8	1.0	1.1
600-650	3.8	1.4	1.1
650-700	2.9	0.9	1.1
700-750	3.1	0.8	1.1
750-800	2.8	0.5	―
800-850	3.3	0.4	1.1
850-900	2.6	0.7	2.2
900-950	2.5	0.1	―
950-1000	2.1	0.1	―
1000-1100	3.8	0.4	1.1
1100-1200	2.6	0.5	―
1200-1500	5.0	0.8	―
1500-2000	2.4	0.2	―
2000万円以上	1.3	0.7	―
平均所得　万円	580	296	233
メディアン　万円	462	229	198

出所：厚生労働省『2005年国民生活基礎調査』。

り，高齢者世帯の多くが低所得である。また母子世帯の平均年収は233万4000円とさらに低くなり，200万円未満の世帯割合は50.5%と半数を超える。

　他方，高額所得者の分布については明示されない。たとえば表5-1によると年収2000万円を超える世帯が全体の1.3%を占めることが示されるのみであり，2000万円を超える階層の所得分布はうかがい知ることができない。すなわち，年収が10億円を超える世帯も2000万円の世帯も同じ階層に属すると判断されるだけである。

(2) 所得格差拡大の主要因

さて，近年の所得格差拡大傾向は各種の統計によって確認できることであり，この事実そのものに疑問を投げかける論者はいないであろう。しかしその主要因についてはいくつかの異なる見解がある。今日有力である見解は，所得格差拡大の主要因を人口の高齢化に求めるものである[3]。すなわち，人口の高齢化にともなって年齢階層内所得格差の大きい高齢者層の構成比が高くなり，そのことが全体の所得格差を見かけ上大きくしているという。年齢階級別所得ジニ係数は世帯主の年齢が高くなるほど大きな数値となる傾向があることが示される（図5-4）。しかし，厚生労働省『2005年所得再分配調査』の数値に基づいた図5-5によると，必ずしもそのような傾向を確認できない。年金受け取り等を含まない当初所得でみると世帯主の年齢が高くなるほど所得ジニ係数が高くなる。しかし，世帯単位でみた再分配所得，世帯員数の平方根で除した等価可処分所得，等価再分配所得，のいずれについてもジニ係数は各年齢階層間においてほとんど差がない。

大竹文雄氏と斎藤誠氏はジニ係数に代えて対数分散（所得額の自然対数の分散）を所得格差尺度として用い，人口高齢化の全世帯所得格差拡大に及ぼす影響がおよそ30％であるという結論を導いている[4]。所得格差拡大の主要因が人口高齢化であるという見解は2006年1月の内閣府『月例経済報告』においても示され，現在では政府の公式見解であるように思われる。

(3) 資産分布

次に個人資産についてその分布をみよう。金融資産のうち家計部門が保有する額は日本銀行『資金循環統計』によれば1536兆2000億円（2007年3月速報）であった。これを全国の世帯数4704万3000で割ると1世帯当たり金融資産保有額はおよそ3265万円となる。しかし2人以上世帯を対象とした総務省統計局『家計調査』によれば，2006年の世帯当たり貯蓄現在高は1191万円であり，2つの統計の間には大きな隔たりがある。資産分布の特徴のいくつかを指摘しておく。まず，高齢者の高額資産保有者が多いことである。厚生労働省『国民生活基礎調査』によれば2004年において貯蓄現在高が3000万円を超える60歳

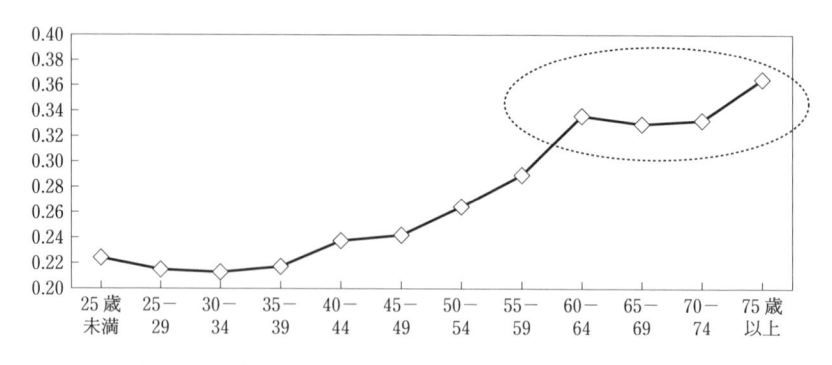

図 5-4　世帯主年齢階級別の世帯収入ジニ係数（2人以上世帯）

出所：内閣府『月例経済報告』2006年1月，より転載。原資料は総務省統計局『全国消費実態調査（1999年）』。

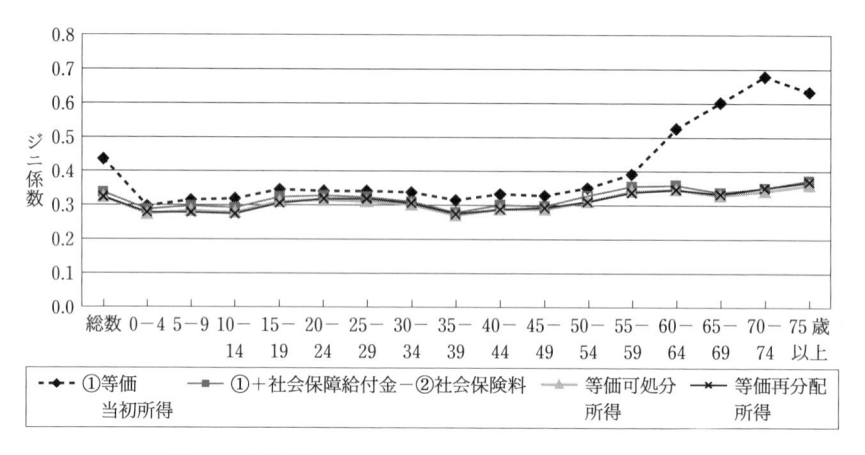

図 5-5　年齢階層別所得ジニ係数（2005年所得再分配調査）

以上世帯主世帯は全高齢者世帯の10.8％であった[5]。

また表 5-2 と図 5-6 にみられるように，世帯主の年齢が高くなるほど貯蓄現在高はおおむね高くなっており，特に60歳から69歳までの年齢階層の平均貯蓄現在高は1812万円と全世帯平均の1191万円を大きく上回っている。また総務省統計局『2004年全国消費実態調査』によれば，実物資産を含めた全資産が1億円以上の世帯は全体の6.48％，5000万円以上の世帯合計は21.58％であった[6]。また，65歳以上世帯主世帯のうち，総資産額が5000万円を超える世帯は34.40％にもなる[7]。このように公式統計には高額資産保有者が多いこ

表5-2　世帯主年齢階層別平均貯蓄現在高(2006年)　(万円)

世帯主の年齢階層	全体	29歳以下	30-39	40-49	50-59	60-69	70歳以上
貯蓄現在高(平均)	1,191	193	568	984	1,469	1,812	1,655

出所：総務省統計局『2006年家計調査』より作成した。

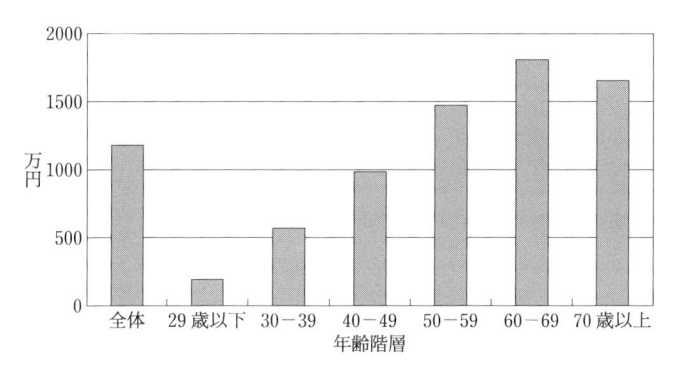

図5-6　世帯主年齢別貯蓄現在高

とが示されるものの，所得分布と同様に高額資産保有者の分布は明示されない。毎年アメリカの雑誌『フォーブス』に世界の億万長者のリストが掲載される。これによると43億ドル（約5160億円）を超える資産額を保有する日本人は3人であった[8]。

2. 世帯を調査単位とした統計データの問題

各種統計における高齢者所得の定義の違いと，それが高齢者層内部における所得格差の把握にどのような影響を及ぼしているかを検討しよう。

(1) 厚生労働省『国民生活基礎調査』と『所得再分配調査』とにおける捉え方

厚生労働省の定義によれば，「高齢者世帯」として把握されるのは65歳以上の者だけかまたはこれと18歳未満の未婚者とによって構成される世帯である。すなわち，これら以外の世帯構成員と同居している高齢者の所得は「高齢者世帯」の所得として反映されない。

また「高齢者世帯」所得とあわせて，世帯主の年齢階層別所得分布が示され

ている。厚生労働省の定義によれば，世帯主は「年齢や所得に関わらず世帯の中心として物事をとりはかる者として世帯側から申告された者」とされている。誰が世帯主になるかは世帯主の所得額によらないので，高齢者世帯主が他の世帯構成員と同居している場合は高齢者以外の世帯員所得の影響を受ける。特に世帯主よりも高い所得を得ている世帯員がいる場合には，世帯所得は世帯主所得よりも過大に評価される。たとえば，年金額が少なく生活防衛のために家族と同居している高齢者が世帯主の場合，その世帯所得は世帯主所得と比べて過大となる。

『国民生活基礎調査』によれば2004年における「高齢者世帯」の平均年所得は290万9000円であったが，世帯主の年齢が65歳以上の世帯の年所得は448万5000円となり，前者を大きく上回る。65歳以上の高齢者親族がいる世帯は1798万3900(2005年国勢調査)であったが，「高齢者世帯」は787万4000であり43.8%にすぎない。すなわち「高齢者世帯」の中には高齢者親族がいる世帯の過半数が含まれない。また世帯主の年齢が65歳以上の世帯は1380万4000であり，高齢者親族がいる世帯の400万世帯が含まれない。したがってこれらの世帯所得データに依拠して高齢者層内部における所得格差をジニ係数などの尺度に従って判定する場合，多くの同居高齢者の所得が空白となり計算される係数等に反映されない。

(2) 総務省統計局『家計調査』における捉え方

『家計調査』における世帯主の定義は，住民登録上の世帯主ではなく「世帯員のうち最も所得の多い者」である。したがって『家計調査』における高齢者世帯主世帯とは，世帯員のうち最も所得の多い者の年齢が65歳以上の世帯である。65歳以上の高齢者が自分よりも所得額の大きい65歳未満の者と同居する場合には，この世帯所得は高齢者層の所得格差の判定から排除される。『家計調査』データに依拠した高齢者層の所得ジニ係数の計算においても，『国民生活基礎調査』『所得再分配調査』と同様に多くの高齢者の所得が無視される。また，この調査の対象は2人以上世帯であるので高齢者単身世帯の所得は反映されない。65歳以上の高齢者が世帯主である世帯は約1445万世帯であり，65歳以上の親族のいる世帯1786万世帯のおよそ80%であり，約20%の世帯が除

外される。

(3) 等価所得と世帯規模

　厚生労働省『所得再分配調査』では図5-5でみたように，世帯所得のジニ係数だけでなく世帯員1人当たり所得である等価所得に基づいたジニ係数が示されている。世帯員1人当たり所得は世帯所得を世帯員数で除するのではなく，世帯員数のベキ乗根で除して求められる。これは同一世帯における消費支出の中には共有部分があるので単純に世帯所得を世帯員数で割るのは適当でないという考えに基づく。さて，等価所得は世帯所得÷$\sqrt[n]{世帯員数}$であり，nの値には実際には2が入り，世帯員数の平方根が採用されている。しかし，nの値がなぜ2になるかについて明確ではない。

　今日のように世帯規模が小さくなり特に単身高齢者世帯が増える(同時に世帯総数も増える)傾向のもとでは，低所得者が相対的に増加しジニ係数を押し上げる[9]。

　ジニ係数の計算にあたって基礎資料として利用される世帯所得データには，多くの高齢者の所得が反映されないしまた高齢者以外の所得が含まれる。

3．税務統計にみる個人所得分布

　世帯所得データが抱える問題についてみたが，ここでは個人所得に関する統計として国税庁『税務統計からみた民間給与の実態』と『税務統計からみた申告所得税の実態』とを用いて，個人所得分布の諸特徴についてみる。

(1) 民間給与の推移

　男性の民間給与の推移を示したのが図5-7である。これによると年収400万円以上800万円未満の階層と800万円以上2000万円未満の階層の構成比が傾向的に低くなっており，それに対して年収400万円未満の階層と2000万円以上の階層の構成比が高くなっている。すなわち，中間層から上層と下層の両極への分化がみられる。図5-8は女性の民間給与の推移を示している。年収200万円以上400万円未満の階層の構成比が低くなっており，200万円未満の低所

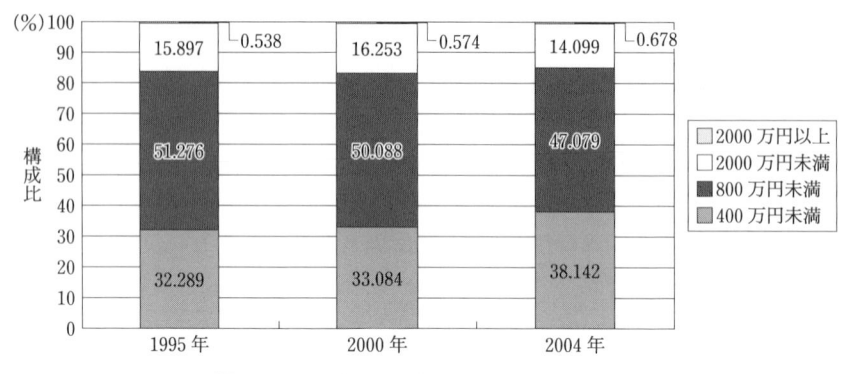

図 5-7　民間給与所得者分布の推移(男性，％)

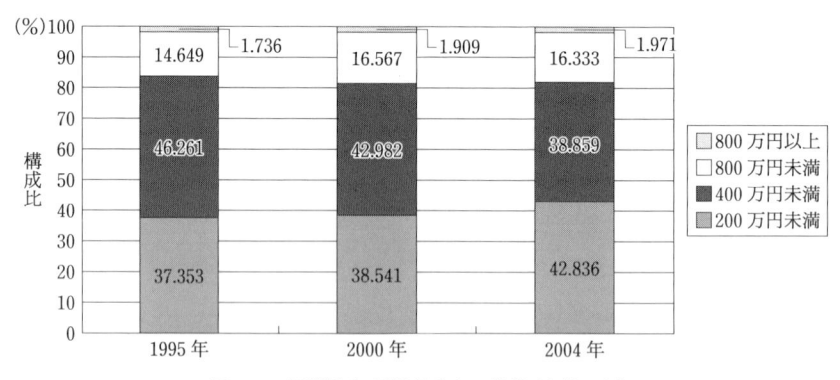

図 5-8　民間給与所得者分布の推移(女性，％)

得層，400 万円以上 800 万円未満の階層，800 万円以上の階層，の構成比が高くなっている。すなわち，年収 200 万円以上 400 万円未満の所得階層から 400 万円以上の階層と 200 万円未満の階層とへの両極分化が進んでいると考えられる。

次に民間給与の平均値の推移をみておく。表 5-3 は 1989 年から 2005 年までの年間平均給与の時系列を示したものであり，図 5-9 はその数値を折れ線グラフで示したものである。ここにみられるように 1997 年をピークとしてそれ以降低下傾向にあることがわかる。

(2) 申告所得の推移

次に申告所得の推移をみる。図 5-10 は 1995 年から 2004 年までの所得階級

第5章　税務統計にみる個人所得分布の二極化　115

表5-3　年間平均給与所得　　　　　　　　　　　　　　　　（千円）

	1989年	1990年	1997年	1998年	1999年	2000年	2001年	2002年	2003年	2004年	2005年
男	4,928	5,601	5,770	5,720	5,674	5,665	5,581	5,483	5,409	5,409	5,384
女	2,358	2,727	2,789	2,800	2,799	2,800	2,780	2,777	2,736	2,728	2,728
合計	4,024	4,555	4,673	4,648	4,613	4,610	4,540	4,478	4,388	4,388	4,368

出所：国税庁『税務統計からみた民間給与の実態』より作成した。

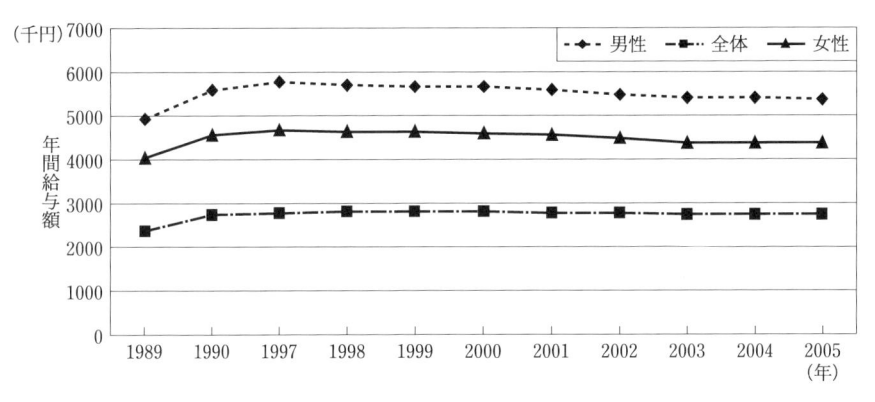

図5-9　民間平均給与の推移

出所：国税庁『税務統計からみた民間給与の実態』より作成した。

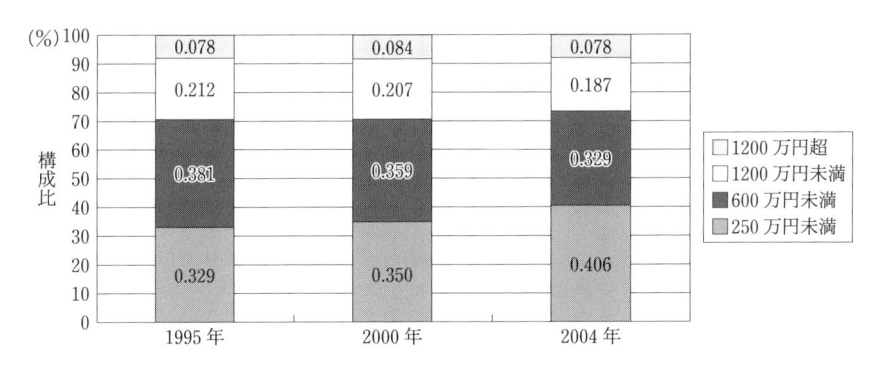

図5-10　申告所得者分布の推移(%)

出所：国税庁『税務統計からみた申告所得税の実態』より作成した。

別構成比の推移をグラフ化したものである。ここでは民間給与と比してより明確に両極分化の傾向が現れている。250万円以上600万円未満の所得階層の構成比が低くなっている。また，年収600万円以上1200万円未満の階層の構成比も低くなっている。他方で年収250万円未満の階層の構成比が高くなっている。すなわち，年収250万円以上1200万円未満の所得階層から，250万円未満の所得階層と1200万円以上の所得階層とへの分化がみられる。

(3) ジニ係数

　税務統計に基づいて民間給与と申告所得のジニ係数を計算し表にまとめたのが表5-4であり，折れ線グラフに示したのが図5-11である。ここでは，民間給与所得のジニ係数を男女別および合計について示し，申告所得ジニ係数を申告者全体と高齢者とに分けて示した。

　民間給与所得ジニ係数についてその特徴をみる。男性間，女性間，全体，ともに一貫してジニ係数が上昇する傾向にあり，所得格差が拡大しつつあることが示される。また女性間における所得ジニ係数が男性間の所得ジニ係数よりも一貫して高くなっており，女性間における所得格差が大きいことがわかる。これは年収200万円未満の女性労働者の増大によるものであり，貧困の女性化が進行していることを示しているのではなかろうか。

　申告所得ジニ係数は大きく変化していない。また高齢者層内部におけるジニ係数は全体のジニ係数と比べて大きな値を示さず，高齢者層内部における所得格差が他の年齢階層と比べて特に大きいという結果を示すに至らなかった。この点は，先にあげた『国民生活基礎調査』における高齢者世帯所得や，『所得再分配調査』における再分配所得等と同様である。すなわち，高い年齢階層ほど所得格差が大きいとは必ずしもいえない。

(4) 地域間格差

　表5-5は，国税局別の平均給与額と給与所得者数とから，標準偏差と変動係数を計算して示したものである。このうち変動係数が大きいほど地域間格差が大きいと判定される。変動係数は1999年から2005年まで全体として上昇傾向にあり，地域間格差が拡大しつつあることがわかる。

第5章　税務統計にみる個人所得分布の二極化　117

表 5-4　各種ジニ係数の推移

	1989年	1990年	1991年	1992年	1993年	1994年	1995年	1996年
A	0.287	0.289	0.289	0.289	0.288	0.294	0.291	0.287
B	0.309	0.309	0.312	0.313	0.317	0.328	0.333	0.334
C	0.339	0.345	0.341	0.346	0.349	0.392	0.352	0.347
D	0.587	0.604	0.594	0.518	0.524	0.515	0.504	0.521
E	0.657	0.657	0.606	0.530	0.499	0.509	0.523	0.509

	1997年	1998年	1999年	2000年	2001年	2002年	2003年	2004年
A	0.287	0.292	0.294	0.295	0.295	0.302	0.309	0.312
B	0.339	0.336	0.331	0.33	0.335	0.335	0.346	0.358
C	0.351	0.350	0.350	0.350	0.351	0.350	0.391	0.360
D	0.510	0.511	0.511	0.520	0.520	0.517	0.520	0.543
E	0.493	0.456	0.493	0.493	0.503	0.419	0.499	0.492

A：民間給与所得者(男性)　B：民間給与所得者(女性)　C：民間給与所得者(全体)　D：申告所得者(全体)　E：申告所得者(高齢者)

注：1）民間給与所得者のうち1年を通じて勤務した者の所得分布に依拠した。
　　2）高齢者ジニ係数は『税務統計から見た申告所得税の実態』各年版の第2表「所得種類別表」の「公的年金等所得」の度数分布を高齢者所得分布として利用した。
　　　各所得階級平均所得は第1表「総括表」に示された平均所得を用いた。
出所：国税庁『税務統計から見た民間給与の実態』『税務統計からみた申告所得税の実態』各年版より作成した。

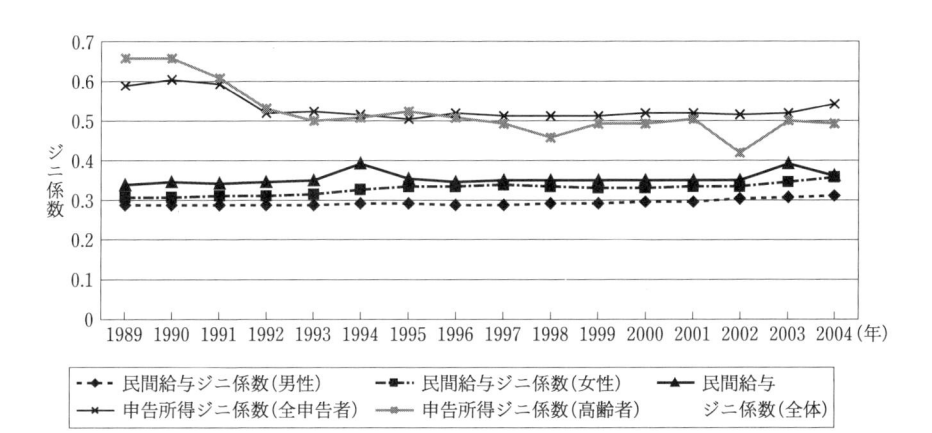

図 5-11　民間所得・申告所得ジニ係数の推移

表 5-5 国税局別年間平均給与の推移

(上段：平均給与額 [千円]，下段：給与所得者数 [人])

国税局	1999年	2000年	2001年	2002年	2003年	2004年	2005年
札幌	4,056 1,631,712	3,879 1,618,243	4,026 1,632,777	4,058 1,672,432	3,936 1,669,020	3,901 1,663,672	3,651 1,670,620
仙台	3,891 2,741,764	3,813 2,722,119	3,657 2,700,983	3,655 2,631,313	3,581 2,632,497	3,540 2,609,326	3,573 2,602,621
関東信越	4,273 5,102,363	4,216 5,090,325	4,191 4,878,067	4,047 4,787,118	4,045 4,792,008	3,928 4,809,601	3,943 4,958,779
東京	5,212 13,505,774	5,363 13,556,073	5,218 13,676,208	5,144 13,467,904	5,191 13,386,571	5,167 13,447,053	5,102 13,593,641
金沢	4,332 1,116,705	4,198 1,115,493	4,216 1,123,203	4,026 1,105,015	3,911 1,077,913	3,958 1,089,412	3,935 1,090,924
名古屋	4,608 5,369,037	4,533 5,348,462	4,523 5,377,425	4,426 5,352,004	4,358 5,453,842	4,372 5,482,783	4,385 5,516,940
大阪	4,852 7,816,985	4,694 7,801,262	4,669 7,950,335	4,588 7,926,996	4,493 7,892,959	4,406 7,742,427	4,421 7,772,325
広島	4,153 2,519,626	4,183 2,509,758	4,123 2,574,626	4,141 2,530,397	4,038 2,484,972	3,892 2,463,995	3,982 2,485,210
高松	4,032 1,212,485	3,930 1,209,069	4,048 1,245,647	3,952 1,253,606	3,829 1,262,214	3,688 1,259,558	3,634 1,261,214
福岡	3,988 2,227,202	4,007 2,211,386	3,908 2,160,855	3,935 2,202,592	3,904 2,218,050	3,781 2,121,993	3,771 2,133,211
熊本	3,640 1,495,252	3,836 1,514,394	3,535 1,506,667	3,722 1,521,279	3,608 1,509,463	3,664 1,562,858	3,586 1,572,468
沖縄	3,523 244,884	3,608 242,483	3,246 269,747	3,417 273,415	3,473 281,725	3,358 277,514	3,440 277,944
全国	4,613 44,983,789	4,610 44,933,067	4,540 45,096,540	4,478 44,724,071	4,439 44,661,234	4,388 44,530,192	4,368 44,935,897
標準偏差 変動係数	503 0.109	564 0.122	542 0.119	512 0.114	556 0.125	575 0.131	557 0.128

出所：国税庁『税務統計から見た民間給与の実態』各年版より作成。

4. 統計に明示されない所得分布の上層と下層

　2005年における申告所得分布を示したのが表5-6である。ここでは，70万円未満の人数が一括して示され，低所得者層の所得分布が明示されない。また高額所得者についても，最上位階級5000万円超の人数が示されるものの，それ以上の所得階級における分布が明示されない。5000万円を超える所得額も

表 5-6　申告所得分布(2005 年)

所得階級	人数(人)
70 万円以下	266,999
〜100	416,488
〜150	990,530
〜200	1,165,126
〜250	1,065,136
〜300	720,459
〜400	937,826
〜500	596,362
〜600	415,865
〜700	315,607
〜800	239,291
〜1000	316,452
〜1200	199,600
〜1500	193,655
〜2000	177,677
〜3000	138,739
〜5000	84,772
5000 万円超	53,612
合計	8,294,196

出所：国税庁『税務統計から見た申告所得税の実態』

様々であるはずだがその分布は不明である。以下では，それを補う試みとして対数正規分布を用いた高額所得者分布の推計を行う。

(1) 長者番付

　国税庁は高額納税者名簿(いわゆる長者番付)の縦覧を，2004 年を最後に廃止した。2004 年の所得税額全国上位 100 人を示したのが表 5-7 である。この年，超過累進税率のもとで 1800 万円を超える所得税率は 37％であった。所得税額に 249 万円を加え 0.37 で除して課税所得額を求めた。これには税額控除や所得控除額が含まれないので，課税前所得額はさらに大きな数値となる。課税所得額の全国 1 位は 99 億 8613 万円であり，100 位は 8 億 6778 万円であった。高額所得者 100 人の所得ジニ係数を計算すると 0.245 と小さな数値になる。等しく豊かな階層であるといえるだろう。

表 5-7　2004 年高額納税者上位 100 人　　　（単位：万円）

順位	所得税額	課税所得	順位	所得税額	課税所得	順位	所得税額	課税所得
1	369,238	998,613	35	51,302	138,654	69	37,511	102,054
2	120,152	325,408	36	51,153	138,251	70	37,266	101,391
3	108,393	293,627	37	50,233	135,764	71	37,246	101,337
4	107,388	290,910	38	50,159	135,564	72	36,936	100,500
5	105,056	284,608	39	49,136	132,800	73	36,811	100,162
6	101,221	274,243	40	49,043	113,254	74	36,763	100,032
7	99,700	270,132	41	48,450	130,945	75	36,595	99,578
8	92,708	251,235	42	48,209	130,294	76	36,108	98,262
9	92,457	250,556	43	48,112	130,032	77	36,085	98,200
10	88,916	240,986	44	47,775	129,121	78	35,770	97,348
11	88,791	240,648	45	47,530	128,459	79	35,562	96,786
12	85,568	231,937	46	46,437	125,505	80	35,514	96,656
13	85,203	230,951	47	46,431	125,489	81	35,247	95,935
14	75,120	203,700	48	45,731	123,597	82	34,938	95,100
15	74,292	201,462	49	45,319	122,483	83	34,756	94,608
16	73,181	198,459	50	44,932	121,437	84	34,440	93,754
17	70,194	190,386	51	44,582	120,491	85	34,248	93,235
18	66,380	180,078	52	44,072	119,113	86	34,132	92,921
19	66,276	179,797	53	43,851	118,516	87	33,242	90,516
20	63,656	172,716	54	43,238	116,859	88	33,199	90,400
21	62,503	169,600	55	42,372	114,518	89	33,171	90,324
22	61,801	167,702	56	42,165	113,959	90	33,153	90,275
23	57,396	155,797	57	41,795	112,959	91	33,126	90,202
24	57,226	155,337	58	40,961	110,705	92	33,118	90,181
25	56,926	154,527	59	40,400	109,189	93	32,967	89,772
26	55,935	151,848	60	40,330	109,000	94	32,931	89,675
27	55,474	150,602	61	40,221	108,705	95	32,850	89,456
28	55,074	149,164	62	39,899	107,835	96	32,758	89,208
29	54,942	149,164	63	39,701	107,300	97	32,684	89,008
30	53,830	146,159	64	39,290	106,189	98	32,651	88,918
31	53,722	145,867	65	39,023	105,467	99	32,059	87,318
32	53,529	145,345	66	38,778	104,805	100	31,859	86,778
33	53,300	144,727	67	38,390	103,756	ジニ係数＝0.245		
34	53,137	144,286	68	37,579	101,564			

注：①課税対象額＝(所得税額＋249 万円)÷0.37 に従って算出した。
　　超過累進税率のもとで，1800 万円を超える分の所得税率は 2004 年において 37％であった。
　　②いわゆる長者番付は個人情報保護の観点から 2004 年を最後に廃止された。
　　上記の表は国税庁発表の資料から個人名を除いたものである。
出所：NIKKEI NET；http://www.nikkei.co.jp/sp2/nt50/20050516SP85G001.16052005.html

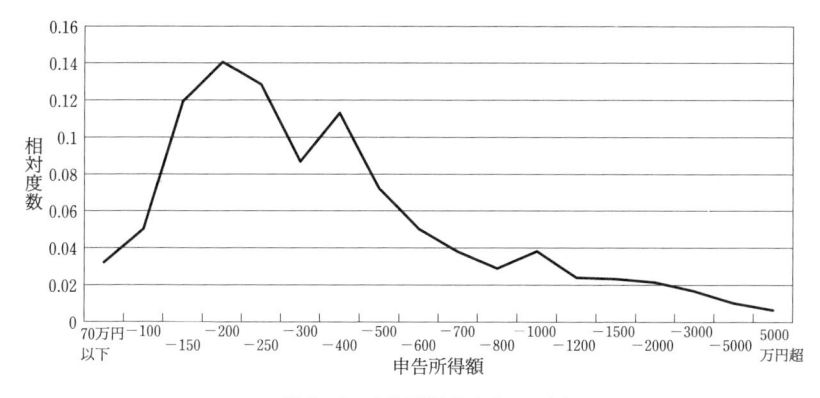

第5章 税務統計にみる個人所得分布の二極化　121

図5-12　申告所得分布(2005年)

(2) 対数正規分布による推計

　2005年の申告所得データに基づいて，所得額を横軸に相対度数を縦軸に折れ線グラフで示した図5-12は，低所得者の比重が高い右に歪んだ分布となる。縦軸の相対度数(相対度数の合計は1である)を確率，所得額を確率変数とみなせば，所得分布は確率分布となる。

　横軸の所得額を自然対数に変換すると，右に歪んだ分布が正規分布に近づくという経験則を発見したのがジブラ(Robert Pierre Louis Gibrat)であった。ジブラは対数標準偏差をもとに考案した尺度に従って所得格差を判定しようとした。ジブラが行った所得格差の判定とは逆の発想から，分布関数の型より所得分布を推計する。対数正規分布の所得分布への適用は高額所得者についてはうまくいかない場合が多いといわれる。以下においてみるように所得額が3億円を超える階層については当てはまりが悪い。したがって税務統計において明示されない高額所得層のうち5000万円から2億円までの所得分布の推計にとどめたい。

　ここでは，厚生労働省『2005年所得再分配調査報告書』に基づいて，対数正規分布による高額所得分布の推計を行う。この資料から当初所得と再分配所得の相対度数を示したのが表5-8である。

　このうち，再分配所得分布の折れ線グラフを図5-13に示す。各所得階級の代表値の自然対数と相対度数(確率)とを折れ線グラフに示したのが図5-14で

表 5-8 世帯所得分布 (2005 年所得再分配調査)

所得階級	当初所得相対度数	再分配所得相対度数
50万円未満	0.234	0.017
50-100	0.048	0.043
100-150	0.049	0.056
150-200	0.042	0.066
200-250	0.041	0.064
250-300	0.036	0.065
300-350	0.046	0.070
350-400	0.037	0.066
400-450	0.038	0.057
450-500	0.038	0.050
500-550	0.038	0.053
550-600	0.029	0.036
600-650	0.030	0.041
650-700	0.024	0.036
700-750	0.026	0.035
750-800	0.024	0.031
800-850	0.031	0.031
850-900	0.024	0.023
900-950	0.022	0.021
950-1000	0.018	0.018
1000万円以上	0.124	0.119
平均所得(万円)	466	550

出所：厚生労働省『2005年所得再分配調査報告書』より作成した。

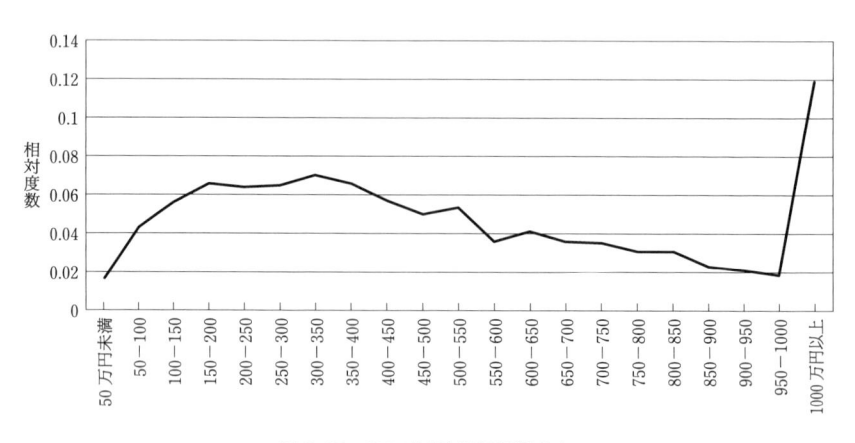

図 5-13 2005 年再分配所得分布

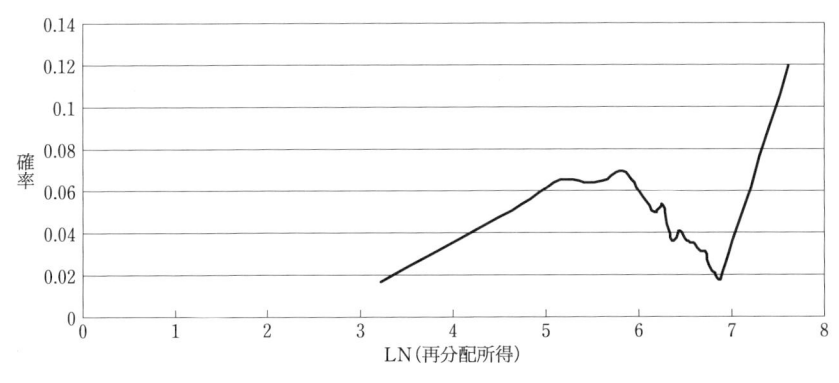

第5章　税務統計にみる個人所得分布の二極化　123

図5-14　対数(再分配所得)分布

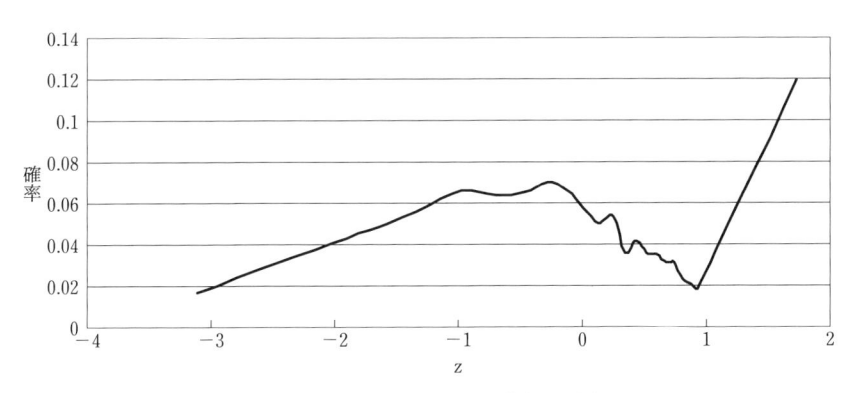

図5-15　標準化対数所得分布(再分配)

ある。図5-13の右に歪んだ分布に代わって左右対称に近い分布が得られる。

さらに所得額の自然対数を標準化し確率分布をグラフに示したもの，すなわち，$z=\dfrac{\ln x - E\{\ln(x)\}}{\sigma\{\ln(x)\}}$ を横軸に，縦軸に相対度数分布をとったものが図5-15である。このように正規分布に近い分布が得られるので，再分配所得に基づいて高額所得者分布の推計を行う。

(3)　分析ツール

所得分布の推計はおおむね次の手順で行った。
① 所得階級の代表値(x_i)を求め，さらに自然対数$\ln(x_i)$に変換する。
② 自然対数へ変換された所得額と相対度数とから所得額自然対数$\ln(x_i)$

表 5-9　対数正規分布による高額所得分布の推計　　（万円）

累積相対度数	所得下限
下位 10%	51
上位 11.9%	1,230
上位 10%	1,349
1%	3,482
0.10%	6,965
0.01%	12,328
上位 0.001%	20,234

$E\{LN(再分配所得額)\} = 6.044$
$\sigma\{LN(再分配所得)\} = 0.907$

の幾何平均 $E\{\ln(x_i)\}$ と標準偏差 $\sigma\{\ln(x_i)\}$ とを求める。

③　自然対数に変換された所得額を標準化する。
　　すなわち，$z = \dfrac{\ln x - E\{\ln(x)\}}{\sigma\{\ln(x)\}}$ を求める。

④　標準正規分布の累積確率から z を求め，対応する x_i を求める。

⑤　以上の内容の計算は MS-EXCEL の LOGINV. を利用して一度に行うことができる。

(4) 推　計　結　果

主な分析結果は表 5-9 のとおりである。まず年間所得が 51 万 683 円未満の世帯が全体の 10% となり，原データに示される 1.7% の世帯が 50 万円未満という数値に近い。また原データでは 11.9% の世帯が 1000 万円を超える所得を得ているが，推計では 1230 万円超となった。

さて，上位 10% から上層の所得分布の推計結果をみる。上位 1% の所得下限はおよそ 3482 万円，上位 0.1% の所得下限はおよそ 6964 万円，上位 0.01% の所得下限はおよそ 1 億 2328 万円，上位 0.001% の所得下限はおよそ 2 億 234 万円であった。0.001% に全国世帯数約 4700 万を乗ずると 470 世帯となる。

む　す　び

以上みたように，近年の所得格差拡大，所得の二極分化，貧困の女性化，との傾向が確認できた。また高齢者層の所得ジニ係数が全体のジニ係数と比べて

必ずしも大きくないことも示された。

　さて，所得格差を判定する尺度として，かつては特定の分布関数に依拠する方法が主流であった。パレート法則，ジブラ法則(対数正規分布)などである。現在では特定の分布関数によらない記述的尺度であるジニ係数による判定が一般的である。最近では格差拡大の主要因としての人口高齢化をめぐる議論と関わって，年齢階層別ジニ係数と全体のジニ係数との関係が取り上げられる。大竹，斉藤両氏による前掲論文では対数分散を格差尺度とし，全体の所得対数分散が年齢階層内対数分散の算術平均と階層間対数分散とに分解されている。

　しかしジニ係数に依拠して高齢化要因を検討しようとすると，数理的問題に直面する。ジニ係数の年齢別分解がうまくいかない。これはジニ係数のグループ分解が各グループにおいて所得額が重複していない場合にだけ可能だからである。年齢階層別にグループ分けをすると当然ながら所得額はオーバーラップする。したがって全体のジニ係数をグループ内ジニ係数とグループ間ジニ係数とに分解することができないのである。

　所得格差を示す尺度をグループ内格差とグループ間格差とに分ける場合，その関係は次の式のように示される。

$$I = I_b + \sum_{j=1}^{m} w_j \cdot I_{wj}$$

　　　ただし，I_b：グループ間所得格差
　　　　　　I_{wj}：グループ内所得格差
　　　　　　w_j：グループ内所得格差に乗ずるウエイト
　　　　　　m：グループ数
　　　　　　I：全体の所得格差

ジニ係数をグループごとに分解する場合，各グループ間において所得額が重なり合わないことが条件となる。すなわち，所得階級に応じた分解だけが可能である。その場合，各グループに付されるウエイトは次のようになる。

$$w_j = \{h(uj)\}^2 \cdot (uj/u)$$

　　　ただし，$\{h(uj)\}$：グループ j の人数の総人数に対する割合
　　　　　　uj：グループ j の平均所得
　　　　　　u：総平均所得

年齢階層別にグループ分けした場合，所得額がグループ間でオーバーラップするので，全体のジニ係数を年齢階層別ジニ係数に分解することは不可能である。厚生労働省『所得再分配調査』には等価当初所得の年齢階層別ジニ係数と全体のジニ係数とが示されているが，両者の関係は不明である。ちなみに年齢階層別ジニ係数の算術平均または幾何平均を計算すると，全体のジニ係数と近い数字が得られる。また全体のジニ係数を年齢階層別グループに分解することが数理的に不可能であるのであれば，逆に年齢階層別ジニ係数から全体のジニ係数の変化を説明することもそもそも不可能ではないか。すなわち，グループ内ジニ係数の高い高齢者の比重が高くなることから全体のジニ係数の上昇を説明することに無理があるのではなかろうか。

また，次のような問題もある。すなわち，公表される統計に基づいてジニ係数を計算する場合，各所得階級の代表値を用いる。すなわち，各所得階級内における所得格差が無視される。通常ジニ係数として示される数値はこのように所得階級間の格差を反映しているが，所得階級内格差は反映されない。この点においてジニ係数は過小に示される。

統計は社会をありのままに映す鏡ではない。それは社会の特定の断面を切り取って伝えているにすぎない。所得分布については高額所得者と低所得者とが明示されない。またそもそも世帯を調査単位とした調査への協力が期待できるのは，家計を維持している世帯だけであろう。家計破綻に陥っている世帯や，ホームレス，ネットカフェ難民など世帯を維持できていない人々のデータは空白となる。また同じ所得額を得ている世帯であってもローン返済などに応じて消費支出額は変わってくる。したがって，所得ジニ係数だけでなく消費支出のジニ係数など違った分析視角が必要である。

注

1) 厚生労働省『2005年所得再分配調査報告書』。
2) 相対的貧困率は所得メディアンの50％未満の所得しかない世帯の割合である。各国の相対的貧困率を比較したグラフが次の文献に示されている。木村和範「コラム相対的貧困率の国際比較」近昭夫・岩井浩・福島利夫・木村和範編著『現代の社会と統計――統計にもつよい市民をめざして』産業統計研究社，2006年，137-138頁。
3) 大竹文雄「所得格差を考える(3)」『日本経済新聞』2000年3月2日。

4) 大竹文雄・斉藤誠「所得不平等化の背景とその政策的含意——年齢階層内効果，年齢階層間効果，人口高齢化効果」『季刊社会保障研究』Vol. 35, No. 1, 65-76 頁。
5) 厚生労働省『2004 年国民生活基礎調査』。
6) 総務省統計局『2004 年全国消費実態調査』「第 24 表　世帯属性，資産の種類，資産額階級別世帯分布」より度数分布を計算した。
7) 同上。
8) 『フォーブス（日本語版）』2007 年 6 月号には次の 3 人が掲載されている。またそれ以下の高資産を保有する日本人については同誌 2007 年 7 月号に掲載されている。

表 5-10　純資産額 43 億ドル（約 5160 億円）以上を保有する日本人（2007 年）

名前	資産額	業種等	年齢	世界順位
孫正義	6960 億円	ソフトバンク	49	129 位
佐治信忠一族	5640 億円	サントリー	61	167 位
武井博子一族	5160 億円	武富士	NA	194 位

出所：『フォーブス』2007 年 6 月号。

9) このことは等価弾性値による所得調整によっても変わらない。等価弾性値を 0.5 とするときの等価所得は，

$$\text{等価所得} = \frac{\text{世帯所得}}{\text{世帯人員の平方根}} \qquad (*)$$

で与えられる。（*）式からは，世帯所得が同一であるとき，等価所得は世帯人員に反比例して減衰することがわかる。

　他方で，単身世帯の場合には，同一の世帯所得にかんしては，最も高い等価所得を与えることがわかる。等価弾性値による所得調整にもかかわらず，単身高齢世帯所得の絶対額が小さいために，単身高齢者の増加はジニ係数の押し上げ要因となる。

第6章　年金格差と高齢者の貧困

は じ め に

　わが国の公的年金制度は，他の先進工業国の年金制度と比較した場合，制度そのものが分立しているために複雑で，給付においてかなり大きな制度間格差のあることが特徴である。給付格差は単なる不平等という意味において問題視されるだけでなく，何よりも現実に高齢期の貧困を多数生み出す原因となっている。本章では，年金格差の現状とその要因について分析するとともに，生活保護基準以下の生活を送っている高齢者の存在を明らかにする。現状分析に先立ち，年金格差を生むに至ったわが国の公的年金制度の成り立ちについて触れる。

1. 年金格差の背景──日本における年金制度の成立と展開

(1) 上位の階層から形成された年金制度

　国民一般を対象としたわが国の公的年金制度は，1940(昭和15)年前後の戦時体制下で相次いで制定された。「船員保険法」は1939年に，一般被用者を対象とした「労働者年金保険法」は1941年に，それぞれ制定されている。しかし，こうした一般的な年金制度とは異なる特権的な制度は，「恩給」や「共済組合の年金給付」などの形で，それ以前から存在していた。たとえば，職業軍人に関しては，「海軍退隠令」と「陸軍恩給令」が明治初期(1875[明治8]年と1876年)に公布されている。また国家官僚に関しては，「官吏恩給令」が1884年に公布

されている。国家の権力機構を担うこれらの軍人・高級官僚に限定された特権的な恩給制度が最優先で設けられた点に，わが国の特徴がある[1]。また「国有鉄道共済組合」のような官営企業共済組合においても，1920(大正9)年から年金給付が実施されるようになった。

このように，雇用と所得が安定した国家公務員から相対的に安定した民間の被雇用者へ，さらに不安定な自営業者へと，下位の社会階層に向かって段階的に公的年金制度が整備されてきたのが，わが国の歴史的特徴である。これは健康保険制度にも共通している。

(2) 戦争と年金制度の創設

戦時体制下で，男子工場労働者を対象として制定された「労働者年金保険法」は，1944(昭和19)年に「旧厚生年金保険法」に整備・拡充された。太平洋戦争のさなかの財政的に困難な時期に社会保険制度が相次いで制定された理由は，労働者の退職後の所得を保障するとか疾病による貧困への転落を防止するという社会保障本来の目的に即して制定されたのではなく，戦争が拡大する中で労働力を保全し生産力を高めると同時に，戦争遂行費用を捻出するための窮余の一策として社会保険制度が創設されたという，当時の政府の財政事情によるものである。年金を給付することよりも保険料を徴収することの方が優先された。特に年金は長期間経過しなければ給付が始まらないので，それまでは保険料が国庫に積み立てられる一方となる。労働者年金保険法が施行された初年度(1942年)には1億4000万円が徴収され，敗戦時の1945年には14億6000万円が保険料として国庫に納められた。今日に続く年金不信の根をたどると，国による創設時の制度の悪用に行き着く[2]。

(3) 国民皆年金計画——不安定就業者を対象とした国民年金の創設

1954(昭和29)年に，旧厚生年金保険法は現行「厚生年金保険法」として再出発することになった[3]。公的年金制度確立の最後の締めくくりとして，新規に農漁民や自営業者・日雇労働者等を対象とする「国民年金法」が8番目の年金制度として1959年に制定された。これによって日本においても「国民皆年金」(一人一年金)がようやく実現される運びとなった。

新たに創設された国民年金は，20歳から59歳までの日本国民で，「厚生年金や共済年金の加入対象とならない人」を被保険者とする完全積立方式の拠出制の年金制度であった。原則として，保険料を納入した期間(最長40年間)に応じて年金が支給される仕組みのもので，国庫負担を3分の1とすることが決められた。

　こうして「国民皆年金」がスタートしたのだが，この機会に公的年金制度のあり方そのものが抜本的に見直されることはなかった。日本の公的年金制度は，雇用と所得の両面において安定した上位の階層から順次形成されてきたために，これらの人々の相対的に有利な既得権を侵害しないで「国民皆年金」を達成するには，最後に残された自営業層だけを対象に制度を作らなければならなかった。こうして戦後の公的年金制度は，それぞれの制度が常に下層の勤労者に対して閉鎖性をもち，所得の垂直的な再分配機能が発揮されにくい構造をもつことになった。

　自営業者や農漁民・専業主婦を対象とした国民年金は，加入者が雇用関係にないという理由で厚生年金から区別され，雇主の保険料負担がないことから，低い給付額の制度として位置づけられた。しかし実際には，製造業を中心とした高度経済成長政策が遂行される中で，農民や女性は出稼ぎ労働者や臨時工，パート・タイマーなどとして不安定な雇用に大量に従事するようになった。それにもかかわらず，こうした不安定雇用労働者が加入する年金は，当該企業にとって保険料負担を負わなくて済む国民年金のままに据え置かれた。結局，後に「日本的経営」として理解されることになる大企業を頂点とする「下請・系列構造」が形づくられていく中で，最末端の零細企業は，社会保険料などの労働費用を節約することで，かろうじて企業として存立することができたのである。国民年金は，そうした「安価な労働力」のための年金制度として，社会構造の矛盾をシワ寄せされる形で創設された。

　こうして戦後の日本では，長期に雇用を保障され，相対的に給付水準の高い健康保険制度に守られ，種々の企業内福利厚生を利用でき，老後生活費も厚生年金によって保障された大企業サラリーマンに代表される「一般階層」と，給付水準が低いばかりか月々の保険料負担も相対的に高い国民健康保険と老後の生活保障水準が低位の国民年金に加入するしかない「不安定就業階層」とに，

勤労者が二分されることになった。後者は一口に「国保・国年層」と称されており，こうした格差構造を「社会保障の二重構造」と呼ぶ人もいる。

(4) 基礎年金制度への移行——不十分な一元化

1970年代半ばに至って，公的年金制度の「一元化」と「食べていける年金」の保障を目標に，当時の社会保障制度審議会(以下，制度審と略す)によって「基本年金」構想(1人当たり月に5万円，夫婦で10万円の基本年金の支給)が提案された。当時，日本の公的年金制度は厚生年金，国民年金，共済年金という3種類8制度に分立し，給付面において大きな制度間格差が認められると同時に，重複給付(通算)など年金受給者にとって不利に作用する問題を抱えていた。また制度が分立しているために，産業構造の変化にともなって特定の制度の財政基盤が不安定になる危険性をもっていた。「一元化」に向けての取り組みは，早晩追究されなければならない課題であった。しかし，制度審の「基本年金」構想には，その財源を付加価値税(消費税)によって調達するという提言が含まれていたために，国民の強い反発を招き，採用されないままに見送られた。

1985(昭和60)年に，従来の国民年金を国民全員共通加入の「基礎年金」とする「基礎年金制度」が導入され，翌年から実施された。従来の厚生年金や各種共済年金は，基礎年金(国民年金)を一階部分として，その上に報酬比例部分として上乗せされる二階部分と位置づけられることになった。しかし，こうした措置によって本来の意味での「一元化」が実現されたわけではない。「統合」されたのは基礎年金部分のみであって，依然として勤労者は，失業や職業異動にともなって，加入する年金制度を移動しなければならない。1985年の大改正で特筆すべき点は，従来任意加入であったサラリーマンの妻(専業主婦)の年金権を保障したことである。国民年金に任意加入しなかったサラリーマンの妻は自身の年金権をもたず，その夫が受給する厚生年金などの被用者年金において「配偶者加給年金」という形で年金額が付け加えられる方式であった。しかし，任意加入していない妻が高齢期になって離婚したり障害を負ったりした場合には，無年金になる問題があった。1985年の改正では，専業主婦も個人として国民年金に加入することが義務づけられ，制度上「第3号被保険者」と位置づけられることになった。

この基礎年金制度への移行は，日本の年金制度の全体的な見直しの中で行われた。その見直しの主な内容は，第1に，老齢厚生年金の支給開始年齢の60歳から65歳への段階的な繰り延べ案の提起である(これは1980年の改正時に政府案によって提起された)。第2に，年金財源の安定的確保のために，厚生年金の保険料率と国民年金の定額保険料が段階的に引き上げられるようになった。この引き上げは，年金財源への国庫負担の軽減化を図るために採用された。第3に，将来の老齢年金の給付額を現行水準の3分の2程度の水準にまで順次抑制していく方向がとられた。

以降，5年ごとに行われる年金財政再計算に基づき，「負担引上げ，給付引下げ」の改定案が，手を変え品を変え，繰り返されることになる[4]。それは公的年金制度に対する国民の不安を強めることになり，月々の保険料を給与から源泉徴収できない国民年金の場合，滞納者，未納者，非加入者を大量に生み出す原因となった。

2. 年金格差の現状

(1) 被保険者数から判明する国民年金の受け皿的役割

前節で言及したように，1986(昭和61)年の基礎年金制度への移行以来，わが国の公的年金制度は図6-1のように体系化されている。基礎年金は満20歳以上60歳未満の日本国内に住所をもつ国民全員が共通加入する1階部分の公的年金であり，その加入者数(被保険者数)は2005(平成17)年3月現在で約7072万人となっている。日本の総人口1億2768万人(2004年10月現在)中の55.4%が公的年金制度の被保険者である。

その内訳をみると，基礎年金制度上「第1号被保険者」と呼ばれる，民間事業所等に雇用されていない自営業者・農業者・学生・失業者等の加入者の数は2217万人となっており，全被保険者数の31.3%を占めている。

民間事業所に雇用されている一般被雇用者と公務員等は「第2号被保険者」と呼ばれるが，2005年3月末現在3713万人となっており，全体の52.5%と最大のグループを形成している。このうち厚生年金に加入している一般被雇用者

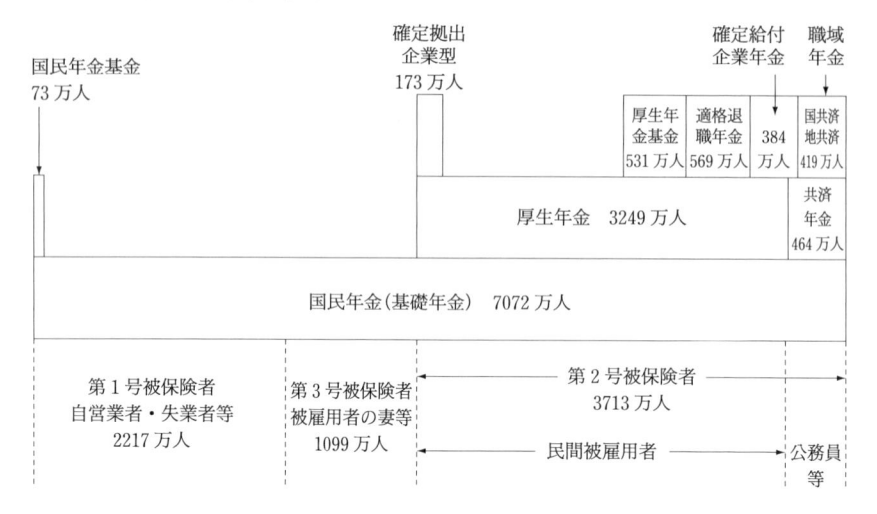

```
国民年金基金          確定拠出              確定給付  職域
73万人              企業型               企業年金  年金
                   173万人
                                    厚生年  適格退        国共済
                                    金基金  職適格年金 384  地共済
                                    531万人 569万人 万人 419万人
                                                        共済
                            厚生年金  3249万人              年金
                                                        464万人

              国民年金(基礎年金)  7072万人

      第1号被保険者     第3号被保険者        第2号被保険者
      自営業者・失業者等   被雇用者の妻等        3713万人
       2217万人       1099万人                         公務員
                              民間被雇用者         等
```

図6-1 公的年金制度の体系と加入者数(2004年)

出所：国立社会保障・人口問題研究所『社会保障統計年報』2006年版，174-180頁，334-336頁より作成。

は3249万人であり，全体の45.9%を占めている。各種共済組合に加入している公務員等の被雇用者は残りの464万人であり，被保険者全体に占める割合は6.5%と1割に満たない。その内訳をみると，国家公務員等共済組合の加入者が108万人(1.5%)，地方公務員共済組合の加入者が311万人(4.4%)，私立学校教職員共済組合が44万人(0.6%)となっている。「第2号被保険者」の被扶養配偶者(妻)，いわゆる「専業主婦」(「第3号被保険者」)は，2005年現在1099万人となっており，被保険者全体の15.5%を占めている。

ここで，被保険者数の推移を，国民年金と厚生年金とについてみることにする。2005年現在，両者で被保険者全体の93.5%を占めている(表6-1，表6-2参照)。長期的には国民年金においても厚生年金においても被保険者数が増加する傾向にあるが，国民年金と厚生年金との関係をみると，両制度の間で景気変動の波によって加入者が出入りしていることがわかる。男女ともに変動を規定しているのは厚生年金の方であり，国民年金は常にクッションまたは受け皿としての役割を果たしている。ここから，日本の公的年金制度の問題を年金受給者の視点から考える場合，国民年金(基礎年金)の存在と役割をより重要視しなければならないことがわかる。

表 6-1 国民年金の被保険者数の推移　　　　　　（単位：千人，％）

	実　数						指　数(1961年＝100)					
	男　子			女　子			男　子			女　子		
	強制	任意	計	強制	任意	計	強制	任意	計	強制	任意	計
1961年	7,097	521	7,619	8,675	1,947	10,622	100	100	100	100	100	100
1966年	7,825	505	8,331	10,109	2,556	12,665	110	97	109	117	131	119
1971年	8,534	443	8,977	11,003	3,689	14,692	120	85	118	127	189	138
1976年	8,939	292	9,232	11,049	6,189	17,237	126	56	121	127	318	162
1981年	8,906	360	9,266	10,450	7,394	17,845	125	69	122	120	380	168
1986年	9,022	160	9,182	9,932	11,328	21,260	127	31	121	114	582	200
1991年	8,807	129	8,936	9,366	12,284	21,650	124	25	117	108	631	204
1996年	9,430	117	9,547	9,817	12,174	21,991	133	22	125	113	625	207
2001年	10,856	134	10,990	10,919	11,499	22,418	153	26	144	126	591	211
2005年	11,040	181	11,221	10,788	11,154	21,941	156	35	147	124	573	207

注：1986年以降の「任意」の数値は，「強制」の中の「任意」の者の数と第3号被保険者の数を合計して算出した。第2号被保険者の数は含まれていない。
出所：厚生省年金局『年金白書』(平成11年版)272頁および社会保険庁『事業年報』(平成13年版)304-305頁，同(16年度版)224頁参照。

表 6-2　厚生年金の被保険者数の推移　　　　　（単位：千人，％）

	実　数				指　数(1960年＝100)			
	男子	女子	その他	計	男子	女子	その他	計
1955年	5,774	2,220	407	8,402	64	56	87	62
1960年	8,992	3,997	467	13,457	100	100	100	100
1965年	12,269	5,979	422	18,670	136	150	90	139
1970年	14,834	7,313	375	22,522	165	183	80	167
1975年	16,158	7,392	343	23,893	180	185	73	178
1980年	17,181	7,922	341	25,445	191	198	73	189
1985年	18,344	8,573	317	27,234	204	214	68	202
1990年	20,699	10,132	166	30,997	230	253	36	230
1995年	21,823	10,873	112	32,808	243	272	24	244
2000年	21,120	10,540	76	31,736	235	264	16	236
2005年	21,442	10,987	62	32,491	238	275	13	241

注：1)「その他」とは，坑内員，船員，任意継続の合計値を意味する。
　　2) 1997年に旧3共済組合(JR，JT，NTT)が，2002年に農林漁業団体共済組合が厚生年金に統合されたが，ここではそれを除外してある。
出所：厚生省年金局『年金白書』(平成11年版)282頁および社会保険庁『事業年報』(平成13年版)126-129頁，同(16年度版)108頁参照。

普通，資本主義が発展すると，一般被雇用者を対象とした年金制度の加入者が漸次増加し，自営業者を対象とした年金制度の加入者が減少していく傾向をたどるものである。日本はいうまでもなく，国際的にみてトップ・クラスの資本主義国であるが，そうした資本主義の高度な発達の割には，依然として自営業者型の国民年金の加入者が多く，絶対数として減少していない点が特徴であ

表 6-3 公的年金受給権者数(2005 年 3 月末)　　(単位：人，%)

	旧制度	新制度	計	構成比
国 民 年 金	327 万 5298 人	516 万 592 人	843 万 5890 人	27.1
通算老齢・退職年金	146 万 3145 人	682 万 1090 人	828 万 4235 人	26.6
老齢福祉年金	6 万 4020 人	一人	6 万 4020 人	0.2
厚 生 年 金	211 万 2622 人	905 万 4158 人	1116 万 6780 人	35.9
国家公務員共済	21 万 164 人	48 万 3275 人	69 万 3439 人	2.2
地方公務員共済	46 万 3232 人	119 万 684 人	165 万 3916 人	5.3
私 学 共 済	9259 人	20 万 149 人	20 万 9408 人	0.7
農林漁業団体共済	5 万 3332 人	22 万 9314 人	28 万 2646 人	0.9
恩 給	一人	32 万 1149 人	32 万 1149 人	1.0
計	765 万 1072 人	2346 万 411 人	3111 万 1483 人	100.0

注：1) 旧制度中の通算老齢・退職年金の受給権者数は，すべて国民年金と他の年金制度(1種類)間の通算と想定して，146 万 3145 人と計上した。
　　2) 新制度中の通算老齢・退職年金の受給権者数は，厚生年金の通老相当の受給権者数を計上した。
出所：国立社会保障・人口問題研究所『社会保障統計年報』(平成 18 年版)法研，2007 年，284-285 頁より。

る。これは日本社会における雇用構造の問題(雇用の格差構造)を反映していると考えられる。

(2) 依然として多い国民年金の受給者

表 6-3 は，1986 年にスタートした基礎年金制度を境に，それ以前からの受給権者数を旧制度分として，それ以降の受給権者数を新制度分として，各々年金種類別に 2005 年度現在の状況を表示したものである(老齢・退職年金の受給権者。ただし恩給を含む)[5]。2005 年現在，老齢年金の受給権者は通算老齢・退職年金の受給権者を含めて，旧制度分が総受給権者の 24.6%，約 765 万人，新制度分が総受給権者の 75.4%，約 2346 万人となっている。合計では約 3111 万人となる。参考までに社会保険庁『事業年報』(平成 16 年度版，総括編)が公表している 2005 年 3 月末現在の老齢・退職年金の受給権者数を示すと，2694 万 7553 人となっている。これに通算老齢・退職年金の受給権者数 505 万 3955 人を加えると，合計値は 3200 万 1508 人となる。上記の約 3111 万人は筆者の推計によるものであるが，社会保険庁の公表データとそう大きく懸け離れていないことを断っておく。

制度別に受給権者数の分布状況をみてみると，厚生年金の受給権者が最も多く，全体の約 36% を占めている。国民年金の受給権者は 27% 余であり，国民

年金は今なおかなりの受給権者を擁している。通算老齢・退職年金の受給権者は，女性の高齢者に多くみられるように，国民年金の平均給付額に近い低額の年金を受け取っているので，その比率約27％を国民年金の受給権者に加えると約54％に達する。後に分析するが，わが国の年金受給者の約半数が低額年金の受給者であることが，この段階でも推測できる。各種共済の退職年金受給権者は約9％となっている。

(3) 業績主義の年金額算定方式

　老齢年金の受給要件は，受給者が公的年金制度に原則として25年以上加入していること，ならびに厚生年金の場合で60歳，国民年金の場合で原則として65歳の年齢に達していることの2つである。

① 国民年金の算定式

　老齢基礎年金は，満20歳で加入した人が満60歳になるまでの40年(480ヵ月)間加入した場合を満額支給の対象として位置づけ，25年(300ヵ月)加入を受給資格要件として，その範囲内で加入月数に正比例するように給付額が算定される。その算定式は次のとおりである。

　　年金額＝66,008円×({保険料を納めた月数＋保険料全額免除月数の1/3＋保険料3/4免除月数の1/2＋保険料1/2免除月数の2/3＋保険料1/4免除月数の5/6}÷加入可能月数{480ヵ月})

　上の算定式に示した月額6万6008円が，2007年現在で満額受給できた場合の年金額であり，付加保険料を納めた人以外，この金額を上回ることはできない。加入月数が25年に達しない場合には無年金(保険料の全額掛け捨て)となる。このハードルが高いために，現在でも無年金者が約100万人存在すると公表されている。25年という受給資格要件は，国際的にも異例といえるほど長い。イギリスの退職老齢年金の受給資格は加入可能期間の1/4となっており，仕事に就いていた期間の最大限を40年と仮定すると10年になる。ドイツでは5年。フランスの老齢最低保障年金(MV)の受給資格期間は1トリメストル(3ヵ月)となっている。この受給資格期間の長さは，国民の国家に対する信頼度の強さに反比例するようである。フランスでは保険料納入期間の平均値は40年となっている。3ヵ月で最低保障年金がもらえるから，それ以上は保険料を納めない

という状況は出現していない。イギリスもドイツも同様である。これが日本だったら，どうであろうか。多くの未納者が出ることが確実視されるので，日本政府は資格期間を短縮化できないのであろう。

② 厚生年金の算定式

老齢厚生年金は，加入期間中の賃金(標準報酬月額)の総平均と加入期間に正比例するように計算される仕組みのものとなっている。その算定式は以下のとおりである(ただし報酬比例部分に関して)。

年金額＝(平均標準報酬月額×{10/1000〜7.5/1000}×2003年3月までの被保険者月数)＋(平均標準報酬月額×{7.692/1000〜5.769/1000}×2003年3月以降の被保険者月数)

(2007年現在，物価スライド制のみとなっているので，この算定式によって算出された金額に「物価スライド率」を掛けて算出される)

老齢厚生年金の平均年金月額は，2005年現在16万5020円となっている。

(4) 年金保険料の引き上げと低い国庫負担

① 保険料水準の引き上げ

・国民年金

国民年金の保険料は全額本人負担であり，定額制となっている。2007年現在の保険料は月額1万4100円であり，2017年度まで毎年自動的に280円ずつ引き上げられることが決定されている[6]。

国民年金には，国民年金法第89条，第90条に基づいて，保険料の免除制度が設けられている。被保険者本人が，旧制度の障害年金または新制度の障害基礎年金の受給者であるか，もしくは障害厚生年金の受給者である場合，ならびに生活保護の生活扶助の受給者である場合には，届出をするだけで保険料が免除される(法定免除)。

また年間所得が({扶養親族数＋1}×35万円＋22万円)以下の所得しかない人は，申請することによって保険料が全額免除される(申請免除)。2002年度からは保険料の半額免除制度が導入され，2006年7月からは1/4免除と3/4免除を加えた多段階免除制度が導入された[7]。また満20歳以上の学生(大学・短大・大学院・高等専門学校・専修学校・美容師法や栄養士法に基づく専門学校の学生)について

も，本人所得が一定以下の場合には，保険料の納付を猶予する制度が導入された。最長10年間保険料を追納できることになっている(学生納付特例制度)。

　ちなみに，2006年現在，国民年金の保険料免除者は，学生納付特例者を含めると584万人であり，国民年金加入者総数の27.5％に上っている。この数値は近年増加しており，特に学生納付特例者の増加が顕著である。免除者以外に滞納者，未納者も増えており，保険料の納付率は2006年現在66.3％にまで低下している。5年前に比べて10％以上，10年前に比べると20％近く低下している。

・厚 生 年 金

　厚生年金の保険料は，実際の賃金額でなく，9万8000円から62万円までの30等級に区分された「標準報酬月額」を基礎に計算されている。加入者ごとに，原則として毎年5月から7月の間に実際に支払われた平均賃金を標準報酬月額表のいずれかに当てはめ，その標準報酬月額をその年の10月からの保険料の算定基準としている。保険料は，この標準報酬月額に保険料率(2007年現在14.996％)を乗じて算出される。こうして得られた保険料を加入者本人と事業主が折半して負担することになっている。

　厚生年金の保険料の納付義務は事業主にある。近年，経営難から虚偽の標準報酬月額に基づいて保険料を納める事業主が増えており，社会保険事務所の関与も指摘されている。

② 　国 庫 負 担

　1986年にスタートした基礎年金では，公的年金各制度から国民年金特別会計へ基礎年金拠出金が拠出されることになっている。その金額は，基礎年金の給付費として支払われるべき総額を各制度に加入している被保険者数に応じて按分したものとして計算されている。この基礎年金拠出金のうちの3分の1が国庫により負担されている[8]。

　基礎年金制度に先立って提出された制度審の「基本年金構想」では，基本年金部分は全額国庫負担で賄うという提言がなされていた。2004年改定において，2009年度までに国庫負担の割合を現行の3分の1から2分の1へ引き上げることが決められた。しかし，追加財源が約2.5兆円必要となることから，その実現をめぐって消費税率の引き上げが喧伝されている。

③ 国民年金の未納・滞納の状況

　被用者年金の場合は，職場単位で強制加入となり，保険料も加入者の給与から源泉徴収されるので，保険料収納率は水増しされているとはいえ，2004年現在で98.2％となっている。しかるに国民年金(基礎年金)の第1号被保険者に関しては，失業による保険料納付の困難化等により，未納者・滞納者が発生している。2006年度現在国民年金の保険料納付率は66.3％と低い。全国的に約3割の国民が基礎年金の滞納・未納入の状況にあることになり，これらの人々は将来的な「無年金者」の予備軍である。

　こうした問題の発生の背後には，自営業者等にとって毎月1万4100円(成人3人の世帯ならば年に50万7600円)という低額とはいえない保険料を延々と40年間納め続けても，生活保護制度の生活扶助基準額を相当下回る金額の年金しか受けられないという，国民年金の保険料負担と給付額水準とのアンバランスの問題がある。個々人が受け取る年金額の個別的問題としてではなく，国民年金に加入するすべての人に共通する問題として，税金から支給される生活保護費の方が高いという状況が作られているのでは，年金のモラル・ハザードが発生してもやむをえない。また一般に，低所得者ほど稼得力の喪失や所得の中断に対する予防力が弱いことから，保障額の高い生命保険に加入して，いざというときのために生活を守ろうとする傾向が強い。給付水準の高くない公的年金の保険料よりも，民間生命保険の保険料の支払いを優先させてしまいがちとなる。さらに，将来的な年金不安が国民の中に醸成されていることも，こうした問題を発生させる原因となっている。国民年金の給付水準の引き上げと年金不安の解消に向けて国が努力することこそが，滞納・未納問題の最大の防止策といえる。そのためには国民年金への国庫負担率の引き上げとそのための財源確保が必要とならざるをえない。

(5) 年金の給付格差

　日本の公的年金の特徴は，加入する制度によって給付額に大きな格差が存在していることである。表6-4は，年金制度種類別に老齢退職年金の平均給付額を月額で表示したものである(2005年3月末現在)。厚生年金の平均給付月額は，旧制度分で16万5583円，新制度分で16万4889円となっている。しかるに国

表6-4 老齢(退職)年金の平均受給月額と受給権者数(制度別)
(2005年3月末) (単位:円,人)

		平均受給月額	受給権者数
旧制度分	国　民　年　金	3万9208円	327万5298人
	老齢福祉年金	3万3925円	6万4020人
	厚　生　年　金	16万5583円	211万2622人
	国家公務員共済	20万4064円	21万164人
	地方公務員共済	23万2236円	46万3232人
	私　学　共　済	17万9450円	9259人
	農林漁業団体共済	1万4399円	5万3332人
	計	10万2357円	618万7927人
	〈通算老齢(退職)年金〉		
	国　民　年　金	1万8088円	155万1872人
	厚　生　年　金	3万4194円	140万3755人
	国家公務員共済	6万7601円	5590人
	地方公務員共済	6万7838円	2万7414人
	私　学　共　済	5万0576円	1万1992人
	農林漁業団体共済	3869円	1万4394人
	計	2万6192円	301万5017人
新制度分	国民(基礎)年金	5万5134円	1663万9321人
	厚生年金(老齢相当)	16万4889円	905万4158人
	〃　(通老相当)	6万0561円	682万1090人
	国家公務員共済	14万8262円	48万3275人
	地方公務員共済	16万4172円	119万684人
	私　学　共　済	8万6745円	20万149人
	農林漁業団体共済	9903円	22万9314人
	恩　　　　給	5万6913円	32万1149人
	計	7万9378円	3943万9140人

注:1) 計の欄の平均受給月額は,制度全体の総平均受給月額を意味する。
出所:国立社会保障・人口問題研究所『社会保障統計年報』(平成18年版)法研,2007年,284-285頁より。

民年金の平均給付月額は,旧制度分で3万9208円,新制度分で5万5134円にすぎない。厚生年金の給付額を100とすると,国民年金の給付額は,わずかに23ないし33にしかならない。つまり厚生年金のほぼ1/4から1/3程度の給付水準でしかないのである。

　月に4～5万円の国民年金では,高齢者はいったいどうやって生活していけばよいのであろうか。2007年度現在の一人暮らし高齢者の生活保護の基準額は,生活扶助基準に住宅扶助を含めて1～3級地の平均で,1カ月に9万6000円であるから,国民年金は保護基準の4割または6割弱にしかならない。しか

も，こうした低額の国民年金を受給している高齢者がごく少数であるならば，まだ問題はそう深刻ではないのだが，表6-3に示したように，国民年金のみの受給者は2005年現在で850万人に達している（老齢福祉年金の受給者を含む）。各種共済年金の受給者を除いた公的年金の受給者総数に占める割合は，27％という比率に達している。国民年金と厚生年金の受給月額の分布状況を男女別に示した表6-5をみると，男女計で月額7万円以上の国民年金を受給している高齢者は1.6％しか存在していない。女子では月額3～4万円の国民年金の受給者が，女子の年金受給者の14％余を占めている。

　しかし，問題はそれだけにとどまらない。厚生年金の低額受給者の問題も存在している。表6-5に示されているように，男子で月額7万円以上の厚生年金の受給層は，月額25万円を超える階層まで，約3～4％の比率でフラットに分布している。このことは，要するに，厚生年金は非常にバラバラな，多様な給付額のものとして存在しているということである。厚生年金の平均給付額である16～17万円の階層に集中的に分布しているわけではない。したがって，厚生年金の平均額がある程度高い水準にあるから厚生年金には問題がない，ということにはならないのである。厚生年金の低額受給層の問題も，国民年金層の問題と同様に重視されなければならない。

　厚生年金の受給額は，先にみたように，働いていたときの賃金の水準と保険料の納入期間に比例して決定されるようになっている。しかし，保険料の納入の基礎となる雇用は，民間事業所の場合，長期にわたって保障されるものではない。資本主義社会では必然的に景気変動があり，解雇されたり企業そのものが倒産したりする事態が発生する。被保険者はその変動の中で失業したり再雇用されたりしながら，労働生涯を送らなければならない。特に日本のような企業系列社会では，規模の小さい中小零細企業ほどそうした変動の波に翻弄されやすい。したがって，保険料の納入期間に比例して年金額が決定される算定方式そのものを見直すことが必要である。これまでのような，いわゆる「終身雇用」が多くの勤労者に雇用慣行として保障されていた時代は過ぎ去り，現在は有期契約社員や派遣社員が急増している。そうした雇用の弾力化という事態の広がりを踏まえると，これまで以上に「保険料納入期間比例」制の算定方式の矛盾が強まらざるをえない。失業経験を老後の不利益に結びつけないように，

表 6-5 老齢国民年金と老齢厚生年金の受給月額別受給権者分布(2005 年 3 月末)

(単位：%)

年金月額	男 国民年金	男 厚生年金	男 計	女 国民年金	女 厚生年金	女 計	男女計 国民年金	男女計 厚生年金	男女計 計
1万円未満	0.0	1.5	1.5	0.4	2.9	3.3	0.2	2.2	2.4
1～2万円未満	0.1	1.9	2.0	1.0	3.5	4.5	0.6	2.8	3.4
2～3 〃	0.9	1.6	2.5	4.9	3.1	8.0	3.1	2.4	5.5
3～4 〃	4.4	1.6	6.0	14.2	3.4	17.6	9.7	2.6	12.2
4～5 〃	3.0	1.9	4.9	7.8	3.9	11.7	5.6	3.0	8.6
5～6 〃	2.4	1.9	4.4	6.3	4.1	10.4	4.5	3.1	7.6
6～7 〃	5.8	2.4	8.2	7.3	4.8	12.1	6.6	3.7	10.3
7～8 〃	1.1	3.5	4.6	2.1	5.7	7.8	1.6	4.7	6.3
8～9 〃	—	3.8	3.8	—	6.2	6.2	—	5.1	5.1
9～10 〃	—	3.4	3.4	—	4.9	4.9	—	4.2	4.2
10～11 〃	—	3.2	3.2	—	3.8	3.8	—	3.5	3.5
11～12 〃	—	3.2	3.2	—	2.7	2.7	—	2.9	2.9
12～13 〃	—	3.1	3.1	—	1.8	1.8	—	2.4	2.4
13～14 〃	—	3.0	3.0	—	1.3	1.3	—	2.1	2.1
14～15 〃	—	2.9	2.9	—	0.9	0.9	—	1.8	1.8
15～16 〃	—	2.8	2.8	—	0.7	0.7	—	1.6	1.6
16～17 〃	—	2.8	2.8	—	0.5	0.5	—	1.6	1.6
17～18 〃	—	3.1	3.1	—	0.4	0.4	—	1.6	1.6
18～19 〃	—	3.4	3.4	—	0.3	0.3	—	1.7	1.7
19～20 〃	—	3.7	3.7	—	0.2	0.2	—	1.8	1.8
20～21 〃	—	4.0	4.0	—	0.2	0.2	—	2.0	2.0
21～22 〃	—	4.2	4.2	—	0.1	0.1	—	2.0	2.0
22～23 〃	—	4.2	4.2	—	0.1	0.1	—	2.0	2.0
23～24 〃	—	4.0	4.0	—	0.1	0.1	—	1.9	1.9
24～25 〃	—	3.5	3.5	—	0.0	0.0	—	1.6	1.6
25～26 〃	—	2.6	2.6	—	0.0	0.0	—	1.2	1.2
26～27 〃	—	1.9	1.9	—	0.0	0.0	—	0.9	0.9
27～28 〃	—	1.3	1.3	—	0.0	0.0	—	0.6	0.6
28～29 〃	—	0.9	0.9	—	0.0	0.0	—	0.4	0.4
29～30 〃	—	0.5	0.5	—	0.0	0.0	—	0.2	0.2
30万円以上	—	0.5	0.5	—	0.0	0.0	—	0.2	0.2
計	17.7	82.3	100.0	44.1	55.9	100.0	31.8	68.2	100.0

出所：社会保険庁『事業年報(総括編)』2004 年度版, 2006 年, 128-133 頁, 244 頁。

年金の最低保障機能を高めていかなければならない。

　女性についても基本的には同様のことが指摘できるが，表6-5をみれば明らかなごとく，女性の年金受給額分布は男性よりもさらに一層低額階層に偏って分布しており，男性以上に制度上の不利益を被っている。結婚や出産により，雇用の不安定性の影響を男性以上に被っているからである。厚生年金ですら月額10万円に達しない受給者が圧倒的多数派なのである。

　以上で述べたように，日本の年金受給額は，その水準を軽々に論じられないほどにバラバラなところに特徴がある。高齢期の所得を保障する公的年金がこれほどまでにバラバラな水準でよいものであろうか。いうなれば右肩上がりの経済成長のもとで，「業績主義の年金」政策がとられてきたことの弊害が露呈しているといえよう。その中で大きな問題は，やはり公的年金だけではどうしても生活していかれない低額年金受給高齢者の問題である[9]。

3. 高齢者の生活格差と貧困

　近年の日本では，さすがに一昔前の「金持ち高齢者」論は影を潜めたが，それに代わって「負担力ある高齢者」論が，今も政策側から喧伝されている。「勤労者世帯の1人当たり平均所得」と「高齢者世帯の1人当たり平均所得」を比較して，両者がほぼ同じレベルにあることから，高齢者はもはや「社会的弱者」として「優遇」されるべき対象ではなく，一般勤労者並の負担に耐えられる存在だと主張されている。この認識のもとに2006年以来，介護保険料の引き上げ，高齢者医療における窓口負担の強化，税制における老年者控除の撤廃や年金者控除の縮小など，高齢者の負担増が矢継ぎ早に断行されてきた。本章では，高齢者の収入と貯蓄を分析することを通じて，等身大の高齢者像を追究する。

(1)　「負担力ある高齢者」論——その根拠について

①　平均値に隠された現実

　「負担力ある高齢者」という判断の根拠にされているのは，「世帯員1人当たりの平均所得」が勤労者世帯と高齢者世帯とでほぼ同水準であるという事実で

ある。この点を官庁統計によって確かめると,「標準4人世帯」の世帯員1人当たりの平均年間所得は,2005年現在で172.1万円であるのに対して,「高齢者世帯(平均世帯員数1.55人)」のそれは190.8万円となっている。同水準どころか,年間18.7万円も高齢者世帯の方が高い。しかし総世帯所得の平均をみると,「標準4人世帯」が年に688.5万円であるのに対して,「高齢者世帯」は296.1万円となっている。前者の年収は後者の2.3倍であり,両者間には年に392.4万円もの所得差がある。

　高齢者世帯の「世帯員1人当たり所得」が高く表れる理由は,平均世帯員数が1.55人と少ないためである。しかし,世帯員数1.55人という世帯は現実には存在しない。高齢者の単独世帯と夫婦世帯とが混在している結果,1.55人という平均値が統計上算出されるにすぎない。したがって,単独世帯の年間所得と夫婦世帯の世帯員1人当たり年間所得との間に差がないかどうか検討してからでないと,「負担力ある高齢者」を主張することはできない。単独世帯の年間所得がかなり低いかもしれないからである。また単独世帯に限定して,男の単独世帯と女の単独世帯の間に年間所得の差があるかどうかも検討されなければならない。平均値での把握は,女性高齢者の相対的に低い年収が男性高齢者の相対的に高い年収によって相殺されてしまうことを意味するから,そのままでは結果的に女の単独世帯の「負担力」を過大に評価することにつながる。以上のように「世帯員1人当たり所得」は高齢者の生活実態から懸け離れたフィクションとしての数値の可能性を秘めている。以下,この視点から高齢者の所得と貯蓄を分析することにしたい。

② 等価尺度と保護基準

　分析に先立って,指摘しておかなければならないいくつかの問題点がある。ひとつは,消費単位の問題である。家賃等の住居費や光熱・水道費,世帯交際費は,食料費や被服・履物費等と違って,世帯員数が減っても消費額はパラレルには逓減しない。勤労者世帯に比べて平均世帯員数が1/3程度の高齢者世帯だから,家賃や光熱・水道費が勤労者世帯の1/3程度で済むということにはならない。高齢期になっても多くの人は同じ家に住み続け,家賃や固定資産税の低い小規模住宅に住み替えたりはしない。また,照明の数を1/3にすることもないし,入浴回数を1/3に減らすこともない。「1人当たり平均所得」で比較

するということは，世帯員数が減れば，すべての費目の消費量がパラレルに減るという乱暴で非現実的な前提に立脚している。「1人当たり平均所得」が生活のリアリティを欠いたフィクションとしての数値であるということは，この点からも指摘できる。生活保護制度の生活扶助にⅠ類(世帯員1人当たりの生活費)とⅡ類(1世帯当たりの生活費)が別立てで設けられているのは，消費単位の問題に配慮しているからである。この配慮が，どうして高齢者の所得水準に関する議論では，消えてしまうのだろうか。

　ちなみにOECDでは「エキヴァレント・スケール」(equivalent scale，等価尺度)として，「世帯所得を世帯員数の平方根で除した数値」で相互に比較することを推奨している。しかし，この方法を採用すると，「1人世帯の世帯所得」に対して「4人世帯の世帯所得」はその2倍で等価ということになる。家賃補助制度などの住宅保障制度，高等教育費に対する高い国庫支出などの教育保障制度，政府による交通費等の公共料金を低位に保つ政策，そうした生活基盤部分に対する社会保障施策が充実している国では，OECDの等価尺度は有効かもしれない。しかし，伝統的にこれらの領域が大幅に市場化されている日本では，現金所得のもつ意味がヨーロッパの福祉国家に比べて相対的に重くなるから，OECDの等価尺度をそのまま用いると，世帯員数の多い世帯ほど不利に作用することになる。

　こういう理由から本章では，貧困測定基準として現行生活保護制度の世帯員数ごとの保護基準額の全国平均を用いることにする。しかし保護基準に関しては，実証されているわけではないが，OECDの等価尺度とは反対に，世帯員数の多い世帯ほど有利に，少ない世帯ほど不利に作用する傾向があることが指摘されている。その理由は，日本以外の先進工業国の公的扶助制度が，日本でいう「生活扶助」部分に特化している傾向をもつのに対して，日本の生活保護制度は，生活扶助に住宅扶助が付加されることに加えて，児童がいれば教育扶助が，病人がいれば医療扶助が付加され，給付額が膨らんでいく傾向にあるからである。困窮者が生活保護を受給すると「生活が楽になる」というのは，そういう理由によるものである。裏面からみると，低所得層を対象とした住宅保障，教育保障，医療保障等の一般施策が劣弱なために，公認の生活困窮者に陥って初めて生活が浮上する仕組みができあがっている。したがって，保護基

準額の全国平均を用いることが科学的に客観性をもつとは断言できないが，日本の生活構造を反映して作られているという意味で，OECDの等価尺度よりも現実に即していると考えられる。

③　考慮すべき高齢期生活の特質

分析に先立って指摘しておくべきもうひとつの論点は，「1人当たり平均所得」を根拠とする主張は，高齢期に増える支出があることを見落としていることである。保健医療費や介護費用は高齢者にとって大きな負担となる。しかも食料費と同様に毎日必要とされるので，他の消費費目に比べて，累積支出額が高くなる傾向にある。他方，高齢期に減少する支出もある。それは交通・通信費(定期代)，被服・履物費等であるが，入院時の医療費の負担や要介護時の介護費を，これらの消費費目の支出抑制によって捻出することには限界がある。抑制できるのは教養娯楽費くらいのものである。一昨年度まで生活保護制度には「老齢加算」が存在していたが，それは高齢期に特別に必要な出費があることを国が公式に認めていたからである。

以上でみてきたように，「1人当たり平均所得」の比較をもって「負担力ある高齢者」を主張する議論には，重大な問題があるといえる。

(2)　高齢者における貧困の広がり

①　「高齢者世帯」の所得階層分布

日本の高齢者の所得は，現在どのような水準にあるだろうか。高齢者の所得は，年金給付額の分布状況をみることにより個人収入として把握できるが，一般に生活は世帯単位で営まれているので，ここでは「高齢者世帯」の所得状況をみることにする。「高齢者世帯」とは基本的に「65歳以上の高齢者のみから成る世帯」のことを意味するが，それに「高齢者と18歳未満の未婚子から成る世帯」も若干数含まれている。

表6-6は，2005年度現在の高齢者世帯の所得分布を，年収において50万円刻みに表示したものである。ただし，世帯分布の関係から400万円以上700万円未満の高齢者世帯については100万円刻みで表示してあり，700万円以上の高齢者世帯については1000万円で上下に二分した。データは厚労省『国民生活基礎調査』(平成17年版)によっている。世帯類型別に分布状況を把握するため

表 6-6　高齢者世帯の所得階層分布（世帯類型別，2005 年）

(単位：％，万世帯)

所得階層	高齢者世帯計	男の単独世帯	女の単独世帯	夫婦世帯	その他の世帯
50 万円未満	5.1	4.7	11.0	1.0	1.1
50～100 万円未満	12.2	16.8	24.6	2.7	3.8
100～150 万円 〃	13.0	17.4	21.3	5.6	4.4
150～200 万円 〃	12.9	13.4	19.3	8.4	3.8
200～250 万円 〃	9.9	11.4	10.0	10.1	6.6
250～300 万円 〃	9.9	10.1	4.7	14.6	6.5
300～350 万円 〃	9.7	7.4	3.3	14.4	7.1
350～400 万円 〃	7.3	6.0	0.8	11.8	5.5
400～500 万円 〃	9.1	4.0	1.8	15.0	11.5
500～600 万円 〃	3.1	2.0	1.2	4.8	4.4
600～700 万円 〃	2.3	1.6	0.8	2.7	12.0
700～1000 万円 〃	2.7	4.0	0.8	3.2	16.9
1000 万円以上	2.7	1.3	0.4	5.5	16.4
計	100.0	100.0	100.0	100.0	100.0
世 帯 数	834.9	101.0	305.9	407.1	19.0

注：「その他の世帯」には「高齢者と 18 歳未満の未婚子から成る世帯」1.9 万世帯は含まれていない。
出所：厚生労働省『国民生活基礎調査』（平成 17 年版）74, 216, 231-234 頁より作成。

に，「男の単独世帯」「女の単独世帯」「夫婦世帯」「その他の世帯」の 4 類型に区分した。資料の制約から，その他の世帯の中に「高齢者と 18 歳未満の未婚子から成る世帯」は含まれていない。つまり「その他の世帯」とは，兄弟関係にある高齢者の世帯とか親子ともに高齢者である世帯等のことを意味している。

2005 年度末現在，日本の高齢者世帯は 834 万 9000 世帯に達した。総世帯数に占める割合は 17.7％であり，ほぼ 6 軒に 1 軒が高齢者世帯という状況にある。人口の高齢化の進展を如実に反映している。

高齢者世帯全体でみると，年収 250 万円未満の低所得層が全体の 53.1％を占めている。なかでも単独世帯の生活保護基準の全国平均である年収 115 万円未満の貧困層は 21.2％に達している[10]。年収 115 万円未満ということは，月収 9 万 5833 円以下ということであり，実感をもって理解することは容易ではないが，この収入で営まれる生活がひどく厳しい暮らしであることは推測できる。そうした低消費水準生活を送っている世帯が，およそ高齢者世帯の 5 軒に 1 軒の頻度で現れるのが日本の現状である。「負担力ある高齢者」を主張することは難しい。

年収 250 万円以上 400 万円未満の中所得階層に属する高齢者世帯の比率は

第6章 年金格差と高齢者の貧困　149

表6-7　公的年金の有無別，高齢者世帯の所得階層分布(2005年)
(単位：％，万世帯)

所得階層	年金のみ	年金＋年金以外の収入	無年金	計
50万円未満	7.2	1.4	6.9	5.1
50～100万円未満	15.4	6.2	19.0	12.2
100～150万円 〃	13.6	9.6	34.5	13.1
150～200万円 〃	14.9	9.6	12.1	12.9
200～250万円 〃	11.0	8.6	5.2	9.9
250～300万円 〃	12.0	7.0	5.2	9.9
300～350万円 〃	11.1	8.4	－	9.7
350～400万円 〃	7.6	7.6	1.7	7.3
400～500万円 〃	5.3	16.2	3.5	9.1
500～600万円 〃	1.2	6.1	3.5	3.1
600～700万円 〃	0.2	5.3	5.2	2.3
700～1000万円 〃	0.5	6.6	1.7	2.7
1000万円以上	－	7.4	1.7	2.7
計	100.0	100.0	100.0	100.0
世帯数	500.9	298.1	35.9	834.9
構成比	60.0	35.7	4.3	100.0

出所：厚生労働省『国民生活基礎調査』(平成17年版)316頁より作成。

26.9％となっている。年収400万円以上を高所得階層とみなすならば，それは19.9％しか存在していない。わけても600万円以上の高所得層は7.7％と少数派である。この8年間の変化をみると，高齢者世帯の所得分布はごく一部の高所得層の微増を除いて，全体的に落層化している。その第1の理由は，とりわけ「1999年改正」以来顕著になった年金給付水準の段階的引き下げにあり，第2の理由は，従来，低年金をカバーする効果を果たしてきた高齢者の就労機会の激減にある。

表6-7は，高齢者世帯の所得源泉を公的年金収入と年金以外の収入(その圧倒的大部分は稼働収入)とに二分して，その組み合わせから高齢者世帯を3つの類型に分類し，それぞれに所得の分布状況をみたものである。「年金のみ」の世帯においては，年収400万円を超える高所得世帯はきわめて少数(7.2％)であることがわかる。「年金＋年金以外の収入」の世帯では，所得水準がかなり上昇し，年収400万円以上の世帯は41.6％に増加する。このように，高齢期生活の「豊かさ」の規定要因は，公的年金ではなく稼働収入である。65歳を過ぎて月に10万円以上の稼働収入を得られる高齢者は，幸運な高齢者の部類に属する。問題は「年金＋年金以外の収入」の高齢者世帯が，この8年間に46.2％から

表 6-8　65 歳以上の高齢者が 1 人以上いる世帯の所得階層分布(2005 年)

(単位：％, 万世帯)

所得階層＼世帯形態	三世代世帯	夫婦と未婚子の世帯	単親と未婚子の世帯	夫婦のみ世帯	男の単独世帯	女の単独世帯	その他の世帯	計
50 万円未満	—	—	2.1	1.0	4.7	11.0	0.8	2.4
50～100 万円未満	0.5	0.3	4.8	2.7	16.8	24.6	2.7	6.1
100～150 万円 〃	1.4	2.7	9.0	5.5	17.5	21.3	3.5	7.3
150～200 万円 〃	1.7	3.7	9.6	8.5	13.4	19.3	2.9	7.7
200～250 万円 〃	2.0	3.1	7.5	10.0	11.4	10.0	5.6	6.8
250～300 万円 〃	1.4	7.1	6.9	14.4	10.1	4.7	5.9	7.4
300～350 万円 〃	3.8	5.8	7.5	14.3	7.4	3.3	5.9	7.5
350～400 万円 〃	1.7	8.8	8.5	11.8	6.0	0.8	4.3	6.0
400～500 万円 〃	8.3	11.9	14.9	15.0	4.0	1.8	13.0	10.3
500～600 万円 〃	7.4	12.6	10.1	5.2	2.0	1.2	8.0	6.3
600～700 万円 〃	7.8	9.5	4.8	2.9	1.3	0.8	9.6	5.2
700～1000 万円 〃	27.7	18.7	12.2	3.1	4.0	0.8	18.4	12.6
1000 万円以上	36.3	15.7	2.1	5.6	1.3	0.4	19.7	14.4
計	100.0	100.0	100.0	100.0	100.0	100.0	100.0	100.0
世帯数	394.7	184.0	117.0	542.0	101.0	305.9	208.8	1,853.2

出所：厚生労働省『国民生活基礎調査』(平成 17 年版)171, 295 頁より作成。

35.7％に大きく減少したことであり，高齢者の就労機会がかつてなく減少したことを示している。

②　「貧困高齢者」とは誰か

「高齢者世帯」が高齢期の世帯形態の基本になりつつあるとはいえ，高齢者の世帯形態は様々である。そこで，「65 歳以上の高齢者が 1 人以上いる世帯」(以下，「高齢者のいる世帯」と略す)を取り上げ，どのような世帯に低所得高齢者が多く分布しているかをみることにする。

表 6-8 は，「高齢者のいる世帯」の所得分布状況を，表 6-6 と同様の所得階層区分で示したものである。年収 115 万円未満の生活保護基準以下の貧困層は「女の単独世帯」にとりわけ集中している。その 42.0％，128 万 4000 世帯が年収 115 万円未満の階層に分布している。「男の単独世帯」の場合も出現率が高いが(26.7％)，もともと「男の単独世帯」の数は少ないので，その存在は 27 万世帯にとどまっている。女の単独世帯の 1/5 程度である。男女計の単独世帯では，155 万 4000 世帯(155 万 4000 人)が保護基準以下の貧困状態にある。

高齢者の「夫婦のみ世帯」ではどうであろうか。先に示した生活保護基準の全国平均を用いると，夫婦 2 人世帯の貧困基準は 192 万円になる。50 万円刻

みの階層として表示してあるので，中間で区切ることは難しいが，各階層内の分布が均等であると仮定すると，年収192万円未満の夫婦世帯の出現率は16.3%となる。高齢夫婦世帯における保護基準以下貧困層は88万6000世帯となる。人員数では177万1000人となる。夫婦世帯は65歳以上の高齢者のいる世帯の多数派を構成しているので，かなりの量になる。

以下，「高齢単親と未婚子の世帯」の平均世帯員数を2人と想定し，「高齢夫婦と未婚子」の平均世帯員数を3人と想定すると，それぞれの貧困基準は，前者が年収192万円，後者が年収261万円となる。この基準以下の世帯所得しか得られていない世帯の出現率と世帯数，高齢者数を推計すると，前者が24.0%，28万世帯(28万人)となる。後者は11.4%，20万9000世帯(41万8000人)となる。これら2タイプの「二世代世帯の高齢者」における貧困層の数は，48万9000世帯(69万8000人)となる。実際の平均世帯員数は想定よりも必然的に多くなるので，この推計は最小限の推計値といえる。

問題は「三世代世帯」だが，その平均世帯員数を5人と想定すると，貧困基準は316万円となる。この基準以下の世帯所得しかない世帯の出現率は8.2%，世帯数は32万4000世帯となる。「三世代世帯の高齢者」の1世帯当たり平均数を1.5人と想定すると，貧困基準以下で生活する高齢者の数は48万5000人となる。「その他の世帯」の平均世帯員数を2人と想定し，平均高齢者数を1.5人と想定して，同様の計算を繰り返すと，保護基準以下の世帯の出現率は9.4%，世帯数は19万7000世帯，高齢者は29万6000人となる。

表6-9の一覧表に掲載したように，「高齢者のいる世帯」の中で，保護基準以下の生活を送っている高齢者は，日本全体で，世帯数にして345万世帯，人員数にして480万4000人と推計される。出現率は18.6%となる。高齢者のいる世帯の5軒に1軒が保護基準以下の貧困生活を送っている。

狭義の「高齢者世帯」(65歳以上の高齢者のみから成る世帯)に関して，同様の計算を行ってみると，表6-10に一覧表として示したように，日本全体で224万4000世帯，293万4000人が保護基準に満たない生活を送っている。高齢者世帯に占める割合は26.9%となる。以上のように，わが国の高齢者が総体として「負担力ある生活を送っている」ように考えるのは幻想なのである。

高齢者世帯の「1人当たり平均所得」を高める方向に作用しているのは，最

表 6-9 生活保護基準未満の「高齢者のいる世帯」(2005 年，推計)

	出現率	該当世帯数	該当高齢者数
男単独世帯	26.7%	27.0 万世帯	27.0 万人
女単独世帯	42.0〃	128.4 〃	128.4 〃
夫婦世帯	16.3〃	88.6 〃	177.1 〃
単親＋未婚子の世帯	24.0〃	28.0 〃	28.0 〃
夫婦＋未婚子の世帯	11.4〃	20.9 〃	41.8 〃
三世代世帯	8.2〃	32.4 〃	48.5 〃
その他の世帯	9.4〃	19.7 〃	29.6 〃
高齢者のいる世帯計	18.6%	345.0 万世帯	480.4 万人

注：単独世帯で年収115万円，夫婦世帯と単親＋未婚子世帯とその他の世帯で年収192万円，夫婦＋未婚子世帯で年収261万円，三世代世帯で年収316万円を保護基準とした。
その他の世帯と三世代世帯の高齢者数は平均1.5人とした。
出所：表6-8より作成。所得階層内の所得分布が均等と仮定して算出した。

表 6-10 生活保護基準未満の高齢者世帯数(2005 年，推計)

	出現率	該当世帯数	該当高齢者数
男単独世帯	26.7%	27.0 万世帯	27.0 万人
女単独世帯	42.0〃	128.4 〃	128.4 〃
夫婦世帯	16.4〃	66.6 〃	133.2 〃
その他の世帯	12.5〃	2.4 〃	4.8 〃
高齢者世帯計	26.9%	224.4 万世帯	293.4 万人

注：単独世帯は年収115万円，夫婦世帯とその他の世帯(平均世帯員数2.0人)は年収192万円を保護基準とした。
出所：表6-6より作成。所得階層内の所得分布が均等と仮定して算出した。

大多数派を構成する夫婦世帯において年収250万円から400万円の中所得層が，その40.8％を占めているためである。400万円以上の高所得層の比率も31.2％と高い。高齢期の生活は，様々な面において，夫婦世帯と単独世帯では劇的に変化することを認識しておかなければならない。「負担力ある高齢者」論の主張は，高齢者世帯の約半数を占める単独世帯，特に「女の単独世帯」と「高齢の単親＋未婚子世帯」における高い貧困発生率を見落とすことになる。「平均値」の背後に隠された現実の高齢者像を把握しなければ，いつまでたっても「フィクションの高齢者」像を根拠に，現実との不適合度を深めるばかりの高齢者福祉政策が繰り出し続けられることになる。

表6-11 高齢者世帯の貯蓄額分布(世帯類型別, 2004年)

(単位：%, 万世帯)

貯蓄額	男単独世帯	女単独世帯	夫婦世帯	高齢者世帯(計)
ゼロ	17.6	16.9	8.1	11.9
1～ 50万円未満	9.3	7.5	3.6	5.8
50～ 100万円未満	3.6	5.0	2.9	3.8
100～ 200万円未満	9.8	8.9	5.5	7.2
200～ 300万円 〃	5.2	5.2	5.0	5.2
300～ 400万円 〃	5.7	7.2	5.8	6.2
400～ 500万円 〃	1.5	3.2	3.6	3.2
500～ 700万円 〃	7.8	6.2	9.6	8.4
700～1000万円 〃	5.2	5.0	8.3	6.8
1000～1500万円 〃	8.3	7.0	9.8	8.5
1500～2000万円 〃	3.1	4.0	6.6	5.2
2000～3000万円 〃	6.2	4.3	9.6	7.5
3000万円以上	4.1	4.7	13.3	8.9
額 不 詳	10.3	10.2	5.8	8.0
無 回 答	2.6	4.6	2.7	3.3
計	100.0	100.0	100.0	100.0
世 帯 数	90.6	282.4	389.9	787.4

出所：厚生労働省『国民生活基礎調査』(平成16年版, 第2巻全国編) 420頁より作成。

(3) 年収と貯蓄額との相関関係から推測される高齢者世帯の最低生活費

表6-11は, 高齢者世帯の貯蓄額分布を示している。厚労省『国民生活基礎調査』における「貯蓄」の定義は,「①金融機関の預貯金, ②生命保険・損害保険等の保険料, ③株式・投資信託・債券等, ④財形貯蓄・社内預金等」となっている。

貯蓄額の分布状況をみると, どの世帯類型にも共通して, ある間隔を置いて構成比が一斉に低下する貯蓄額が3箇所認められる。それは第1に50万円であり, 第2は400万円であり, 第3は1500万円である。これらの数値は, 貯蓄を形成していくに際して, なかなか超えることの難しい一種の「貯蓄ハードル」と考えられる。または段階的に到達する「貯蓄目標額」とも考えられる。

何よりも注目されるのは, 高齢者世帯の11.9%が貯蓄ゼロの世帯だということである。世帯類型別にみると, 単独世帯において貯蓄ゼロの世帯の出現率が高く, 男の単独世帯では17.6%, 15万9500世帯, 女の単独世帯では16.9%, 47万7200世帯となっている。男女計では貯蓄ゼロの一人暮らし高齢者世帯が

表 6-12 貯蓄額ゼロの高齢者世帯数(2004年)

	出現率	該当世帯数	該当高齢者数
男単独世帯	17.6%	16.0 万世帯	16.0 万人
女単独世帯	16.9 〃	47.7 〃	47.7 〃
夫婦世帯	8.1 〃	31.6 〃	63.2 〃
高齢者世帯計	11.9%	95.3 万世帯	126.9 万人

出所:表 6-11 より作成。

63万6700世帯となる。夫婦世帯ではさすがに出現率が低下するが,それでも8.1％の世帯が貯蓄ゼロである。該当世帯数は 31万5800世帯(63万1600人)となる。高齢者世帯全体での貯蓄ゼロ世帯の数は 95万2500世帯(126万8000人)に達する(表6-12参照)。

　先にみたように,単独世帯には年間収入の低い高齢者世帯が多く,年収の低いことが貯蓄額を形成できない原因のひとつと考えられる。年収が保護基準(115万円)以下で,貯蓄ゼロであったならば,その高齢者の生活に明日を考えるゆとりはあるだろうか。生きていくことだけで精一杯の暮らしではないか。表 6-13 から,そういう「低年収・ゼロ貯蓄」状況に置かれている高齢者世帯の数を推計すると,30万5500世帯となる。

　表 6-13 では,貯蓄ゼロ世帯の出現率は,年収 150万円の階層まであまり変わらず,20％台の高率を保っている。もちろん,それなりの年収を得ている世帯でも貯蓄ゼロの世帯は存在しているし,年収が 100万円を割り込んでいる世帯でも,それなりの貯蓄を形成している世帯は存在する。しかし,年収が 150万円を超えると,貯蓄ゼロ世帯の比率が半分に減る。そして年収が 250万円を超えると,さらにゼロ世帯の比率が半減する。年収額と貯蓄ゼロ世帯の出現率は明らかに相関している。

　ここから,高齢者が貯蓄ゼロを脱却するためには単独世帯で最低でも 150万円の年間所得が必要であり,夫婦世帯では最低 250万円の年間所得が必要であると推測される。先に年収 115万円を貧困基準に定めて,貧困世帯数を推計した。しかし,高齢期生活にとって大きな意味をもつ貯蓄の視点を取り入れるならば,高齢者の最低生活費は,単独世帯で年収 150万円(月収 12万5000円),夫婦世帯で年収 250万円(月収 20万 8333円)の水準にあるのではないだろうか。

　表 6-13 から,所得階層ごとに比率の高い上位2つの貯蓄階層を拾い上げる

第6章　年金格差と高齢者の貧困　　155

表6-13　所得階層別にみた高齢者世帯の貯蓄額分布（2004年）

(単位：％)

所得階層＼貯蓄額	50万円未満	50～100万円未満	100～150万円未満	150～200万円未満	200～250万円未満	250～300万円未満	300～350万円未満	350～400万円未満	400～500万円未満	500～750万円未満	750～1000万円未満	1000万円以上	計
ゼ　　ロ	25.6	25.5	20.4	13.8	12.5	6.9	6.9	2.4	2.7	2.2	—	2.5	11.9
1～ 50万円未満	9.7	9.0	9.0	6.1	4.8	6.3	5.8	3.0	1.1	2.2	7.5	—	5.8
50～100万円未満	6.1	6.7	5.9	4.6	2.9	2.1	2.1	3.5	2.2	0.7	2.5	2.5	3.8
100～200万円未満	12.1	9.8	10.7	9.2	8.6	6.3	5.3	4.1	4.4	1.5	1.0	—	7.2
200～300万円 〃	2.4	4.5	6.9	7.3	4.8	7.4	5.8	4.1	3.8	3.7	—	—	5.2
300～400万円 〃	3.6	7.6	6.6	7.7	7.7	7.4	6.9	6.5	3.3	3.0	4.5	—	6.2
400～500万円 〃	4.8	3.6	1.7	3.8	2.9	5.8	3.2	3.0	3.3	0.7	2.5	5.0	3.2
500～700万円 〃	3.6	5.4	5.2	10.7	9.1	13.2	12.8	8.9	7.1	5.9	10.0	5.0	8.4
700～1000万円 〃	4.8	3.6	5.9	5.4	8.2	7.4	9.0	7.7	8.2	10.4	4.5	7.5	6.8
1000～1500万円 〃	3.6	3.6	3.5	6.9	9.1	10.6	10.6	14.8	15.4	11.9	7.5	2.5	8.5
1500～2000万円 〃	3.6	1.3	2.4	3.4	5.3	4.8	6.9	10.0	8.2	8.9	10.0	2.5	5.2
2000～3000万円 〃	1.2	1.3	2.1	3.0	6.7	7.9	7.4	15.4	17.0	13.3	15.0	22.5	7.5
3000万円以上	2.4	2.7	2.4	5.0	4.3	4.8	8.0	12.4	17.6	28.9	25.0	42.5	8.9
額　不　詳	9.7	9.8	12.5	9.9	7.7	6.9	8.0	2.3	4.4	5.5	7.5	7.5	8.0
無　回　答	7.3	5.8	4.5	3.4	5.3	2.6	1.1	1.8	1.1	0.9	2.5	—	3.3
計	100.0	100.0	100.0	100.0	100.0	100.0	100.0	100.0	100.0	100.0	100.0	100.0	100.0
分　布	4.1	11.1	14.4	13.0	10.4	9.4	9.4	8.4	9.1	6.7	2.0	2.0	100.0

出所：厚生労働省『国民生活基礎調査』（平成16年版、第2巻全国編）364-365頁より作成。

と，年収150万円未満層では「貯蓄ゼロ」と「貯蓄額100〜200万円未満」の比率が高い。この3ランクの所得階層に属する高齢者世帯の46％から54％が貯蓄額ゼロ〜200万円未満に属する。

年収150〜250万円未満の2階層では「貯蓄ゼロ」と「貯蓄額500〜700万円未満」の比率が相対的に高いが，様々な貯蓄階層に分散化する傾向をみせる。

年収250〜350万円未満の2階層では「貯蓄額500〜700万円」と「1000〜1500万円」の比率が高く，中間的貯蓄水準への重点移動が明確である。

年収350〜400万円未満層では「貯蓄額1000〜1500万円」と「2000〜3000万円」の比率が高く，上位水準への重点移動がみられる。貯蓄額200万円未満の世帯は13.0％にすぎなくなる。

年収400万円以上の3階層では「貯蓄額2000〜3000万円」と「3000万円以上」の比率が高く，最上位水準に張り付くようになる。貯蓄額2000万円以上の世帯の出現率は，34.6％から42.2％へと上昇する。年収1000万円以上層では，それは65.0％に達するので，この階層は別格の富裕層といえよう。

日本人の高齢期生活の期間は，65歳以降平均寿命81歳までの約16年間であるが，すべての高齢者がこの期間の生活費を貯蓄の取り崩しや就労によって賄えるわけではない。公的年金が所得の補足やこづかいにすぎない豊かな高齢者も確かに存在する。しかし，高齢者世帯の53.0％を占める年収250万円未満の人々にとって，公的年金がもつ生活保障の意味合いは非常に大きい。年金は依然として，高齢者の生活を保障する重要な役割を担っているのである。

おわりに

最近気づかされたことだが，全国紙で報道された記事だけでも，火事による高齢者の死亡事件が毎週のように発生している。夫婦ともに高齢の世帯か，あるいは高齢の親と中年未婚子の世帯であることが多い。働き盛りの夫婦と小・中学生から成るいわゆる「核家族世帯」のケースも，しばしば見うけられる。貧困研究者の端くれであることを自認してきたが，これらの事件を失火によって偶然に起きた不幸と考えて，その原因が「焼死を選ぶまでに追い詰められた困窮」にあるとは思い至らなかった。不明を恥じる他ない。

焼死は「自殺」ではなく「過失死」とみなされやすい。火災原因そのものが，文字通り焼失して残らないからである。死後の世間体を重んじる傾向が強い高齢者にとって，焼死は自死をカムフラージュしうるひとつの方法であると知り，愕然とした。それは独居高齢者の孤独死事件のように，死後に生前の悲惨な生活を社会に訴える意味をもたない点において，「隠された貧困」の今日的な一形態である。亡くなった高齢者自身によって自死が隠蔽されているという意味で，また原因究明を社会に断念させ，事件の背景が永久に明らかにされないという意味で，二重に「隠された貧困」なのである。

いま何が高齢者をここまで追い詰めているのか。高齢者の生活にどのような抑圧が加えられているのか。焼死事件の多発に象徴される個々の高齢者の悲劇をなくすために，「社会保障構造改革」のこれ以上の進行を止めなければならない。

注
1) これらの恩給制度は 1923（大正 12）年に「恩給法」に統合された。
2) 日本国民の中に，国が運営する社会保険制度に対して一定の不信感や被収奪意識が残されているが，その原因の一端は，創設時の政府による制度の悪用に求められる。国民の不信感は，1959 年の国民年金法の制定のときに強い反対論として表出され，強制加入であるべき公的年金制度に結果的に故意の未加入者を相当数生出すという事態を招いた。
3) この時期は，朝鮮戦争を契機に日本経済が復興の足がかりをつかんだ時期であり，各種共済組合法も一斉に創設された。1953 年には「私立学校教職員共済組合法」が，1954 年には「市町村職員共済組合法」が，1956 年には「公共企業体職員等共済組合法」がそれぞれ制定されている。その後，1958 年には「国家公務員共済組合法」と「農林漁業団体職員共済組合法」が制定され，公的年金の諸制度が出揃う形となった。
4) 以下，5 年ごとの改定の主な内容を列挙する。
* 1989 年改定では，20 歳以上の大学生の国民年金への加入が義務化された一方で，「完全物価スライド制」（物価の上昇率が 5％に達しなくても，年金額を毎年改定する）が導入された。また，第 1 号被保険者を対象に「国民年金基金制度」が導入された。
* 1994 年改定では，厚生年金に関して，定額部分（基礎年金）の支給開始年齢を段階的に 65 歳に引き上げていくことが決定された。また年金支給額の算定に関して，従来の「賃金スライド」制（算定の基礎となる受給者の退職以前の賃金を，現役世代の名目賃金の伸びに応じて改定する方式）を，「可処分所得スライド」制に変更した。さらに，ボーナスに対して 1％の特別保険料が新規に追加徴収されることになった。また在職老齢年金の仕組みが，賃金の増加につれて年金と賃金の合計額が増加していくように改善された。しかし，他方で，雇用保険の失業給付と老齢年金の併給が新たに禁

止されることになった(1999年より実施)。

＊1999年改定では，5つの改定が行われた。第1は，厚生年金(報酬比例部分)の給付額の一律5％削減である。第2は，「可処分所得スライド」を凍結し，物価スライドだけを適用することになった。この2つの措置によって，厚生年金の給付額が大幅にカットされることになった。第3は，60歳から65歳までの間に支給されていた厚生年金の報酬比例部分について，これを段階的に廃止していくことが決定された。第4は，60代後半の在職者について，60代前半の在職者と同様に，新たに厚生年金の保険料の納入を求めると同時に，収入の高い人については，賃金額に応じて報酬比例部分の全額または一部を支給停止することになった。第5は，20歳以上の大学生の国民年金保険料の納入に関して，学生本人の所得で免除の可否を判定することとし，一定所得以下の学生については，免除を受けた月から10年以内であれば保険料を追納できる制度に改めた。2003年度からは，厚生年金の保険料徴収が「総報酬制」に変更され，月給と賞与に一律13.58％の保険料が課せられることになった。

＊2004年改定では，抜本的な「給付と負担の見直し」が断行された。第1に，負担の面では「保険料固定方式」が採用され，2017年まで保険料の段階的引き上げが行われることになった。厚生年金の保険料率は毎年0.354％ずつ引き上げられ，最終的に18.3％で固定される。国民年金の定額保険料は毎年280円ずつ引き上げられ，最終的に1万6900円で固定される。第2に，給付の面では「マクロ経済スライド」と呼ばれる新方式が採用され，物価上昇率の他に経済成長率や賃金所得の伸び率にあわせて，給付水準が調整されることになった。この措置によって，年金の所得代替率は，平均59.3％から50.2％へ引き下げられることになった。第3に，年金制度をこれまでの「永久均衡方式」から「有限均衡方式」へ転換することになった。これは，95年後の2100年度の年金収支を均衡させようとするもので，2100年度の保険料収入と年金給付，年度末積立金残高が，それぞれ同額になるように，制度設計をシミュレートするものである。第4に，2007年度から年金を受給し始める人を対象に，離婚の際に夫婦間で厚生年金が分割されることになった。

5) 受給権者とは公的年金の受給要件を満たした人のことを意味する。受給権者の中には厚生年金が全額支給停止されている在職者もいるし，基礎年金の「繰り下げ支給」を希望している人もいる。したがって，実際の受給者の数は受給権者の数よりも少ない。なお，厚生年金と国民年金では「老齢年金」，共済年金では「退職年金」と呼称される。

6) この引き上げ幅280円は「2004年度価格」とされ，実際には物価変動率と賃金変動率を加味して決定されている。2007年度の国民年金保険料は1万4100円だが，これは2006年度の保険料1万3860円から240円引き上げられた額である。

7) 国民年金保険料の多段階免除制度の適用所得基準に関しては，唐鎌直義編『どうする！ あなたの社会保障③年金』旬報社，2008年，25頁の図表3を参照。

8) 2004年度の公的年金に対する国庫負担額は，厚生年金(基礎年金部分)で4兆3228億円，国民年金で1兆6148億円，合計5兆9376億円となっている。これは両制度の給付総額35兆4611億円の16.7％にすぎない。

9) 紙幅の関係から，近年大きな関心が寄せられている「最低保障年金制度」案について

言及できなかった。先進工業国の最低保障年金の状況と日本国内の各種団体が提起している最低保障年金制度案に関しては，唐鎌・前掲書『どうする！ あなたの社会保障③年金』の 85, 86 頁の図表 1 と図表 2 を参照。

10) 単独世帯の保護基準の全国平均 115 万円は，後藤道夫氏が「被保護者全国一斉調査」(2002 年) に依拠して算出した貧困基準である。京都保険医協会編『社会保障で幸せになるために』かもがわ出版，2007 年刊所収の後藤論文を参照。

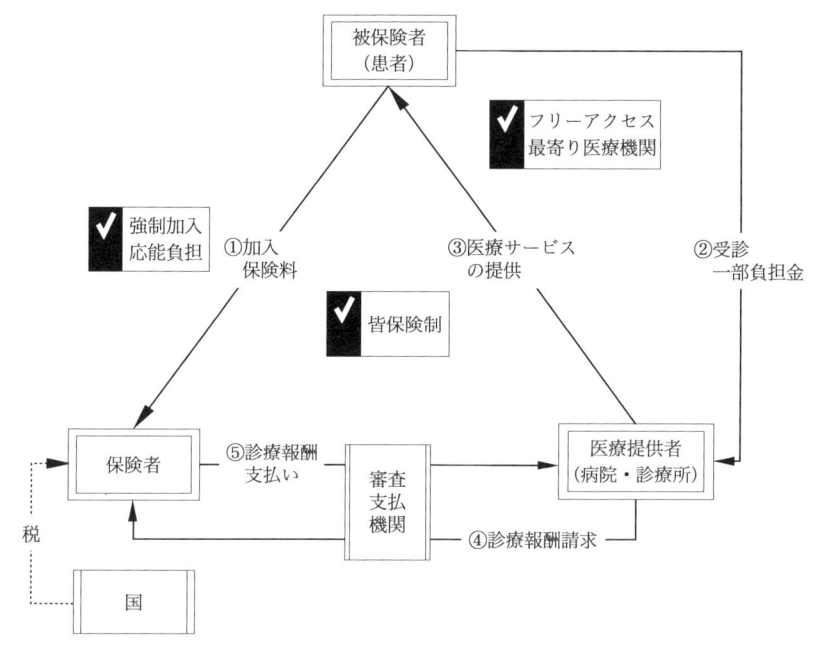

図7-1　日本の医療保険制度

険制)する，社会保険方式による医療保険制度が確立した。

② 医療保険制度の特徴と仕組み

　わが国の医療保険制度の最も特徴的なことは，皆保険制をとっていることである。医療保険制度は，大きく被用者保険と地域保険の2つに分けられるが，各法に規定された複数の制度が分立し，さらに各制度の中に保険の運営主体である保険者が多数存在，それぞれが独立して保険の運営を行っている。一方，被保険者となる国民は加入する保険者を選ぶことができず，被用者[6]であれば勤め先で，被用者以外であれば居住地域によって加入する保険者が決められる。保険料は，応能負担となっており，被保険者の所得状況等を反映したものとなっている。

　医療保険制度の仕組みを図7-1に示す。医療保険制度は，「保険者」，「被保険者(患者)」，「医療提供者(病院・診療所)」の三者によって構成され，それぞれの役割は，次のとおりである。

・保険者

　保険運営を行う主体。政府，市町村，健康保険組合，共済組合等の公的機関や非営利団体が担う。被保険者から保険料を徴収し，被保険者(患者)が受けた医療サービスの対価(診療報酬)を，医療提供者の請求に基づき審査支払機関で審査の上，同機関を通じて支払う。基本的に各保険制度は保険料によって運営されているが，制度によっては公費も投入されている。

・被保険者(患者)

　職業や居住地域により加入する医療保険は，あらかじめ決められている。収入に応じて，あらかじめ決められた保険料を，保険者に納める。健康保険では，労使折半で保険料を負担する。疾病の治療を行う場合，最寄りの医療提供者に保険証を提示し，医療サービスを受ける。この場合，治療費の一部(自己負担分)を医療提供者に支払う。

・医療提供者(病院・診療所)

　患者(被保険者)の求めに応じ，医療サービスを提供する。医療サービスの対価(診療報酬)は，自己負担分を患者から受け取り，残りを保険者に対し請求する。診療報酬は，診療報酬点数表によって定められた公定価格であり，基本的に出来高制をとるため，医療サービスの提供量が多いほど高くなる。一部公立の病院もあるが，その多くは民間により運営されている。

(2) 医療保険制度と老人保健制度

　国民の医療保障は，皆保険制による医療保険制度と，高齢者の医療保障を目的とした老人保健制度からなる。

① 各制度の概要

　医療保険制度は，被用者を対象とした〝健康保険〟と，被用者以外の自営業者等を対象とした〝国民健康保険〟，その他の3つの制度に大きく分けられる。

　健康保険は，ある一定規模以上の事業所の事業主が健康保険組合[7]を設立し，健康保険の運営に当たる〝組合管掌健康保険〟(以下，組合健保と略す)と，それ以外[8]の被用者を対象に政府が運営を行う〝政府管掌健康保険〟(以下，政管健保と略す)の2つからなる。組合健保は，主に，大企業の従業員がその対象者に，一方，政管健保は，中小企業の従業員が対象となる。

表 7-1 主な医療保険制度（2005 年 3 月末現在）

制度 （主な対象者）		保険者	保険者数	加入者数 （千人）	内訳（千人）本人 家族	加入者数の割合	老人保健対象者割合
健康保険	政府管掌 （中小企業等の被用者）	国	1	35,616	18,931 16,686	28.04%	4.6%
	組合管掌 （大企業の被用者）	健康保険組合	1,584	29,900	14,787 15,203	23.54%	2.1%
	日雇特例被保険者	国	1	28	17 11	0.02%	4.9%
国民健康保険	（自営業者，被用者以外の者，退職者）	市町村	2,531	47,609		37.48%	22.9%
	国民健康保険組合 （同種業種・業務に従事する者）	国民健康保険組合	166	3,970		3.13%	
各種共済	国家公務員	共済組合	21	9,711	4,449 5,262	7.65%	3.8%
	地方公務員等	共済組合	54				
	私立学校教職員	事業団	1				
	船員保険	国	1	175	66 109	0.14%	6.9%

| 老人保健
（75歳以上の高齢者または65歳以上の障害者） | 市町村 | | 14,532 | 被用者保険
2,676
国保
11,857 | | |

注：1) 内訳～当該制度における加入者の被保険者と被扶養者数。
　　2) 加入者数の割合～医療保険全体の加入者に対する当該制度の加入者の割合。
　　3) 老人保健対象者割合～当該制度における，老人保健制度の対象者となる高齢者の割合。
出所：厚生統計協会編『保険と年金の動向』厚生統計協会，2006 年。

　"国民健康保険"（以下，国保と略す）は，地域保険とも呼ばれ，市町村が保険者となり，地域に居住する，他の医療保険に加入していない者を対象としている。また，同種の事業や業務に従事する者によって"国民健康保険組合"[9]を組織し，保険の運営に当たる場合もある。
　その他として，船員を対象とした"船員保険"，公務員等を対象とした各種"共済組合"[10] がある。各制度における保険者および加入者数（被保険者・被扶養者）等詳細については，表 7-1 にて示す。
　保険給付には，医療給付と現金給付があり，医療給付[11]に関しては，各制度間での差はないが，現金給付[12]について被用者保険（船員保険，各種共済を含む）と国保で扱いが異なっている。治療期間における所得補償を担う傷病手当

表7-2 国民医療費の推移

年度	国民医療費 総額 (億円)	国民医療費 増加率 (%)	国民1人当たり医療費 (千円)	国民医療費の国民所得に対する割合 (%)	国民所得 (億円)	国民所得 増加率 (%)	総人口 (千人)
1960	4,095	13.0	4.4	3.03	134,967	22.2	93,419
1965	11,224	19.5	11.4	4.18	268,270	11.5	98,275
1970	24,962	20.1	24.1	4.09	610,297	17.1	103,720
1975	64,779	20.4	57.9	5.22	1,239,907	10.2	111,940
1980	119,805	9.4	102.3	5.89	2,032,410	11.5	117,060
1985	160,159	6.1	132.3	6.13	2,610,890	7.4	121,049
1990	206,074	4.5	166.7	5.92	3,483,454	8.1	123,611
1995	269,577	4.5	214.7	7.20	3,742,775	0.1	125,570
2000	301,418	△1.8	237.5	8.11	3,718,039	2.0	126,926
2005	331,289	3.2	259.3	9.01	3,676,303	1.3	127,768

注：1) 国民所得は，内閣府発表の「国民経済計算」(2007年6月発表)による。
2) 総人口は「国勢調査」の確定人口である。
3) 2000年4月から介護保険制度が施行されたことにともない，従来国民医療費の対象となっていた費用のうち介護保険の費用に移行したものがあるが，これらは2000年度以降，国民医療費に含まれていない。
出所：厚生労働省大臣官房統計情報部『平成17年度国民医療費の概況』。

金は，国保で任意給付となっており，実際に給付を行っている保険者はない。また，組合健保および各種共済では，各保険者の判断で付加給付を行っている。

各制度の運営財源は，基本的に保険料で賄われているが，一部公費による補助がなされている。その割合は，政管健保では給付費の13.0％，国保では給付費の43.0％である。また，組合健保でも一定額の予算補助がなされている。

② 老人保健制度

医療保険制度とは別に，75歳以上の高齢者と65歳以上で75歳未満の障害者の医療保障を目的とした「老人保健法」に基づく老人保健制度がある。これらの対象者は，皆保険制のもとでいずれかの医療保険に加入していることを前提に，同制度による医療費等の給付が行われる。

老人保健制度は，各保険者からの老人保健拠出金と公費(国，都道府県および市町村)により賄われ，それぞれ50％を負担している。公費の内訳は，国：都道府県：市町村＝4：1：1となっている。各保険者における対象者の加入割合は，退職者の多くが加入する国保で著しく高く，被用者保険で低い。高齢者医療に対する負担の公平性の観点から，老人保健拠出金額は，実際の対象者の加入割合ではなく，すべての保険者に対し，一定割合で対象者が含まれているものとして算定される。

表7-3 財源別国民医療費

財源	2005年度 推計額(億円)	構成割合(%)
国民医療費	331,289	100.0
公費	120,610	36.4
国庫	82,992	25.1
地方	37,618	11.4
保険料	162,893	49.2
事業主	67,082	20.2
被保険者	95,811	28.9
その他	47,786	14.4
患者負担(再掲)	47,572	14.4

出所：厚生労働省大臣官房統計情報部『平成17年度国民医療費の概況』。

(3) 国民医療費の現状

① 国民医療費とその構造

わが国の国民医療費は，毎年厚生労働省より発表され，それは医療保険の給付適用となる範囲が中心である。1960～2005年の(5年おきの)国民医療費，国民1人当たりの医療費および国民所得に占める割合を，表7-2に示す。

1970年代以降，人口に占める高齢者(65歳以上)の割合は増え続け，1994年には高齢社会の基準である14％を超え，その後も伸び続け，2005年には，20％を超えた。これは超高齢社会の基準である21％に迫る水準である。

高齢者人口の増加にともない，国民医療費は1990年に20兆円を超え，2000年から施行された介護保険により一時的に鈍化したことを除けば，一貫して伸び続けている。2005年における国民医療費は33兆1289億円，国民所得に占める割合は9.01％，国民1人当たりの医療費は25万9300円となっている。

国民医療費を財源の観点からみると，36.4％が国庫・地方，49.2％が保険料，14.4％が患者負担によって構成(表7-3)されている。

年齢階級別の医療費(表7-4：2005年)をみると，次のような特徴を見いだすことができる。若年者を除き，年齢階級が高くなるに従い1人当たりの医療費は高くなり，高齢者ではその傾向が顕著となる。全体の医療費に占める高齢者医療費の割合は53.4％，1人当たりの一般診療費は51万7700円，これは全年齢

表 7-4　年齢階級別一般診療医療費(2005 年)

	計	0〜14歳	15〜44歳	45〜64歳	65歳以上	70歳以上(再掲)	75歳以上(再掲)
一般診療医療費(億円)	249,677	16,506	34,941	64,875	133,355	108,633	76,808
構成割合(%)	100	6.6	14.0	26.0	53.4	43.5	30.8
1人当たり一般診療医療費(千円)	195.4＊	93.9	71.4	183.0	517.7	593.6	659.9

注：＊：全年齢平均。
出所：厚生労働省大臣官房統計情報部『平成17年度国民医療費の概況』。

平均(19万5400円)の2.6倍である。また，高齢になるほど1人当たりの一般診療費は高額となり，75歳以上では，65万9900円となっている。これは，高齢になるほど，短期間で完治する疾病の割合が減り，生活習慣病を中心とする一度発症すると生涯にわたり治療の継続が必要な疾病の割合が増えることが要因としてあげられる。

② 国民医療費の国際比較

全国民を対象とした医療保険制度の確立と医療技術の飛躍的な進歩により，わが国は世界一の平均寿命(男78.32歳，女85.23歳：2002年)を達成するに至った。その一方で，高齢化率[13]の伸びにともない，国民医療費も増え続けている。こうした傾向は，他国においても同様であり，現在の日本の水準を確認しておく必要がある。

OECD加盟30カ国の医療費の対GDP比率[14]をみると，日本は加盟国平均の8.7%を大きく下回る7.9%で18位(30カ国中)となっている。これは，1位のアメリカ(15.0%)の半分，ブレア政権下で国民の医療保障を維持することができないとされたイギリスの7.7%と同等の水準である。また，わが国に近い社会保険方式による医療保険制度をもつドイツ(11.1%)に比べても3.2ポイントも低い水準である。

高齢化率との関連(図7-2)でみても，他国に比べて低い水準であることがわかる。

国際的な比較において，こうした低い水準で全国民を対象とした医療保障を行い，世界一の平均寿命を達成したことは，評価されるべきものであるといえる。

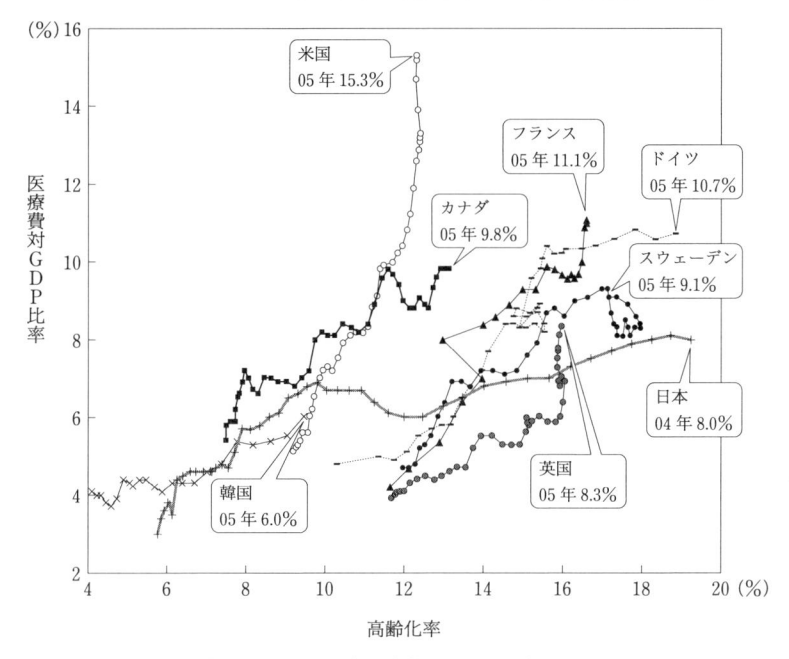

図7-2 高齢化率医療費対GDP比率

原注：韓国のデータ開始年は1983年。図中の値は最新年とその年の医療費対GDP比率。ドイツ1990年以前は西ドイツの値。フランス1960-89年は5年ごと。
原資料：OECD Health Data 2007（ドイツ，スウェーデン1960-69はHealth Data 1999），高齢化率はWDI Online 2007.8.14。
出所：http://www2.ttcn.ne.jp/~honkawa/1900.html

2．現行制度が抱える問題点

わが国の医療保険制度は，皆保険制のもと，勤め先や居住地域によって加入する医療保険が決められ，被保険者は個人のリスクに基づかない応能負担の保険料を負担することとなる。その一方で，各保険者は独立した運営が求められ，法定給付以外の付加給付や加入者から支払われる保険料等，条件は同じではない。特に，保険運営の収支に影響を与える，被保険者の所得水準と年齢構成について分析を行う。

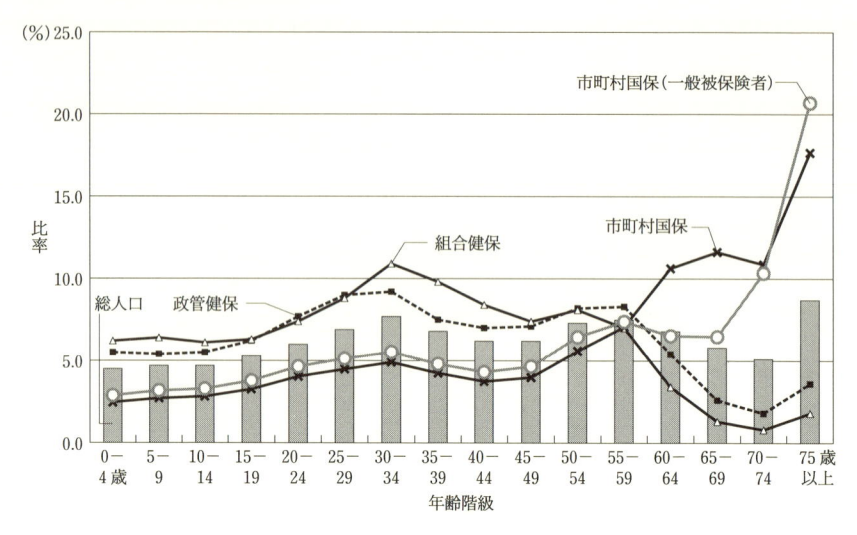

図 7-3　総人口および加入者の年齢構成(2004 年度)

出所：厚生労働省『平成 16 年度健康保険被保険者実態調査』，『平成 16 年度国民健康保険実態調査』より作成。

(1) 保険者間格差

各医療保険の加入者割合(2006 年 3 月)は，組合健保 23.60％，政管健保 28.02％，日雇特例被保険者 0.02％，国保 37.46％，国民健康保険組合 3.12％，共済組合 7.64％，船員保険 0.14％となっている。今回，分析の対象とするのは，加入割合の高い組合健保，政管健保と国保の 3 つとする。

① 年齢構成

各制度における加入者の年齢構成を，図 7-3 に示す。健康保険では，59 歳以下の加入者が多く，65 歳以上加入者が少なくなっている。一方国保では，54 歳以下の加入者が少なく，60 歳以上の加入者が多くを占めている。これは，健康保険加入者が退職にともない国保に移っているためである。こうした国保における退職被保険者を除いた，一般被保険者についてみても，60 歳以上の占める割合が高い傾向は変わらない。また，健康保険間でみると，30〜49 歳までの年齢階級で，組合健保が政管健保を上回っている。

これらから，組合健保，政管健保，国保の順で加入者の年齢が高くなっており，特に 60 歳以上では国保への加入者が著しく多くなっていることがわかる。

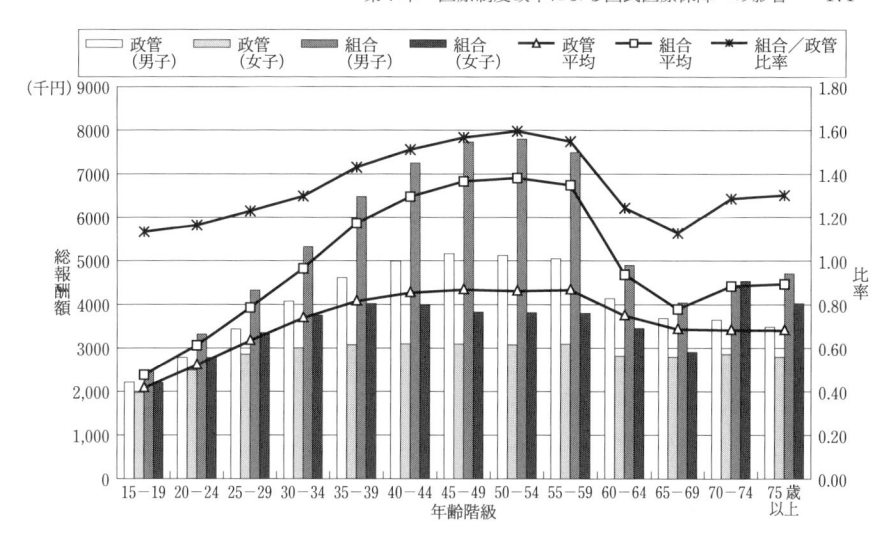

第7章　医療制度改革による国民医療保障への影響　171

凡例：政管（男子）／政管（女子）／組合（男子）／組合（女子）／政管平均／組合平均／組合／政管比率

図7-4　年齢階級別総報酬額(2004年度)

出所：厚生労働省『平成16年度健康保険被保険者実態調査』,『平成16年度国民健康保険実態調査』より作成。

② 組合管掌健康保険と政府管掌健康保険

被用者保険である組合健保と政管健保の2つについて，加入事業所規模，被保険者の平均収入，保険料率等について分析[15]を行う。

加入事業所の規模についてみると，組合健保で500人以上の事業所が全体の58％を占め，100人以上では82％に達する。一方，政管健保では，49人以下の事業所が51％を占め，299人以下では81％を占める。

健康保険では，被保険者が支払う保険料は，給与額をその額に応じた等級に分けた標準報酬月額[16]に保険料率をかけたものとなる。また，賞与については1000円未満を切り捨てた額を標準賞与額[17]とし，これに保険料率をかけたものが保険料となる。

被保険者の平均総報酬額(図7-4)は，政管健保383万2311円，組合健保546万2329円で，組合健保被保険者は，政管健保被保険者の1.43倍となっている。年齢階級別にみると，20〜24歳の階級で1.16倍，年齢階級が上がるごとに差は開き続け，50〜54歳の階級でピークを迎え1.60倍，総報酬額で257万8614円の差が被保険者間でつくことになる。

保険料の算定に関係する平均標準報酬月額では，政管健保28万4711円，組合健保37万4619円で，1.32倍となっている。また平均標準賞与額は，政管健保42万6967円，組合健保100万7132円で，2.36倍である。標準報酬等級(月額)の分布でみると，最も多い等級は，政管健保14等級(22万円)，組合健保23等級(41万円)である。政管健保では8等級(15万円)～23等級(41万円)で被保険者の76.9%を占める。また組合健保では13等級(20万円)～27等級(53万円)で73.6%となっている。

健康保険における保険料率は，各保険者が運営状況に基づき決定する。政管健保では，保険者である政府により，全国一律の保険料率が設定され，被保険者の標準報酬月額に乗じることで算出される。健康保険では，保険料負担は労使折半とされており，政管健保では被保険者が50%，事業主が50%をそれぞれ負担する。政管健保の保険料率は82‰で，被保険者の負担分は41‰となっている。

一方，組合健保では保険者が1584あり，それぞれの保険料率は異なっている。各保険者の保険料率は60‰以下～95‰超まで幅広く分布しているが，政管健保の82‰を超えない保険者が，全体の68.5%を占める。組合健保の平均保険料率は74.84‰で，政管健保より7.16‰低い。さらに組合健保では，事業主負担割合を多くすることが認められているため，被保険者負担の保険料率は，33.35‰にとどまっており，政管健保被保険者との間には7.65‰の差がついている。

以上，健康保険における政管健保と組合健保の比較を行ってきたが，次のような傾向を指摘できる。組合健保は，大企業に勤めている被保険者が多く，所得水準も高い。一方，政管健保では，中小企業に勤めている被保険者が多く，所得水準も組合健保に比べると低い水準にあるといえる。保険料率は，組合健保に比べ政管健保の方が高い。また被保険者負担分では，組合健保で事業主負担比率が高いため，さらにその差は大きくなる。

③ 国民健康保険

国保は，被用者保険加入者以外の者を対象とする世帯単位で加入する地域保険であるが，世帯主の職業は次のとおりである。農林水産業(4.7%)，その他自営業(16.0%)，被用者(24.1%)，その他職業(2.8%)，無職(52.4%)で，半数近くが

無職者によって占められている。国保は，当初，農林水産業従事者や自営業者のための保険[18]であったが，産業構造の変化にともない，近年は無職者と被用者の加入比率が高くなっている。ここでいう被用者は，パートやアルバイト等，被用者保険の加入対象とならない者や，政管健保の強制適用事業所とならない従業員5人未満の事業所に勤めている者である。

国保では，被用者保険の被保険者が，退職にともない国保へと加入するため，被保険者に占める高齢者の割合が高くなっている。医療の必要性が高い高齢者が多く加入する国保に対し，被用者保険との加入者年齢構成の不均衡を是正し，財政的負担を軽減するため，退職者医療制度を設けている。退職者医療制度は，被用者保険に加入していた一定要件を満たす退職者[19]を対象に，被用者保険が療養給付費交付金を国保に対し拠出するものである。退職被保険者は，国保被保険者全体の14.7％を占め，60～74歳の階級においては40.1％に達する。

世帯単位の所得についてみると，所得なしが被保険者の27.0％を占め，200万円未満の世帯が74.7％となっている。世帯当たりの平均所得は164万9780円となっており，政管健保(383万2311円)，組合健保(546万2329円)の被保険者に比べ著しく低い水準にあるといえる。所得水準が低い被保険者を多く抱える国保では，保険料の軽減[20]や減免が行われている。国保の被保険者世帯の35.2％(一般被保険者世帯36.4％，退職被保険者世帯24.8％)が，保険料の軽減世帯となっている。

世帯当たりの平均保険料は14万2398円で，所得に占める割合(平均保険料率)は8.63％である。しかし，世帯所得階級別の保険料(図7-5)についてみると，世帯所得500万円未満で9％を超え，その中でも200万円未満の世帯は10％を超えている。その一方で世帯所得が500万円を超えると急激にその割合が減少していく。これらのことから，低所得世帯ほど所得に占める保険料の割合が高くなる，逆累進性が認められる。

健康保険(組合健保・政管健保)と国保の比較分析について，表7-5にまとめる。

(2) 国民健康保険における滞納問題

① 保険料算定方式の違い

国保保険料の逆累進性は，被保険者の所得に対し一定の保険料率で保険料が

174　第2部　生活・福祉と統計

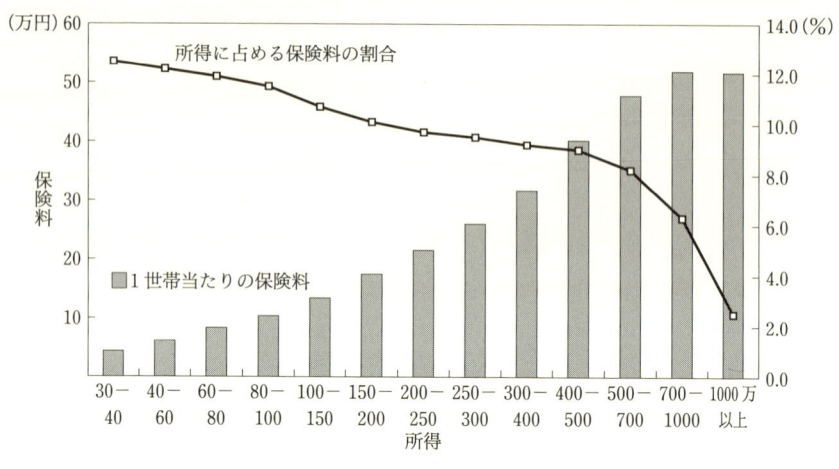

図 7-5　国保の世帯所得階級別保険料(2004 年度)
出所：厚生労働省『平成 16 年度国民健康保険実態調査』より作成。

表 7-5　医療保険制度の比較(2004 年度)

	組合健保	政管健保	国保
65 歳以上の加入率	3.90%	8.00%	40.10% 一般被保険者 37.50%
総報酬(所得)	5,462,329 円	3,832,311 円	1,649,780 円 (世帯平均)
保険料率 　被保険者負担	7.48% 3.34%	8.20% 4.10%	平均 8.63% (世帯平均) ※逆累進

出所：厚生労働省『平成 16 年度健康保険被保険者実態調査』，『平成 16 年度国民健康保険実態調査』より作成。

決まる健康保険とは異なった保険料の賦課方式(図7-6)がとられているためである。

　国保では，世帯の所得に対して一定の料率をかけて算定される所得割の他，世帯単位で負担する世帯割，加入者の人数(世帯人数)に応じて負担する均等割および資産に応じて負担する資産割が設けられ，これらを合算したものが保険料とされる。保険料の賦課方式の選択は，各保険者に任せられているが，世帯割，均等割，所得割，資産割からなる4方式を採用する保険者は，86.3%に及び，資産割を除く3方式を採用している保険者をあわせると，98.5%となる。また，世帯の所得に関係なく賦課される世帯割と均等割は，加入世帯から徴収

第7章 医療制度改革による国民医療保障への影響

被用者保険の場合 / **国民健康保険の場合**

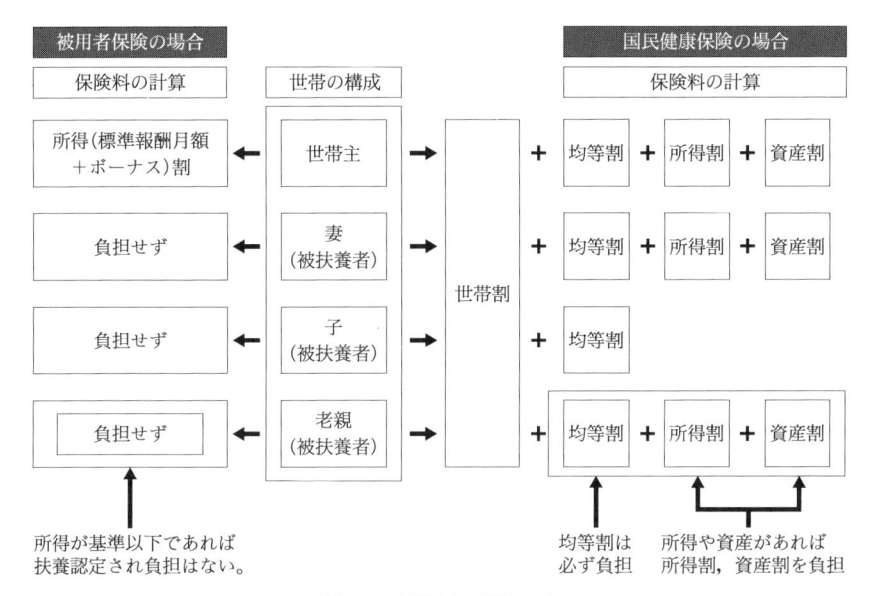

図7-6 保険料の賦課方法
出所：『国民健康保険の安定を求めて』国民健康保険中央会，2004年。

される保険料全体の50％を占めており，低所得世帯にとって重い負担となっている。

② 滞納世帯と資格証明書

低所得世帯の加入が多く，実質的な保険料負担が重い国保において，現在，大きな問題となっているのが，保険料の滞納問題である。滞納世帯数は，2000年の370万世帯から年々増え続け，2004年には461万世帯となった。これは，国保加入全世帯の18.9％に及ぶものである。

こうした保険料の滞納世帯に対し，一定期間を経て保険証の代わりに資格証明書の発行が行われる。滞納世帯の増加にともない，資格証明書世帯も年々増加しており，2004年では29万9000世帯となっている。資格証明書で医療機関にかかった場合，医療費を全額窓口で立て替える必要がある。このため資格証明書世帯では，著しく受診が抑制され，必要な医療を実質的に受けることができない状況が発生している。保険医団体連合会の調査[21]によると，一般被保険者に比べ資格証明書世帯では，医療機関への受診が1/32～1/113程度となることが指摘されている。こうした現状を相野谷[22]は，皆保険制度の空洞

化・崩壊であると警告している。

③ 滞納問題の背景

このような保険料滞納世帯増加の背景として第1にあげられるのは，保険加入者集団(被保険者)の構成である。わが国の医療保険制度は，大企業の従業員を対象とした組合健保に始まり，中小企業の従業員を対象とした政管健保へと広がり，皆保険制度の成立に向け被用者保険の対象とならない者を対象とした国保の運営を市町村に義務づけることによって確立した。西岡は，これを，「国民皆保険」の三層構造とし，国保について「農業・都市自営業の「医療保険」と，無業・低所得者及び高齢者の「公費医療制度」との〝奇怪な混合物〟」[23]と述べている。歴史的な経過から，こうして始まった国保は，産業構造の変化による農林水産業従事者や自営業者の減少と退職者の増加にともない，高齢者と低所得被用者が多くを占める状況へと変化してきた。被保険者世帯の多くは，無職または低所得であり，高い保険料の負担は生活そのものを脅かすものとなっている。

第2として，国保の財政構造をあげることができる。保険料を中心とした独立運営を行える被用者保険とは異なり，国保は当初から公費による財政負担を前提に制度が組み立てられていた。このため，公費削減の影響が大きく保険料に反映することになる。

第3として，非正規雇用者の国保への加入をあげることができる。バブル経済崩壊以降，雇用の流動化を促進させる施策が行われ，非正規雇用者が増加した。これらの非正規雇用者は，被用者保険の対象とならず，国保への加入を余儀なくされている。国保の加入者構造をみたとき，1999年(22.7%)から2004年(24.1%)において被用者の割合が増加しており，これを裏づけている。こうした非正規雇用者は，正規雇用者に比べ所得水準が低く，雇用も不安定なため，保険料の負担に耐えることができない者も多いと考えられる。また，リストラ等により被用者保険から脱退した者が，国保へ加入届を出さず未加入状態のまま放置されているケースもあると考えられる。

(3) 現行制度における問題点

これまで，現行の医療保険制度について分析を行ってきた。ここでは，現行

制度における問題点について整理する。

　第1は，保険加入者構成に関わる問題である。皆保険制のもと，被保険者は保険者を選択することができず，勤め先や居住地域によって加入する保険が決定されてしまう。このようにして決まった保険集団は，社会的な階層が反映されたものとなっており，年齢構成や所得水準において，格差構造を内包しているといえる。低所得者と疾病リスクの高い高齢者を被保険者とした国保において，保険としての独立した運営は，構造的に難しいといえる。

　第2は，保険料とその算定方法に関わる問題である。保険料率そのものに差があるとともに，実質的な被保険者の負担は，事業主負担がある組合健保・政管健保と国保で大きな開きがある。また，国保では，保険料の賦課方式において，均等割・世帯割が採用されており，低所得者ほど負担率が高くなる逆累進性が生じている。

　第3に，こうした問題は，国保保険料の滞納問題として表面化している。また，非正規雇用者の国保への加入が，それに拍車をかける状況となっている。滞納者対策として行われる資格証明書の発行は，必要な医療を受けられない状況を作り出しており，皆保険制による国民の医療保障は，実質的に崩壊し始めているといえる。

3．2008年度医療制度改革

　これまでの医療制度改革は主に，被保険者および患者負担の引き上げ，診療報酬の引き下げ，特定療養費の拡大による医療給付範囲の見直しが中心であった。現在進行中の2008年度医療制度改革では，制度のフレームワークにまで及ぶこれまでにはみられない大規模なものとなることが予想される。本改革は，2005年12月に発表された「医療制度改革大綱」に基づき進められ，2006年6月「高齢者の医療の確保に関する法律」の制定および「健康保険法」等関連各法改正が行われた。

(1) 医療制度改革大綱

　医療制度改革大綱のうち，本章が対象としている医療保険制度改革を中心に

みていく。

同大綱は，「安心・信頼の医療の確保と予防の重視」，「医療費の適正化の総合的な推進」，「高齢社会を展望した新たな医療保険制度体系の実現」の3つの柱からなる。

① 「医療費の適正化の総合的な推進」

少子高齢化が急速に進展するなか，将来にわたり持続可能な医療保険制度を実現するため，医療給付費の伸びと国民負担の均衡を図ることとされた。現在(2006年度)28.5兆円(GDP比5.5%)の医療給付費が2025年には56兆円(GDP比7.5～8.2%)となることが予想され，これを48兆円(GDP比6.4～7.2%)にとどめることが具体的な数値目標とされた。この目標を実現するために，都道府県単位で医療費適正化計画を推進するとともに，公的医療給付費の内容・範囲の見直しを行うこととされている。

② 「高齢社会を展望した新たな医療保険制度体系の実現」

ここでは，「後期高齢者医療制度の創設」，「前期高齢者医療費に関する財政調整」，「保険者の再編・統合と保険運営における保険者機能の強化」の3つが，施策としてあげられている。

これまで高齢者の医療保障は，各保険者からの老人保健拠出金と公費を財源とした老人保健制度によってなされてきた。本改革では老人保健制度を廃止し，新たに後期高齢者のみを独立させ，保険料の拠出をともなう「後期高齢者医療制度」が創設される。同制度は，75歳以上の後期高齢者を対象に，被保険者からの保険料10%，公費50%，各保険者からの後期高齢者医療支援金40%で運営がなされる。また，これまで定率10%の患者一部負担金についても，所得に応じ30%までの負担とされる(表7-6)。

また，退職にともない国保への偏在が問題となってきた前期高齢者についても，保険者間で財政調整(図7-7)が行われることとなった。

さらに，保険者の財政運営における規模の適正化を図るため，保険者の再編・統合が進められることとなり，基本的な運営単位は都道府県とされた。その上で，本改革の第1の目的である医療費の適正化について，保険者が主体的な取り組みを行えるよう，保険者機能の強化が図られることとなった。

これに従い，これまで全国を一つの保険者として政府が運営してきた政府管

表7-6 老人保健制度と後期高齢者医療制度

	老人保健制度 75歳以上 65歳～74歳の障害者		後期高齢者医療制度 75歳以上	
財源	公費 老人保健拠出金	50% 50%	保険料 公費 後期高齢者医療支援金	10% 50% 40%
一部負担金	定率	10%	定率 （所得に応じ定率30%）	10%

出所：厚生労働省『医療制度改革』ホームページより作成。

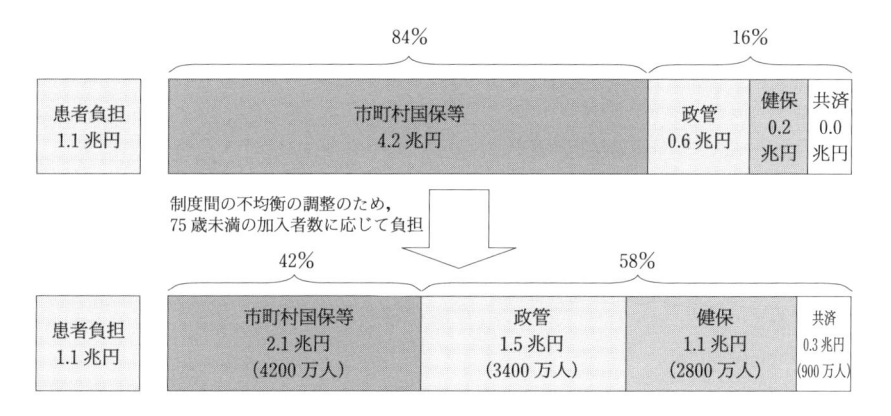

図7-7 前期高齢者に関する保険者間財政調整

出所：厚生労働省『医療制度改革大綱』。

掌健康保険を公法人化[24]し，都道府県支部単位での保険運営がなされることとなった。

③ 「安心・信頼の医療の確保と予防の重視」

ここでは，これまでの治療に重点を置いた医療から，疾病予防を重視した保健医療体系へと転換を図ることとされた。高齢者医療費の多くを占めている生活習慣病の現状を踏まえ対策を図ることとし，その予防事業を保険者に義務づけることとされた。当該予防事業の結果は，後期高齢者医療支援金の拠出額に最大±10%の幅をもって加算・減算される。後期高齢者医療支援金の拠出額は，保険運営に大きな影響を与えるため，保険者の積極的な取り組みが必要となる。

医療保険制度に関連する本改革の特徴は，医療費の適正化を目的に，第1に

高齢者の医療保障について新たなフレームワークで対応をしたこと(後期高齢者医療制度,および前期高齢者医療費に関する保険者間財政調整),第2に医療費適正化の取り組みを生活習慣病予防という形で保険者に義務づけたこと,第3に保険者機能の強化にともない保険者の再編を行うこと,と整理することができる。

(2) 医療制度改革をめぐる問題点

医療制度改革大綱に基づき,現在進められている改革に対し,多くの問題点が指摘されている。

相野谷は,本改革における医療費の適正化が,医療給付費のみをその対象としていること[25]について,問題の指摘を行っている。医療費は,患者が窓口で支払う一部負担金と医療保険者から支払われる医療給付費,保険の対象とならない保険外費用を合算したものである。このため,医療給付費のみが抑制された場合,医療費全体に占める一部負担金や保険外費用の割合が高くなってしまうという状況が生まれ,患者として医療を受けるときに重い負担が課せられることとなってしまう。こうした患者負担を増やす公的医療費の抑制について,近藤は「医療制度の「公正」が悪化するのは明らかである」[26]と述べている。

さらに,医療給付費の抑制が,公的医療保険の給付範囲の見直しにまで及んだ場合,医療保険の対象とならない治療が出てくる。この場合,ひとつの病気に対し保険のきく治療(保険診療)と保険のきかない治療(自由診療)が混在し,これらを同時に利用することが認められる混合診療といわれる状況が生まれてくる可能性が高い。混合診療は,医療の公平性の観点から多くの問題を抱えている。山岡は,混合診療が医療全般に広がったとき,一般の患者は自由診療を受診できる層と必要最低限の保険診療しか受けられない層に二極化されるという所得格差医療へとつながってゆく[27]と述べている。

また相野谷は,将来の医療給付費についても,過大な評価をしているのではないか[28]との指摘も行っている。権丈は,医療費過大推計について,将来の経済成長率の設定と,将来の医療費の伸び率が過去の伸び率に基づき政治的に決められることによるものである[29]と述べている。

二木は,医療の質の観点から,社会保障費を含めた公的医療費の総枠拡大を図る必要性がある[30]と述べている。

池上は，高齢者のみを独立させた後期高齢者医療制度について，財源の確保や運営主体の問題，給付内容に関する現役世代との格差等，公平性の観点からきわめて問題が多い[31]と指摘している。二木も，保険料負担と一部自己負担が過酷になれば受診抑制が社会問題化する[32]と述べている。

保険者による予防事業への取り組みについては，その必要性が認められている一方で，医療費に対する効果については十分に検証がなされていない。俞炳匡（ユウヘイキョウ）は，追加的費用対効果比(ICER)に関する論文のスクリーニングを行い，資源配分上の経済的な効率の改善には寄与するが，「予防によるコスト削減効果」はほとんどの場合期待できない[33]としている。

4. 医療制度改革が与える影響

本章「2. 現行制度が抱える問題点」で整理した3つの問題（保険加入者構成に関わる問題，保険料とその算定方法に関わる問題，国保における滞納問題）を踏まえ，本医療制度改革が及ぼす影響について考察を行う。

(1) 後期高齢者医療制度と前期高齢者の保険者間調整

これまで，高齢者の国保への偏在が，大きな問題となっていたことは本章でも指摘したところであるが，これは，被用者保険から脱退した退職者が，国保に加入することにその要因のひとつを見いだすことができる。高齢者は一般的に疾病リスクが高く，1人当たりの医療費も高い。また，年金が収入の中心となることから被用者に比べ所得水準が低く，高齢者が多く加入する国保の運営は厳しいものとなっていた。こうした状況に対し，退職者医療制度や老人保健制度における各保険者からの拠出金により，その調整を図ってきたが十分なものではなかった。

本改革では，後期高齢者医療制度の創設や前期高齢者の医療費に関する保険者間の財政調整により，高齢者の偏在による保険者間格差は是正される可能性がある。特に前期高齢者の医療費に関する財政調整は，国保における負担を半減(4.2兆円→2.1兆円)するため，その効果は大きいといえる。

図7-8は，高齢者を除いた各保険者における加入者の年齢構成分布である。

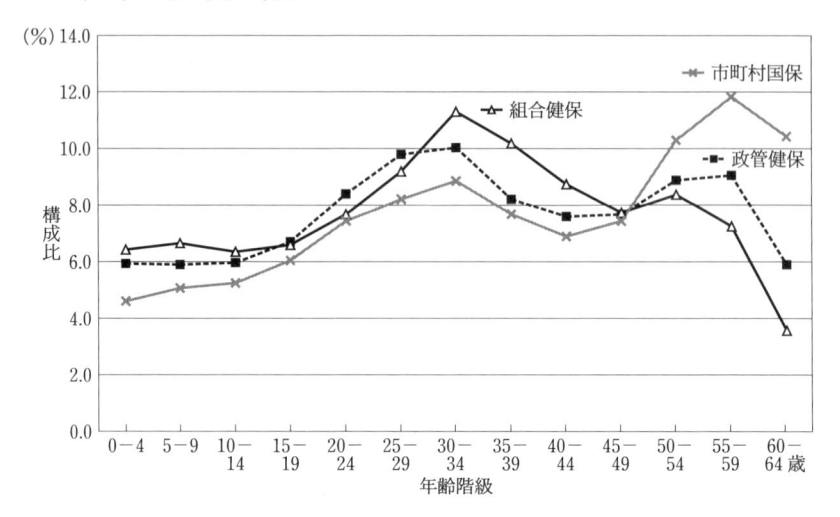

図 7-8　高齢者を除いた加入者の年齢構成(2004 年度)

出所：厚生労働省『平成 16 年度健康保険被保険者実態調査』，『平成 16 年度国民健康保険実態調査』より作成。

　49歳未満の階級では，組合健保・政管健保が国保を上回っており，特に25歳から44歳までの階級では，組合健保が国保を大きく引き離している。また，50歳以上の階級では逆転し，国保が組合健保・政管健保を大きく上回る。

　これらのことから，高齢者に関する調整が十分に行われたとしても，組合健保・政管健保に比べ国保加入者の年齢が高いという状況に変わりはないといえる。これらの高齢者を除く加入者の年齢構成が，医療費に及ぼす影響については，十分な検証を行っていないが，一般診療費について15〜44歳と45〜64歳までの集団を比較したとき，後者が2倍以上になることから，国保は疾病リスクの高い集団を多く抱えていることは間違いないといえる。

　もうひとつ指摘しておかなければならないことは，後期高齢者医療制度についてである。同制度は後期高齢者からの保険料拠出を前提とした，社会保険の形態をとっている。疾病リスクの高い高齢者のみを保険集団としたとき，その保険料は非常に高いものとなる。同制度では，財源の10%を被保険者からの保険料，40%を各保険者からの後期高齢者医療支援金，50%を公費にて賄うとされ，保険料以外の財源が占める割合が高い。このため，公費削減の影響が，保険料に大きく反映する危険性がある。今後，後期高齢者の増加にともない，

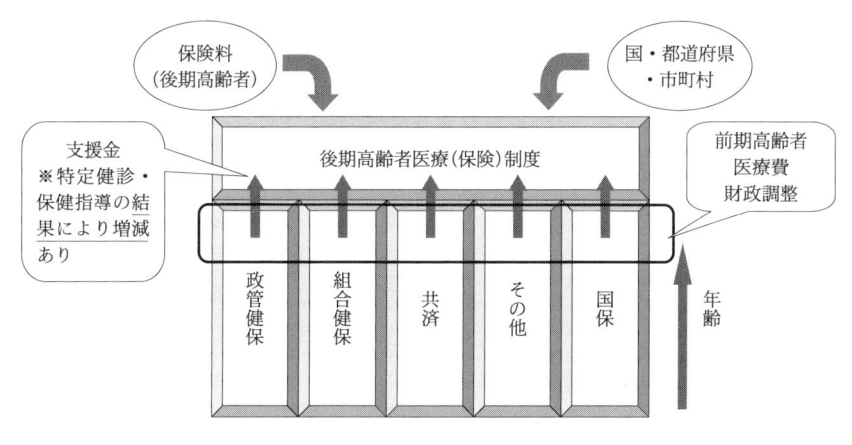

図7-9 医療制度改革概念図
出所：厚生労働省『医療制度改革大綱』より作成。

医療給付費も伸びていくことが予想され，公費の負担割合が引き下げられる可能性も高いといえる。

　本改革において，高齢者の偏在にともなう保険者間の調整は，これまでよりも進むと考えられるが，高齢者を除いた年齢構成における保険者間格差は依然として改善されないものと考えられる。また，疾病リスクの高い者だけを集めた後期高齢者医療制度は，保険料の高騰および新たな財源問題の火種となる可能性を否定できないといえる。

(2) 医療制度改革と保険者間格差

　図7-9は，医療保険制度に関する本改革の概念図である。本改革では，高齢者に関する保険者間調整は試みられているが，高齢者以外の被保険者に関する保険者間調整は一切行われていない。このため，本章「2．現行制度が抱える問題点」で指摘した，社会的な階層が反映された加入者集団の年齢や所得の違い等，加入者構成に関する問題と，低所得者の加入が多い国保における逆累進性をともなう保険料や事業主負担による実質的な被保険者負担分の減額等，保険料算定に関する問題は，是正されないままである。このため現行制度が抱える問題は，本改革後も残されたままとなる。

　こうした問題が取り残されたまま，医療費適正化に向けた取り組みが各保険

者に義務づけられ，その結果が後期高齢者医療支援金に反映されるため，保険者間格差はさらに広がるものと予想される。特に加入者の範囲が広い政管健保や同業種の従業員で構成される総合健保[34]は，統一した総合的な生活習慣病対策が難しく，十分な効果をあげるのは難しいとされている。また，これまで予防事業を実質的に行ってこなかった国保については，事業そのものの設計から行わなければならない状況である。

さらに，政管健保の都道府県単位での分割により，同一制度内でも保険料率に違いが生じると考えられる。厚生労働省によれば，所得調整および年齢調整を行った都道府県別の保険料率は，全国平均81‰，最高(北海道)87‰，最低(長野)76‰と試算されている。これまで全国同一であった保険料率は，地域間で最大11‰の差が新たに生まれることになる。

また，財源における公費の占める割合の高い国保は，公費負担の引き下げが今後予想されるため，国保運営はさらに厳しいものとなる可能性が高い。

これらのことを勘案すると，現行制度における保険者間格差は，さらに広がる可能性が高いといえる。

お わ り に

これまで，現行の医療保険制度における問題を明らかにし，現在進行中の医療制度改革がどのような影響を与えるか，考察を行ってきた。その結果は，現行制度が抱える問題の多くは解決されず，保険者間格差はさらに広がる可能性が高いというものであった。最後に，医療制度改革に本当に求められるものについてまとめる。

医療制度改革に求められる第1のものは，皆保険制による国民医療保障の維持である。現在，国保における保険料滞納者の増加や資格証明書の発行による受診抑制，失業等による医療保険への未加入者問題等，皆保険制による国民の医療保障は崩壊し始めている。また，医療保険の給付範囲縮減にともない，所得格差医療へとつながる混合診療の全面的な導入も検討されている。今いちど，社会保障としての医療保険制度を改めて位置づける必要性がある。

第2に，社会的階層を反映した保険者間格差の是正である。現在の組合健保，

政管健保，国保といった社会的階層が反映された医療保険制度体系の見直し，または保険者間での調整が求められる。

そして何よりももっと大事なことは，国民医療費の適正水準の見直しである。医療費の抑制を前提とした制度改革を行うのではなく，高齢化に対応した適切な国民医療の規模について，国民的な議論のもとで再検討する必要性があると考える。

注

1) 厚生省監修『厚生白書（平成11年度版）』ぎょうせい，1999年，31-33頁。
2) 同上書，38頁。
3)「個々の場合についてみれば，その発生が偶然に支配されて全く予測できないことも，ある事象を長期にわたって観察すれば，その観察総数を増加すればするほど，その現象に示す規則性の度合いが増すという法則」菅谷章『社会保障論』日本評論社，1990年，155頁。
4) 保険の対象となる集団全体において，被保険者が保険者に支払う保険料総額と，保険者から受け取る保険金総額が等しくなる。保険運営を行っていく上で，これが成立していなければ保険そのものが破綻してしまうのは明らかである。
5) 被保険者が支払う保険料と将来受け取るであろう保険金の期待値が等しくなる。簡単に言い換えれば，各個人は自分のリスクに見合った保険料を支払わなければならないということである。
6) 他人に雇われている人。会社等に勤めている人。
7) 単一組合の場合は700人以上，いくつかの事業所が共同で設立する総合組合の場合は，3000人以上。
8) 常時5人以上の従業員を使用する事業所。
9) 国民健康保険組合を組織している業種として，医師，歯科医師，薬剤師，食品販売業，土木建築家，理容美容業等がある。
10) 国家公務員共済組合，地方公務員共済組合，私立学校教職員共済。
11) 医療機関で治療を受けたときの一部負担金（3割），入院時食事療養費，高額療養費の負担軽減措置等。
12) 傷病手当金，出産育児一時金，移送費，葬祭料等。
13) 65歳以上の高齢者人口が，総人口に占める割合を高齢化率という。
14) OECD Health Data 2005, October 参照。
15) 以降の分析は，『平成16年度健康保険被保険者実態調査』，『平成16年度国民健康保険実態調査』のデータを用いる。
16) 2004年の時点では，39等級で標準報酬月額は9万8000円～98万円。2007年4月から，47等級で標準報酬月額は5万8000円～121万円に上下限が拡大された。

17) 2004年の時点では，標準賞与額の上限は1回当たり200万円，2007年4月から，年間540万円となっている．
18) 1965年度では，農林水産業(42.1%)，自営業(25.4%)であった．『国民健康保険の安定を求めて』国民健康保険中央会，2004年．
19) 市町村国保の被保険者であって，老齢年金受給権者のうち被保険者期間が20年以上ある者または40歳以降10年以上ある者とその扶養者．
20) 世帯所得の程度に応じ，保険料の7割，5割，2割の軽減が行われる．
21) 保団連地域医療対策部「国保資格証明書が滞納世帯の受診を著しく抑制」『月刊保団連』No.937，2007年6月．
22) 矢吹紀人・相野谷安孝『国保崩壊』あけび書房，2003年，198頁．
23) 西岡幸泰「医療「構造改革」と国民皆保険体制」日野秀逸編著『市場化の中の「医療改革」』新日本出版社，2005年，38頁．
24) 2008年10月より全国健康保険協会となった．
25) 相野谷安孝『医療保障が壊れる』旬報社，2006年，72頁．
26) 近藤克則『「医療費抑制の時代」を超えて』医学書院，2004年，35頁．
27) 色平哲朗・山岡純一郎『命に値段がつく日』中公新書，2005年，115頁．
28) 相野谷・前掲書，75頁．
29) 権丈善一『医療政策は選挙で変える』慶應義塾大学出版会，2007年，98頁．
30) 二木立『21世紀初頭の医療と介護』勁草書房，2001年，13頁．
31) 池上直巳『医療問題』日本経済新聞社，2004年，132頁．
32) 二木，前掲書，14頁．
33) 兪炳匡『「改革」のための医療経済学』メディカ出版，2006年，222頁．
34) 同業他社の従業員を被保険者として運営される組合健保を総合健保という．単一またはグループ企業の従業員を被保険者とする組合健保を単一健保という．

第8章　日本における世帯の土地所有

　はじめに

　1990年代のバブル経済崩壊以降，所得と資産の格差の動向が注目されている。ところが，資産の構成要素として大きな位置を占めているとみられる，土地・住宅資産の所有の実態についてはあまりよく知られていないのではないだろうか。本章は，このような現状に対して，世帯の土地所有の実態を統計データを用いて明らかにすることを課題とする。具体的には，世帯の年齢階層，従業上の地位の違いにより土地所有，資産分布の現状がどのようになっているかをみたい。

　以下，第1節では，土地所有の統計的把握に関わる先行研究を紹介した上で，土地所有に関する諸統計を検討し，世帯の土地所有構造を概観する。

　第2節では現住居敷地と現住居敷地以外の宅地の所有分布をみる。その際に，土地所有の分布の変化の要因を，その内部構成に分解して観察することにする。すなわち，①世帯主の年齢，②従業上の地位，に区分して捉える。特に，バブル崩壊以降に持ち家取得に直面したと考えられる，30〜40代の持ち家取得行動と居住格差構造，また農家世帯と商工自営業世帯，勤労世帯，無職世帯などの世帯類型別に土地所有構造がどう異なるかをみる。

　続く第3節では，農地，山林の所有構造についてみる。農林業センサスとの照合を行いつつ，農家・林家による農地，山林所有の構造を明らかにする。

　最後に第4節で，土地所有を資産評価した場合に，土地資産分布がどのようになっているかをみることとする。

　考察の範囲とする時期は，土地基本調査，全国消費実態調査の調査年を勘案

して，1993～2004年とする．以上の分析に基づいて描き出される世帯の土地・住宅所有格差の構造をまとめて本章のむすびとする．

1. 世帯の土地所有を捉える統計と土地所有の概観

(1) 土地所有を捉える統計

まず，土地所有が公的な統計によってどのように捉えられているかをみよう．日本の代表的統計資料集である『日本統計年鑑』で土地所有に関連する統計をみると，第1章国土，第18章住宅・土地があり，1-6「地目別面積」(国土交通省による推計)，1-9「都道府県，地目別民有地面積」(総務省自治税務局固定資産税課資産評価室)，18-22「都道府県，土地の所有状況別世帯数」(国土交通省土地・水資源局土地情報課「世帯に係る土地基本統計」)の諸表が掲載されている．その他に，農地・森林，宅地造成地等の地目別のデータが，農林業，建設・不動産業を取り扱った章に掲載されている．第18章は従来，住宅のみの章立てであり，土地の項目が加わったのは，近年のことである．このように，土地に関するデータは，様々な特質をもったものを寄せ集めたものとなっている．それゆえ，これらの数値から土地所有の全体像を再構成すること自体が，ひとつの研究課題となる．

そこで，最初に，土地に関するデータの特質を確認し，土地所有を捉える統計を利用する際に留意すべき事柄を整理しておこう．

図8-1は，土地に関する各種事実資料の関係をレイヤーで示したものである．まず，地理的な領域に関する事実として，境界の画定と面積の測定がなされている．国土地理院による「全国都道府県市区町村別面積調」がそれである．境界未確定地，都道府県，市町村の境界に関する係争が存在し，また国同士の領土問題があるが，国が宣言する領土面積(37万7915 km^2)がひとまず確定する．

次に，それぞれの地片の所有者に着目すると，国，地方自治体，法人，個人別に所有者をもつ．国有地については，『国有財産台帳』に登録され，その記録をもとに『財政金融統計月報(国有財産特集)』として毎年のデータが公表されている．地方自治体については，都道府県・市区町村の土地台帳が整備され，

第8章　日本における世帯の土地所有　189

```
┌─ 農林業センサス・
│  全国消費実態調査  ┐
│  4              │
│                 ├ 調査統計
│  土地基本調査    │
│  3              ┘
│
│  土地課税台帳    ┐
│  2              │
│                 ├ 事実資料
│  測量面積        │
│  1              ┘
```

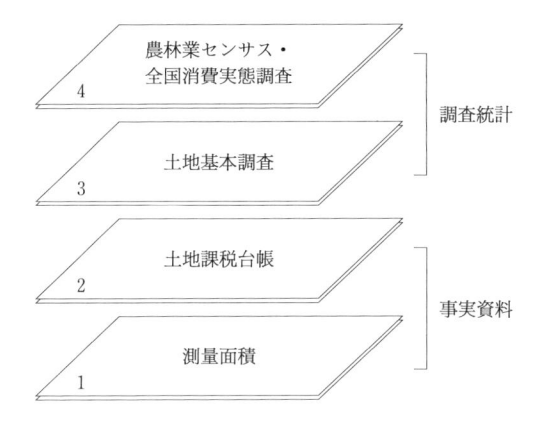

図 8-1(1)　土地所有に関する統計および事実資料の位置づけ

その記録に基づき集計された『公共施設状況調』がある。民有地については，課税ベースで把握することができる。私有地に関しては，免租地を除いて，固定資産税がかけられるため，それをもとに土地台帳の記録が集計されている。これが，総務省自治税務局『固定資産の価格等の概要調書(土地篇)』であり，『年鑑』の 1-9「都道府県，地目別民有地面積」は，この統計のダイジェストである。これらは土地に関する業務統計といえる。

　このうち，『固定資産の価格等の概要調書』は戦後シャウプ税制によって，旧来の地租が固定資産税に整理されたことに始まる。地方税法の規定に従って，市町村は固定資産課税台帳および同補充台帳を作成し，納税義務者ごとに所有者の所在，面積，地目，評価額などを記載・集計して都道府県知事，総務大臣へ報告することになっており，この記録の全国集計版である。これには，税法上の地目区分に従って個人・法人別の所有者数，所有面積，評価額，課税標準額，評価決定額が収録されている。

　この統計の利用にあたっては，①課税対象の土地に限定されるため私有地についての統計であること，②私有地でも免租地は集計対象にならないこと(たとえば山林には保安林が含まれない)，③1人が2種類以上の地目の土地を所有している場合は各地目ごとに1人として計上され，④複数の市町村にわたる土地所有者も各々1人として計上されること，⑤台帳上の地目は現況にあわせることとされているが，課税資料であるため必ずしもそうなってはいないこと，に留

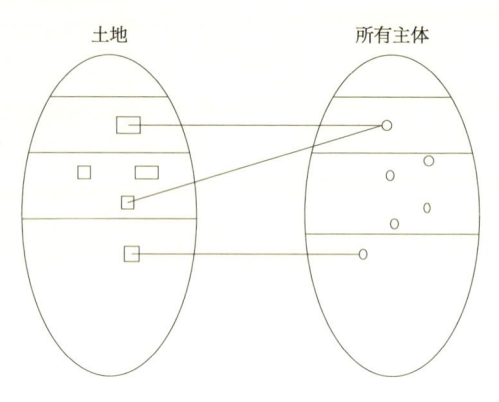

図 8-1(2)　土地と所有者の関係

意すべきである(図8-1(2))。

　なお，土地台帳ベースの管理データとしては，課税に先行するものとして，不動産登記に基づくデータがある[1]。また，農地に関しては，一般の土地とは別に農地法に基づき，農地管理情報システムが機能しており，それらの記録を集計した業務統計として『農地の移動と転用』が作成される。宅地に関しては，都市計画法，国土利用計画法等の都市行政諸法に基づく規制にともなう業務統計が作成されている。

　以上，図8-1(1)の第2レイヤーとして土地に関する個別記録とその集計値としての業務統計をみたが，土地政策の基礎資料としては，これらの統計だけでは不十分である。

　第3，第4のレイヤーは，土地に関する調査統計であり，本章で分析の対象とする諸統計はここに位置している。

　第3のレイヤーには，所有主体として世帯と法人からすべての地目について調査する統計である「土地基本調査」(「法人統計」と「世帯に係る土地基本統計」の2系統がある)が位置づけられる。

　第4のレイヤーは，宅地，農地，山林といった地目に焦点を据えて，それを所有・利用する世帯を調査対象として調べたもので，「住宅・土地統計調査」『全国消費実態調査』『農林業センサス』が基本的なものである。これらの統計により，どのような事項が調査されているかについて表8-1に一覧した。以下で，やや詳しく，その中身をみておこう。

表 8-1　土地所有に関する統計一覧

統計名	住宅・土地統計調査（世帯に係る土地基本統計）	全国消費実態調査	農林業センサス	固定資産の価格等に関する概要調書（土地篇）
調査年次(直近)	2003	2004	2005	2007
調査主管	国土交通省	総務省統計局	農林水産省	総務省自治税務局
調査種類	標本調査	標本調査	全数調査	レジスター(全数)
調査対象	全世帯	全世帯	農業経営体	土地所有者
調査方法	調査票・留置・自計	調査票・留置・自計	調査票・留置・自計	登記・申請
調査項目	土地所有の有無	土地所有の有無	経営耕地の所有の有無	所有者
	現住居敷地の所有	現住居敷地の所有の有無	経営耕地の有無	地積
	現住居以外の敷地の所有		農地貸借の有無	地目
	農地所有の有無			住所
	山林所有の有無			付属地図あり

① 「住宅・土地統計調査」「土地基本調査・世帯に係る土地基本統計」

　バブル経済期の地価高騰に際し制定された土地基本法に基づき，1993年に「土地基本調査」が開始された。1998年からは住宅統計調査との合体により，「住宅・土地統計調査」の名称で調査がなされているが，国土交通省では「世帯集計」を土地基本調査の一環として集計している。ここでは，「土地基本調査」特に国土交通省「世帯に係る土地基本統計」(1993, 1998, 2003年)の公開データをもとに，1990年代以降の時期の土地所有状況をみよう。

　はじめに，土地基本調査のサンプル設計と調査項目についてみておこう。まず，何を調査対象として土地の利用と所有を捉えるかが問題となる。土地を所有しうる主体は人および法人であるので，調査対象としては世帯と法人の2本立てで捉えている。そして，世帯については住宅統計調査に準じて標本設計している。住宅統計調査の標本設計における単位区内に居住する世帯が対象となり，母集団約4100万世帯に対して，標本調査区の抽出(第1次)は国勢調査調査区の約5.5分の1，約2万3800の調査単位区の抽出(第2次)を行い，そこから調査客体＝約60万世帯を選定している。

　次に調査項目として「土地基本調査世帯調査票」で世帯員数，世帯の型，年間収入，世帯主の年齢，従業上の地位，住居の所有関係，敷地の所有関係，敷地面積，取得時期，取得方法，住居の敷地以外の土地所有についてその所在地，

面積，所有形態，取得時期，取得方法，利用現況，使用者，建物の所有者を調べている。

② 『全国消費実態調査』

「消費実態調査」という名称からは，それが世帯の資産に関する調査を含むことは計り知りがたい。もともと本調査は，「家計調査」や「貯蓄動向調査」とは別に，大規模標本により消費と貯蓄，家計収支と家計資産を捉える調査として発足した。とりわけ資産項目については，統計体系の中で，それを捉える統計が不足していたので，この調査に土地・住宅資産に関する調査項目を拡充していくという形で「ストック統計」の充実が図られたという経緯がある。こうして，全国消費実態調査においても資産に関わる調査項目の拡充により，資産分布の集計がより詳しくなされるに至っている[2]。

(2) 日本の土地所有の推計に関する先行研究

以上の統計により，土地所有の構造について，どのような像が描けるだろうか。

土地統計の不備については，土地問題が顕在化するたびに指摘されてきたのであるが，制限された統計情報のもとでも，土地所有の実態を統計的に明らかにしようという試みがなされてきた。1970年代の島本富夫による推計がその嚆矢であり[3]，国土交通省の『土地白書』においても土地所有推計に基づくデータが掲載されている。また筆者も1980年代の土地所有構造の解明を試みた[4]。

まず，島本論文は，地目ごとに公私，法人・個人別の所有構造を利用可能な各種統計資料を組み合わせて推計する課題に最初に取り組んだものである。推計方法の骨子は，①地目別面積を実測資料から求める。②地目ごとの公私別，個人・法人別面積をセンサスや課税統計によって振り分ける。③全体を調整，という手順である。

具体的にみると，まず農地については「耕地及び作付面積統計」の耕地面積で総量を決定する。そして「農業センサス」によって所有主体別の面積比を求め，比例配分する。さらに山林・原野は「林業センサス」の「地域林業調査」で総量を求め，配分は「林業事業体調査」により，宅地は『固定資産の価格等

表8-2 土地所有主体別面積

	km²	%
法人	53,519	14.2
世帯	143,692	38.0
国有地	86,359	22.9
公有地	40,731	10.8
水路・道路	26,285	7.0
不詳	27,239	7.2
合計	377,826	100.0

出所：国土交通省推計（『平成18年土地白書』所収）。

表8-3 法人および世帯の所有する土地面積（平成15年）

		km²	%
法人	土地全体	22,423	100.0
	棚卸し資産	1,071	4.8
	その他	21,352	95.2
	農地	1,017	4.5
	山林	10,849	48.4
	宅地など	9,487	42.3
世帯	全体	112,379	100.0
	現住居敷地	6,608	5.9
	現住居以外	105,772	94.1
	農地	39,037	34.7
	山林	63,230	56.3
	宅地など	3,504	3.1
法人の建物全体		1,651	100.0

出所：国土交通省「法人土地基本調査」「法人建物調査」「世帯に係る土地基本統計」。

の概要調書』(以下，『概要調書』と略す)による。

　この方法の意義は，各統計のもつ総量把握と構造把握にとって有用な特質を組み合わせて推計した点にある。

　次に国土庁による推計をみてみよう。表8-2に示したのは国土交通省が『土地白書』で公表している所有主体別土地所有面積の統計データである。法人が5万3519 km²，国土面積の14.2%を所有し，世帯(すなわち個人)が14万3692 km²，38.0%を所有することが示されている。

　同省による土地所有推計は，地目別合計を土地利用推計から求め，それぞれについて『財政金融統計月報』『公共施設状況調』で公有地面積を除き，私有地とした上で『概要調書』の個人・法人別の面積比率で比例配分するものである。私有地の配分について『概要調書』の問題点でもある，台帳と現況とのギャップがそのまま反映されていると思われる。

　表8-3は，「土地基本調査」による法人と世帯の所有土地面積の地目別内訳を示したものであるが，それぞれの合計値が，法人で2万2423 km²，世帯で11万2379 km²となっており，表8-2の数値より過小になっていて，表8-2の値に対する表8-3の値はそれぞれ法人で41.9%，世帯で78.2%をカバーしているにすぎないということになる。

194　第2部　生活・福祉と統計

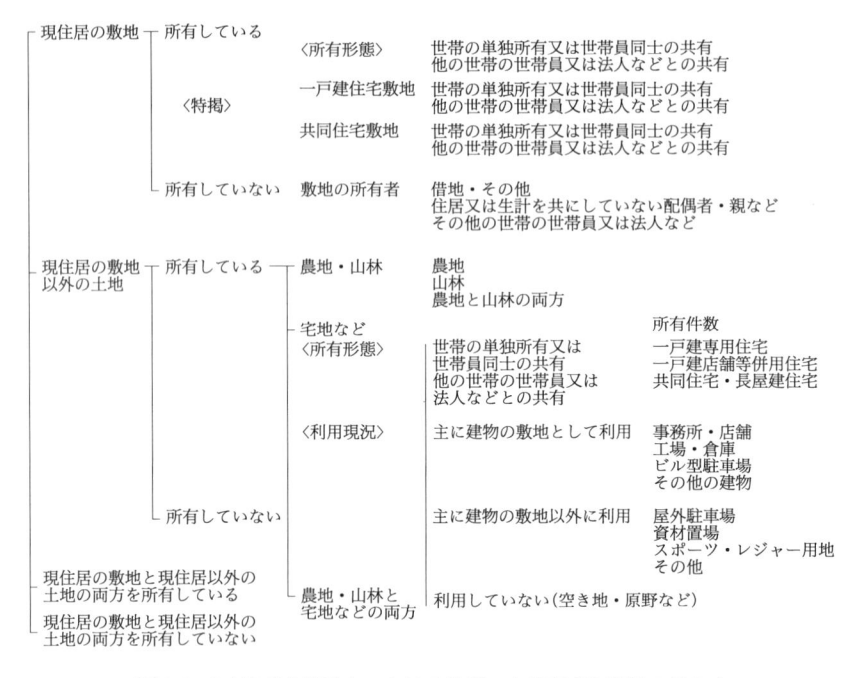

```
┌ 現住居の敷地 ┬ 所有している ┐
│              │              ├ 〈所有形態〉    一戸建住宅敷地    世帯の単独所有又は世帯員同士の共有
│              │              │                                  他の世帯の世帯員又は法人などとの共有
│              │  〈特掲〉                  一戸建住宅敷地      世帯の単独所有又は世帯員同士の共有
│              │                                                他の世帯の世帯員又は法人などとの共有
│              │                            共同住宅敷地        世帯の単独所有又は世帯員同士の共有
│              │                                                他の世帯の世帯員又は法人などとの共有
│              └ 所有していない  敷地の所有者    借地・その他
│                                              住居又は生計を共にしていない配偶者・親など
│                                              その他の世帯の世帯員又は法人など
│
├ 現住居の敷地 ┬ 所有している ┬ 農地・山林      農地
│ 以外の土地   │              │                山林
│              │              │                農地と山林の両方
│              │              │
│              │              └ 宅地など                                          所有件数
│              │                〈所有形態〉    世帯の単独所有又は                 一戸建専用住宅
│              │                                世帯員同士の共有                   一戸建店舗等併用住宅
│              │                                他の世帯の世帯員又は               共同住宅・長屋建住宅
│              │                                法人などとの共有
│              │                〈利用現況〉    主に建物の敷地として利用           事務所・店舗
│              │                                                                   工場・倉庫
│              │                                                                   ビル型駐車場
│              │                                                                   その他の建物
│              └ 所有していない                主に建物の敷地以外に利用           屋外駐車場
│                                                                                 資材置場
│                                                                                 スポーツ・レジャー用地
│                                                                                 その他
├ 現住居の敷地と現住居以外の
│ 土地の両方を所有している      農地・山林と    利用していない（空き地・原野など）
└ 現住居の敷地と現住居以外の    宅地などの両方
  土地の両方を所有していない
```

図 8-2　「土地基本統計」における世帯の土地所有と利用の捉え方
出所：国土交通省『世帯に係る土地基本統計』より作成。

白書の注記では，表 8-2 の世帯の所有面積の資料としては，国交省「世帯に係る土地基本統計」と農水省『2000 年世界農林業センサス』とあるだけで，どのような推計がなされたのかは明らかでない。

(3)　世帯の土地所有の統計的概観

以上みてきた統計によって，1990 年代以降の，世帯の土地所有がどのくらいの規模かを概観しておこう。

まず「世帯に係る土地基本統計」における土地所有の把握の方法をみよう。図 8-2 に，本統計における土地所有の区分を示した。政府統計では各世帯の土地総面積を集計した結果表は示されておらず，「現住居敷地」「現住居以外の宅地等」とその和である「宅地など」，「農地」「山林」ごとに所有面積別世帯数の分布を掲載している。

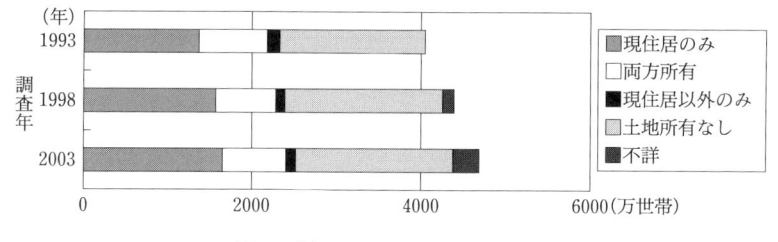

図 8-3(1)　土地所有種類別世帯数

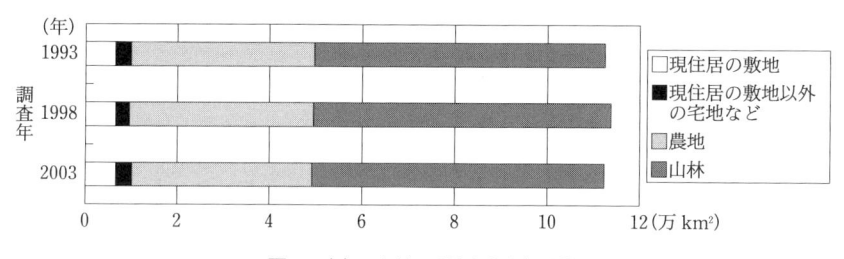

図 8-3(2)　土地の種類別所有面積

　さらに，土地の種類として，「現住居の敷地」とそれ以外(現住居以外の土地)に分けられ，後者は，「現住居の敷地以外の宅地など」「農地」「山林」に区分される。また，集計に用いられる土地所有区分としては，敷地と建物の所有の有無，所有者の属性によって，さらに15区分が設けられている。

　次に，図 8-3(1)により，世帯の土地所有状況をみよう。1993年については，総世帯数 4053万のうち土地所有のある世帯は 2326万で 57.4％であった。所有面積は 1124万 ha で 1 所有世帯当たり約 4835 m² となる。このうち現住居敷地を所有している世帯は 2182.6万(土地面積は 64.7万 ha)，現住居敷地以外の土地を所有している世帯は 949.3万(1059.8万 ha)である。そのうち宅地などを所有するのが 512.1万世帯(33.7万 ha)，農地所有が 527.6万世帯(397.7万 ha)，山林所有が 298.7万世帯(628.4万 ha)ある。

　2003年には，土地所有世帯数は 2515.0万世帯に増大しているが，総世帯数が 4690.8万世帯に増えているため，土地所有率は 53.6％に減少している。現住居敷地でみると 2404万7000世帯が 66.07万 ha の面積を所有している。農地は 458.5万世帯，390.3万 ha，山林 272.3万世帯，632.3万 ha といずれも 1993年に比べて減少している。現住居以外の宅地等は世帯数 4966万，面積 3

196　第2部　生活・福祉と統計

表 8-4　現住居敷地の所有面積規模別世帯数の推移

		世帯数(1000世帯)			増減		寄与度(%)		寄与率(%)	
		1993	1998	2003	93/98	98/03	93/98	98/03	93/98	98/03
	非所有	18,714	21,061	22,861	2,347	1,800	5.79	4.10	69.1	60.4
0以上	50未満	1,693	1,663	2,494	−30	831	−0.07	1.89	−0.9	27.9
50以上	100未満	2,951	3,237	3,034	286	−203	0.71	−0.46	8.4	−6.8
100以上	150未満	2,856	3,047	3,311	191	264	0.47	0.60	5.6	8.9
150以上	200未満	3,379	3,821	3,886	442	65	1.09	0.15	13.0	2.2
200以上	300未満	4,091	4,419	4,637	328	218	0.81	0.50	9.7	7.3
300以上	500未満	3,584	3,796	3,740	212	−56	0.52	−0.13	6.2	−1.9
500以上	1000未満		2,264	2,261		−3		−0.01		−0.1
1000以上	1500未満	3,180	397	447	−297	50	−0.73	0.11	−26.2	1.7
1500以上	2000未満		145	158		13		0.03		0.4
2000以上			77	79		2		0.00		0.1
所有世帯小計		21,734	22,866	24,047	1,132	1,181	2.79	2.69	33.3	39.6
不詳					0	0				
総世帯数(1000世帯)		21,816	22,867	24,047	1,051	1,180				
所有・非所有世帯計		40,530	43,928	46,908	3,398	2,980	8.38	6.78	100.0	100.0
所有面積(1000 m²)		6,470,314	6,527,692	6,607,515						
1世帯当たり平均所有面積		297.73	285.46	274.78						
ジニ係数	所有世帯のみ	0.451	0.454	0.468						
	非所有世帯含む	0.705	0.716	0.727						

出所：国土交通省『土地基本調査・世帯に係る土地基本統計』各年版より作成。

万 9037 km² となって世帯数，面積とも増加している。

2. 現住居敷地および現住居敷地以外の宅地の所有分布

(1) 現住居敷地の所有分布

　以上第1節で土地所有の概観を示したが，次に土地所有の分布をみよう。第1節(3)でみたように，世帯ごとに名寄せして集計された土地所有面積が統計表として掲載されていないので，土地所有の中核となる現住居敷地の所有面積を対象として分析を始めよう。土地所有面積の分布を表8-4に示した。
　1993，1998，2003年の各年の調査において，「現住居敷地」の面積規模別の世帯分布を示し，分布の特性値(平均，標準偏差，変動係数，ジニ係数)をそれぞれ計算して比較対照したものである。
　2003年のデータで分布の概形をみると，右に裾を引いた非対称の分布にな

り，平均は 275 m²，最頻値は 150〜200 m² の階級に位置している。50〜100 m² の山と 150〜200 m² の2つの山の間に 100〜150 m² の谷があり，双峰分布をなしているが，これは都市型の小規模住宅と，農村型の住宅の2つのタイプがあることを反映していると考えられる。

　年次比較をすると，1993 年は，面積階級の区分が，1998 年や 2003 年と異なり，500 m² 以上を最大級にとっているので，分布表からの特性値の計算値は単純比較はできないのだが，みると 1993，1998，2003 年と年次を追って，平均値は減少し，標準偏差，変動係数，ジニ係数は増大している。これは，所有規模面積の縮小と格差の拡大を意味しているが，それはヒストグラムの形状にみてとることができる。度数分布表の階級別世帯数の増減により，数値を確認すると，1993〜1998 年の動きは，500 m² 以上層と 50 m² 未満層の上下両極の減少がみられる。これに対して，1998〜2003 年は 50〜100 m²，300〜500 m²，500〜1000 m² 層で世帯数の減少がみられ，50 m² 未満層，150〜200 m² 層で世帯数の増加がみられる。

　以上の動きを解釈すると，1993〜1998 年時期は，地価におけるバブル崩壊の渦中であり，小規模層の減少については，区分所有の減少を表しているから，マンションの値崩れにともなう土地の放出を表していると思われる。上層については，1993 年と 1998 年ではクラス区分が異なるので，どの層の減少による寄与が大きいのかは判断できないが，大規模土地所有層の土地放出を反映しているのであろう。

　1998〜2003 年時期は，これとは逆の傾向がみられるのだが，地価の下落と低金利のもとで，マンションや一戸建て住宅の建設の増加を反映していること，他方で 1000 m² 以上各層の増加は，大規模土地所有層の形成が統計にも現れたものとみることができるかもしれない。

　こうした動きの原因をみるために，土地の取得方法についての内訳をみてみよう。表 8-5 がそれである。実数でみると，1993〜98 年は，個人からの購入が増加しているが，1998〜2003 年は，個人からの購入が減少している。法人からの購入の比率は，1993〜2003 年を通して増加している。相続・贈与による土地取得の絶対数は，1993〜98〜2003 年と増加していること，また，面積規模の大きくなるに従って，相続・贈与による土地取得の割合が増大すること

表 8-5 所有面積階級別，取得方法区分による世帯数とその割合

	1993	1998	2003	2003年度の面積規模別								
				500 m² 未満	50-100	100-150	150-200	200-300	300-500	500-1000	1000-1500	1500-2000	2000-
国・都道府県・市区町村から購入	697	587	570	9	51	76	107	182	104	31	7	1	2
公団・公社などから購入	832	875	830	133	114	54	105	321	94	8	1	0	0
会社などの法人から購入	5,290	5,507	6,705	1,498	1,067	1,216	1,286	1,222	348	60	6	2	1
個人から購入	7,918	8,322	7,646	670	1,144	1,177	1,367	1,534	1,217	450	62	17	9
相続・贈与で取得	6,519	6,945	7,259	100	441	607	846	1219	1,851	1,639	357	133	65
その他	520	507	685	50	122	111	120	116	94	52	10	4	2
不詳	40	124	352	34	95	70	55	43	32	21	4	1	0
	21,816	22,867	24,047	2,494	3,034	3,311	3,886	4,637	3,740	2,261	447	158	79

割合	1993	1998	2003	2003年度の面積規模別									
				500 m² 未満	50-100	100-150	150-200	200-300	300-500	500-1000	1000-1500	1500-2000	2000-
国・都道府県・市区町村から購入	3.19	2.57	2.37	0.36	1.68	2.30	2.75	3.92	2.78	1.37	1.57	0.63	2.53
公団・公社などから購入	3.81	3.83	3.45	5.33	3.76	1.63	2.70	6.92	2.51	0.35	0.22	0.00	0.00
会社などの法人から購入	24.25	24.08	27.88	60.06	35.17	36.73	33.09	26.35	9.30	2.65	1.34	1.27	1.27
個人から購入	36.29	36.39	31.80	26.86	37.71	35.55	35.18	33.08	32.54	19.90	13.87	10.76	11.39
相続・贈与で取得	29.88	30.37	30.19	4.01	14.54	18.33	21.77	26.29	49.49	72.49	79.87	84.18	82.28
その他	2.38	2.22	2.85	2.00	4.02	3.35	3.09	2.50	2.51	2.30	2.24	2.53	2.53
不詳	0.18	0.54	1.46	1.36	3.13	2.11	1.42	0.93	0.86	0.93	0.89	0.63	0.00
	100.00	100.00	100.00	100.00	100.00	100.00	100.00	100.00	100.00	100.00	100.00	100.00	100.00

出所：表 8-4 に同じ。

がみてとれる。

以上，世帯の土地所有分布が集中する傾向は現住居敷地所有のジニ係数(G)にも反映している。現住居敷地の所有がある世帯内でみて，1993年のG＝0.451から，1998年が0.454，さらに2003年が0.468と漸増傾向にある。また，なお，非土地所有世帯も含めた世帯全体のジニ係数でみても，年次を追って，0.705，0.716，0.727と増大しており，世帯の土地所有面積の格差が増大していることがわかる[5]。

(2) 年齢別・従業上の地位別にみた所有格差

はたして，(1)でみた格差の実体は何だろうか。そもそも，土地はその立地如何で有用性が異なり，同一面積の土地であっても，位置と豊度によってその経済的価値が異なるので，都市の狭い土地と農村の広い土地を比較して「格差」を云々するわけにはいかない。そこで，地域間格差と地域内格差とに区別して考察する必要があるが，本章では，地域の差異に解消されない世帯属性の

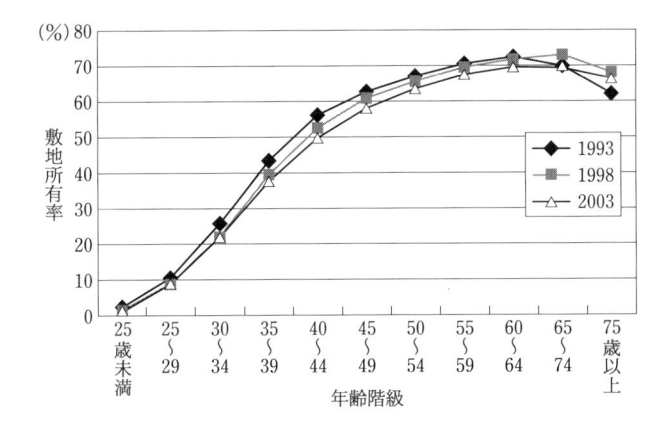

図8-4 家計支持者の年齢階級別,現住居敷地の所有率

差異の分析に焦点を置くこととする。世帯のライフステージにおける位置と世帯の経済階層的特性による土地所有との関わりの差異である。すなわち,バブル崩壊以降に持ち家取得に直面したと考えられる,30〜40代の持ち家取得行動と居住格差構造,また農家世帯と商工自営業世帯,勤労世帯,無職世帯の世帯類型別に土地所有構造がどう異なるかをみよう。

具体的には,ライフステージを表す指標として,①世帯主(家計支持者)の年齢,階層的特性を表す分類標識として②従業上の地位別の統計分類が有用である。これらの指標の違いにより世帯を類型化し,この2つの標識で分類集計された統計表を用いて,世帯の土地所有の階層特性を明らかにしよう。

① 世代による土地所有区分

現住居敷地所有分布の格差の要因に関わって,世代間格差と年齢別土地所有率の変化をみてみよう。

まず,図8-4は,現住居敷地を所有している世帯の割合を家計支持者の年齢階層別に計算し,その年次推移を,グラフに表したものである。土地所有率は加齢とともに高くなるのだが,1993,1998,2003年と時代を経るに従って,所有率の加齢による上昇の速度が緩慢になっていることが読み取れる。これは何を意味しているのであろうか。

土地所有率の動きは(持ち家率もそうだが),世代ごとの,職業別の,動きがある中で,総合的に現れるものであるので,いくつかの側面から分析する必要が

表8-6 家計支持者の年齢別にみた土地所有世帯数の推移とその寄与

総数	1993	1998	2003	増減 93/98	増減 98/2003	寄与度 93/98	寄与度 98/03	寄与率 93/98	寄与率 98/03
25歳未満	50	32	19	−18	−13	−0.08	−0.06	−1.7	−1.1
25−29歳	259	230	207	−29	−23	−0.13	−0.10	−2.8	−2.0
30−34歳	777	700	753	−77	53	−0.35	0.23	−7.3	4.5
35−39歳	1,612	1,298	1,346	−314	48	−1.44	0.21	−29.9	4.1
40−44歳	2,934	1,970	1,799	−964	−171	−4.42	−0.75	−91.7	−14.5
45−49歳	3,203	3,131	2,304	−72	−827	−0.33	−3.62	−6.9	−70.2
50−54歳	3,270	3,291	3,334	21	43	0.10	0.19	2.0	3.7
55−59歳	2,993	3,138	3,358	145	220	0.66	0.96	13.8	18.7
60−64歳	2,587	2,891	3,152	304	261	1.39	1.14	28.9	22.2
65−74歳	2,948	4,314	5,019	1,366	705	6.26	3.08	130.0	59.8
75歳以上	1,169	1,856	2,694	687	838	3.15	3.66	65.4	71.1
不詳	14	16	60	2	44	0.01	0.19	0.2	3.7
総計	21,816	22,867	24,045	1,051	1,178	4.82	5.15	100.0	100.0

出所：国土交通省『世帯に係る土地基本統計』各年版より作成。

ある。まずは，比率の分子にくる土地所有世帯の絶対数の動きをみておこう。

表8-6は，現住居敷地を所有している世帯数(の絶対数)の年次変化を，年齢階層別にみて，全体の増加率を寄与率・寄与度に分解したものである[6]。所有世帯数の増大に対する寄与は，1993～98年では65～74歳，1998～2003年では74歳以上層の寄与が大きいことがわかる。逆に，1993～98年では40～44歳，1998～2003年では45～49歳の階層の負の寄与が大きい。これは，団塊の世代とその次の世代との比較をしているために生じる，減少である。

次に，現住居敷地所有率の変化を表8-7でみてみよう。ここでの寄与度・寄与率の計算は，各年齢層ごとの敷地所有率を各年齢層ごとの世帯数でウエイトづけして，どの年齢層の寄与が大きいかを表したものである。1993～98年の敷地所有率の減少については40～44歳層，30～34歳層の寄与が大きく，1998～2003年の敷地所有率の減少については45～49歳層，35～39歳層の寄与が大きくなっている。従来のライフサイクルからみると，35～39歳は婚姻による，45～49歳は家族数の拡大や子どもが学齢期に達することにより持ち家取得への移行誘因が働きやすい年代であり，この年代の寄与が大きいということは，そうした行動に変化がみられることと，その担い手である年齢層の絶対数が減ってきていることが考えられる。絶対数についてみれば，これらの層は出生

第 8 章 日本における世帯の土地所有　201

表 8-7　家計支持者の年齢別に見た現住居敷地所有世帯比率の変化の寄与度・寄与率分解

1993/1998	世帯数(1000世帯) x 1993	x' 1998	所有世帯数 y 1993	y' 1998	敷地所有世帯率 y/x 1993	y'/x' 1998	世帯率の増減 y'/x'-y/x	所有世帯増減 y'-y	(y'-y)X	世帯増減 x'-x	(x'-x)Y	分解分子	寄与度	寄与率 %
25歳未満	2102	2210	50	32	0.0234	0.014	-0.009	-18	-729540	108	2356128	-3085668	-0.0017	9.79
25～29	2467	2595	259	230	0.105	0.089	-0.016	-29	-1175370	128	2792448	-3967818	-0.0022	12.58
30～34	3026	3171	777	700	0.257	0.221	-0.036	-77	-3120810	145	3163320	-6284130	-0.0035	19.93
35～39	3710	3286	1612	1298	0.435	0.395	-0.039	-314	-12726420	-424	-9249984	-3476436	-0.0020	11.02
40～44	5227	3745	2934	1970	0.561	0.526	-0.035	-964	-39070920	-1482	-32331312	-6739608	-0.0038	21.37
45～49	5112	5147	3203	3131	0.627	0.608	-0.018	-72	-2918160	35	763560	-3681720	-0.0021	11.68
50～54	4877	5023	3270	3291	0.670	0.655	-0.015	21	851130	146	3185136	-2334006	-0.0013	7.40
55～59	4246	4516	2993	3138	0.705	0.695	-0.010	145	5876850	270	5890320	-13470	-0.0000	0.04
60～64	3573	4030	2587	2891	0.724	0.717	-0.007	304	12321120	457	9969912	2351208	0.0013	-7.46
65～74	4220	5908	2948	4314	0.699	0.730	0.032	1366	55363980	1688	36825408	18538572	0.0104	-58.79
75歳以上	1886	2728	1169	1856	0.620	0.680	0.061	687	27844110	842	18369072	9475038	0.0053	-30.05
小計	40446	42359	21802	22851	0.539	0.539	0.0004	1049	42515970	1913	41734008	781962	0.0004	-2.48
不詳	84	1569	14	16	0.167	0.010	-0.1564	2	81060	1485	32396760	-32315700	-0.0182	102.48
総世帯数	40530	43928	21816	22867	0.538	0.521	-0.0177	1051	42597030	3398	74130768	-31533738	-0.0177	100.00

1998/2003	世帯数 x 1998	x' 2003	所有世帯数 y 1998	y' 2003	敷地所有世帯率 y/x 1998	y'/x' 2003	世帯率の増減 y'/x'-y/x	所有世帯増減 y'-y	(y'-y)X	世帯増減 x'-x	(x'-x)Y	分解分子	寄与度	寄与率 %
25歳未満	2210	1899	32	19	0.014	0.010	-0.004	-13	-571064	-311	-7111637	6540573	0.0032	-40.1
25～29	2595	2363	230	207	0.089	0.088	-0.001	-23	-1010344	-232	-5305144	4294800	0.0021	-26.3
30～34	3171	3450	700	753	0.221	0.218	-0.002	53	2328184	279	6379893	-4051709	-0.0020	24.8
35～39	3286	3576	1298	1346	0.395	0.376	-0.019	48	2108544	290	6631430	-4522886	-0.0022	27.7
40～44	3745	3616	1970	1799	0.526	0.498	-0.029	-171	-7511688	-129	-2949843	-4561845	-0.0022	28.0
45～49	5147	3971	3131	2304	0.608	0.580	-0.028	-827	-36328436	-1176	-26891592	-9436864	-0.0046	57.9
50～54	5023	5252	3291	3334	0.655	0.635	-0.020	43	1888904	229	5236543	-3347639	-0.0016	20.5
55～59	4516	4978	3138	3358	0.695	0.675	-0.020	220	9664160	462	10564554	-900394	-0.0004	5.5
60～64	4030	4534	2891	3152	0.717	0.695	-0.022	261	11465208	504	11524968	-59760	-0.0000	0.4
65～74	5908	7241	4314	5019	0.730	0.693	-0.037	705	30969240	1333	30481711	487529	0.0002	-3.0
75歳以上	2728	4065	1856	2694	0.680	0.663	-0.018	838	36811664	1337	30573179	6238485	0.0030	-38.3
小計	42359	44945	22851	23985	0.539	0.534	-0.0058	1134	49814352	2586	59134062	-9319710	-0.0045	57.1
不詳	1569	1963	16	62	0.010	0.032	0.021	46	2020688	394	9009598	-6988910	-0.0034	42.9
総世帯数	43928	46908	22867	24047	0.521	0.513	-0.0079	1180	51835040	2980	68143660	-16308620	-0.0079	100.0

出所：国土交通省「世帯に係る土地基本統計」各年版により作成。

年代でみると，1954〜58年生まれと，1964〜68年生まれの世代である。それぞれ先行する世代より人口の少ない世代であることは確かである。

これは，それとも，単に晩婚化と少子化にともなって，持ち家への住み替え需要圧力が低くなっていることの反映にすぎないのか。そもそも持ち家ないし土地所有から賃貸へとニーズが変化しているのだろうか。またその両方か。住宅階梯(世帯の加齢，家族規模の増大にともなって賃貸から持ち家へと住み替えること)の構造変化がみられるとしてよいかさらなる分析が必要である。

② 従業上の地位による区分に基づく土地所有の状況

次に，従業上の地位の差によって，土地所有面積分布がどのように異なるかをみよう。この区分はその世帯がいったいどのような経済活動によって糧を得ているかということであり，それによって土地所有の意味も異なることがみてとれよう。

まず，現住居敷地の所有世帯率を比較すると，2003年で，自営業主では75.9％が土地を所有している(うち農林漁業主は95.0％)のに対して，雇用者の場合は53.5％となっている。また，図8-5は面積規模別の世帯数の分布を比較したものである。農林業が主の世帯の面積規模が大きいことは自明のことであろう。商工業が主の自営業世帯と雇用者世帯の差は，50 m² 未満の敷地所有の比率が雇用者世帯で多くなっており，50 m² 以上の敷地所有では自営業世帯の比率が大きくなっていることである。

これを面積規模ごとに，1993〜98〜2003年の変化を従業上の地位の差異によってどれだけ説明できるかをみたものが表8-8である。まず，全体として，土地所有者に占める無職者の割合が増加していることが，寄与率・寄与度の推移からみてとれる。面積規模別にみると，50 m² 未満層では，1993/98年の減少と1998/2003年の増加が雇用者による寄与が大きくなっている。50〜100 m² 層でみると，逆に1993/98年の増加と1998/2003年の減少がみられたが，前者は無職者の寄与が大きく，後者は雇用者による寄与が大きくなっている。

100〜300 m² の層については，両時期とも増加しているが，無職者の寄与が大きい。300〜500 m² の動きは1993/98年の増加が無職者の寄与により，1998/2003年の減少が雇用者の寄与によりみられる。1998/2003年について500〜1000 m² はマイナス，雇用者の寄与が大きく，1000〜1500 m²，1500〜

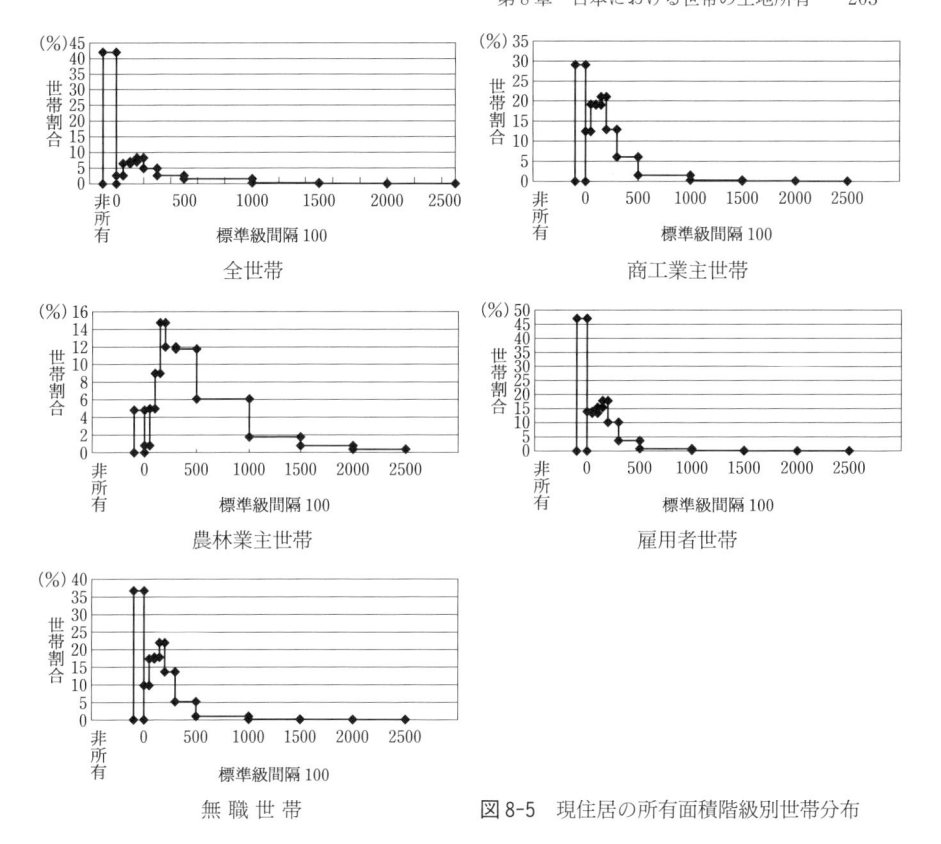

図8-5 現住居の所有面積階級別世帯分布

$2000 \mathrm{m}^2$，$2000 \mathrm{m}^2$ 以上は増加に転じており，順に無職者，農林漁業世帯，無職者の寄与が大きくなっている。これらの動きは，表8-6でみた，土地所有者に占める高齢者の比率の増大に照応しているようである。

(3) 現住居敷地以外の宅地の所有分布

現住居敷地以外の所有地については，農地，山林の他に宅地などに分類されているが，本項では，農地，山林以外の地目を取り上げよう。まず「現住居敷地以外の宅地など」の所有については，所有件数と面積，資産額が集計されている。所有件数となっていて，所有世帯数でないのは，「地続きで連続した土地を一つの区画として」捉えていること，「同じ区画であっても，土地の所有形態が異なる場合は，それぞれ別の区画として」捉えていることによる。

表 8-8 現住居敷地所有率の変化の従業上の地位による要因分解(1000世帯)

総数	1993年	1998年	2003年	93/98	98/2003	寄与度		寄与率	
						93/98	98/2003	93/98	98/2003
自営業者	5127	5175	5046	48	−129	0.22	−0.56	4.6	−10.9
農林漁業主	1237	1213	1189	−24	−24	−0.11	−0.10	−2.3	−2.0
商工その他	3890	3962	3857	72	−105	0.33	−0.46	6.9	−8.9
雇用者	13184	12816	12438	−368	−378	−1.69	−1.65	−35.0	−32.0
無職	3471	4830	6465	1359	1635	6.23	7.15	129.3	138.6
不詳	34	46	98	12	52	0.06	0.23	1.1	4.4
総計	21816	22867	24047	1051	1180	4.82	5.16	100.0	100.0

50 m² 未満	1993年	1998年	2003年	93/98	98/2003	寄与度		寄与率	
自営業者	291	261	343	−30	82	−1.8	4.9	100.0	9.9
農林漁業主	8	3	5	−5	2	−0.3	0.1	16.7	0.2
商工その他	283	257	338	−26	81	−1.5	4.9	86.7	9.7
雇用者	1167	1107	1634	−60	527	−3.5	31.7	200.0	63.4
無職	226	281	498	55	217	3.2	13.0	−183.3	26.1
不詳	8	14	20	6	6	0.4	0.4	−20.0	0.7
総計	1693	1663	2494	−30	831	−1.8	50.0	100.0	100.0

50-100 m² 未満	1993年	1998年	2003年	93/98	98/2003	寄与度		寄与率	
自営業者	618	620	551	2	−69	0.1	−2.1	0.7	34.0
農林漁業主	39	34	31	−5	−3	−0.2	−0.1	−1.7	1.5
商工その他	580	585	520	5	−65	0.2	−2.0	1.7	32.0
雇用者	1834	1873	1571	39	−302	1.3	−9.3	13.6	148.8
無職	490	730	884	240	154	8.1	4.8	83.9	−75.9
不詳	9	14	28	5	14	0.2	0.4	1.7	−6.9
総計	2951	3237	3034	286	−203	9.7	−6.3	100.0	100.0

100-150 m² 未満	1993年	1998年	2003年	93/98	98/2003	寄与度		寄与率	
自営業者	563	575	574	12	−1	0.42	−0.03	6.28	−0.38
農林漁業主	52	58	58	6	0	0.21	0.00	3.14	0.00
商工その他	511	517	517	6	0	0.21	0.00	3.14	0.00
雇用者	1832	1794	1813	−38	19	−1.33	0.62	−19.90	7.17
無職	457	672	908	215	236	7.53	7.75	112.57	89.06
不詳	4	6	17	2	11	0.07	0.36	1.05	4.15
総計	2856	3047	3312	191	265	6.69	8.70	100.00	100.00

150-200 m² 未満	1993年	1998年	2003年	93/98	98/2003	寄与度		寄与率	
自営業者	631	718	664	87	−54	2.6	−1.4	19.7	−84.4
農林漁業主	82	98	92	16	−6	0.5	−0.2	3.6	−9.4
商工その他	549	620	572	71	−48	2.1	−1.3	16.1	−75.0
雇用者	2181	2241	2089	60	−152	1.8	−4.0	13.6	−237.5
無職	564	857	1119	293	262	8.7	6.9	66.3	409.4
不詳	3	5	13	2	8	0.1	0.2	0.5	12.5
総計	3379	3821	3885	442	64	13.1	1.7	100.0	100.0

200-300 m² 未満	1993年	1998年	2003年	93/98	98/2003	寄与度		寄与率	
自営業者	775	850	851	75	1	1.83	0.02	22.73	0.46
農林漁業主	119	146	150	27	4	0.66	0.09	8.18	1.84
商工その他	656	704	701	48	−3	1.17	−0.07	14.55	−1.38
雇用者	2576	2529	2387	−47	−142	−1.15	−3.21	−14.24	−65.44
無職	736	1037	1390	301	353	7.36	7.99	91.21	162.67
不詳	3	4	9	1	5	0.02	0.11	0.30	2.30
総計	4090	4420	4637	330	217	8.07	4.91	100.00	100.00

300-500 m² 未満	1993年	1998年	2003年	93/98	98/2003	寄与度		寄与率	
自営業者	964	1083	956	119	−127	3.3	−3.3	46.5	127.0
農林漁業主	291	314	294	23	−20	0.6	−0.5	9.0	20.0
商工その他	673	724	662	51	−62	1.4	−1.6	19.9	62.0
雇用者	1996	1948	1723	−48	−225	−1.3	−5.9	−18.8	225.0
無職	621	807	1053	186	246	5.2	6.4	72.7	−246.0
不詳	3	2	8	−1	6	0.0	0.2	−0.4	−6.0
総計	3584	3840	3740	256	−100	7.1	−2.6	100.0	100.0

500-1000 m² 未満	1998年	2003年	98/2003	寄与度	寄与率
自営業者	825	795	−30	−1.3	1000.0
農林漁業主	398	379	−19	−0.8	633.3
商工その他	428	416	−12	−0.5	400.0
雇用者	1067	958	−109	−4.8	3633.3
無職	371	505	134	5.9	−4466.7
不詳	1	3	2	0.1	−66.7
総計	2264	2261	−3	−0.1	100.0

1000-1500 m² 未満	1998年	2003年	98/2003	寄与度	寄与率
自営業者	175	195	20	5.0	40.0
農林漁業主	99	110	11	2.8	22.0
商工その他	75	84	9	2.3	18.0
雇用者	172	179	7	1.8	14.0
無職	50	72	22	5.5	44.0
不詳	0	1	1	0.3	2.0
総計	397	447	50	12.6	100.0

1500-2000 m² 未満	1998年	2003年	98/2003	寄与度	寄与率
自営業者	72	79	7	4.8	63.6
農林漁業主	41	48	7	4.8	63.6
商工その他	30	31	1	0.7	9.1
雇用者	57	55	−2	−1.4	−18.2
無職	17	23	6	4.1	54.5
不詳	0	0	0	0.0	0.0
総計	146	157	11	7.5	100.0

2000 m² 以上	1998年	2003年	98/2003	寄与度	寄与率
自営業者	41	38	−3	−3.9	−100.0
農林漁業主	21	23	2	2.6	66.7
商工その他	20	14	−6	−7.9	−200.0
雇用者	28	29	1	1.3	33.3
無職	7	12	5	6.6	166.7
不詳	0	0	0	0.0	0.0
総計	76	79	3	3.9	100.0

出所：国土交通省『世帯に係る土地基本統計』各年版により作成。

表8-9 現住居敷地以外の宅地の所有面積規模別件数の推移(1000世帯)

	以上	未満	1993年 6区分	1998年 6区分	1998年 10区分	2003年	増減 93/98	増減 1998/2003	寄与度 93/98	寄与度 1998/2003	寄与率 93/98	寄与率 98/03
非所有			34029	39027	39027	40422	4998	1395	12.33	3.18	148.8	46.8
1	0	50	1213	486	137	225	−727	88	−1.79	0.20	−21.6	3.0
2	50	100			349	457		108		0.25		3.6
3	100	150	2653	1555	361	468	−1098	107	−2.71	0.24	−32.7	3.6
4	150	200			524	594		70		0.16		2.3
5	200	300			670	835		165		0.38		5.5
6	300	500	1149	898	898	1056	−251	158	−0.62	0.36	−7.5	5.3
7	500	1000	825	838	838	1022	13	184	0.03	0.42	0.4	6.2
8	1000	1500	388	561	356	439	173	83	0.43	0.19	5.2	2.8
9	1500	2000			205	267		62		0.14		2.1
10	2000		236	487	487	648	251	161	0.62	0.37	7.5	5.4
所有件数	小計		6,464	4,825	4,825	6,011	−1,639	1,186	−4.04	2.70	−48.8	39.8
	不詳		37	76	76	475	39	399	0.10	0.91	1.2	13.4
	総件数(1000)		6,501	4,901	4,901	6,486	−1,600	1,585				
世帯総計			40,530	43,928	43,928	46,908	3,359	2,980	8.29	6.78	100.0	100.0
所有面積(1000 m²)												
1件当たり平均所有面積			521.99									
			6501	4901	4901	6486						

出所：国土交通省『世帯に係る土地基本統計』各年版により作成。

　まず，表8-9 によって，所有面積階級別の土地所有件数の分布をみよう。ここからわかることは，1993〜98年にかけては，全体として，所有件数は4.4%の減であり，面積階層別の寄与をみると500 m² 未満の面積階層では，件数が減少し，500 m² 以上の階層では件数の増大がみられる。非居住宅地に関しては，50坪未満の中小規模の別荘地がバブル崩壊にともない，売却された動きを反映していると考えられる。これに対して，500 m² 以上の大規模面積階層では若干ながら所有件数が増大しており，非居住宅地の集積が他方で進んだといえるだろう。

　1998〜2003年にかけての時期は，所有件数は全体で2.7%の増加を示しており，500〜1000 m²，2000 m² 以上層の寄与が大きい。地価下落，低金利のもとで各階層とも資産保有の選択肢として，土地所有が進んだものとみられるだろう。

3. 農地，山林の所有構造

(1) 土地基本調査で把握された農地所有

　農地改革から60年を経過した現在，農地の所有者が農家であるとは必ずしもいえない状況が広がっている。従来，農業センサスでは，非農家の農地所有は例外的なものとされてきた。しかし，現在は，農家による広範な耕作放棄地の存在をはじめとして，農家から非農家への世帯の移行や，非農家による資産ないし家庭菜園地としての農地所有がみられるようになっている。明治の農事統計以来，農業統計で把握すべき担い手は「農家」を基本としてきたが，農林業センサスは，1985年に大きな改訂があり，また，1995年には自給的農家と販売農家の区別を行い，農業経営事項については後者に限って調査することとなった。

　さらに根本的に捉え方の変更が行われたのは，2005年センサスであり，調査客体把握の視点が，それまでの農家および農家以外の農業事業体という基準から，農業経営体の基準へと変更されたことである。これにより，農業経営体として農業の担い手を経営の側面から捉えることとなった。そのため，非農家世帯の農地所有については，土地基本調査からの把握を待たねばならない。したがって，本節では，この両者の統計をクロスして，農地所有の現在の状況をみてみよう。

　表 8-10 は，『世帯に係る土地基本統計』により農地の所有面積規模別にみた世帯数の分布である。また，図 8-6 は 2000 年農林業センサスと 2003 年土地基本調査世帯集計との比較である。

　まず，農林業センサスでは，所有耕地規模別の農家数が集計されている。面積規模区分は，都府県と北海道によって異なる。さらに土地基本調査の面積区分を加味すると，比較可能な面積区分は 0.1 ha 未満，0.1～0.3 ha，0.3～1.0 ha，0.1～5.0 ha，5.0 ha 以上の 5 階級となる。農家の規定 10 a＝0.1 ha 以上，自給的農家の上限が 30 a＝0.3 ha であるから，比較する上で支障はないであろう。

　0.1 ha 未満層では，土地基本調査の全世帯＞センサス農家＞基本調査の農林漁業世帯，0.1～0.3 ha では，全世帯≒センサス農家＞基本調査の農林漁業世

表 8-10　世帯の農地所有の分布(2003 年)

	世帯数	割合(%)
1,000 m² 未満	957,000	20.9
1,000～　2,000 m²	567,000	12.4
2,000～　3,000 m²	421,000	9.2
3,000～　5,000 m²	673,000	14.7
5,000～ 10,000 m²	961,000	21.0
10,000～ 15,000 m²	420,000	9.2
15,000～ 20,000 m²	211,000	4.6
20,000～ 50,000 m²	256,000	5.6
50,000～300,000 m²	65,000	1.4
300,000 m²	8,000	0.2
小計	4,539,000	99.0
不詳	46,000	1.0
総計	4,585,000	100.0

出所：国土交通省『世帯に係る土地基本統計』2003 年。

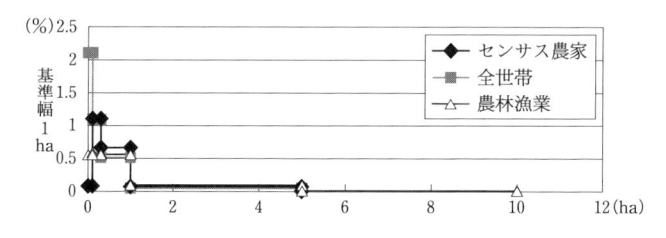

図 8-6　所有農地面積規模別世帯数の比較

出所：国土交通省『土地基本統計』2003 年，農林水産省『農林業センサス』2000 年により作成。

帯，とその差が縮まり，0.3～1.0 ha 層では，三者の割合はほぼ近接している。ここからは零細規模の農地保有では，非農家の占める割合が大きくなっていることを読み取ることができるであろう[7]。

(2)　世帯の山林所有

　同様に，山林についてもみてみよう(表 8-11)。世帯の山林所有を把握しているのは，農林業センサスの林業事業体調査である。また地域林業調査による表式調査結果では，私有林として会社や寺社等の林家以外の林業事業体も一括して，私有林のデータが掲載されている。それによれば，林野計 1369 万 ha から草生地 21 万 ha をひいて現況森林面積が 1348 万 ha である。ここから未立

表 8-11　山林の所有規模別世帯数(2003 年)

	所有世帯数	割合(%)
1,000 m² 未満	607,000	22.3
1,000〜　3,000 m²	509,000	18.7
3,000〜　5,000 m²	275,000	10.1
5,000〜 10,000 m²	382,000	14.0
10,000〜 25,000 m²	407,000	14.9
25,000〜 50,000 m²	226,000	8.3
50,000〜100,000 m²	134,000	4.9
100,000〜200,000 m²	79,000	2.9
200,000〜500,000 m²	47,000	1.7
500,000 m²	11,000	0.4
小計	2,677,000	98.3
不詳	46,000	1.7
総計	2,723,000	100.0

出所：表 8-10 に同じ。

木地 36 万 ha を引くと，山林面積(相当分)が出る(1313 万 ha)。表 8-3 の法人と世帯の山林合計値 741 万 ha と比較すると 56.4％の捕捉率である。これに対して，林業事業体調査では，農家林家と非農家林家の保有山林面積が 572 万 ha である。山林所有面積は，保有山林＝所有山林－貸付林＋借入林より逆算できるが，所有山林については 3 ha 以上の山林所有面積が 482 万 ha と示されているものの，3 ha 未満の小規模層の所有面積に関するデータは掲載されていないため，「土地基本調査」のデータとの比較は難しい。

そこで，2005 年農林業センサスにおける山林面積の把握の問題点にふれておこう。ひとことでいえば，所有と経営の分離が進んでいる林業を，経営視点から捉えることによる調査漏れ・把握漏れのおそれの増大である。すなわち，第 1 には，農林業経営体という経営概念によって農業と林業を統一的に捉えようとしたために，林業の特殊性を捉えるための仕組み，すなわち所有と利用(林業センサスでは「保有」と捉える)の両面から捉える必要があるのに，所有面での把握が弱くなることである。

この点と深く結びついているが，第 2 には母集団リストの作成の困難である。一般に土地統計は属地的に把握する方法と，属人的に把握する方法の 2 つがあるが，林業の場合にはその差異は大きい。従来の林業事業体調査の場合，山林所有者のリストを作成するためには，土地課税台帳をもとに，市町村を越えて

所有者の照合・統合，いわゆる「名寄せ」を行い，調査客体としていた。しかし，2005年の個人情報保護法の施行にともない，市町村を越えた土地所有者情報の参照が困難になっている点を指摘しておこう。

4. 土地資産格差の構造

さいごに世帯の土地を資産評価した場合どのような資産額の分布になっているかをみてみよう。土地基本調査において国土交通省の資産評価額があるが，これは平均値のみであって，評価額の大小による分布がわかる形では集計されていない。したがって，土地資産の分布状況をみるには，全国消費実態調査の宅地・住宅資産額のデータをみるのが適当である[8]。

(1) 全国消費実態調査における土地資産分布

表8-12，図8-7は，家計資産としての土地・住宅資産額の大きさの分布を示したものである。

まず，いえることは，地価下落を反映して，資産額の分布が，1994～99～2004年と経過するにつれて，左側にシフトしていることである。最頻値を含む階級は，1994，1999年が1500～2000万円層の世帯であったのに対して，2004年は1000～1500万円層へと移っている。

各階層ごとの増減をみると，資産額1000万円未満層では1994～99年では減少していたのが，1999～2004年では増加に転じ，1000～2000万円層では一貫して増加，2000～4000万円層は増加から減少へ，4000万円以上層は一貫して減少という動きを示している。特に，4000万円未満の層の動きは，表8-4でみた，現住居敷地の面積規模別世帯数の推移に対応していると考えられる。

なお，『全国消費実態調査』によれば家計資産の種類別ジニ係数が公表されていて，1994年の数値で，年間収入0.297，耐久消費財0.341，貯蓄現在高0.538，住宅・宅地資産0.641となっている。バブル絶頂期の1989年と比較すると貯蓄現在高0.563，住宅・宅地資産0.680から縮小しているが，「土地基本調査」による1989年の宅地所有のジニ係数0.56より大きくなっているのは，土地価格の分布が不平等度を大きくする方向で作用しているためとみられる。

210　第2部　生活・福祉と統計

表 8-12　宅地・住宅資産額の世帯分布

	世帯数割合(%)		
	1994	1999	2004
宅地・住宅資産の無い世帯	28.1	30.6	26.3
500万円未満	2.2	1.5	2.7
500万円～1000万円	5.5	5.1	8.3
1000万円～1500	6.8	7.6	12.3
1500～2000	7.4	9.3	11.8
2000～3000	13.6	15.6	15.3
3000～4000	9.4	10.0	8.3
4000～5000	6.3	5.9	4.8
5000～10000	12.1	10.1	7.0
10000万円以上	8.2	4.3	3.2
土地・住宅資産のある世帯計	71.9	69.4	73.4
総計	100.0	100.0	100.0

出所：総務省統計局『全国消費実態調査』各年版より作成。

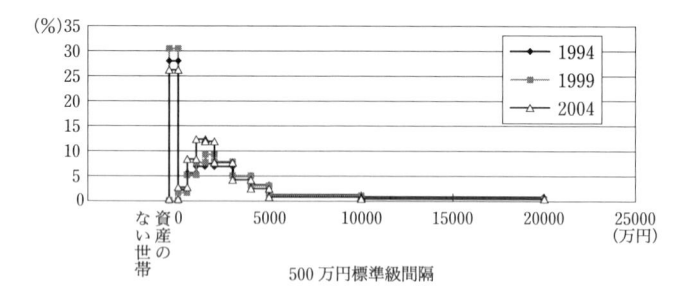

図 8-7　宅地・住宅資産額の世帯分布

出所：総務省統計局『全国消費実態調査』各年版より作成。

この点については，現行の「土地基本調査」に土地価格に関する調査項目が導入されれば，より明確になるであろう。

(2)　世帯主の職業別にみた土地資産額分布

図 8-8 は家計の資産額の分布を世帯主の職業別にみたものである。全国消費実態調査では，2 人以上の世帯と単身世帯を区別して集計しているので，全世帯の集計をしている土地基本調査との単純な比較はできないが，職業別の分布でみると，自営業者と雇用者の資産分布の差異が明瞭に読み取れる。

宅地・住宅資産額のゼロ世帯の割合が多いのは，単身世帯，労務作業者，民

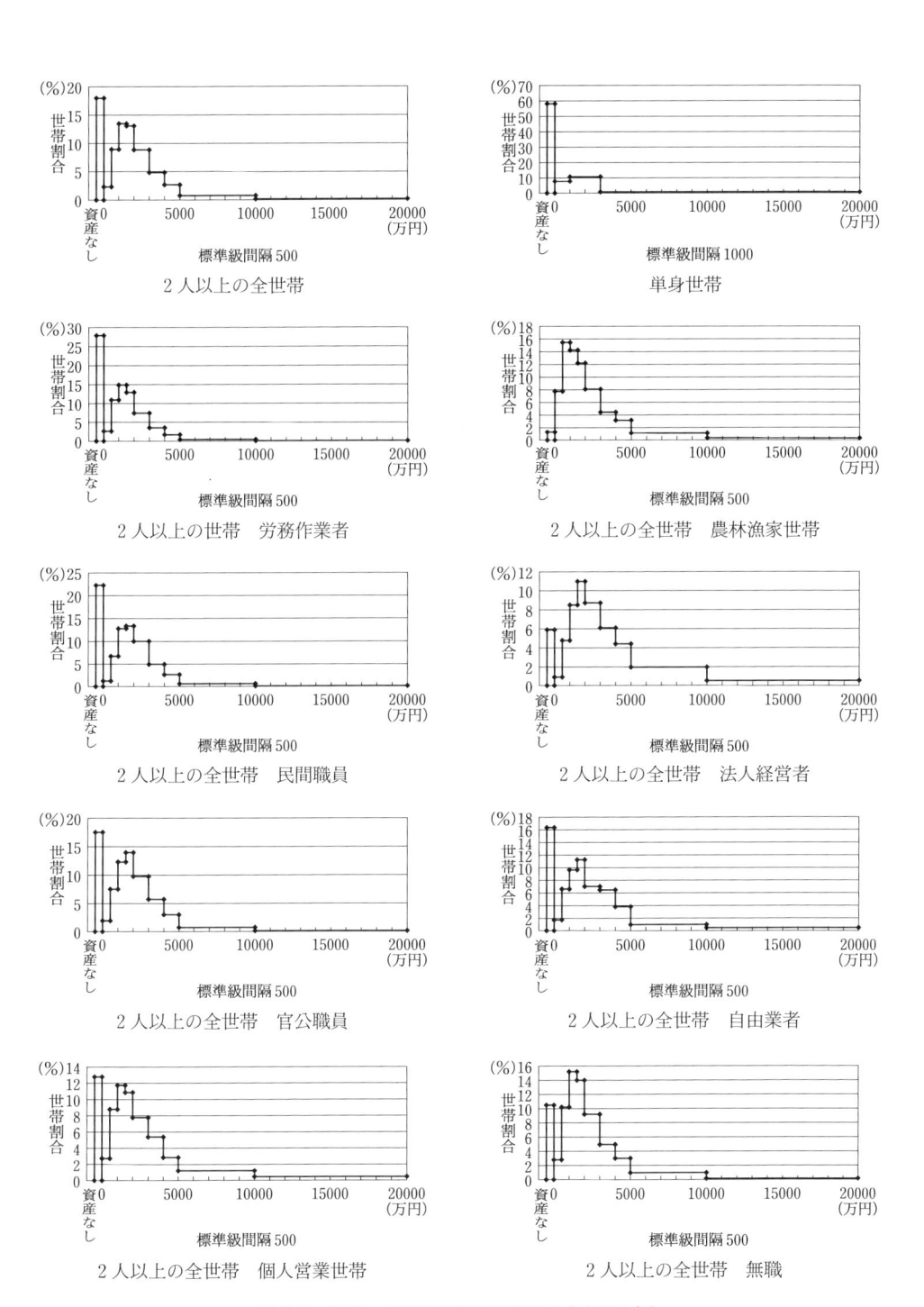

図 8-8　住宅・宅地資産階級別世帯分布(2004 年)

出所：総務省統計局『全国消費実態調査』2004 年より作成。

間職員，自由業者の順になっている。資産額の多い順でみると，2人以上の世帯では，法人経営者，個人営業世帯，農林漁家世帯，自由業者，官公職員，民間職員，労務作業者であり，無職者の場合も資産保有はバラツキがある。単身者については，非所有も含めてバラツキが大きくなっている。

おわりに

以上の分析に基づいて描き出される世帯の土地・住宅所有格差の構造をまとめると次のようになるだろう。

① バブル崩壊以降，土地所有世帯の実数は増大しているが世帯比率は減少している。
② その要因として，晩婚化，少子化の影響やライフスタイルの変化が考えられる。
③ 土地所有世帯の構成において，高齢世帯，無職世帯のウエイトが増大している。
④ 1993年から98年にかけては50 m² 未満層の所有世帯の減少がみられたが，1998年から2003年にかけては増加がみられたことは，バブル崩壊後の地価下落，低金利のもとで，2000年以降はマンション需要の伸びを反映していると考えられる。
⑤ 従業上の地位，職業別に土地所有面積，資産額の分布をみると，農林漁業世帯，商工自営業世帯，官公職員世帯，民間職員世帯，労務作業者世帯の順になっている。
⑥ 無職者，単身世帯については，分布の幅が大きく，世帯に占める割合も大きくなっている。

これらの事実からわかるように，土地所有および土地資産の分布とその格差の把握にあたっては，世代要因，職業要因が大きく作用している。

なお，本章では，世代要因，職業要因を浮き彫りにするために，地域要因については捨象して分析を進めた。すでにふれたように，土地所有の分析に立地要因は欠かせないのであり，地域格差や都市圏への集中傾向が指摘されている。また，世代要因についても，コーホートごとの詳しい分析が必要であり，あわ

せて今後の課題としたい。

注
1) 1986年からは不動産登記簿の磁気データベース化が開始され，完成すれば様々な集計方法による土地所有統計が作成可能になる。しかし，登記の基礎となる地籍調査の進捗の遅れや，個人情報の保護問題がある。なお，地籍調査についてみておくと，不動産登記簿の記載とその付属地図(公図)は，明治の地租改正以来蓄積されてきたものだが，測量が不備であったり，実際の権利や地目の変動にともなう修正がなされなかったりして，現実とは食い違っていることも多い。そのため，1951年の国土調査法に基づき，実測による登記簿と地図の修正作業が市町村単位に進められてきた。これを地籍調査といい，地籍簿と地籍図が登記の基礎資料となる。しかし，この調査は費用問題の他に境界紛争など係争事項がともなうため多大の時間と労力が必要である。
2) 各種世帯統計の標本特性については，米澤香・金子治平「統計調査別の所得分布について——雇用者世帯を用いて」経済統計学会『統計学』93号，2007年9月，参照。
3) 島本富夫「わが国土地所有の現状に関する検討」『農政調査時報』218号，1973年10月。
4) 田中力「現代日本の土地所有統計をめぐる方法論的諸問題の検討」経済統計学会『統計学』56号，1989年3月，1–18頁。
5) ジニ係数の計算にあたって，面積規模別階級区分の最上限値がオープン(開放級)になっているので，最上限の階級値を便宜上2000 m²として計算した。ジニ係数の年次比較で，その増減をみる限りにおいては有効な近似である。
6) 寄与率・寄与度の計算方法については，関弥三郎『寄与度・寄与率——増加率の寄与度分解法』産業統計研究社，1988年を参照。また，ジニ係数の寄与度・寄与率分解の実証例としては田中力「1980年代以降の所得格差拡大における高齢化要因について」吉田忠編『生活空間の統計指標分析』産業統計研究社，2002年，第11章がある。
7) 農林業センサスの利用において考慮すべき事項としては，①農林業センサスで世帯照査表に掲載されている10a未満の農地所有者の所有する農地，②農林業センサスで「耕地なし」となっている農家世帯の扱い，③土地基本調査で農林漁業主世帯の所有する農地との比較の3つがある。
8) 土地所有と収入分布，土地所有と金融資産の関係についてさらに詳しく分析する必要があるが，年収階級と土地所有面積の関係について現住居敷地の所有率をみると年収200万円未満の世帯で34.4%であるのに対して，500万から700万円の世帯で59.1%と平均(53.8%)を上回り，2000万円以上の世帯では84.8%となっている。

第9章　格差・貧困社会と社会保障

　はじめに

　近年の「格差社会」論の隆盛は，2005年以降，数々の「格差本」とも呼ぶべき書籍発行，雑誌特集，新聞連載，テレビ番組と続き，それ自体が一大社会現象となっている。そして，注目すべきは，この「格差社会」論の中から新しい動向が生まれていることである。それは，単なる「格差」の視点から，「格差と貧困」，さらに「貧困」への焦点の深化である。「格差社会」は，一方の極では「ニュー・リッチ」と呼ばれる「新・富裕層」を生み出すとともに，他方の極ではワーキングプアやホームレスなど様々な貧困層を生み出している。この両極のうち，貧困層の問題が深刻な社会問題としてクローズアップされて，「格差社会」論は「貧困社会」論として深化しつつある。

　この焦点の深化を表すものは，第1に，OECDが最近発表した2000年の相対的貧困率である。主要先進国では，日本は15.3％であり，アメリカの17.0％に次ぐ高い比率である[1]。

　第2に，2005年の厚生労働省「所得再分配調査」が発表されて，それによれば当初所得のジニ係数が初めて0.5を超えたことが明らかになった。報道した日本経済新聞も，ジニ係数0.5というのは，所得の高い方の25％の世帯が全体の所得の75％を占めている状態を示すと説明している[2]。

　第3に，テレビ番組・NHKスペシャル「ワーキングプア」が2006年7月23日に放映されたことである。ワーキングプアとは，働いているのに生活保護基準以下の暮らししかできない「働く貧困層」のことである。この番組の反響は大きく，続編として「ワーキングプアⅡ」(2006年12月10日)・「ワーキング

プアⅢ」(2007 年 12 月 16 日)も放映された。

　第 4 に，北九州市の生活保護行政による犠牲者として，2005 年から連続した餓死者・自殺者の発生である。特に，2006 年の餓死事件発覚後，大きな社会問題として取り上げられるようになり，その頂点として 10 月下旬に「北九州市生活保護問題全国調査団」が結成されて，現地で相談活動を行い，全市 7 区の福祉事務所での生活保護同行申請を一斉に行ったことである[3]。

1.「格差社会」論から「貧困社会」論へ

(1)「格差社会」論の登場

　ブームとなった「格差社会」論の先駆けは，橘木俊詔『日本の経済格差』(岩波新書，1998 年)に始まる。そこで取り上げられたのは，1980 年代後半から 90 年代前半の所得分配の状況である。厚生省の「所得再分配調査」を使用して，当初所得と再分配所得のジニ係数による国際比較を行って，日本は「先進諸国の中でも最高の不平等度」[4]という結論を導き出している。

　しかし，現在問題となっている「格差社会」は，主として 1990 年代後半以降が対象である。「格差社会」登場の背景には，グローバリゼーションのもとでの日本の大企業の本格的な多国籍企業化への進路選択がある。ここから導き出されるのが，いわゆる「構造改革」，すなわち市場万能主義に基づく新自由主義的「構造改革」であり，アメリカ社会がモデルである。

　上記の具体的な指針として，従来の終身雇用制等を見直す，日経連の「新時代の「日本的経営」」が発表されたのは 1995 年である。そこでは，労働者の 3 つの類型を次のように提起している。①長期蓄積能力活用型グループ，②高度専門能力活用型グループ，③雇用柔軟型グループである。これらのうちで，正規労働として期間の定めのない雇用契約を結ぶのは，ストック人材としての①のグループだけである。これに対して，②と③のグループは有期雇用契約であってフロー人材とみなされる。そして，③のグループがパート労働や派遣労働として想定されている。

(2) 「格差社会」論から「貧困社会」論へ

　「格差社会」は正確には「格差拡大社会」と表現すべきであるが，この「格差拡大」について検討してみると，そこには3つの意味がある。それらは，①所得や資産にみられる経済的な生活格差の広がり，②格差の広がりの顕在化，③雇用格差，教育格差，健康格差，結婚格差，希望格差など，格差拡大の領域の広がりである。このようにして，社会全体の問題となっている。

　そして，「格差」を単に「量的な格差」として捉えるのではなく，「質的な格差」として捉えることが重要である。そのことによって，「格差社会」とは「質的な格差」を本質とする「階層社会」であることが浮かび上がってくる。すなわち，「格差」とは「階層」として固定化され，分断化された存在なのである。さらに，互いにばらばらで単に併存している「差異としての格差」という表層だけではなく，その根本にある「対立としての格差」をみる必要がある。経済的地位の違いを基礎にした社会の対立と分断の構造を分析するためには，支配と従属という「階級」の視点が不可欠である。すなわち，「格差」論の基礎には「階層」論にとどまらず，「階級」論あるいは「階級対立」論が存在している。したがってまた，「格差社会」を解明するためには，「階級社会」の視点が必要となる[5]。実際に，近年の「階級」論および「階級社会」論の復活は，「格差拡大社会」の深刻化が「階級」ないし「階級対立」の可視化として反映していると考えられる。

　特に，労働生活に直接関わる事柄である，最低賃金制，労働時間規制，解雇規制，パート労働や派遣労働などの非正規雇用に対する規制，正社員化や均等待遇等の制度的整備は，「階級対立」論を基礎にした「人権」論，すなわち資本の支配に対抗する「労働者(階級)の権利」の視点から捉えることが必要である。

　ここで改めて，「階級社会」の視点から「格差」を捉え直してみよう。すると，資本対賃労働という対立する階級関係の中で，一方における富の蓄積と他方における貧困の蓄積という対立物としての「質的格差」が進行する事態が見いだされる[6]。そして，先にあげたように，後者の賃労働の側での貧困の蓄積が現在ますます大きな社会問題となっている。こうして，「格差社会」論は

「階級社会」論を媒介にして，「貧困社会」論に転化を遂げる[7]。

2. 矮小化された「社会保障」像

(1) 日本における生活設計の枠組み

　従来の日本では，ヨーロッパ型の福祉国家ではなく，「家族」という共同体の扶養機能を基盤とした「日本型福祉社会」および「会社」という擬似的な共同体の企業福祉機能を基盤とした「日本型企業社会」が相互に補完しあって福祉国家の代替機能[8]を果たしてきた。そして，政府は国民の生活保障を「社会保障」として直接行う福祉国家という役割よりは，企業の成長を支援することによって間接的に「会社人間」としての国民の生活保障を「会社保障」として行う企業国家の役割を主として演じてきた。ここでは，「家族」と「会社」という社会の基本的な構成単位の双方が安定した状態であるということが暗黙の大前提であった。その上で，「自立自助」が個人と家族の生活設計の基本として強調されてきた。具体的には，性別役割分業に基づく女性のケアと男性の稼得であり，高い貯蓄率と民間保険加入率である。

　さらに，政府の社会保障以外の制度として，公共事業をはじめ，農業関係の補助金，中小企業への補助政策，さらには地方交付税交付金など経済政策における「社会保障的」[9]機能も大きな役割を果たしていた。ただし，公共投資偏重型の財政構造を特徴とする土建国家としての国の姿は，本来は産業基盤整備などに重点を置かざるをえない発展途上国の様相である。

(2) 社 会 保 障

　上記の制度的枠組みに基づく未熟な福祉国家として存在しながらも，1970年代半ばの革新自治体の隆盛や春闘での年金統一ストライキなど労働運動の力を背景に，1973年には政府が「福祉元年」と呼ぶほどにいろいろな社会保障制度が実現した。それは，老人医療費の無料化，健康保険の家族給付率上昇，高額療養費支給，年金給付額の改善と物価スライド制導入などである。しかし，この年の秋には第1次石油ショックが起こり，高度経済成長は終わり，それと

ともに福祉見直し論が登場した。

　こうした結果，社会保障の位置は再び片隅に追いやられて，補完的な制度として存続してきた。そこでは，国家責任による生活保障，権利保障という性格も曖昧になりがちである。そして，社会保障も生活上の事故や起伏という「リスクの分散」対策としての社会保険制度が中心に設計されて，しかもその保険料や利用料の上昇が続くと民間保険との区別もつきにくくなってくる。介護保険のように，措置制度ではなく契約制度として設計されると，この傾向は一層顕著となる。「権利」も憲法に保障された基本的人権としてではなく，商品の売買や債権・債務関係としての「権利」との意識的な混同が政府サイドから行われるようになる。

　そもそもこれまでの日本では，社会保障に限らず，一般に「公共部門」の位置と役割は小さい。育児，教育，住宅，医療，老後(所得保障と介護保障)というライフサイクル全体を通して，あくまで「自立自助」が強調されてきた。そのために，貯蓄，保険(社会保険，民間保険)加入，さらには住宅ローンをはじめとした種々の負債を前提にした生活設計が普通に行われてきた。生活部面では，日本はずっと以前からすでに「小さな政府」である。日本において，社会保障の公共性と権利性が国民一般の日常意識として定着し，市民権を獲得するためには，「公共部門」全般の位置と役割が大きなものとならねばならない。

(3) 従来の生活設計の枠組みの不安定化と社会保障の岐路

　1990年代後半以降，従来の生活設計の枠組みであった「家族」，「会社」，「公共事業」等のそれぞれの不安定化の進行が明らかとなってきた。そこで，今こそ社会保障の役割が大きくなる必要性が生まれている。しかし，政府の政策動向としては，反対に社会保障の縮小が目指されている。「自立自助」による「受益者負担」論が強調され，負担拡大と給付縮小の方向である。ここに，大きな矛盾が生じている。国民に対する「自己責任」の強制と今以上に「小さすぎる政府」とは，富裕層以外にとっては「不安と排除の政府」の誕生でしかない。

　「自立自助」が資本主義の生活原理として強調されるが，現代日本で多数となっている労働者型の生活様式における「自立自助」とは，雇用と賃金の安定

を前提にしなければならないという根本的な不安定性を抱えている。パート労働や派遣労働などの非正規雇用の拡大と「自立自助」の強制とは決して相いれるものではない。また，不況にともなう失業も個人で解決できるものではなく，社会的に解決されねばならない。このように，資本主義の生活原理は社会保障などの生活保障制度を不可欠としており，その基盤の上で初めて個人の自立が成り立っている。生活設計の基盤を，「賃金」だけではなく，「賃金と社会保障」の枠組みに拡大するという転換がますます必要となっている。そして，必要とされるのは，「賃金」と「社会保障」の双方の根本的な改善である。

　まず，一方での「賃金」については，最低賃金制を生計費原則に基づいて，ナショナル・ミニマムのひとつとして確立させることが重要である。つまり，「自立自助」が可能となる賃金額の保障である。日本では，「賃金」のみに大きく依存する生活設計が主流であるにもかかわらず，低賃金が放置され，その結果ワーキングプアが社会問題となるまでに至ってきたから，なおさらである[10]。この最低賃金制は最低生活を保障する金額として基本的人権を経済的に保障するものであるとともに，他の関連する所得保障制度にも大きく影響を与える重大な役割を担っている。

3. 格差・貧困社会の枠組みと実態

(1) 基本指標

　格差・貧困社会の枠組みと実態について，まず基本指標から以下に取り上げる。

① 経済成長率

　GDP(実質)の前年比は，高度経済成長期が終結した直後のマイナス成長率(1974年の−1.2%)以来，1998年の−1.8%が初めてのマイナスとなった。このマイナス成長率は1999年の−0.2%で2年間の連続となった。

② 失業者

　完全失業者は，1955年の105万人(完全失業率2.5%)以来，長らく100万人未満を続けてきたが，1975年に100万人(同1.9%)となった。次に，1995年に

表 9-1　5 年前と比べた役員を除く被雇用者(非農林業)の増減の内訳(正規・非正規別)

(単位：万人)

年	役員を除く被雇用者(非農林業)	正規の職員・従業員(女性)	正規の職員・従業員(男性)	非正規の職員・従業員(女性)	非正規の職員・従業員(男性)
1985 → 1990	371	54	91	174	51
1990 → 1995	408	108	181	99	19
1995 → 2000	118	−80	−71	185	83
2000 → 2005	107	−60	−193	193	167

注：1) 原資料は総務省統計局「労働力調査特別調査」,「労働力調査(詳細結果)」。
　　2) 1985～2000 年までは 2 月調査の数値で，2005 年は 1～3 月の数値である。
出所：厚生労働省編『労働経済白書』2006 年版，参考資料 46 頁より加工。

210 万人(3.2%)となり，さらに，1999 年には 317 万人(4.7%)となった。それ以降は 2004 年まで 300 万人台が続き，2005 年からは 300 万人未満となっている。

有効求人倍率も 1975 年に 0.61(前年の 1974 年は 1.20)となってから，バブル経済の一時期(1988～92 年)を除いてずっと 1.00 未満が続いてきた。ただし，2006 年には 1.06 となっている。

③　非正規雇用

表 9-1 に示されるように，5 年ごとの変化では，1995 年以降は雇用増加数全体が低下する中で，正規雇用が減少し，非正規雇用が増加している。2000 年から 2005 年にかけての数値によれば，正規の男性の減少数と非正規の女性の増加数が等しいのが印象的である。

なお，2005 年の役員を除く正規雇用の就業者は 3374 万人であり，非正規雇用では 1633 万人である。

④　賃　　金

平均月間現金給与総額の伸び率は 1998 年の −1.4% 以降，マイナスが続いていたが 2005 年にようやく 1.0% とプラスになった。ただし，これは厚生労働省「毎月勤労統計調査」の事業所規模 30 人以上についてである。規模 5 人以上では，同じく 1998 年の −1.3% 以降，2000 年の 0.1% を除いてやはりマイナスが続いていた。そして，2005 年には 0.6% となっている。2005 年の現金給与総額自体は，事業所規模 30 人以上では 38 万 438 円であり，規模 5 人以上では 33 万 4910 円である。

⑤　貯　蓄　率

内閣府の「国民経済計算」によれば，かつて 1973 年から 78 年にかけての家

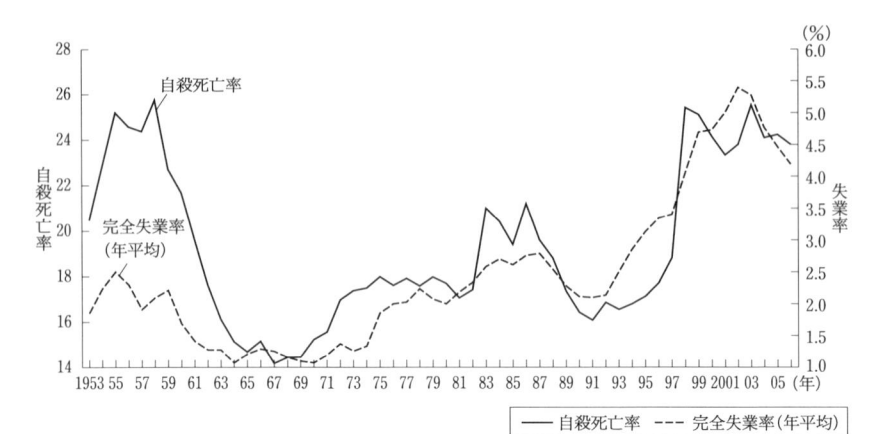

図 9-1　自殺死亡率と失業率の推移

注意：1972 年までは沖縄を含まない。
　　　R（相関係数）＝0.910551（1965 年から）。
資料：厚生労働省「人口動態統計」および総務省「労働力調査」。
出所：内閣府編『自殺対策白書』2007 年版，23 頁。

計貯蓄率(可処分所得に占める貯蓄の比率)は 20％台であった。しかし，2000 年の 8.3％以降は一桁であり，2004 年には 3.1％にまで下がった。

また，厚生労働省「国民生活基礎調査」によれば 2004 年の「貯蓄がない」世帯は 9.4％であった[11]。

⑥　自　殺　者

自殺者数の長期的推移は，厚生労働省「人口動態統計」によれば，1947〜53 年は 1 万人台，1954〜60 年は 2 万人台，1961〜76 年は 1 万人台，そして 1977 年以降は 1991 年(1 万 9875 人)を除いて 2 万人台が続いてきた。ところが，1999 年に 3 万 1755 人となった。前年の 1998 年 2 万 3494 人からの急増である。それ以降，約 3 万人の自殺者数が続いている。同様に，警察庁「自殺の概要資料」によれば，1978 年からずっと 2 万人台で続いてきたのが，1999 年に 3 万 2863 人となった。前年の 1998 年 2 万 4391 人からの急増である。それ以降，3 万人台の数値である。以上の数値は，すべて初めて作成された内閣府編『自殺対策白書』2007 年版によるものである。

図 9-1 でみるように，同『白書』では自殺死亡率(人口 10 万人当たりの自殺者数)と失業率の推移(1953〜2006 年)を表す 2 本の折れ線がグラフ上で似かよった

動きになっていることを示すとともに，1965年からの両者の相関係数 0.910551 を表示している。そして，自殺の原因・動機について，従来は「健康問題」が最も多かったが，1998年の急増では「経済・生活問題」，「勤務問題」の増加率が高いと指摘している。また，男女ともすべての年齢階級で自殺者数が増加しているが，45～64歳までの中高年男性の自殺者数の増加がその大半を占めていると特徴づけている[12]。

⑦ 児童虐待

児童相談所における虐待相談対応件数は，1990年度には1101件であったのが，1995年度には2000件を超え，以後急上昇している。1999年度には1万件を超え，2001年度には2万件台となり，さらに2004年度には3万件を超え，2006年度は3万7323件となっている。統計を取り始めた1990年度と比較すれば30倍以上である。なお，この間，1999年度には児童虐待防止法が施行され，さらに2004年度にはその改正によって，通告対象の範囲が「虐待を受けた子ども」から「虐待を受けたと思われる子ども」に拡大されている。

⑧ 就学援助

就学援助について，公立小中学校児童・生徒を対象とした文部科学省の調査 (2004年度)が2006年6月に発表され，一斉に新聞報道(6月17日)されている。それによると，就学援助受給者は全国で約133万7000人に上り，2000年度の約98万1000人より約36％増加している。その内訳は，生活保護世帯の子どもが約13万1000人，区市町村教育委員会が生活保護世帯に準ずると認定した子どもが約120万6000人である。これは，学校教育法で「経済的理由により就学困難と認められる学齢児童生徒の保護者に対しては，市町村は，必要な援助を与えなければならない」と規定されていることによるものである。上記の「保護者」は，正確には，生活保護世帯では「要保護者」，生活保護世帯に準ずる世帯では「準要保護者」となっている。そして，「要保護者」に対する経費は国が補助を行っているが，「準要保護者」については2005年度から国の補助を廃止している。なお，「要保護者」の補助対象品目は，学用品・体育実技用具費・新入学児童生徒学用品等・通学用品費・通学費・修学旅行費・郊外活動費・医療費・学校給食費である。

受給率の全国平均は12.8％であるが，都道府県別では大阪府が27.9％と最も

高く，ついで東京都の 24.8％である。さらに，区市町村では最高であった足立区の数値を確認しておくと，小学校・対象児童数 1 万 3821 人(在籍数 3 万 2846 人)・受給率 42.1％と中学校・対象生徒数 6040 人(在籍数 1 万 3932 人)・受給率 43.4％であり，小中学校合計では対象者数 1 万 9861 人(在籍数 4 万 6778 人)・受給率 42.5％である。なお，2006 年度の受給率は合計で 41.0％である[13]。また，東京都 23 区での受給率(2005 年度)は 1 位の足立区が小学校 41.3％・中学校 44.0％，2 位の板橋区が小学校 35.9％・中学校 40.3％であるが，この板橋区における「準要保護者世帯」の認定基準額は前年度の総所得額が「生活保護基準額×1.26」以内の場合と定められている[14]。いずれにせよ，これらの児童生徒の現在と将来の生活設計のために，教育の機会均等が保障されねばならないし，さらに児童生徒の背景には彼らの父母の生活の貧困増大が存在している。

　以上，格差・貧困社会の枠組みと実態について，基本指標をいくつか取り上げてきたが，全体として 1990 年代後半以降の社会が大きく変化し，そのなかでの様々な部面での社会問題化が「格差社会」・「貧困社会」として集約され，表出しているのが現状である。

(2)　格差・貧困社会における税の役割

　雇用と賃金という労働の局面に続いて，税は社会保障と並んで，格差と貧困問題に対して大きな役割をもっている。しかし先にみた，2005 年の厚生労働省「所得再分配調査」において，所得再分配によるジニ係数の改善度の内訳は社会保障が 24.0％，税が 3.2％であって，税による再分配効果は社会保障と比較すればそれほど大きなものではない。

　所得再分配は財政の重要な機能のひとつとして，戦後の福祉国家では位置づけられ，そのことによって社会全体の平等化と安定化が図られてきた。しかし日本では，逆に 1980 年代以降は所得税の累進性が弱められ，特に近年は所得税の税率構造のフラット化が進行している。超過累進税率のもとでの最高限界税率は 1970 年代の 75％(税率区分 19 段階)から 2000 年代の 37％(税率区分 4 段階)と大きく変化している。ただし，2007 年には，所得税(国税)から個人住民税(地方税)への税源移譲にともなう税制改正で所得税の最高限界税率は 40％(税率区分 6 段階)に変わっている[15]。

表 9-2 政策分野別社会支出の対 GDP 比の国際比較(2003 年) (単位:%)

	高齢	遺族	障害,業務災害,傷病	保健	家族	積極的労働政策	失業	住宅	生活保護その他	合計
日本	8.69	1.27	0.79	6.16	0.75	0.30	0.45	0	0.20	18.60
アメリカ	5.47	0.82	1.47	6.93	0.70	0.14	0.54	0	0.55	16.60
イギリス	6.38	0.23	2.50	6.66	2.93	0.51	0.51	1.42	0.24	21.38
ドイツ	11.29	0.43	3.07	7.98	2.01	1.13	1.80	0.23	0.49	28.43
フランス	10.48	1.90	1.89	7.55	3.00	1.06	1.84	0.84	0.34	28.90
スウェーデン	10.11	0.69	6.58	7.13	3.54	1.27	1.24	0.59	0.70	31.86

注:原資料は,OECD Social Expenditure Database 2007 (SOCX, www.oecd.org/els/social/expenditure)
出所:国立社会保障・人口問題研究所『平成17年度 社会保障給付費』2007年,40頁から加工.

相続税についても,同様に,税率段階数の削減,最高限界税率の引き下げなどの累進税制の緩和が行われてきた。2003年の改正では,従来の最高限界税率70%(各法定相続人の取得金額が20億円を超える場合)・税率区分9段階から,最高限界税率50%(同,3億円を超える場合)・税率区分6段階へと変更された。

以上,所得税と相続税における累進性の弱体化をみたが,さらに消費税がこれに加わる。消費税は税負担能力とは関係なく一律に課税されるために,所得に対して逆進的であって,低所得者ほど負担が大きくなる。何度も導入が図られたあげくに,ようやく1989年に3%で制度化され,1997年に5%へと税率が上げられた。そして,なおも税率の上昇がもくろまれている。

以上の税制は現状ではすべて,格差を縮小するのではなく,反対に格差を拡大することに大きく貢献している。これらの税制を応能負担に基づき,累進性を強化する方向で改正することが大いに望まれる。

(3) 国際比較でみる日本の社会保障

OECDの資料で,政策分野別社会支出の対GDP比の国際比較(2003年)をみてみよう。表9-2では,まず日本をあげ,次に合計の比率が小さい国から順番に並べている。合計では日本は18.60%であって,アメリカの16.60%に次いで低い。そして,3番目はイギリス21.38%であり,その後に30%前後の3つの国が続いている。なかでもスウェーデンは31.86%である。個別の政策分野では,日本とアメリカは住宅分野が空白であることが共通しているが,他の分野

でも数値が近いものが多い。その結果，合計も似かよった数値になっている。日米両国とも，この数値でみる限り「小さな政府」である。

また，社会保障給付費の対GDP比(2001年)による国際比較も紹介しよう。同じように日本からあげると，日本17.4%，アメリカ15.2%，イギリス22.4%，フランス28.5%，ドイツ28.8%，スウェーデン29.5%である。特徴は同じである[16]。

4. 社会保障と格差・貧困

(1) 生活保護

貧困の予防と克服が社会保障の役割であり，なかでも密接なつながりがあると考えられるのは，最後のセーフティネットとしての生活保護(公的扶助)である。生活保護は，社会保障の一部分であるとともに，他の社会保障を補完するものでもある。社会保障も含めて国民生活全体が安定していると，生活保護は出番が比較的少なくても済む。しかし，国民生活が不安定であり，さらに生活保護以外の社会保障が不十分であると，本来は生活保護の充実が求められる。だが実際には，生活保護も含めて，社会保障全体が削減されようとしているのが現状である。ここから，矛盾の集約点として，生活保護をめぐる様々な問題が起きることになる。

① 生活保護の推移

2005年度には，被保護世帯数が100万を超えるまでに増大したことが注目された。そこで，まず世帯数の推移をみてみよう。図9-2では，下の方の折れ線グラフで被保護世帯数の推移が示されている。実際の数値では，1952年度70万2450世帯からは下落してゆき，1957年度57万9037世帯が底辺である。そこからは，緩やかな上昇を続け，1975年度には70万7514世帯となって1952年度の数値を上回り，さらに1984年度78万9602世帯まで上昇する。そこからは，下落してゆき，1992年度58万5972世帯が底辺である。次に，再び上昇し始め，2001年度には80万5169世帯となって1984年度の数値を上回り，現在に至っている。2005年度は104万1508世帯である。

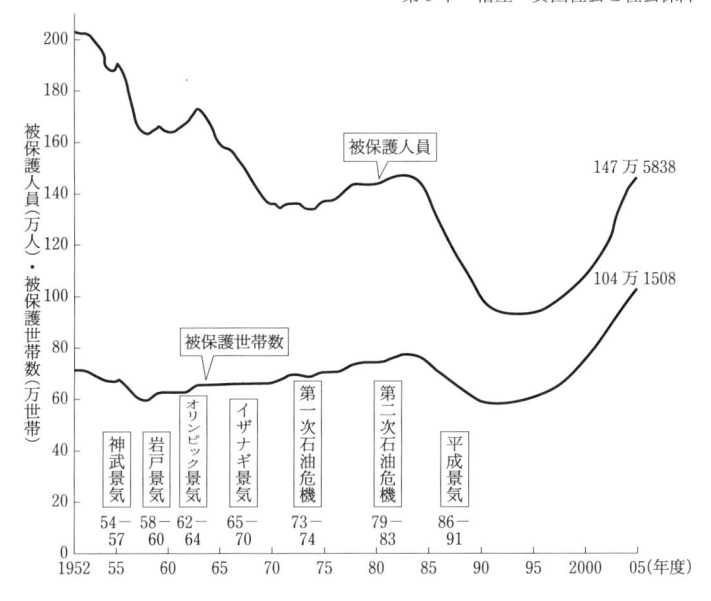

図9-2 被保護世帯数および人員の推移

出所：生活保護の動向編集委員会『生活保護の動向』2007年版、中央法規、3頁。原資料は厚生労働省「社会福祉行政業務報告(福祉行政報告例)」。

次に，被保護人員の推移をみよう。同じく，図9-2では，上の方の折れ線グラフで示されている。実際の数値では，1952年度204万2550人からは下落してゆき，1957年度162万3744人が底辺である。そこから1963年度174万4639万人までの上昇と1974年度131万2339人までの下落を経て，さらに1984年度146万9457人までの上昇と1995年度88万2229人までの下落となり，それ以降，現在まで上昇が続いている。2005年度は147万5838人である。

被保護世帯数と被保護人員の推移は，大まかには連動しているが，ぴったりと重なり合っているわけでもない。これは，一般的な世帯の人員規模の縮小の進行を考慮しなければならない。世帯数の推移だけをみていると，2001年度以降，戦後最高水準を毎年更新しているように受け取られかねない。しかし，人員の推移をみれば，2005年度の数値では1984年度を上回ってはいるが，それ以前と比較すれば高度経済成長期の1967年度152万733人よりは低い数値である。

表 9-3　指定都市・被保護人員の年次推移　　　（単位：人）

	1998年度	99年度	2000年度	01年度	02年度	03年度	04年度	05年度
札幌	33,142	35,652	38,258	40,594	43,418	46,556	48,910	50,638
横浜	27,316	29,955	32,569	35,163	38,672	42,926	46,213	48,290
川崎	13,397	14,842	16,225	17,818	19,863	21,672	22,869	23,580
名古屋	14,886	16,120	17,252	18,764	21,007	23,845	26,529	28,500
京都	28,552	28,829	29,619	30,997	33,273	35,409	37,112	38,035
大阪	54,499	59,901	66,299	73,672	81,976	93,033	100,390	105,766
神戸	22,896	25,219	28,108	31,005	34,385	37,389	39,240	40,431
北九州	13,436	13,051	12,693	12,599	12,762	13,056	13,122	12,761
福岡	19,659	20,327	21,174	22,008	23,077	24,322	25,458	26,127

出所：図9-2に同じ，23頁。

②　指定都市比較にみる北九州市の生活保護

　表9-3は，1998年度から2005年度までの指定都市の被保護人員の年次推移である。ただし，1998年度の時点で被保護人員1万人以上の指定都市9市に限定している。

　ここで取り上げた9市も含めて，指定都市14市のうち13市で被保護人員が増加しているのに対して，北九州市はきわめて特異であって，ほとんど変化がなく，むしろ緩やかな減少傾向すらみえるぐらいである。

　なお，『生活保護の動向』2007年版では，1995年度と2005年度の10年間の変化も紹介している[17]。それによると，まず，都道府県・指定都市別被保護人員の推移として，増加率(全国では67.3％増)の多い順に並べている。第1位は千葉市184.3％で最下位59位は北九州市−17.5％であり，減少したのは唯一，北九州市である。次に，保護率の推移として，パーミル(千分率)を基準にして，増加ポイント(全国では4.6増：7.0‰から11.6‰へ)の大きい順に並べている。第1位は大阪市22.2で，最下位59位は北九州市−2.4であり，マイナスは唯一，北九州市である。

　このように，全国的に生活保護が増加するなかで北九州市の状態はまるで別世界のようである。市民の「生活」の「保護」の名のもとで行われる，棄民行政としてのモデル都市の異常さが単なる外観からもここには浮かび上がっている。

　その内実は，先に注3で紹介した「水際作戦」や近年の「硫黄島作戦」にみられる，生活保護の「適正化」政策，特に，厳しい資力調査等を強調する

1981年の厚生省「123号通知」以降の第3次「適正化」の時期における保護抑制政策の強行である。その結果,「福祉が人を殺す」と呼ばれる状態が生まれたのである。

③ 低所得者層と生活保護の捕捉率

ワーキングプアが社会問題として注目されるようになり,それとの関連で改めて生活保護の意味が問い直されている。ひとつの反応は,生活保護基準が高すぎるので引き下げるべきであるという政策動向として現れている。実際に,2003年度には国民生活との均衡を理由として生活保護基準が史上初めて0.9%引き下げられた。また,その後も,老齢加算,母子加算の減額・廃止などが続いている。しかし,最低賃金制における生計費原則と同様に,日本国憲法第25条が保障する生存権としての規定「健康で文化的な最低限度の生活を営む権利」に基づく水準が判断基準になるべきである。基準が不明なままに,相対比較だけで低い方にあわせるというのでは,結果的には低さを競い合うという悪循環に陥るだけである。

働いているのに生活保護基準以下の暮らししかできないということは,雇用制度と賃金制度の改善が根本的な解決策であるが,それとともに,失業保険(雇用保険)制度や公的扶助(生活保護)制度の改善も求められる。たとえば失業保険については,最大支給日数が300日であるのは,アメリカですら支給額は低くとも2年目・3年目でも支給があるのと比べて明らかに不十分である。日本では,低失業率であった時期のままの制度が現在も続いている。

そして,そもそも生活保護が引き合いに出されるということは,本来ならば生活保護を受給すべき低所得の人たちが実際には受給できていないということに他ならない。これは,生活保護の利用率(捕捉率)の低さの問題として捉える必要がある。「全国消費実態調査」の個票データを使用した駒村康平の推計によれば,生活保護を受給すべき低所得世帯に対する生活保護の捕捉率は,1984年16.51%,1989年25.22%,1994年12.02%,1999年18.47%である[18]。この捕捉率は,国際的にも低く,また,かつて行われていた厚生省による低消費水準世帯数の推計に基づく過去の数値よりも低い。それぞれの捕捉率を同じく駒村による整理から紹介しておきたい。まず,1990年代の公的扶助(生活保護)捕捉率は,アメリカ75%(フードスタンプ制度の捕捉率),イギリス64〜65%(年金受

給者)，ドイツ 34〜37％，フランス 52〜65％(RMI：参入最低限所得と API：ひとり親手当)となっている[19]。次に，厚生省「厚生行政基礎調査」(1953〜65年)による捕捉率は 30〜45％である[20]。

また，後藤道夫は「就業構造基本調査」を使用して「生活保護基準以下」世帯の推計を行っている。被保護世帯最低生活費の世帯人員別全国平均値(2000年：1人世帯では 115万円，3人世帯では 261万円)を基準にし，「賃金・給料が主」世帯にはさらに「給与所得控除」を加えた額(1人世帯では 190万円，3人世帯では 394万円)で計算している。その結果，1997年では総世帯数 4625.0万のうち，貧困世帯数は 836.9万(貧困世帯率 18.1％)であり，2002年では総世帯数 4960.5万のうち，貧困世帯数は 1105.1万(貧困世帯率 22.3％)となり，これに被生活保護世帯を加えると，1997年は 900.1万(19.5％)，2002年は 1192.2万(24.0％)となる。それと同時に，就業世帯と失業世帯を合計して勤労貧困世帯の推計も行っている。それによれば，1997年は 514.2万であり，2002年は 656.5万である[21]。これがワーキングプア世帯数として提示される。

さらに，杉村宏は生活保護周辺層(ボーダーライン層)の三層化について指摘する。すなわち，生活保護の受給を繰り返す(開始と廃止)ような世帯を周辺層Ⅰとし，生活保護世帯の主な供給源となる階層である低所得世帯を周辺層Ⅱとし，さらにワーキングプアを主体とする，通常は「見えない」層を周辺層Ⅲとする三層構造となっている。なお，杉村は，ここでの低所得世帯については，最近の厚生労働省の「低所得者の新たな生活支援システム検討プロジェクト」報告書で示されている低所得者世帯の指標を取り上げて，年間所得 200万円未満の世帯と所得税・住民税が非課税になっている世帯を厚生労働省が低所得層と捉えているとしている。その上で，この低所得層を厚生労働省の統計調査から推計すると，母子世帯の 48％，高齢者世帯の 41％，身体障害者の 39％が該当し，推計数は 700万人を超えると結論づけている[22]。

以上のように，低所得者全体の動向の中で生活保護の捕捉率について検討する必要がある。若者の貧困についても，もしワーキングプアであったとしても親と同居している場合にはその実態が潜在化するという大きな問題を抱えている。

表9-4 稼働・非稼働別による被保護世帯数の推移

	実数(世帯)			構成比(%)		増加率(%)		
	総数	稼働	非稼働	稼働	非稼働	総数	稼働	非稼働
1960年度	604,752	333,744	271,008	55.2	44.8			
65年度	639,164	302,707	336,457	47.4	52.6	5.7	−9.3	24.2
70年度	654,550	220,130	434,420	33.6	66.4	2.4	−27.3	29.1
75年度	704,785	160,768	544,017	22.8	77.2	7.7	−27.0	25.2
80年度	744,724	161,216	583,509	21.6	78.4	5.7	0.3	7.3
85年度	778,797	166,190	612,607	21.3	78.7	4.6	3.1	5.0
90年度	622,235	116,969	505,266	18.8	81.2	−20.1	−29.6	−17.5
95年度	600,980	81,604	519,376	13.6	86.4	−3.4	−30.2	2.8
2000年度	750,181	89,660	660,522	12.0	88.0	24.8	9.9	27.2
05年度	1,039,570	130,544	909,026	12.6	87.4	38.6	45.6	37.6

注:1カ月平均の数値のため,稼働と非稼働の合計が総数と一致するとは限らない。
出所:厚生労働省『社会福祉行政業務報告(福祉行政報告例)』2006年度版,2008年,464頁より加工。

④ 稼働能力と生活保護

　生活保護の申請の際に,まず「働く」ということが問題にされるのは,保護の適用に先立ち,自らの資産,能力その他の活用を求める補足性の原理に基づいており,そのひとつとして稼働能力の活用があげられるからである。

　そこで,表9-4で稼働・非稼働別による被保護世帯数の推移をみてみよう。5年ごとの推移でみれば,1960年度では稼働世帯数が非稼働世帯数を上回っている。これは構成比をみても明らかである。しかし,1965年度以降稼働世帯数が実数も比率も低下していく。この背景には,1964～66年の生活保護の第2次「適正化」政策がある。この時期には,炭坑離職者の保護利用が激増したことに対して,稼働年齢層の排除政策がとられた。それ以降,稼働世帯比率は低下し続けて,特に1990年度以降は20%未満となっており,生活保護とは非稼働世帯を主な対象とするようになってきた。しかし,構成比だけでなく,実数と増加率をあわせて検討してみると,2000年度からは被保護世帯数総数が増加するなかで,稼働世帯数も増加する傾向が読み取れる。特に,2005年度の増加率では非稼働世帯37.6%に対して稼働世帯は45.6%にもなっている。

　この稼働能力の活用についての取り扱いには,新しい動きが生まれている。それは,2004年12月の社会保障審議会福祉部会「生活保護制度の在り方に関する専門委員会報告書」である[23]。この委員会では,「利用しやすく自立しやすい制度へ」という方向のもとに検討が進められ,稼働能力については次のよ

うに説明している。

> 「稼働能力があっても，就労経験が乏しく，不安定な職業経験しかない場合が少なくない。これが就労への不安を生じさせ，また雇用の機会を狭めるなど，就労に当たっての一つの障害となっている」
>
> 「年齢等外形的基準で機械的に判断するのではなく，申請者の実態を十分把握した上で対応することが必要である」
>
> 「生活保護は，最低限度の生活を維持できない者，すなわち真に生活に困窮する者に対して最低限度の生活を保障するとともに自立を助長することを目的とした制度であることから，稼働能力があることをもってのみ保護の要件に欠けると判断すべきものではないことに留意する必要がある。したがって，稼働能力の活用状況については，年齢等に加え，本人の資格・技術，職歴，就労阻害要因，精神状態等に関する医師の判断等と，これを踏まえた本人の就職活動の状況や地域の求人状況等の把握による総合的評価が必要であり，その客観的評価のための指針を策定することが必要である」

さらに，報告書では，被保護者の「自立支援」について，以下のように説明している。

> 「ここで言う「自立支援」とは，社会福祉法の基本理念にある「利用者が心身共に健やかに育成され，又はその有する能力に応じ自立した日常生活を営むことができるように支援するもの」を意味し，就労による経済的自立のための支援（就労自立支援）のみならず，それぞれの被保護者の能力やその抱える問題等に応じ，身体や精神の健康を回復・維持し，自分で自分の健康・生活管理を行うなど日常生活において自立した生活を送るための支援（日常生活自立支援）や，社会的なつながりを回復・維持するなど社会生活における自立の支援（社会生活自立支援）をも含むものである」

そして，この委員会報告を受けて，2005年度から生活保護自立支援プログラムの策定・実施が開始されたばかりである[24]。

⑤ 生活保護裁判

もうひとつ忘れてはならないのは，生活保護裁判である。1960年代前半の人間裁判と呼ばれた朝日訴訟が有名であるが，1980年代以降の第3次「適正

化」政策に対して，生活保護利用者の抵抗も激化し，1990年代前半以降，戦後第3の波と称されるほど，審査請求や行政訴訟，損害賠償訴訟が多数起こされてきた。その結果は約5割前後の利用者勝訴となり，行政運用の是正も行われるようになった。通常の行政訴訟での住民側勝訴率は1割前後であることと比較すれば，実に大きな効果である[25]。

(2) 社会保障の中の格差・貧困

社会保障は税制と並んで，格差・貧困を予防し，是正するものと考えられている。しかし，従来は「社会保障」という制度自身が政策体系の中で単なる脇役として下位に格差づけされてきた。そして，その社会保障制度の中にも，実際には格差と排除のシステムが見いだされ，それが再生産されている。

① 制度別・階層別社会保障

日本の社会保障の特徴として，従来から指摘されてきたことは制度の乱立であり，複雑な体系になっていることである。

・年　　金

日本の年金制度は，職業軍人や高級官僚を対象とする恩給制度として出発し，高所得の勤労者から順に制度が作られてきた[26]。そして，最後に雇用主負担がないために給付水準が低い国民年金が作られた。適用者数(2004年度)は，国民年金(自営業者等と被用者の妻等)3316万3000人，厚生年金3249万1000人，各種共済年金507万1000人である。

・医　　療

被用者を対象とした健康保険(さらに，大企業の組合管掌健康保険と中小企業向けの政府管掌健康保険に区分)，船員保険，各種共済，自営業者等を対象とした国民健康保険(地域保険ともいい，市町村が保険者となる)に分かれている。適用者数(2004年度)は，組合管掌健康保険2999万人，政府管掌健康保険3564万4000人，船員保険17万4000人，各種共済971万6000人，国民健康保険5157万9000人である。

・児 童 手 当

日本では児童手当は普遍的な社会手当とはなっていない。2007年度の時点で，支給対象は第1子以降0歳から小学校修了前までで，手当額は3歳未満は

一律に月額1万円，3歳以上小学校修了前までは第1子・第2子5000円，第3子以降1万円である。そして，所得制限がある。4人世帯(所得額ベース)で被用者以外は574万円未満，被用者は646万円未満である。

②　保　険　料
・年　　金

厚生年金は，働いていたときの賃金(標準報酬月額)の総平均に正比例する仕組みになっている。そして，保険料の算定基準となる現行の標準報酬月額には，上限と下限がある。上限は62万円であって，これ以上の高所得者の負担は軽減されることになる。反対に，下限は9万8000円(年収では117万6000円)であって，主婦のパートタイマーが夫の被扶養者になるために年収103万円以下に調整している場合に，厚生年金に加入しようとすれば超過負担となってしまう。また，現役時の男女の賃金格差を反映して，標準報酬月額にも男女差がある。2005年度平均では，男性35万8118円に対して女性22万6582円である。

国民年金では国民年金保険制度への未加入と未納が問題となっている。2004年の加入状況調査[27]によれば，第1号被保険者の未加入者363万人(男241万人，女122万人)である。

次に，国民年金保険料の納付率[28]をみてみよう。2006年度は66.3%であるが，この数値は経済的理由を主とする種々の免除・猶予者等を省いた「納付対象者」を分母にして算出している。そこで，これらの免除・猶予者等のうち，「法定免除者」[29]114万人を除いた，「若年納付猶予者」37万人・「学生納付特例者」170万人・「申請全額免除者」207万人を「納付対象者」1595万人に加えて，その合計2009万人を分母として納付率を算出すると52.6%となる。また，「法定免除者」も含めた第1号被保険者総数2123万人を分母として算出すると49.7%である。

このように，約半数という実質的な納付率の現状は，基本的人権の保障に基づく普遍的な制度としての「国民皆保険・皆年金」の理念とは大きな隔たりがある。根本的には，国民年金(基礎年金)を社会保険制度で運営するという制度設計自体に無理がある。この解決方法の萌芽は，実は例外扱いとなっている「免除・猶予者等」にある。社会保険制度ではなく，税制を財源とする制度設計に改めれば，これらの「免除・猶予者等」も例外ではなくなってしまう。

・医　　療

　厚生年金と同じように，健康保険も保険料の算定基準となる標準報酬月額が定められている。従来は，上限98万円，下限9万8000円であったが，2007年度に改定されて，上限121万円，下限5万8000円となった。

　国民健康保険(市町村が保険者)でも，保険料滞納が問題となっている。そして，滞納を一定期間続けた人には，更新時に有効期間が通常より短い「短期被保険者証」が発行され，さらに1年以上滞納を続けていると，保険証は回収されてその代わりに「被保険者資格証明書」が交付される。この資格証明書では，受診時に窓口でいったん医療費の全額を支払って，後で申請すれば一部負担金以外の額が戻ってくる。ただし，そのときに保険料の未納額が差し引かれる場合がある。そのために，受診を控え，最悪の場合は命を落とすことにもなる。

　2005年度でみれば，保険料収納率は全国平均で90.15％である[30]。また，単年度収支差引額でみた場合の赤字保険者数は，全体の63.5％(1165保険者)にもなっている。そもそも，国民健康保険の被保険者は相対的に低所得者の集団から成り立っており，やはり制度設計自体に無理がある。2005年度で60歳以上が49.4％，世帯主の無職世帯53.8％，保険料軽減世帯43.2％であり，平均所得168万7000円に対して平均保険料14万2800円，その負担率は8.4％である[31]。

お わ り に

　最後の箇所では取り上げなかったが，保険料支払いだけではなく，給付の場面でも「受益者負担」の名のもとに，格差と排除，そして収奪が進行している。健康保険本人の窓口負担が現行では3割，介護保険が要介護認定のハードルを経た上で介護サービス費用の利用時に1割負担，さらに2006年度からは障害者にも，障害者自立支援法によってサービス利用時に1割負担が導入された。

　上記以外にも，「消えた年金記録」や医師不足・病院閉鎖など社会保障制度全体が不安定な状態になっている。「格差社会」・「貧困社会」の実態は，今や「難民社会」の様相を呈するまでになっている。

　これに対して，日本経済団体連合会は，年頭に発行した『希望の国，日本ビジョン2007』で次のように主張する。「国民生活のセーフティネットである

社会保障制度を将来にわたり持続可能なものとしていくには，社会保障給付の増大を徹底して抑制し，経済の身の丈に近づけていく必要がある」[32]。

現場の窮状を顧みることのない，この空疎な主張にも，皮肉なことにその意図とは反対に，社会保障制度を「持続可能」なものにするためには，真の意味での経済大国にふさわしい「身の丈」に近づけていくことの必要性が読み取れる。基本的人権の保障と，応益負担ではなく応能負担の原則に基づく社会保障の制度設計が今こそ望まれている。

注
1) 相対的貧困率は同一モデルの家計の可処分所得としての等価所得（世帯所得を世帯員数の平方根で割った金額）が，全人口中位所得の50％未満の世帯に属している個人の比率として測定される。貧困率上位（15％以上）のその他の国は，メキシコ20.3％，トルコ15.9％，アイルランド15.4％であり，OECD 25カ国平均は10.2％である。以上については，OECD編著，高木郁朗監訳『図表でみる世界の社会問題　OECD社会政策指標——貧困・不平等・社会的排除の国際比較』明石書店，2006年，60-61頁，参照。
2) 2005年の当初所得のジニ係数は0.5263（3年前の2002年は0.4983）であり，税・社会保障による再分配後のジニ係数は0.3873（2002年は0.3812）である。以上については，厚生労働省『平成17年　所得再分配調査報告書』2007年および『日本経済新聞』2007年8月25日，参照。
3) 詳細は，2005年八幡東区餓死事件，2006年門司区餓死事件，2007年小倉北区餓死事件，小倉北区自殺事件である。北九州市の全7区のうちの3つの区でこうした事件が起きている。この北九州市は厚生労働省の「モデル福祉事務所」とされてきた経緯がある。そこでは生活保護の「申請」を受け付けず，単に「相談」として処理して窓口（水際）で食い止める「水際作戦」だけではなく，保護の利用開始直後から厳しい「就労指導」を行って「辞退届」を書かせるという新しい手法である「硫黄島作戦」（いったん敵を上陸させておいてから，個別に撃破する）が「ヤミの北九州方式」として実行されてきた。なお，2007年6月に弁護士，司法書士，研究者，労働者，運動団体などによる「生活保護問題対策全国会議」が発足し，7月に厚生労働省と北九州市に対して「公開質問状」を提出したが，両者ともに「公開質問状」を無視した。そこで，8月下旬に小倉北福祉事務所長を公務員職権濫用罪と保護責任者遺棄致死罪とで刑事告発するまでに至っている。また，同時に，人権侵犯救済申告書も提出している。以上については，藤藪貴治・尾藤廣喜『生活保護「ヤミの北九州方式」を糺す』あけび書房，2007年，参照。
4) 橘木俊詔『日本の経済格差』岩波新書，1998年，6頁。
5) 渡辺雅男は「階級」の視点から，「現代の労働者階級をとりまく社会的格差」として以下の5つをあげている。それらは，①賃金格差，②所得格差，③資産格差，④教育格差，⑤生活意識の格差である。以上については，渡辺雅男『階級！　社会認識の概念装

置』彩流社，2004年，92-100頁，参照。
6) 二宮厚美は，階級関係を基本にしつつ，以下のように2種類の格差による二重構造として「格差社会」を捉えている。第1は，資本対賃労働という対立する階級関係としての「支配関係にもとづく格差拡大」であり，第2は，労働者間や国民相互間における「差別関係にもとづく格差拡大」である。そして，前者を「弱肉強食型の対立的格差」，後者を「優勝劣敗型の分断的格差」とも名づける。この2つの関係では，あくまで前者の「対立的格差」が主であって，それが後者の「分断的格差」を呼び起こし，それがまた前者にはね返るという構図である。さらに，前者は支配される側の「自由」(たとえば，生存の自由)の侵害という問題をもたらし，後者は国民諸階層の「平等」の侵害という問題をもたらすと指摘する。以上については，二宮厚美「新自由主義的格差社会化の構造とその克服視点」『賃金と社会保障』No.1427(2006年10月上旬号)，6頁および14-16頁，参照。さらに，二宮は上記の2種類の格差について，労資間の「階級的格差関係」と労働者内部の「階層的格差関係」として捉えて，「格差社会」を「階級的格差プラス階層的格差」の二重構造をもつものとして整理している(二宮厚美『格差社会の克服――さらば新自由主義』山吹書店，2007年，29頁)。
7) 後藤道夫は，「格差」を「絶対的格差」と「相対的格差」に区分して，前者の「絶対的格差」(常識的な社会生活の可能と不可能との間の格差)こそが，「格差」問題の中心であると捉えている。具体的には，生活保護基準以下の収入の勤労者世帯であるワーキングプアを対象とする。以上については，後藤道夫「「ワーキング・プア」社会の到来――過労をまぬがれても待っている「貧困」」『エコノミスト』毎日新聞社，2006年7月25日号，36頁，参照。
8) 広井良典はこうした「カイシャ」および「(核)家族」について，「見えない(インフォーマルな)社会保障」と呼んでいる。以上については，広井良典『持続可能な福祉社会――「もうひとつの日本」の構想』ちくま新書，2006年，53頁，参照。
9) 同上書，127頁。
10) 小越洋之助「ワーキングプアの諸相と最低賃金制の抜本改革」『月刊全労連』2007年6月号，ならびに黒川俊雄・小越洋之助『ナショナル・ミニマムの軸となる最賃制』大月書店，2002年参照。なお，2007年の改正で地域別最低賃金は時給を従来よりは大きく2桁引き上げた。全国平均14円アップで，その結果最低賃金は全国平均687円となった。しかし，これでも労働組合中央団体や野党が共通して要求している1000円水準にはほど遠い。
11) この調査は大規模調査(3年周期)の「貯蓄票」によるものであって，集計数2万5091である。なお，最近，この9.4%とは異なる数値が「貯蓄残高ゼロ世帯23.8%」としてよく利用されているが，それは日本銀行情報サービス局内に事務局を置いている金融広報中央委員会の「家計の金融資産に関する世論調査」2005年によるものである。この調査の実施および結果の集計は，株式会社・流通情報センターに委託されている。標本世帯数1万80，回収世帯数3261であって，その中で「貯蓄を保有していない」世帯が23.8%(実数776)である。また，同じく2004年の数値は22.9%である。世論調査という性格と標本数の少なさから考えて，この数値を利用するのは適切ではない。

12) 内閣府編『自殺対策白書』2007 年版，19-23 頁，参照。
13) 以上は，「数字で見る足立」(平成 19 年度版)足立区ホームページ，112 頁。
14) 「板橋区の教育の現況と課題」板橋区教育委員会ホームページ。
15) 2007 年の税制改正前後での税額の変化を課税所得 2000 万円で例示しておこう。まず改正前である。所得税が仮に単純累進税率であれば，最高税率 37%(課税所得が 1800 万円を超える場合)では 740 万円となる。しかし，超過累進税率であるから，4 段階区分による計算の組み合わせとなる。具体的には，330 万円×0.10＋(900 万円－330 万円)×0.20＋(1800 万円－900 万円)×0.30＋(2000 万円－1800 万円)×0.37＝491 万円であり，もとの課税所得 2000 万円の 24.55%である。さらに，個人住民税も同じく超過累進税率で，200 万円×0.05＋(700 万円－200 万円)×0.10＋(2000 万円－700 万円)×0.13＝229 万円で，もとの課税所得 2000 万円の 11.45%である。その結果，所得税と個人住民税の合計は 720 万円であり，もとの課税所得 2000 万円の 36%である。次に改正後である。所得税は 195 万円×0.05＋(330 万円－195 万円)×0.10＋(695 万円－330 万円)×0.20＋(900 万円－695 万円)×0.23＋(1800 万円－900 万円)×0.33＋(2000 万円－1800 万円)×0.40＝520 万 4000 円となり，もとの課税所得 2000 万円の 26.02%である。個人住民税は一律比例税率 10%となったので，200 万円である。その結果，所得税と個人住民税の合計は 720 万 4000 円であり，もとの課税所得 2000 万円の 36.02%である。
16) 厚生労働省『社会保障の給付と負担の見通し―平成 18 年 5 月―』(http://www.kantei.go.jp/jp/singi/syakaihosyo/dai18/18siryo2.pdf) 13 頁。
17) 生活保護の動向編集委員会編『生活保護の動向』2007 年版，中央法規，26-27 頁。
18) 駒村康平「低所得世帯の推計と生活保護制度」慶應義塾大学『三田商学研究』46 巻 3 号，2003 年，参照。なお，最低生活費の計算は以下のように行われている。最低生活費生活扶助基準(1 類)＋生活扶助基準(2 類)＋各種加算額＝最低生活費。上記の 1 類は食費や衣類など家族一人ひとりの費用であり，2 類は光熱費や家具什器など家族全体で使うものである。この結果，たとえば 1999 年では，一般世帯平均最低生活費額 194 万 8112 円，単身世帯平均最低生活費額 99 万 4339 円となっている。
19) 駒村康平「生活保護改革・障害者の所得保障」国立社会保障・人口問題研究所編『社会保障制度改革――日本と諸外国の選択』東京大学出版会，2005 年，182 頁。
20) 駒村・前掲「低所得世帯の推計と生活保護制度」110-111 頁。
21) 後藤道夫「格差社会の実態と背景」後藤道夫他『格差社会とたたかう――〈努力・チャンス・自立〉論批判』青木書店，2007 年，20-23 頁，参照。また，後藤道夫「ワーキングプア増大の前史と背景――戦後日本における貧困問題の展開」『世界』岩波書店，2008 年 1 月号も参照。
22) 杉村宏「研究動向：国民生活の不安定化と低所得問題研究の課題」青木紀・杉村宏編『現代の貧困と不平等――日本・アメリカの現実と反貧困戦略』明石書店，2007 年，156-158 頁参照。また，杉村宏「現代の格差・貧困と生活保護問題」日本民主法律家協会『法と民主主義』No. 424，2007 年 12 月も参照。なお，厚生労働省の報告書で低所得者の指標の基礎として取り上げている統計調査として杉村が紹介しているのは，国民生活基礎調査，福祉行政報告例，被保護者全国一斉調査，身体障害者実態調査，知的障

害児(者)基礎調査, 母子世帯等調査, ホームレスに関する調査である。
23) 報告書全文は厚生労働省ホームページからダウンロードできる。http://www.mhlw.go.jp/shingi/2004/12/s1215-8a.html
24) 布川日佐史編『生活保護自立支援プログラムの活用 ①策定と援助』山吹書店, 2006年, 参照。
25) 吉永純「生活保護をめぐる政策動向と改革の課題」竹下義樹・吉永純編『死にたくない! いま, 生活保護が生きるとき』青木書店, 2006年, 166-167頁, 参照。また, 林直久「時代を開いた生活保護裁判」同上書も参照。
26) 唐鎌直義「公的年金制度とその問題」近昭夫・岩井浩・福島利夫・木村和範編『現代の社会と統計』産業統計研究社, 2006年, 参照。
27) 社会保険庁「平成16年公的年金加入状況等調査結果の概要」2007年, 参照。
28) 社会保険庁「平成18年度の国民年金の加入・納付状況」2007年, 参照。
29) 「法定免除者」は, ①障害基礎年金または被用者年金の障害年金を受けている人, ②生活保護の生活扶助を受けている人, ③国立および国立以外のハンセン病療養所などで療養している人である。
30) 以下は, 厚生労働省「平成17年度国民健康保険(市町村)の財政状況について=速報=」(「報道発表資料」)2007年1月15日, 参照。
31) 厚生労働省『国民健康保険事業年報』2005年度, 参照。
32) 日本経済団体連合会『希望の国, 日本 ビジョン2007』日本経団連出版, 2007年, 60頁。

第3部
地域・環境と統計

第10章　地方自治体の政策形成と統計
── 格差拡大の危険はらむ地方行政改革

はじめに

バブル経済崩壊後，企業と雇用の環境は大きく変化した。雇用の多様化が進むとともに，業況の企業規模別格差，地域間格差も拡大している。こうしたなかで，国における地域支援のスタンスが「自助自立型」へと変わり，地方行政ならびに地方統計活動のあり方にも新たな視点が必要とされてきている。

2007年5月に統計法が60年ぶりに全面改正され，「行政のための統計」から「社会の情報基盤としての統計」の作成を目的とすることが宣言された。調査結果については，インターネット利用その他の適切な方法で速やかに公表することが義務づけられ，調査票情報等についても，オーダーメード集計，匿名データの提供が可能となり，統計の作成と利用をめぐる情報環境も e-Japan 計画のもとに格段に進むところとなった。

他方，2001年4月の新府省発足，同年6月の政策評価法の施行を皮切りに，行政改革が議論から実行の段階に移り，国の機関においては，政策，施策，事務事業すべてにおいて数値目標の設定と評価指標の策定が求められ，その点検・評価と公表が義務づけられている。そして，政策評価の実施にあたっては，「必要性」，「効率性」，「有効性」，「公平性」，「優先性」の観点から可能な限り具体的な数値・指標による定量的評価が求められている。統計改革による統計情報整備は国の機関に関していえば，基本的にはこうした行政改革の流れに合致しているといえよう。

しかし，地方自治体はどうか。地方分権の進展にともない，地方行政においても，政策，施策における数値目標の設定と評価指標の策定が求められている。

問題はその際使える統計情報の範囲である。政府統計の多くは全国集計を前提に設計されており，地方で利用可能な政府統計は限られている。この点で国と地方とでは決定的な条件の差がある。そうしたなかで，地方行政においても国の機関と同様に数値目標の設定と評価指標の策定が求められてきているのである。こうしたままで地方行政運営が進んでいくならば，定量的評価になじまない行政サービスが後退の一途をたどらざるをえないことになろう。

そのため数値目標の設定，評価指標の策定に役立つ統計情報の充実をどうするかが地方統計活動にとって大変重要なテーマとなってきている。こうした問題意識から，ここでは地方統計活動の現状と今後のあり方について考えてみることにしたい[1]。

1. バブル経済崩壊後の日本経済

(1) 景気「回復」のたびに上昇した完全失業率

1990年代以降十数年の間に，日本経済は3度の激しい景気後退に見舞われ，企業経営の環境は大きく変わってきた。その結果，雇用環境も変わり，完全失業率が1980年代までに比べ数段高くなってきている。2003年より大企業を中心に生産の回復がみられ，それにともない完全失業率が低下してきたが，回復に際しての企業規模別格差，地域間格差はきわめて大きく，中小企業経営，とりわけ地方の中小企業経営は依然厳しい状況が続いている。

バブル崩壊後の企業業況の変化を日銀『全国短期経済観測』(以下，短観という)の業況判断DI(良いマイナス悪い企業の割合%)でみると，バブル崩壊直後の1992年から1993年にかけての急激な後退，消費税率引き上げ後の1997年から1998年にかけての激しい後退，アメリカのIT不況による2000年末から2001年にかけての後退と，3度の大きな景気後退を示し，2004年以降ようやく大企業・中堅企業の業況判断DIが水面に顔を出すところとなった。

ここにいう水面とは業況が良い企業と悪い企業が同数(業況判断DIがゼロ)である状態を指す。つまり，まだ良いと悪いが拮抗した状態である。これを中小企業に限った業況判断DIでみると，バブル崩壊後ずっと水面下で推移し，よ

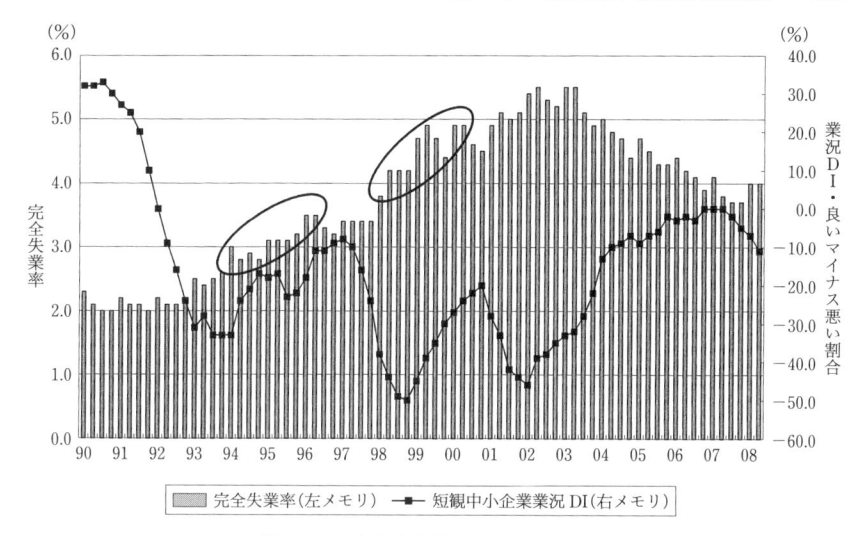

第10章　地方自治体の政策形成と統計　245

図10-1　完全失業率と業況DIの推移

うやく水面にたどりついたのは2006年12月調査である。大企業・中堅企業のDIとは10〜20％もの差が生まれている。しかも，2007年後半には早くも後退局面に入っている。

　バブル崩壊後3度の景気後退があったということは，その後3度の回復があったということであるが，こうした短観の業況判断DIと完全失業率の推移を重ね合わせてみると，驚くような状況が読み取れる(図10-1)。通常，景気後退期には完全失業率が上昇し，回復期には下がってくるが，1993・1994年の後退期に完全失業率が上昇した後，1995・1996年の回復期にも一層の上昇をみせているのである。1980年代までの2.0％前後から，1993〜96年の4年間で3.5％近くにまで上昇している。

　また，1997・1998年の景気後退の後の1999・2000年の回復期においてもそうである。この4年間で3.5％から5.0％を超えるところまで上昇している。こうした経験はわが国では初めてである。景気後退期に完全失業率が上昇しただけでなく，回復期にも上昇したということは，この間の業況の改善が雇用の削減によるものであるということを何よりも雄弁に物語っている。

　2003年以降の回復局面で，ようやく完全失業率の上昇に歯止めがかかり，徐々に下がってきている。しかし，同時に進んできたのが各種労働法制の改正

による非正規雇用の拡大である。完全失業率の低下と非正規雇用の拡大は，裏腹の関係にあることをみておかなければならない。雇用環境自体は客観的には一層厳しさを増してきている。

　こうした構造変化を生んだ要因のひとつが円の急激な上昇とその定着である。1980年代半ば以降，それまでの1ドル200円前後から150円を超える水準へ，そして2000年代には120〜110円へと数段高くなり，それが固定化してきている。これにより海外，特にアジア諸国での生産に比べ，企業にとっての労働コストが高くなり，企業は生産の海外展開を積極的に進めてきたのである。1980年代に，都市部から地方へ工場の移転を進め，そこからさらにアジアへと進出し，その結果，残された地域の産業と経済は大きなダメージを受けるところとなった。こうした経営環境の変化が雇用に及ぶなかで，完全失業率の上昇と雇用の多様化(非正規化)が進んできたわけである。

　企業の開業率と廃業率をみても，後者が前者を上回るようになってきている。そのため製造業の事業所数・従業者数も大きく減少してきた。1992年を100.0とすると，2001年の事業所数は76.2，従業者数は79.4という水準であり，10年間で大きく減少した。特に大きいのが大企業で，事業所数は73.6，従業員数は69.7となり，大企業が大規模な人員削減を実施したことがわかる。

　中小企業庁・中小企業基盤整備機構の『中小企業景況調査』の結果をみると，中小企業とりわけ小規模企業の業況判断DIは，2007年時点でマイナス20，マイナス30といった，まだはるか深い水面下にあり，大変厳しい状況にある。景気の状況を本当にみるには，小規模企業にもしっかりと目を向けなければならないであろう[2]。

(2) 「自助と自立」の地域経済再生

　ところで，従業者規模別に雇用変動をみると，大企業より中小企業の方が，雇用吸収力が高いという結果が出ている。中小企業庁編『中小企業白書』でしばしば論じられているところであるが，これは，中小企業の方が，正規雇用を非正規雇用に切り替える余力が小さい一方，大企業における雇用縮小がより急速に進んできたためである。それゆえ，地域の雇用は中小企業の活性化を抜きに語ることはできなくなっている。市場から退出しなければならない企業が過

度の保護を受けてとどまるということは市場原理からすれば問題であるが，伸びる企業，育つ可能性のある企業までもが廃業に追い込まれるようなことがあってはならない。

　近年の企業活動活性化の取り組みの中で，どのような中小企業をどのようにサポートするかが大きなテーマとなっている。大企業の雇用吸収力がぐんぐん高まるということであればよいが，実態は逆であったというのがバブル崩壊以降の経験である。大手スーパーや大工場が進出し，地域の経済活動が活発になるということもあるが，その進出によって育つ可能性のあった中小事業所が廃業に追い込まれ，あげくの果て今度はその大手スーパーや大工場が突然撤退し，地域経済が壊滅的な打撃を受けるという事態すら発生している。

　それだけに，地域においては大手企業の誘致のみを期待するのではなく，自立的な地域企業の育成をもう一方の柱としてしっかりもつのでなければならない。むろん，地産地消という地域内のクローズドな経済活動ですべて賄える時代ではない。地域を越えた取引，国を越えた取引が不可欠である。しかし，雇用においては地域で生活する人のネットワークを大事にしていかなければならない。そこには生活があり，それを豊かにする地域の文化がある。それを活かし，育てることが大事である。

　2003年12月に小泉内閣のもとに設けられた「地域再生本部」の決定として「地域再生推進のための基本指針」が定められた。地域再生に対するその後の国の方針となっているものである。その基本的考え方は次のようなものである。

　地域再生とは，地域の産業，技術，人材，観光資源，自然環境，文化，歴史など地域が有する様々な資源や強みを知恵と工夫により有効活用しながら，地域内外のニーズを掘り起こし，それに応じて民間事業者がビジネスを健全な形で展開することを通じて，これを成し遂げるための十分な雇用を創出できるようにするものである。また，地域の「自助と自立の精神」を活かすため，従来型の財政措置を講じないことを基本とする。すなわち，地域再生は，経済的に困難な状況に直面している地域を国が一方的に支援するということではなく，あくまで，意欲のある地域自らが，地域の現場の視点から自発的に立案し，自立的に取り組み，国は，これを支援することを基本とするというものである。

　「地域再生本部」は，その後，2007年10月に「都市再生本部」，「構造改革

特別区域推進本部」,「中心市街地活性化本部」とともに「地域活性化統合本部」へと統合されるところとなる。しかし，地方が自ら考え，実行すべしという国の方針については何ら変わるところはない。

　さて，こうした時期，必要となってくるのは地域自ら地域の実情，事業活動の状況，雇用の状況について把握する力である。かつてオイルショックの頃，地方自治体自ら地域企業の悉皆調査を行い，活性化のための様々な取り組みを模索したことがある。地方財政の制約度が高まるなか，同じことはできないまでも，地域経済の動向を捉える何らかの仕組みを構築していくことが大事である。すなわち，地域のニーズや活動状況を知るため，単発的に大きな調査を実施することも大事であるが，それだけでなく継続的な調査もまた大事になってきているのである。定期調査を踏まえその時々の問題や課題を考え，また，必要に応じてさらなる調査を可能とするような仕組みである。

　こうして，今必要となっているのは国の統計だけでは片づかない，地域独自の課題を捉える調査，変化の激しい地域経済の動きをスピーディーに捉える調査，これを地域自ら担う力である。その必要性は，地方自治体の政策形成に求められている力が何であるかを考えてみるとよくわかる。

2. 行政改革と地方自治体の政策形成

(1) 政策評価機能の強化

　地方自治法は，第2条4項において,「市町村は，その事務を処理するに当たっては，議会の議決を経てその地域における総合的かつ計画的な行政の運営を図るための基本構想を定め，これに即して行なうようにしなければならない」と定め，市町村における行政運営の基本構想の策定を義務づけている。これは都道府県を対象とした定めではないが，実際にはほとんどの都道府県において基本構想の策定が行われている。それは，基本構想の策定のみならず，基本計画，総合計画の策定として行われてきている。

　1990年代までは，人口増もそれなりに想定できたため，計画も10年単位のやや長期のものとして作成され，一種の県づくりのビジョンを示すものとなっ

ていた。逆にいえば，そうしたビジョンと年々の行政遂行上の問題とは必ずしも直結するものではなかった。しかし，2000年代に入ると様相を異にすることになる。

　将来ビジョンを示すものとしての長期計画を引き続き策定しながらも，3～5年の中期計画，1年単位の短期計画に力点が移ってくるのである。それは，多くの自治体で人口減を直視した計画を立てざるをえなくなり[3]，また，予算制約により政策の重点化を図らざるをえなくなってきたからである。いうなれば行政サービスのあり方を根本的に見直さねばならなくなってきている。

　国が地方の「自助と自立」を強調するようになったのは，国の財政による地方支援が困難になってきたからである。それどころか，国の機構の縮小も必要であるとして，1980年代後半より行政改革の議論が積み重ねられてきた。それはバブル崩壊後一層加速し，1994年には政府のもとに行政改革推進本部が設けられ，行革推進の実行体制が整えられた。その実施の第1段階が，2001年4月の新府省設置といくつかの独立行政法人の発足である。

　行政改革はこれがゴールではなく，むしろスタートであった。消費税率引き上げ後の激しい景気後退に突入した1997年12月，行政改革審議会が最終答申を出し，行政における政策評価の導入を提言した。この答申を踏まえ，1998年6月に中央省庁等改革基本法が制定され，その後の新府省の発足に結びついたわけであるが，この時期に進められた行革のもうひとつの柱がまさにこの政策評価機能の強化であった。

　2001年1月に「政策評価に関する標準的ガイドライン」(政策評価に関する各府省連絡会議了承)がまとめられ，新府省発足後の6月に「行政機関が行う政策に関する法律(政策評価法)」が制定され，施行後各府省はガイドラインに沿って政策評価を実施してきている。政策評価法にいう政策評価の目的は，行政における説明責任の徹底，効率的で質の高い行政の実現，成果重視の行政への転換である。その限りでは異論をさしはさむ余地はないが，成果重視というときの目指されるべき成果をどのように評価すべきかは実際のところ簡単なことではない。

　評価のあり方としては，自己評価を基本とし，できるだけ定量的に行うというのが「政策評価法」の定めである。「ガイドライン」では，「必要性」，「効率

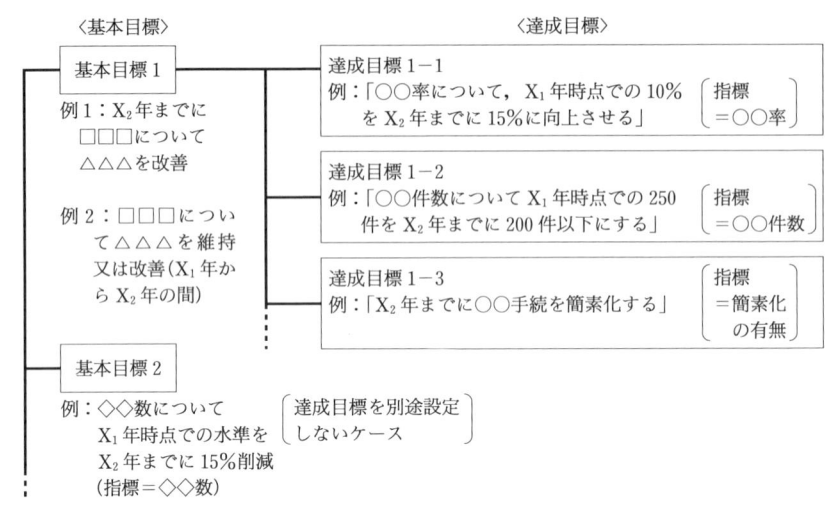

```
〈基本目標〉                          〈達成目標〉

基本目標1 ─┬─ 達成目標1-1
          │   例:「○○率について，X₁年時点での10%    [指標
例1: X₂年までに  │       をX₂年までに15%に向上させる」    =○○率]
  □□□について │
  △△△を改善  ├─ 達成目標1-2
          │   例:「○○件数についてX₁年時点での250    [指標
例2: □□□につ  │       件をX₂年までに200件以下にする」   =○○件数]
  いて△△△を維持 │
  又は改善(X₁年か ├─ 達成目標1-3
  らX₂年の間)    例:「X₂年までに○○手続を簡素化する」  [指標
                                                     =簡素化
                                                      の有無]

基本目標2
例:◇◇数について    [達成目標を別途設定]
  X₁年時点での水準を  [しないケース      ]
  X₂年までに15%削減
  (指標=◇◇数)
```

図10-2　基本目標および達成目標のイメージ例

性」，「有効性」，「公平性」，「優先性」の観点から評価し，評価の手法としては，可能な限り具体的な指標・数値による定量的な評価を行い，困難である場合は，客観性の確保に留意することとされている。

　より具体的には，主要な施策等に関し，国民に対して「いつまでに何についてどのようなことを実現するのか」をわかりやすく示す，成果(アウトカム)に着目した目標(基本目標)を設定する。具体的な達成水準を示すことが困難な基本目標については，これに関連した測定可能な指標を用いて，それぞれの指標ごとに達成水準を示す具体的な目標(達成目標)を設定する。達成目標は，可能な限り客観的に達成度を測定できるよう，定量的または定性的な指標を用いて示すこととする。

　「ガイドライン」はこのように定め，図10-2のようなイメージ図まで提示している。ポイントは，誰がみても納得いく評価結果にするため，客観的に測定可能な目標・指標を設けるということである。基本目標の達成期間については，5年程度が基本とされ，「企画立案(plan)」，「実施(do)」，「評価(see)」を主要な要素として政策の企画・立案を図ることとされている。

　こうしたガイドラインに沿って国の機関は2001年以降一斉に計画の立案と評価システムの構築を行ってきている。この「ガイドライン」は，2005年に

改訂され,「事業評価方式」,「実績評価方式」および「総合評価方式」などを組み合わせ,一層体系的でかつ合理的,的確な政策評価の実施の確保が求められるところとなっている。そして,こうした政策評価の流れは,国の機関にとどまらず,地方自治体にも及ぶところとなった[4]。

(2) 地方分権と地方行政改革

　地方分権の進行は1993年6月の「地方分権の推進に関する国会決議」(衆参両院)に始まる。この決議を踏まえ,1995年7月に「地方分権推進法」が制定・施行され,地方分権推進委員会が立ち上がることとなった。数次の審議の後,2000年4月に「地方分権一括法」が施行され,機関委任事務が廃止され,地方自治体の事務は法定受託事務と自治事務に分けられることになった。そしてさらに,2001年6月には「地方分権推進委員会最終報告」がまとめられ,行政改革から税財政改革へと向かうべきことが提言される。まさに,行財政改革である。

　これを受け,2002年6月に小泉内閣は「構造改革に関する基本方針2002」を閣議決定し,国庫支出金の削減,税源の地方への移譲,地方交付税の見直しを一体として進める,いわゆる三位一体改革の推進を決めた。その後,4兆円の補助金改革と3兆円の税源の段階的移譲を目指す政府と,3.2兆円の補助金廃止と3兆円の税源移譲(個人所得税→個人住民税)の同時実施,国と地方の協議機関の設置を求める地方6団体(全国知事会,全国県議会議長会,全国市長会,全国市議会議長会,全国町村長会,全国町村会議長会)との間で激しい交渉が行われ,2005年11月に3兆円の税源移譲を含む「三位一体改革の枠組みに関する政府・与党の合意」がみられ,地方6団体も税源移譲については評価するところとなった。しかし,福祉手当,義務教育費等の国庫負担率引き下げについては厳しく批判し,引き続く改革・改善を求める決議をあげている[5]。

　こうして,2006年には三位一体改革後の将来の地方分権の抜本的な改革に関する議論が政府部内で行われ,同年12月に地方分権のための関係法令を一括して見直すとともに,「地方分権改革推進法」を制定・施行し,国,地方が分担すべき役割の明確化,国,地方公共団体の責務,地方分権推進の基本方針,地方分権推進改革案の策定の義務づけ,地方分権推進委員会の設置が決められ

たのである。

　そして，これに先立つ 2006 年 7 月，地方行革の担当省である総務省は「地方公共団体における行政改革の更なる推進のための指針」を定め，行財政改革を地方においても一斉に推進することとした。この指針の目的は，地域の力を結集し，「新しい公共空間」を形成することにより，行政自らの役割を重点化することであり，また，「公共サービス改革法」を踏まえた改革の推進を図ることである。

　「公共サービス改革法」とは，2006 年 6 月に制定された「競争の導入による公共サービスの改革に関する法律」の略で，国の行政機関等または地方公共団体が自ら実施する公共サービスに関し，その実施を民間が担うことができるものは民間に委ねる観点から，これを見直し，官民競争入札または民間競争入札に付することにより，公共サービスの質の維持向上および経費の削減を図る改革を実施するため，必要な措置，必要な事項を定めるというものである。

　そして，この法律を踏まえた改革推進のため，2006 年 7 月の地方行革指針では，総人件費改革，公共サービス改革，地方公会計改革，情報開示の徹底・住民監視(ガバナンス)の強化，総務省による助言フォローアップの強化という方針を掲げている。

　このうち，総人件費改革では，地方公務員の職員数を 5 年間で国家公務員と同様 5.7%減し，給与については，地域民間給与の反映，年功的給与上昇の抑制，勤務実績の給与への反映を心がけることとし，さらに，第 3 セクター等の人件費，職員数，職員の給与の情報公開，補助金，委託金の抑制という大変厳しいものとなっている。

　また，公共サービス改革については，計画策定(Plan)→実施(Do)→検証(Check)→見直し(Action)のサイクル(PDCA サイクル)に基づき不断に事務・事業の再編・整理，廃止・統合を行い，「市場化テスト」の積極的な活用を図ることとしている。

　さらに，地方公会計改革については，公会計を整備し，バランスシート，行政コスト計算書の活用を図るとともに，資産・債務管理と改革プランを 3 年以内に作成することとしている。そして，これらについて，情報開示の徹底を求め，住民による監視(ガバナンス)を強化するとともに，総務省によるチェック

を強めようというのである。

　こうして，地方行政においても，国の機関同様，総合計画の策定(施策の選択と集中)，実施計画，単年度計画の策定ならびに推進と行財政改革が表裏一体のものとして進められることになってきている。

(3) 政策の重点化と政策評価

　地方行政における国の機関同様の改革というのは実はすでに一部の自治体で開始されていた。これを全国くまなく進めていくというのが，2006年7月の地方行革の指針(総務省)の意味である。では，早い時期から進められてきた地方行政における改革はどのようなものだったであろうか。ここでは，岩手県を例に改革の概要をみてみることにしたい。岩手県は，後に地方行政改革の担当相となる増田知事の時代に改革が進められた[6]。

　増田知事は，建設省出身で1995年に岩手県知事に立候補・当選し，県政に効率性をもちこみ，「県庁株式会社」と呼んだことで知られる。また，経済成長一辺倒でなく，自然体に生きるとの意味で，「がんばらない宣言」を発表する一方，財政削減，人件費削減を進め，2000年にプライマリーバランスの黒字化(新規県債額＜県債返済額)を達成した。増田知事3期12年の間に進められた改革は政策の重点化と行政評価システムの結合であり，地方行政改革はおおむね同様のプロセスをたどると考えられるため，以下その概要を簡単にみておきたい。

　知事1期目の1997年に県の総合計画審議会に「新しい総合計画の基本方向について」の諮問を行い，同審議会が2年半かけて答申をまとめ，これを受け知事2期目の1999年8月に「岩手県総合計画」を策定している。人口減を前提した岩手県初の計画であり，策定にあたって検討体制を整備するとともに，多くの県民の声を踏まえる努力がなされた。

　総合計画審議会は，起草委員会，人口経済専門部会，5つの小委員会(環境共生，快適安心，地域経済，連携交流，個性参加)を設け，これに県庁内事務局(企画振興部)が核になって庁内政策会議を開き，各部局，地方振興局，県民，職員の意見を吸い上げながら総合計画の作成が図られた。人口見通しは，10名の委員よりなる人口経済専門部会が5回の会議を開き，岩手県の計画史上初めて減少

見通しが立てられた。また，140万県民の100人に1人から意見を聞くことを目標に，県民アンケート，企業アンケート，各種フォーラムなどを通じ2万5000人から意見をもらった。

　こうして，行政の側だけではなく，県民を含めたいわば県をあげる形で「岩手県総合計画」は策定された。計画においては，基本理念を「"自立・参画・創造"による持続的な地域づくり」，基本目標を「みんなで創る"夢県土いわて"」と定め，目指すべき5つの社会像として，「環境共生」，「快適安心」，「産業経済」，「交流連携」，「個性参画」を掲げている。そして，この5つの社会像の下に17の施策，78の事業分野，343の主要事業，2117の事業が連なり，209の目標指標が定められた。

　岩手県はこうした計画づくりをする一方，県の行政改革のもう一方の柱として政策評価システムの導入を図った。知事1期目の1997年に総合計画策定の諮問を行ったが，この年同時に事務事業の評価システムの導入も行っている。そして，翌98年には公共事業の評価システムへと広げ，「政策評価法」の制定に先立って自主的に事業評価システムの導入を図ってきたのである。ただ，この段階では，政策の遂行と行政評価システムとが必ずしも結びついていたわけでない。それを結びつける方向で一歩踏み出すきっかけとなったのが，知事3期目の選挙であった。

　「三位一体改革」の方針が出された翌年(2003年)の知事選挙は多くの自治体でそうであったようにマニフェスト選挙として争われた。それは，行政改革だけでなく財政改革もが，自治体運営の大きな柱とならざるをえず，政策の選択と集中が避けられなくなってきたからである。こうして，選挙において40の重点政策が掲げられ，3期目の当選・就任後ただちに「"誇れるいわて"40の政策(03年度〜06年度)」が策定された。網羅的な政策ではなく，まさに重点政策である。

　むろん，行政サービスとしては広範囲に行わねばならない面があり，「岩手県総合計画」が破棄されたわけではなく，一部は重なりながら並行して走る形になり，対外的にわかりづらい面があるが，政策の遂行が行政評価システムと結びつくなかで，庁内においては統一されたものとなっていた。というのは，2003年に「政策等の評価に関する条例」を制定(施行は2004年1月)し，政策評

価を本格的に実施することになったからである。条例に基づく政策評価の実施は，北海道，秋田県，宮城県に次いで4番目であり，条例の目的は，①企画立案－実施－評価サイクルの重視，②効果的で効率的な行政の推進，③成果重視の視点に立った行政運営であった。政策評価システム自体は2001年には導入されていたが，ここでいわば自らに義務づけることを県民に宣言したわけである。

　評価対象としては，計画目標－5つの目指す社会像－17施策－78事業分野－343主要事業－2117の全事業すべてであり，また新たに定められた40の政策である。評価調書としては，①施策評価調書(達成状況，達成・未達成の理由，選択と集中の方向)，②政策評価調書(総合計画の施策の体系との関連，目標達成状況；単位－目標－基準値－実績－評価)，③事業分野別評価調書(達成状況・課題，取り組みの妥当性，選択と集中の方向，指標等の状況；指標名－単位－基準値－目標値－実績値－評価，県民意識調査の状況)，④事務事業評価(評価結果を踏まえた方向，達成状況；目標値－実績値－達成度，事業の検証；具体性－有用性－効率性)が用意され，自己評価を行うとともに，17の施策－78事業分野－343の主要事業について県民意識調査の実施，政策評価委員会(外部意見)を踏まえて政策の遂行が図られることになった。

　そして，政策を実際に遂行する際に必要となってくるのが予算の裏づけである。岩手県では1件査定をやめ，部局ごとに予算枠を設けて，部局内で事務事業の優先順位を決めていく予算編成システムを2003年度から採用し，財務課についても，予算調整課と名称変更がなされている。どこの組織体でも問題になることであるが，そうした予算システムがすべての部局で機能するということはあまりない。その検証については今後の課題となっているという。

　以上，1995年から2007年にかけての岩手県の改革について概観したが，そこで行われた様々な取り組みは，多くの県において同様になされてきているか，あるいは今後なされていくと思われる[7]。

3. 求められる地方統計の充実

(1) 統計行政をめぐる改革

　国，地方自治体の行政改革が進むなか，統計行政においても大きな改革が進められてきた。わが国の統計制度は，1947年の統計法，51年の統計報告調整法の制定を経て確立された。その特徴は，必要な統計を省庁ごとに作成する分散型統計機構をもっている点と，国が企画立案し，地方自治体が実査を担う調査制度をとっている点の2つにある。国の行政を効率的に進めるという点ではこれは大変機能的な制度で，このもとで様々な調査統計や，国民経済計算，産業連関表，景気動向指数などの加工統計が作成され，一時は統計先進国とまで評されるところとなった[8]。

　しかし，1980年代，90年代と時が進むにつれて既存の統計ではカバーしきれない分野が広がるようになり，バブル経済崩壊以降，そのことが無視できなくなってくるのである。こうして，1995年に統計審議会答申『統計行政の新中・長期構想』[9]がまとめられ，社会・経済の変化に対応した統計調査の見直し，主要統計調査の実施時期の再検討，調査結果の利用の拡大などの課題が提起された。その後，すでにふれたように，国の行政改革が具体的に動き出し，統計審議会も法施行型の審議会へと位置づけが変わり，1995年答申のような統計行政の将来構想を論じる場ではなくなった[10]。そのため，統計行政の改革については，各府省統計主管部局長会議の場で行わざるをえないことになり，その申し合わせとして，2003年に『統計行政の新たな展開方向』[11]がまとめられた。

　統計審議会1995年答申がいう統計の見直しについては，ここで一層の具体化が図られることになったのである。社会・経済の変化に対応した統計の整備に関しては，経済センサスの創設，GDP推計のための基礎統計の整備，企業を中心とした統計の整備，サービス分野の統計の整備，IT関連統計の整備，知的財産関係の統計の整備，雇用関連統計の整備，環境統計の整備，ジェンダー統計の整備，国民生活に関する統計の整備といった方針が掲げられた。

　また，2001年に政策評価法が制定されていることから，「各府省は施策実施

部局との連携に努め，政策評価への統計の活用を図るとともに，必要に応じ統計調査の見直しを図る」とされた。あまり強調されてはいないが，行政のための統計という面において，政府統計はその役割がより格段に大きくなってきている。

さらに，1999 年には「国の行政組織等の減量，効率化に関する基本計画」(閣議決定)が出され，統計行政においても効率的な業務運営を推進する方針が掲げられた。具体的には，統計調査と統計利用に関する情報通信技術の活用と統計調査の民間開放である。

小泉内閣のもと，これらの方針を急ピッチで進めるべく，2004 年，経済財政諮問会議のもとに設置されたのが経済社会統計整備推進委員会であった。同委員会の役割は，本来は改革工程表を作り，改革を加速化するところにあった。しかし，検討を進めるうち，制度そのものの見直しにまで向かわざるをえなくなり，10 回の審議の後に，「政府統計の構造改革」(2005 年 6 月)をまとめ，法制度の改革にまで進むことの必要性を提起した。

そしてこれを受け，同年，後継委員会として統計制度改革検討委員会が設けられ，1 年をかけた審議の後，「統計制度改革検討委員会報告」(2006 年 6 月)がまとめられた。これを踏まえ，2007 年 2 月に統計法改正案が通常国会に上程され，5 月に可決されたのである[12]。旧統計法と比べるとわかるように条文はすべて書き換えられており，いわば全部改正となっている[13]。

新法のポイントは以下のとおりである。

① 統計法の目的；「行政のための統計」→「社会の情報基盤としての統計」
② 公的統計の定義；国の機関，地方公共団体・独立行政法人等の作成する統計
③ 統計の種類；基幹統計(国勢調査，国民経済計算，総務大臣が指定する重要な統計)，一般統計，地方公共団体または独立行政法人等の作成する統計
④ 調査結果の公表；速やかに，インターネットの利用その他適切な方法で公表
⑤ 調査票情報等の利用および提供；学術研究の発展に資する場合，オーダーメード集計，匿名データの提供を可能とする

⑥　統計作成；政府への基本計画の作成の義務づけ。おおむね5年ごとの見直し
　⑦　守秘義務；業務に従事する者また業務の委託を受けた者は秘密を漏らしてはならない
　⑧　統計委員会；内閣府に設ける。基本計画案の策定，国民経済計算の作成基準の策定，基幹統計の審議

こうして，行政のための統計という狭い枠にとらわれないことが強調される一方，行政のための統計という側面に対しては，政策評価に資する統計作成も可能とするような制度としての再構築が目指されることになるのである。

　この法律に基づき，さっそく内閣府に統計委員会・各部会が設けられ，統計の見直しは今後ここを舞台に進められていくことになる。一方，すでに進められてきた統計整備の課題も徐々に形を現しつつある。事業所・企業統計調査，工業統計調査，商業統計調査，サービス業基本調査を一本化する経済センサスは，2007年の一部地域での試験調査を経て，2009年の母集団名簿整備のための調査，2011年の本格調査(経理的項目含む)へと進んでいくことになる。

　2005年の「統計調査等業務の業務・システム最適化計画」(各府省情報化統括責任者会議)に基づく統計業務システムの改革も進められ，2008年より政府統計共同利用システム(標準地域コード管理システム，事業所・企業データベース，調査項目標準化データベース，オンライン調査システム，統計表管理システム，統計情報データベース，統計地理情報システム，地域統計分析システム，標準統計分類データベース，政府統計の総合窓口)が稼働することになった。

　また，統計調査面では，就業構造基本調査等の家計を対象とする調査にもオンライン調査が導入される一方，調査の民間委託が一層進められることになる。これは，集計等一部業務の委託ではなく，実査から集計に至る業務を包括的に委託することを特徴とし，民間委託ではなく，統計調査の民間開放といった表現まで用いられるようになってきている。このように，政府統計の作成と利用をめぐる環境は大きく変わってきている。

(2)　地方統計の整備をめぐる課題

　国の機関をみる限り，統計整備をめぐる状況の変化は，行政サービスの改革

方向に合致している。しかし，地方機関はどうか。地方統計の到達点としては，国勢調査，事業所・企業統計調査等のセンサスデータの地域集計，県民経済計算の整備，地域産業連関表の整備，地域景気動向指数の整備等をあげることができる。これらに基づき地域経済白書が作られ，地域の長期経済計画のベースとして用いられてきた。

ただし，行革の柱は小さな政府の実現，人員削減にある。すでにみたように地方自治体にも国の機関同様の削減目標が立てられている。こうした動向が地方の統計行政に影響を与えないわけはなく，行革の議論が始まっていた1995年の統計審議会答申でも「報告者負担と地方統計機構」という章が立てられ，実査を担う地方統計機構の充実・強化についての言及がなされている。それは，調査内容が複雑化し，調査環境が悪化するなかで，国の配置する地方自治体の統計職員が削減され，また，人事ローテーションの短期化が進み，実務経験の豊富な統計職員が確保されなくなってきていたからである。こうして，どのように地方統計機構を維持・強化するかがより大きな課題となってきた。

答申が示した方策は，統計職員の研修の充実，統計調査事務のOA化の推進，都道府県等の統計主管課の活性化である。その後，前二者はそれなりに整備が進んでいくが，問題は後者である。答申では，統計主管課の活性化の方策は，「地方における統計情報の発信者，統計の利用者としての機能を充実させることである」として，①地方における公表の拡大および早期化に対する国の支援，②地方における独自集計に対する国の支援，③地方における独自調査に対する統計主管課による支援をあげている。

2003年にまとめられた『統計行政の新たな展開方向』では，このさらなる具体化が期待されるところとなっていたが，国の機関である各府省統計主管者会議の申し合わせとしての性格上，地域統計については次の2点の指摘にとどまった。

ひとつは，地域については地場産業の把握が必要であり，独自集計によりその把握ができるよう品目分類の見直し・細分化等の支援が必要であるという点，もうひとつは，調査結果の利用拡大のために，地理情報システムGISを介した情報の提供，事業所・企業データベースの活用，集計結果データの国・地方公共団体間の活用を進める必要があるという点である。

前者は地域の産業の特質を統計で捉えられるようにする必要があるということであり，後者は統計情報の発信を通じて統計主管課を活性化すべきということである。いずれも大事な点であるが，行革が本格化し，人員削減が進むなかで，これがどこまで実効性をもちうるかは定かでない。

　その後，社会経済整備推進委員会，統計制度改革検討委員会の審議を経て新統計法の制定がなされることになるわけだが，そこで地方自治体の統計はどのように位置づけられたであろうか。新法では，公的統計を，行政機関，地方公共団体または独立行政法人等の作成する統計とし，そのうち，国勢統計，国民経済計算および総務大臣が指定する重要な統計を基幹統計と呼ぶとしている。

　また，基幹統計以外の行政機関が作成する統計を一般統計という。ここには，地方公共団体または独立行政法人等の作成する統計は含まれず，基幹統計調査，一般統計調査と別に地方公共団体または独立行政法人等が行う統計調査という条項が立てられている。公的統計の作成については26の条文が当てられており，そのうち，基幹統計・基幹統計調査に13，一般統計調査に5つの条文が当てられているのに対し，地方公共団体または独立行政法人等が行う統計調査の定めは2つの条文のみで，しかもそのうちひとつは，届出義務と「基幹統計の実施に支障を及ぼすおそれがある場合は，……届出のあった統計調査の中止を求めることができる」という制約条項にすぎず，地方分権にふさわしい地方公共団体での統計作成をどのように育てるかの視点には，ある意味では旧法以上に欠けたものとなっている。

　わが国の統計制度の中では，地方での統計調査の企画力を位置づける枠組みがなく，統計法上もそうした点について何の位置づけもないということが指摘されてきたが，新統計法においてもこの点は何ら変わっていない。にもかかわらず，地方自治体の運営は，一方で人員削減と人事ローテーションの短期化が進められ，他方で政策の立案と目標設定，達成度評価に数量的指標，定量的指標の導入が求められてきている。地方統計がこれに応えられるのかどうか，これは政府統計それ自身にとっても大変大きな問題である。

　地方自治体の統計部門，統計活動が不活発になれば，いずれは，国の統計の実査の力，国の統計を活用する力も後退することになる。「自助と自立」による地域経済再生のためには，地域の現状，地域独自の課題にしっかり目を向け

る統計活動が不可欠である。

(3) 地方自治体の統計セクションの役割

では，統計審議会 1995 年答申のいう，「地方における統計情報の発信者，統計の利用者としての機能を充実させる」ことを通じた統計主管課の活性化という課題のその後はどうか。

政府統計作成の実査を担うため国の統計職員が各都道府県に配置されてきているが，地方自治法改正により統計調査は法定受託事務から機関委任事務に切り替えられ，各種指定統計の実査を都道府県の統計主管課が担うことになる。多くの統計主管課は，労働・人口，産業・商工，生活・文化という指定統計の実査グループと，分析・加工グループ，統計情報発信グループより構成される。分析・加工グループが，県民経済計算，産業連関表，県景気動向指数の作成に当たり，統計情報発信グループが地域集計結果や加工統計の公表に当たるわけである。市町村の場合は加工統計が可能なところは限られているが，実査については兼務を含めて同様の分担がなされている。

さて，地方自治体におけるこうした統計主管課であるが，かつては総務部への配置が多かったが，このところ急速に配置換えが進んできている。政策部，企画部，企画政策部，綜合政策部，企画振興部等の政策調整系部局への移管である。これは，選択と集中のもと，政策の重点化が必要となり，それにともない，政策策定過程での統計利用の機会が増えてきているからである。国の統計の実査を担い，ひたすら正確さのみが求められる役割から，政策展開に関連して庁内各部局や市民・県民へ統計情報を機敏に発信することが統計セクションのもうひとつの役割としてはっきりと位置づけられてきているのである。

たとえば，島根県では統計調査課は政策企画局に含まれ，実査部門として，人口，商工，生活の3グループをもち，この他，企画情報，調査分析グループが配置されている。企画情報がいわゆる統計データの情報発信であり，調査分析がIO表，県民経済計算，景気動向指数などの加工統計を作成するとともに，県経済の分析をも担当している。同県は 2005 年に「島根県総合計画──実施計画」を策定し，「自立的に発展できる快適で活力ある島根」を目指し，計画の遂行と点検，情報発信を開始した。そして，同年，県知事を議長とする公開

制の政策企画会議を立ち上げている[14]。

　興味深いのは，これを機会に，独自に作成した25指標をもとに毎月の景気判断を示す『県の経済動向』を統計調査課がまとめ，この政策企画会議に定期的に同課として報告し，審議に付しているのである。県内では日銀松江支店，財務省松江事務所，山陰経済研究所などが独自に経済動向分析を行っており，曖昧な判断を出すとただちに問い合わせが来るという状況にあり，担当部署としては緊張をともなうものと思われるが，県統計調査課自身がこのような取り組みに足を踏み出すということは統計利用の上できわめて意義深い。

　「島根県総合計画」では，先の基本目標のもとに5つの政策の柱と21の政策，70の施策を定め，施策に関連する多数の指標の全国順位を調べ，効果を検証する調査にも取り組んでいる。「調査の設計段階から，政策決定に役立ち，利用しやすい統計を心がける」という同課の決意をみるとわかるように，地方自治体の統計セクションは確実にその役割が変わってきている。

　もうひとつの例として取り上げておきたいのが，三鷹市のケースである。三鷹市の統計事務は2003年までは総務部文書課統計係が所掌していたが，「三鷹市行財政改革アクションプラン2010」に基づき，2004年度から企画部に移管し，経営戦略的な市政運営のために統計と統計活動を役立てることとした。このことにより，「統計係は現行の国勢調査等の指定統計調査のほか，市政に必要な独自調査を機動的に行い，各種データ及びその分析結果を政策決定に活用していくことが求められる」ことになったのである[15]。

　その後，統計係では三鷹市の基本計画の改定に関わる市民満足度・意識調査や基本計画の骨格に関するアンケートを実施してきている。まさに政策形成のための統計利用である。最近ではこうした位置づけや取り組みは多くの地方自治体で進んできているが，三鷹市のもうひとつの特徴として注目しておきたいのは，三鷹市の強みや直面する課題を統計を通じて市民と共有しようとする取り組みである。

　三鷹市は，他の自治体に先駆け下水道率100％を達成し，それに続く市政目標として「コミュニティ行政」を掲げ，行政が住区に入り，コミュニティ形成に力を入れてきた。このことはよく知られており，この面での問い合わせ，自治体その他からのヒアリングは引きも切らない状況にあった。こうしたコミュ

ニティ行政が進むには，地域の諸課題について市民との共通理解が不可欠であり，そのため同市では，平和・人権のまちをつくる，情報・活力のまちをつくる，快適空間のまちをつくる，健康・福祉のまちをつくる，教育・子育て支援のまちをつくる，生涯学習・文化のまちをつくる，市民自治のまちをつくる，といった市の定める「まちづくり指標」について，課題や達成目標を事業評価によって得られた最新データを通じて示し，その段階での施策の達成状況と成果を市民に広く示している。

これは，統計係が作成するのではなく，庁内各部局がそれぞれ抱える課題について統計データを通じて論点を整理し，『三鷹を考える論点データ集』(1999年，2004年，2007年)という形でまとめているのである。まさに，自治体職員全員統計力の時代である。

4. 自立と後退の間に立つ地域経済——まとめにかえて

以上みてきたように，行政の動きは，国においても，地方においても急速な変化をみせてきている。国，都道府県，市町村とも，行政が提供するサービスと民間や家計の自己責任に委ねる部分の切り分け，あるいは中間機関に委ねる部分との切り分けをどのようにするかを模索しながら，行政サービスの効率化が図られることになる。そして，その効率化の度合いを高めるため，PDCAサイクルに基づく行政活動が展開されることになる。政策，施策の体系の明確化，数値データに基づく目標設定，達成度管理，自己評価，外部評価の実施等々である。

そうなると，統計の専門家も必要であるが，それだけでなく，行政全員に統計の利用力，調査力が求められることになる。そして，それにともない統計セクションについて，総務系から政策企画部への配置換えが進み，統計の戦略的活用が求められるようになってきている。これは，国も地方も同様であるが，統計利用における国と地方の条件の違いは小さくなく，数値データに基づく目標設定，達成度管理をする上では，地方は決定的なハンデを負っている。いま求められている年度単位の政策運営をする場合，速報性の高い統計データ，数値情報が必要であるが，速報性の高い政府統計は標本調査の結果であり，それ

は国の機関にとっては利用可能であっても，都道府県，市町村にとっては使えない場合が多い。にもかかわらず，数値データに基づく目標管理をともなう運営は，地方においても求められてきている。そして，地方分権の進行がそれに拍車をかけている。

では，このまま進むとどうなるであろうか。まず第 1 に懸念されるのは，自治体の政策・施策が数値目標の立てられる政策・施策に限定されていくのではないかという点である。4 年任期の知事サイクルにも関係する 3〜5 年の計画立案が推奨されており，これまでのような 10 年単位の計画策定とは違うが，それでもその全体を通じた計画立案に際しては，地方自治体においても政府統計利用がある程度可能である。

しかし，実際の行政運営においては，実施計画の策定が必要となり，それは多くの場合 2 年ごとのローリングプランとして作成され，それぞれの施策・事業のレベルでは単年度の数値目標の設定が求められる。そして，数値に基づく達成度評価が毎年行われる。その評価はインプット (その事業にかけられる人件費を含む経費) との関係で行われ，アウトプットがそれに見合っているかどうか，進んでアウトカムも期待されるかどうかが常に数量的に問われる。こうした状況が毎年進行すると，抽象的な表現をとる施策・事業は，徐々に政策の対象とならなくなり，数値データによる目標設定，達成度確認が可能な事業にのみ行政サービスが限定されていかざるをえないことになろう。

他方，統計利用においても抜本見直しが進行し，PDCA サイクルとの関係で個別具体的にそれぞれの統計の必要性が問われることになる。総務省は 2007 年 8 月に，地方自治体その他での国勢調査の利用状況の調査を行っている。計画策定その他で用いられたかどうかを設問項目ごとに調査しようとしたものである。こうした調査は，他の大規模調査においても行わざるをえなくなると思われる。

総合計画における統計利用について盛岡市のケースでいうと，同市は「盛岡市総合計画」の実施計画にある 41 の施策中 84 の項目について数値目標を設定している。これを 2006 年度の結果で数えたところ，84 項目のうち，政府統計に基づく数値は 7 項目，独自に行った市民アンケートに基づく数値は 18 項目，その他のアンケートに基づく数字が 5 項目で，残り 54 項目は日常業務に基づ

くものであった(同市政策課へのヒアリング)。単年度目標で使える統計数字は地方では少なく，独自アンケートに依拠せざるをえないことがわかる。

このことを踏まえると，単年度で数値化できない施策・事業についてもその重要性を見失わないようにすることが一層大事になってきていることがわかる。中長期計画の策定に際しては，統計利用，実態調査利用により，当該課題の意義を明確化することが必要であり，実施計画の遂行，実施結果の評価に際しても中長期的視点からの判断が必要である。特に，地域の産業基盤，農業基盤の強化においてはとりわけこの点が大事である。

シンクタンク「構想日本」が「事業仕分け」を提唱してきているが，そこでも指摘されているように，商工労働行政における施策・事業は単年度の数値目標が立てづらいし，立てられてもインプットとの関係で理解されない傾向がある。そのため中小・零細企業の支援，雇用支援といった地域の課題については，その意義を明確にする努力を不断に行っていかないと，行政の部面からは後退の一途をたどらざるをえないことになるであろう。

それと，盛岡市のケースでわかるように，実施計画の遂行，単年度計画の遂行においては，その達成度評価の際に独自調査が必要となることが多い。そのため，外部委託による調査の実施を模索することになるが，予算との関係で挫折することも少なくない。これを乗り越えるには，行政内で，民間へ包括委託するより安価に調査する力を築く以外ない。民間委託の方が安価とは必ずしもいえるものでなく，中長期的にみてかえってコストがかかってしまうことも少なくない。この点は十分注意すべきであろう。

また，行政における調査力向上，統計データの活用力向上に際しては，地方自治体間での情報交換がもっとなされてよい。2003年よりLGWANネットで地方行政はつながれており，その活用による統計力，調査力アップは十分可能と思われる。しかし，ヒアリングで聞く限り，この点が進み出しているとは思われない。行政における統計の利活用力，調査力を急速に高めることが一層大事になっている。調査における民間委託を進める場合も，行政側に一定の能力が必要である。これは全員に求められると考え，向上のための取り組みを強める必要がある。

その際，統計研究者も協力すべきであろう。また，高等教育現場での統計教

育のあり方についても再考が必要であろう。調査力を身につける教育にもっと力が割かれてよい。地方自治体の調査統計課は政府統計の実査を担うところであったが，それだけでなく，地域の統計に基づき地域経済動向分析をリアルタイムに行う役割も求められてきている。そのため，高知県のように統計主管課内に政策統計グループを設けるといった動きも生まれている。こうした動きに注目するとともに，統計研究者が地域の統計セクションと協働して地域分析をしていくことが望まれる。

　地方では，県や市の機関だけでなく，国の出先機関，日銀支部，産業支援センター，地銀，大学，民間調査機関など様々なところで統計活動が行われている。そこにも，統計の担い手がいる。調査を企画する人がいる。その連携が必要であり，行政が呼びかければその実現は十分可能である。地域の統計，独自調査の読み方・分析の仕方の情報交換から始め，より深い協力・協同の関係が構築されていくことが望まれる。その芽はすでにあり，あとは行政の主体的な決断であろう。そして，そうしたところに統計研究者が関わっていくかどうか，これが地域統計活動を活性化させられるかどうかのもうひとつのポイントである。

　こうした統計を基礎とした取り組みが活発な地域とそうでない地域の差はしだいに開いていくものと思われる。放置すれば，格差の拡大はなおも進行する可能性があるのである。

注

1) 本章は，文部科学省科学研究費プロジェクト『地域経済活性化と統計の役割に関する研究』(研究代表；菊地進，2006～2009年度，課題番号18330042)に基づいている。都道府県，政令市などの政策企画部，統計課，商工労働部への実地ヒアリングを行い，多くの知見を得ることができた。記して感謝の意を表したい。

2) 景気が変調をきたすと体力の弱い企業から影響が現れてくる。日銀『短期経済観測』，内閣府・財務省『法人企業景気動向調査』が主として大企業・中堅企業を対象としているのに対し中小企業金融公庫『中小企業動向調査』は従業者規模50人前後，中小企業庁・中小企業基盤整備機構『中小企業景況調査』は従業者10人未満の小企業を多く含む調査となっている。これらの調査結果を比較してみると，景気後退が小規模企業から現れてくることがよくわかる。『中小企業景況調査』の調査特性については，中小企業基盤整備機構『中小企業景況調査25年のあゆみ——地域・県の姿を捉える景況調査へ』

2005年を参照されたい。
3) 香川県では，統計課が人口動向について独自に分析を行い，人口減対策として，香川をつくる「人」を増やすための10の方策を立て，『香川県新世紀プラン』の中に位置づけている。こうした人口をめぐる対策を講じるケースが増えつつある。ここで注目されるのは，統計主管課自ら統計に基づく分析を行い，県の政策形成に直接関与したことである。香川県人口減対策推進本部「香川県における人口減対策に関する基本的考え方」2006年11月。
4) 国の機関，地方機関を問わず評価システムの導入が急速に進んできており，政策評価，施策評価，事務事業評価まで詳細な評価シートが作成され，その内容が公開されるようになってきている。他方で，毎年膨大な作業を余儀なくされるため，見直しや簡略化に向かうケースも現れてきている。評価制度については，次を参照されたい。小野達也・田渕雪子(三菱総合研究所)『行政評価ハンドブック』1998年。宇賀克也『政策評価の法制度』有斐閣，2002年。日本統計協会『統計』2004年7月号，行政評価と統計特集。梅田次郎・小野達也・中泉拓也『行政評価と統計』日本統計協会，2004年。丹羽宇一郎『政策評価ハンドブック』ぎょうせい，2006年，251頁。金本良嗣・蓮池勝人・藤原徹『政策評価ミクロモデル』東洋経済新報社，2006年，300頁。総務省行政評価局政策評価官室『諸外国における業績目標の達成度の把握に関する調査研究』2006年7月。行政管理研究センター『政策評価』ぎょうせい，2007年，251頁。
5) 「三位一体改革」をめぐり国と地方のやり取りは2005年11月に一応の決着をみせた。しかし，残された課題も少なくない。佐藤文俊編『三位一体改革と将来像』ぎょうせい，2007年，236頁。神野直彦編著『三位一体改革と地方財政——到達点と今後の課題』学陽書房，2006年，228頁。
6) 岩手県については，2007年8月に総合政策室を訪問し，増田知事の時代の改革についてヒアリングを行った。その際，「岩手県総合計画策定の経緯」，「"誇れるいわて"40の政策」，「新地行革指針に基づく「集中改革プラン」について」，「岩手県行財政構造改革プログラムの取組状況【4年間の総括】」など各種資料提供をもとに詳細な説明を受けた。
7) 自治体の総合計画と政策評価については調査と研究が進んできている。斎藤達三監修『総合計画と政策評価』地球科学研究会，2003年，288頁。中井達『政策評価』ミネルヴァ書房，2005年，248頁。中村とみ子『住民ニーズと政策評価』ミネルヴァ書房，2006年，191頁。また，三菱総合研究所では，1998年より，地方自治体の「行政評価の取り組みに関する実態調査」を行ってきており，取り組みの推移について興味深い結果が得られている。結果は三菱総研のホームページで公表されている。
8) 日本の統計制度と諸外国の統計制度を比較することは，今後のあり方を考える上できわめて大事になっている。島村史郎『統計制度論——日本の統計制度と主要国の統計制度』日本統計協会，2006年，359頁。
9) 総務省統計局統計基準部『統計行政の新中・長期構想——統計審議会答申』全国統計協会連合会，1995年3月，204頁。
10) 総務省統計基準部「統計審議会50年の歩み」2002年，総務省統計局ホームページ。

11) 総務省統計局統計基準部『統計行政の新たな展開方向』(各府省統計主幹部局長会議の申し合わせ),全国統計協会連合会,2003年3月,172頁.
12) 法改正に向けて,日本の統計を大事にし,再生を果たすため,意のある研究者,行政関係者,民間人の多くの努力が傾注されたことを忘れてはならない.日本学術会議政府統計の作成・公開方策に関する委員会『政府統計の改革に向けて』2006年3月23日.菊地進「社会の情報基盤としての統計,その実質化」大塚勇一郎・菊地進編『経済学における数量分析——利用と限界を考える』第1章,産業統計研究社,2008年,20頁.
13) 旧法と比較して新法を読むといかに大きな改正であったかがよくわかる.概要については,次がわかりやすい.全国統計協会連合会『統計情報』2007年7月号,統計法改正特集.
14) 島根県については,2006年8月に政策企画局へ訪問調査を行い,「島根県総合計画」,「中期財政計画の基本方針」,「総合計画における〝優先施策〟の選定」,「活動評価シート」などの資料をもとに,詳しい説明を受けた.島根県の計画策定の意義については,時事通信『地方行政』2005年17, 21, 24, 28日号に簡潔にまとめられている.
15) 三鷹市には,2007年2月に,企画部統計係への訪問調査を実施した.「統計ニュース」,「みたか統計情報ニュース」,『統計ランキングでみる三鷹市』,『三鷹を考える論点データ集』,『三鷹市統計データ集(平成17年度)』,『三鷹市基本構想・第3次三鷹市基本計画(改定)』など多数の資料をもとに説明を受けることができた.三鷹市の統計係の取り組みについては,二浦孝彦「三鷹市における統計情報の利活用」『ESTRELA』2004年8月号,統計情報研究開発センター,にまとめられている.

第11章　格差社会の地域ガバナンスと地状学
――コミュニティベースの統計の試み

はじめに――社会的格差と地域統計分析に関わる総論

　社会的格差には様々なものがあり，その表出の仕方も時代により，国により，地域により異なるものであろう。こうした格差が是正されるべきものであるとすれば，その是正策は，国や地方自治体の政策の柱として位置づけられ，実施されていくことになる。いわゆるセーフティ・ネットとは，地域においては，地方自治体と地域コミュニティの縦糸・横糸が織り成す地域住民の生活の場の安全装置ともいえよう。

　さて，社会的格差については様々な調査があるが，直近の調査のひとつに日経リサーチによる「都市と地方の暮らしに関する調査」がある[1]。これによると，「最近，大都市と地方との格差を感じることがありますか」という問いに対し，町村部の74％，大都市部の64％が「大都市が豊かになり，地方は衰退している」とし，大都市と地方との格差を感じているという回答が多くを占め，また，「格差の中身」については，町村部では「所得や資産」が39％とトップとなっているが，「働きやすさ」も38％とほぼ同じ割合を占め，次いで，「暮らしやすさ」が19％となっている。これに対し，大都市では「働きやすさ」が43％とトップを占め，次いで，「所得や資産」が30％，「暮らしやすさ」が24％と続いている。こうした結果から，「働きやすさ」という雇用に関わる格差が町村・大都市共通に認識されていることがわかる。

　また，町村部と大都市間では「所得や資産」についての格差の認識のギャップが9ポイントと最も大きく，「働きやすさ」についての格差と「暮らしやすさ」についての格差の認識ギャップが5ポイントと同程度になっている。しか

270　第3部　地域・環境と統計

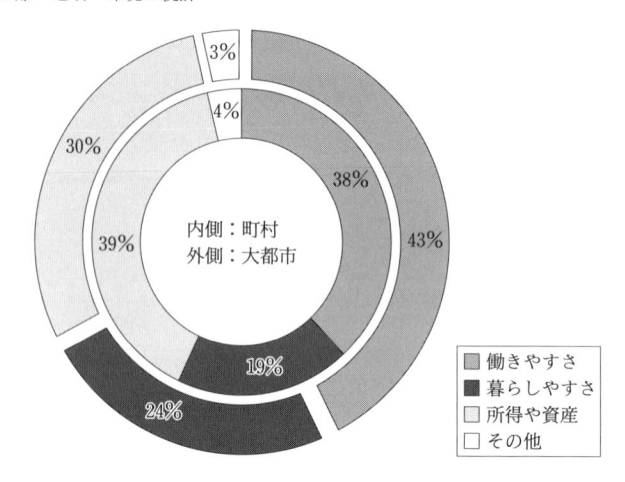

図11-1　特にどういう面で格差が広がっていると思いますか？
出所:『都市と地方の暮らしに関する調査』日本経済新聞2007年12月24日付朝刊(図は引用者作成)。

しながら，町村と大都市の合計でみると，「働きやすさ」が81％と最も高くなり，次いで「所得や資産」が69％，そして「暮らしやすさ」は43％となり，ここでも「働きやすさ」という雇用に関わる格差が最も強く認識されていることがわかる(図11-1参照)。

　また，こうした格差拡大の主因については，世代間で認識が異なっていることがうかがわれる。たとえば，20歳代においては，主因として考えられているもののトップが，大都市では「少子高齢化」であり，町村では「財政赤字の拡大」である。ただ，町村では「少子高齢化」も「財政赤字」には届かないものの，ほぼ同じ割合の回答となっている。「財政赤字」については大都市の20歳代には主因としての認識は弱く，他の「生産地や住民の取り組みが不十分」「構造改革」あるいは「規制で既得権が守られている」を主因とするという回答と差がない。これに対し，町村の20歳代では「少子高齢化」「財政赤字」に続く主因として考えられているのは，「生産地や住民の取り組みが不十分」「規制で既得権が守られている」あるいは「構造改革」であるが，大都市よりは高めの回答となっている。

　他方，60歳代ではどうであろうか？　60歳代では，主因として考えられている上位3因についての町村・大都市間での認識ギャップはあまりないが，大都

市ではトップが「財政赤字」，2位が「少子高齢化」「構造改革」となっており，町村ではトップが「少子高齢化」，2位が「構造改革」次いで「財政赤字」となっている。大都市における「財政赤字」の認識における世代間ギャップ，あるいは大都市・町村双方における「構造改革」についての認識の世代間ギャップが目を引くところである。

　すなわち，高齢者(60歳代)は「財政赤字」「少子高齢化」「構造改革」が主因となっていると認識しているのに対し，若者層(20歳代)は「財政赤字」「少子高齢化」を主因としているものの，「構造改革」が主因であるという認識が弱くなっているのが特徴として指摘できる[2]。

　さて，本章では社会的格差の表出のひとつとして地域コミュニティにおける格差を考えるにあたり，いわゆる「平成の大合併」が市町村の数ならびに構成比を大きく変化させたことを出発点に，こうした「大合併」が経済のグローバル化や工場・事業所の国内外への移転，人口の自然減・社会減を背景にして，地方行財政改革の延長線上で具体化されてくるなかで，地方自治体のガバナンスあるいは地域ガバナンスの構造が変わり，地域コミュニティを捉えることの困難さが高まってきたことを示す。他方，地方自治体のマネジメントの強調が示しているように，地方自治体を総体として捉えることに加え，財政面やマネジメント，行政事業の各面における詳細な把握についても，その重要性が高まり，そのための仕組みづくりの工夫が一層求められてきている。その一つが，コミュニティベースの統計であり，本章ではその作成と利用という問題を考えてみることとする。

　この際，考慮すべき点は2つの環境の変化——民間委託とIT化——である。

　一つは，バブル経済が弾け，長期不況が続くなか，国・地方における「市場化テスト」(民間との競争入札と結果としての民間への業務委託)を含む行政改革，官庁組織改革が統計改革や統計制度改革に偏りをみせるのではないかという懸念を含む民間委託という環境変化である。

　また，二つ目は地域における統計の作成と利用を包み込む環境としてのIT環境の発展である。野澤正徳の提示する「情報ネットワーク化と統計学，統計情報学」という視座からの「現代の統計学の新しい課題」すなわち，「統計活動の三極面——統計の調査・作成，統計体系・データベース，利用・分析——

のそれぞれにおいて，情報ネットワーク時代に対応して生じた新しい変化を特徴づけ，分析すること」をコミュニティベースで具体的に検証することが要請されてくる。地域における統計の作成と利用，特に利用という点では，このIT環境の変化は大きな意味をもつものである。

　こうしたなかで，社会的格差が表出する場である地域における統計・統計情報等の作成と利用は，その対象を地域景況統計，人口・労働・生活・健康・子育て支援，費用便益分析・経済効果分析，自治体財政分析，行政評価・評価指標の作成・利用，公会計制度等に広げた。市民・NPO・ボランティア組織(地域ガバナンスの構成員)を主体とした統計・調査は多数存在するが，いずれにも共通するのは，地域政策に反映させるべく，地域ガバナンスの主体である市民・行政・ボランティア・NPO・行政関係機関等と統計研究者が協働して統計の作成と利用等の作業を行っている点である。これは地域の主体同士が作り上げる「コミュニケーションとしての統計学」と呼びうる面も備えており，こうした取り組みが，調査環境に与えるポジティブな影響も無視できるものではない。

　筆者はすでに①地域ガバナンスの主体である住民の統治への参加と②そのためのインフラストラクチュアである i)統計ならびに統計情報の整備(企画・調査・収集・分析・広報等のプロセスへの参加の制度化)と ii)「地域の状態の記述と分析」を内容とする「地状学」が要請されてきていることを指摘した[3]。

　本章の内容もその延長線上に位置し，コミュニティベースの統計作成の具体的例として，さいたま市南区区民会議による「防災アンケート」と横浜市金沢区健やか子育て連絡会(キラキラ輝くかなざわっ子連絡会)の取り組みを取り上げる。

1.「平成の大合併」と地域ガバナンス・コミュニケーション

(1)　わが国における市町村合併と「平成の大合併」の意味

　わが国における市町村合併の歴史はそう浅くはない。川瀬光義によれば，すでに明治期において，山縣有朋が義務教育，土木，警察，勧業などの国政事務(国家政策)を推進するために，その一部を負担する能力を満たす中央政府の統治の単位としての行政区域を作ろうとした動きがその端緒とされる。わが国の

表 11-1 市町村数の推移

	日本国			
	市	町	村	合計
1888(明治21)年12月	−	(71,314)		71,314
1889(明治22)年12月	39	(15,820)		15,859
1922(大正11)年	91	1,242	10,982	12,315
1945(昭和20)年10月	205	1,784	8,511	10,500
1947(昭和22)年 8月	210	1,784	8,511	10,505
1953(昭和28)年10月	286	1,966	7,616	9,868
1956(昭和31)年 4月	495	1,870	2,303	4,668
1956(昭和31)年 9月	498	1,903	1,574	3,975
1961(昭和36)年 6月	556	1,935	981	3,472
1965(昭和40)年 4月	560	2,005	827	3,392
1970(昭和45)年 4月	564	2,027	689	3,280
1980(昭和55)年 4月	646	1,991	618	3,255
1990(平成 2)年 4月	655	2,003	587	3,245
1999(平成11)年 4月	671	1,990	568	3,229
2002(平成14)年 4月	675	1,981	562	3,218
2003(平成14)年 4月	677	1,961	552	3,190
2005(平成17)年 4月	739	1,317	339	2,395
2006(平成18)年 4月	777	847	198	1,822
2007(平成19)年 4月	782	827	195	1,804
2008(平成20)年 4月	783	812	193	1,788
2009(平成21)年3月31日見込み	783	802	192	1,777

出所:総務省 HP より(一部引用者加筆修正)。

市町村は零細町村同士の大規模な町村合併が強行され,「国家権力の踏み台たりうる能力」を創出するために人為的に作られた行政単位として現在に至っているのである[4]。

実際,表 11-1 をみてみると,1888(明治21)年に 7 万 1314 あった町村が,翌 1889(明治22)年には 39 の市が施行されたものの,町村数は 1 万 5820 と前年の 22%に激減した。この数値の大きな変動から,自然村・共同体・コミュニティが崩壊ないし変容を余儀なくされたことが容易に想像できるのである。

いわゆる「平成の大合併」についても市町村数を確認しておくことにする。

地域間格差の現状という点で,市町村(地方自治体)の構成の変化をみてみると,「平成の大合併」後の市町村数は 2008 年 4 月 1 日で 1788 となり,2009 年

3月31日には1777となることが想定されている(表11-1参照)。市町村数における1888年12月時点の町村数7万1314は明治政府のもとでの地方制度の未完成もあり別格としても,この1777という数は,第2次大戦後の1945年10月の1万500,1947年8月の1万505,1953年10月の9868には遠く及ばず,1956年4月の4668に比べ,半分以下に減少している。ここにも「国家権力の踏み台たりうる能力」を創出するための国家の意思(統治単位としての行政単位の設定)が貫徹していることをみておくことは重要である[5]。

今回の「平成の大合併」においては,「地方分権」というスローガンがふりかざされ,また,「三位一体改革」[6]ということで,中央・地方政府間で国庫補助金改革・税源移譲・地方交付税改革について具体的検討がなされてきたので,地方首長をはじめとする自治体関係者はもちろんのこと,地域住民にも期待が大きく膨らんでいた面もあった。しかし結局,税源委譲は外され,また,交付税の削減による大幅な財政規模の縮小(2000年度のピーク約21兆4000億円に対し3割の削減)と地方公務員の削減が余儀なくされるという,まさに地方自治体を「踏み台」にするものとなりつつあることが明確となってきたのである[7]。

(2) 地域ガバナンス主体の分断と多様化,地方政府・インフラ基盤の弱体化

従来も社会的格差・地域格差は存在したが,福祉国家政策により格差構造における下層を底上げするような格差を縮小する政策がとられてきたこと,地方と都市間における不均衡の是正という点では地方交付税交付金を梃子にした格差の是正が進められてきたこともあり,格差自体が現在ほど大きな問題として噴出はしてこなかった。ところが,小泉政権下,また,安倍政権下で福祉国家型政策が大きく修正され,自治体の自立・自助努力が要請される中で,合併特例債の起債の承認などを飴とする「平成の大合併」が推進され,既述のように市町村数は1800を切る数に減少した。税収に見合った歳出を行うことを目標にした地方自治体への評価と地方交付税の交付方式の変更の推進は,税収力の弱い自治体をますます弱化させ,「社会的格差」を助長し,合併へと追いやり,地域コミュニティを破壊させる促進剤としての機能を果たしてきたのである。

実際,「地方分権」の時代が強調され始めた1990年代以降,地域においては

様々な課題と変化が生まれてきている。

　大きな課題の一つは，地域における経済・経営・労働・生活・健康・福祉・教育・安全等多くの分野での諸問題の噴出である。いわゆる「市場メカニズム」の導入と「小さな政府」化，グローバル・スタンダード(国際標準)との調和のための国内諸制度・諸規制・諸慣行の緩和は，企業組織や企業活動，その内部規律に企業の裁量の拡大という直接の影響を与えるとともに，地域社会に「格差」「不安」「危険」等を生み出し，「自立・自助」原則を「錦の御旗」に，最終的には地域住民にその解決を求め，「地域で孤立した個人」＝「住民」と定義することも可能な状況を生み出してきている。

　2つ目は，地域で噴出してきている課題の発見や解決のために提供される，公共サービスの担い手が，従来の狭義の公務労働者からボランティア・行政関連機関・NPOなどに多様化してきているという点である。すなわち，地域における統治(ガバナンス)主体，行政サービスの担い手の多様化という変化が生じてきていることである。

　3つ目は，こうした諸課題の解決方法に関わり，その発生・増幅要因とも考えられる民営化・外部委託を軸に進められてきていた1980年代以降の「行政改革」——長期的には，「道州制」も視野に入れた国・地方の行政組織の再編成——の流れの延長線上に，1990年代後半には地方財政危機を直接の契機とした「地方行財政改革」が進行し，地方財政規模の縮減を背景にした行政の守備範囲のミニマム化，地域課題の発見や解決に向けた実態調査や統計調査の人的・財源面での縮小が進行してきていることである。

　こうした3つの特徴は，①地域ガバナンス主体の分断と多様化，②地方政府・インフラの弱体化，という2つにまとめることも可能である。

(3)　地域ガバナンス・コミュニケーションと統計作成・分析・利用主体の多様化

　こうしたなかで，格差社会と統計という問題を考えると，調査主体，調査対象，分析(利用)主体のそれぞれについて，以下にみるような課題が指摘できる。諸問題の地域における発生と統治(ガバナンス)構造の変化は，統計の対象・作成・利用にも影響を与え，新たな取り組みを展開させてきているのである。

まず，調査主体については，統計調査や実態調査あるいは統計情報の収集における財源の問題も密接に絡むが，調査主体の多様化が指摘できる。地方自治体あるいは地域コミュニティのガバナンスの主体が，従来の行政・関連機関・自治会・町内会に加え，住民さらにはボランティアやNPOなどへの多様化にともない，従来の調査を委託された民間(銀行系含む)調査機関・シンクタンク以外にも，多様な調査主体が登場してきているのである。

　また，調査対象という点では，地域における住民の教育・福祉・健康などの生活環境や生活状況，中小企業・産業活動の状況(業況，雇用動向)という諸問題に関わる現状把握の多様化に加え，地域に噴出する様々な分野の問題──少子化であれば，育児・子育て支援，教育分野における諸問題，障害者を含む福祉問題・介護問題，ニート・フリーターなどを含む雇用・職業訓練問題，あるいは環境問題，安全・安心・防災問題など──が登場してきている。こうした問題は，わが国全体のマクロの問題として質的・量的に測定することも可能であるが，問題をより具体的につかむには地域もしくは基礎的自治体における質的・量的把握が必要となる。さらにはいわゆるPDCA(Plan Do Check Action)サイクルをまわすなかで，行政の提供する事務事業や公共事業(サービス)の内容，その事業パフォーマンスや財政パフォーマンスの評価等も重要な調査対象に加わってきている。

　また，地域における統治主体や行政サービスの担い手の多様化との関わりでは，統計の作成・分析・利用主体が重要なものとなってきている。分析(利用)主体についても調査主体と同様多様化し，地方自治体・地域コミュニティのガバナンスの主体である行政，関連機関，地域における自治会・町内会組織に加え，子育て支援組織，政令指定都市に存在する「区民会議」，さらにはNPO(中間支援組織含む)やボランティアを行う個人・団体，コミュニティビジネス・SOHOなどの活動は，地域における統計の作成や利用にも影響を与えており，統計の作成はもとより，その分析・利用においても行政や諸主体の協働(Collaboration)が進んできたことはこの間の大きな特徴である。こうした統計をコミュニティベースの統計と呼ぶとすれば，地方財政危機の中で進行している民間委託や指定管理者制度などのプロセスの実態把握や評価などにおいてもこうしたコミュニティベースの統計・統計情報の作成・利用は重要な課題となる。

(4) IT化というコミュニケーション手段の発展と統計・統計情報

　統計あるいは統計情報の企画・収集・分析・広報手段としての情報通信技術(IT)の発展にも顕著なものがある。IT化というコミュニケーション手段の発展の統計・統計情報の調査・利用主体に与える本質的影響は，マス・メディアへの影響と同一性をもつことが想定される。

　外岡秀俊によれば，活字が本や新聞などモノに帰属していたのに対し，電子文字は，「モノの属性を失い，モノから離れた純粋な「情報」となることで社会に衝撃を与え」[8]たが，その特徴は以下の4つにまとめられる。

① 「いつでも，どこでも」という形で時間と空間の制約を消失させたこと，
② 「検索力」の増大。ただで必要な情報が手に入るようになったこと，
③ 「転写性」。「デジタル技術は膨大な情報を瞬時に転写し，複製することを可能にし，〔中略〕加工も簡単〔中略〕，情報の流通量を飛躍的に高める結果をもたらした」[9]こと，
④ 「発信力」の増大，

である。他方で，負の要素としては，次のようなものがある。

① 「優先度の崩壊」もしくは「緊急性の喪失」，
② 「ない情報」は引き出すことができないこと。ウェブ情報は，いかに無限大に近づいても，リアル・ワールド(現実世界)と比べれば偏りのある世界である。ウェブ上に「存在しない情報」を構想する力，発見する意欲が失われがちとなること，
③ 情報の「実物」と「複製」に違いがなくなり，その加工も容易であるために，「情報の真正さ」を見極めることが難しくなってきたこと，
④ 「デジタルデバイド」の問題。「デジタル以前を知る世代」と「デジタルしか知らない世代」の隔絶[10]，

である。

　外岡はジャーナリストとしての自らの立場からも，マス・メディアに対して求められるものが，構想力と分析力であることを指摘する。また，これからは

「権威」ではなく「信頼」がメディアの影響力のバロメーターとなり，メディアに身を置く者は，より厳しく情報の選択を迫られるのであり，マス・メディアが果たしていた情報提供の役割は，IT 革命時代にはどんどん比重が低下していくが，逆に膨大な情報の中から本当に必要な情報を選別し，検証した上で，わかりやすく伝える，という役回りが，すなわち，情報力，編集力，取材力をもつ職業集団が今後も生き残るであろうとしている[11]。

こうした IT の発展の特徴は，統計・統計情報に携わる場合にも当てはまるものである。一方における，電子政府という形での政府による統計・統計情報の公開，他方における，個人やボランティアあるいは NPO 組織などによる情報発信の質的・量的展開がその証となっているのである。

たとえば，4つの負の要素のうち，3つ目の「情報の真正さ」は統計の信頼性・正確性に関わる重要なものであるが，ウェブ情報として掲載される公的機関による統計・統計情報は，課題に即した，調査の企画・立案，調査の実施と回収，まとめと分析というプロセスを踏んだ後に初めて獲得でき，諸課題の正確な把握のために，リアル・ワールドに対し偏りなく作成されるべきものである。地域課題の発見や解決のために，ウェブ上に「存在しない情報」を絶えず構想し，発見する意欲を維持し，具体化していくべきものなのである[12]。

2. コミュニティベースの統計の実際──「地状学」の試み

本節ではコミュニティベースの統計の実際例として，さいたま市南区区民会議(防犯・防災・救急部会，以下「防災部会」と略す)により実施された「防災アンケート」ならびに横浜市金沢区健やか子育て連絡会による「キラキラ輝くかなざわっ子アンケート調査」を紹介することにする。

(1) さいたま市南区区民会議(防犯・防災・救急部会)による「防災アンケート」

① アンケートの背景と企画・実施

さいたま市の区民会議は，2001(平成13)年の旧浦和・大宮・与野市の3市合併(その後，2006年に岩槻市が合併された)と同時に市内9区(現在10区)に発足した

組織である．その一つとして，南区区民会議も議会や行政あるいは既存の諸団体とも異なる区民レベルの組織として2003年7月に発足した．その目的は，「南区の魅力あるまちづくりを推進し，市民共同参画型社会の実現を目指す」(『南区区民会議設置要項』第1条)ことにあり，また，その主たる役割は，「まちづくりの推進上対処すべき課題についての協議及び政策提言」，「南区民と行政の協働によるまちづくり推進のための活動」，「その他南区の健全な発展に寄与する活動」である(同2条)[13]．

南区区民会議(Ⅰ，Ⅱ期)は，防犯・防災・救急部会をはじめ，福祉部会，まちづくり部会などいくつかの部会をもっているが，防犯・防災・救急部会の活動は2005年4月から始まった．

南区は東西に広がりをもち，2つの鉄道(JR京浜東北線と埼京線)と国道(17号，同バイパス)・産業道路により「八つ裂き」という形容が当てはまるような寸断された区であるが，東京に一番近い立地であるため，いわゆる「埼玉都民」が少なくなく，その多くはJR武蔵浦和駅・南浦和駅周辺の高層ビル等に居住している．また，市内全区の中で一番平均年齢の若い区となっている．

そうしたなかで，高層ビルに住む住民の自治会加入率の低さや横のつながりの弱さが問題点として指摘されており，水害や地震等の自然災害の発生後の対応について，どのような認識と不安をもっているのかを地域住民に確認してみる作業は不可欠のものとなっていた．防災部会では，1)飲み水の備蓄，ならびに井戸水の緊急時利用実態の把握，2)区民の意識調査，3)避難所の管理運営についての把握，4)今までの震災での教訓を知る，という4つの課題をもっていたが，これらのうち「井戸水の緊急時利用実態の把握」ならびに「意識調査」は「コミュニティベースの統計」に係る活動と呼ぶことができる．

② 「防災意識について」のアンケートの結果

2006(平成18)年10月28日に武蔵浦和ラムザ広場で実施された『2006さいたま防災ひろば』[14]において行われた防災意識，特に大地震発生時等の対応についての13項目にわたるアンケートの実施結果についての詳細は，南区区民会議HPに譲るとして，ここではその大枠と新しい気づきについて紹介しておくこととする．

回答数は113人であるが，ほぼ女性60％，男性40％の割合で，南区在住者

280　第3部　地域・環境と統計

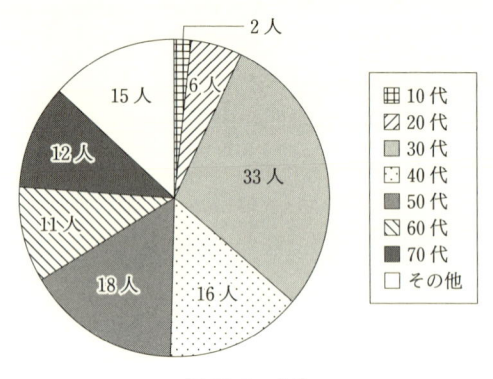

図11-2　全体

出所：さいたま市南区区民会議「防犯・防災・救急部会報告」『第Ⅱ期さいたま市南区区民会議活動報告書』2007年より。

が66％(74人)，20％が区外(22人)，14％が市外(15人)であった。

　年代構成は図11-2のとおりで，若い世代も多くバランスのとれた回答割合となっている。

　さて，回答内容であるが，居住形態については，53％が集合住宅，47％が戸建住宅としており，高層住宅居住者の構成が半分以上となっている[15]。

　また，大地震発生時に4人に3人(75％)は避難所に行くが，4人に1人(25％)は「自宅にとどまる」という回答が得られ，この回答はいささか驚きをともなうものであった。

　それでは，なぜ，「自宅にとどまるのか？」であるが，自宅にとどまる理由としては，「家族を待つ」(40％)，「備蓄が十分」(28％)，「避難所に期待していない」(19％)そして「空巣が心配」(13％)という結果になった[16]（図11-3参照）。いざというときに「家族が待つ家にとどまる」という判断は，連絡を確保するための選択として「自宅にとどまること」が選択されたことを意味しており，事前の予想とは異なる新しい知見となった。

　また，「避難所への期待」は，総体としては居場所確保(48.0％)，次いで食料・飲料確保(28.0％)，そして情報入手(24.8％)となっている。実は避難所自体は避難者すべてを宿泊させられる物理的・制度的要件を満たしていないが，そうした事実も住民には知られていない。とすれば，地震等の自然災害発生時に我々が念頭に置いておくべきは住民の判断であろう。この点で，住宅の耐震性

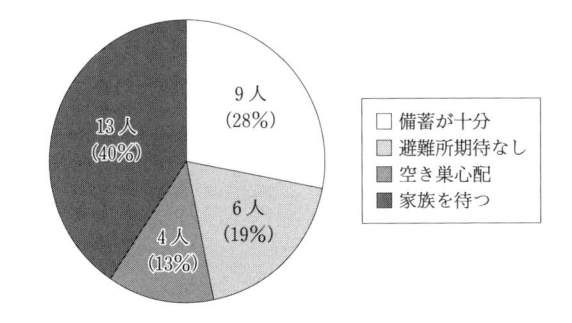

9人 (28%) □ 備蓄が十分
13人 (40%) □ 避難所期待なし
6人 (19%) ■ 空き巣心配
4人 (13%) ■ 家族を待つ

図 11-3　自宅に残る理由
出所：図 11-2 と同じ。

表11-2　住宅の耐震性の把握状況別の避難所への期待について
(%)

	居場所確保	食料・飲料水	情報入手
心配あり	54.8	19.0	26.2
心配なし	43.5	39.1	17.4
把握なし	44.4	33.3	22.3

出所：図 11-2 と同じ。

別(「心配あり」「心配なし」「把握なし」)の避難所への期待に関する結果は興味深いものがある(表 11-2 参照)。

　耐震に「心配あり」とした人の中で一番大きな期待は「居場所確保」(54.8%)で次に高かったのが「情報入手」(26.2%)であった。

　他方で、耐震の「心配なし」とした人と「把握なし」とした人の回答は類似している。「居場所確保」についてはともに 40％台で、「食料・飲料水」については、耐震の「心配あり」とした人たちよりも 20 ポイントほど高い回答が出ている。「居場所の確保」の心配がない分、食料・飲料水への期待が大きくなっている。

　また、今回のアンケートのポイントの一つであるが「火災や地震が起きたときにあなたの家からの避難に心配はありませんか？」という問いに対しては、「心配がある」と「心配がない」の回答がほぼ半分になった。そして、「心配の内容」については、家族構成や年齢、住居状況の違いにより、様々な回答となっているが、なかでも「道路が狭い」といった事実を指摘している点も災害発生時に、避難所へ無事到着できるのかということを意識した重要な指摘であ

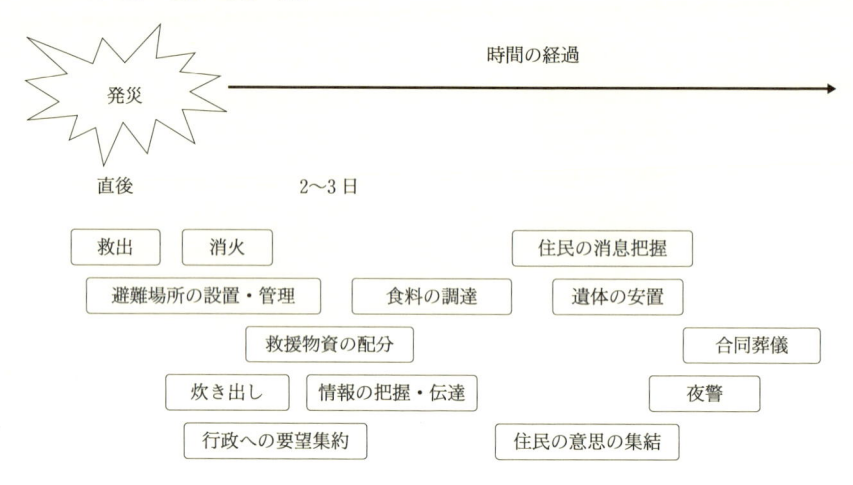

```
                時間の経過
発災 ───────────────────────────→

直後              2～3日

[救出]  [消火]              [住民の消息把握]
  [避難場所の設置・管理]  [食料の調達]  [遺体の安置]
             [救援物資の配分]              [合同葬儀]
      [炊き出し]  [情報の把握・伝達]    [夜警]
         [行政への要望集約]  [住民の意思の集結]
```

図 11-4 自主防災組織（自治会・町内会）の活動例（阪神・淡路大震災時の自主防災組織や自治会の活動の時系列表）

り，コミュニティベースの調査と統計の作成により発見できたものである。

③ アンケートの活用

　上記のアンケート調査からみえてきた課題のうち，「高い期待の避難所はその期待に応えられるのか？」という点については，その検証を行う必要が生じ，さらに避難所についての検証を進めたところ，さいたま市では地震発災時における「避難所運営マニュアル」が作成されていることがわかった。

　自主防災組織（自治会・町内会）の活動例は，図 11-4 に示されている。

　「自主防災組織・自治会」の活動については，阪神・淡路大震災の際に，自主防災組織や自治会の活動の重要性が教訓となったが，「地域住民が地域でいかに初期活動をするかが，被害を防いだり，少なくしたりという防災のカギを握っているといっても過言ではない」という結論に至っている。

　また，その際，避難所を運営する役割を担う「避難場所運営委員会」については，訓練等は行われておらず，この委員会がどこまで機能するのかは未知数であった。しかし，2008 年 8 月 22 日にさいたま市内一斉の防災訓練が実施されることにより，夜間を含む「避難場所運営委員会」の機能をチェックし，より実効性のある体制が生まれることとなった。コミュニティベースの統計調査がここに貢献したことは明らかである。

(2) 横浜市金沢区健やか子育て連絡会「キラキラ輝くかなざわっ子アンケート調査」

　横浜市金沢区健やか子育て連絡会は 2007 年 3 月から 6 月にかけて「キラキラ輝くかなざわっ子アンケート調査」を実施した。この結果の詳細は紙幅の関係で省くが，コミュニティベースの調査として，養育者・支援者・行政(保健師)・関係機関が協働して，企画・立案・配布・回収・分析・報告という統計調査と分析・利用のすべてのプロセスを担った点に特徴がある。また，養育者と支援者の支援事業や場作りにおける重要性と評価についての認識の一致やズレを確認し，活動・事業の改善につなげていくという意味で行政の事業評価の一環をなすものであり，さらには横浜市内全区でその後設置された「子育て支援拠点センター」の一つである金沢区「とことこ」の機能に関する要望が得られた。以下では，事前の予想と異なる結果が得られた「養育者の活躍の場」に関する結果と，情報のニーズについて簡単にみておくことにする。

　「養育者の活躍の場」の必要性と成果についての養育者と支援者の調査結果を示すのが図 11-5, 11-6 である。これらの図を比較してみよう。図 11-5 によると，12 地区において養育者・支援者いずれも養育者の「地域での活躍の場は必要である」としているのに対し，図 11-6 からは養育者が「できている」と感じているのに対し，支援者は縦方向の散らばりが大きいことからわかるように，「活躍の場を作れていない」と感じているサロン・サークルが多いことがわかる。このクロス分析から，どのような点が養育者に良かったと感じさせているのかを聞き，それを参考にしながら養育者の活躍の場をどのようにして作っていくのかというテーマを掘り下げていく必要性に気づかせてくれるのである。

　また，図 11-7 には子育て支援拠点センターに求められている提供情報の養育者(サロン・サークル別)，支援者別の 5 段階評価が示されているが，育児サークル，子育ての知識，行事・イベント，ボランティア，集える場，遊び場，リサイクル，子育て相談という 8 つの情報のうち養育者は「遊び場」や「集える場」，あるいは「子育ての知識」を強く求めているが，支援者の方は全体として必要な機能についてのニーズが低く，「あった方が良い」という程度になっ

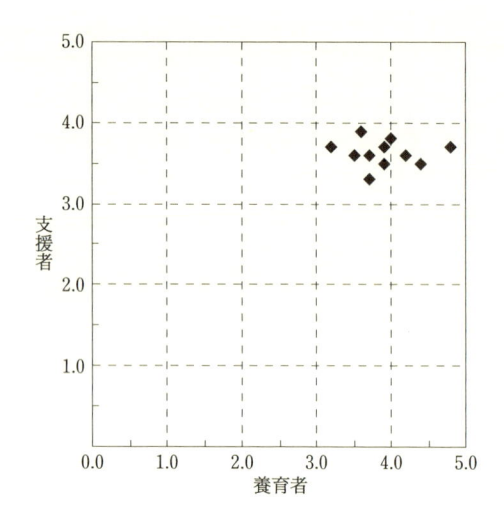

図 11-5 養育者の地域での活躍の場は必要か？

注：次の5段階(1. 必要ない，2. なくても構わない，3. あった方が良い，4. 必要，5. とても必要)で，12地区の同一サロン・サークルの支援者・養育者に回答してもらった。その平均値をクロスさせた座標が図中の◆である。
出所：横浜市金沢区健やか子育て連絡会『きらきら輝くかなざわっ子アンケート調査報告書』2007年。

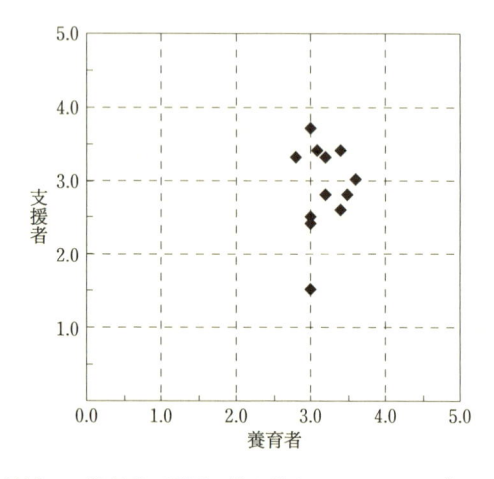

図 11-6 地域での養育者の活躍の場は役立っているか？ 作っているか？

注：◆は各地区の同一サロン・サークルの養育者・支援者の回答の平均値をクロスさせた座標を示す。5段階は，養育者が「活躍できる場・機会は役立っていますか？」という問いに対し，1. まったく役立っていない，2. あまり役立っていない，3. 役立っている，4. 期待以上に役立っている，5. 大いに役立っている，である。
　また，支援者は「活躍のできる場を作っていますか？」という問いに対し，1. 作っていない，2. あまり作っていない，3. たまに作っている，4. 作っている，5. よく作っている，である。
出所：図11-5と同じ。

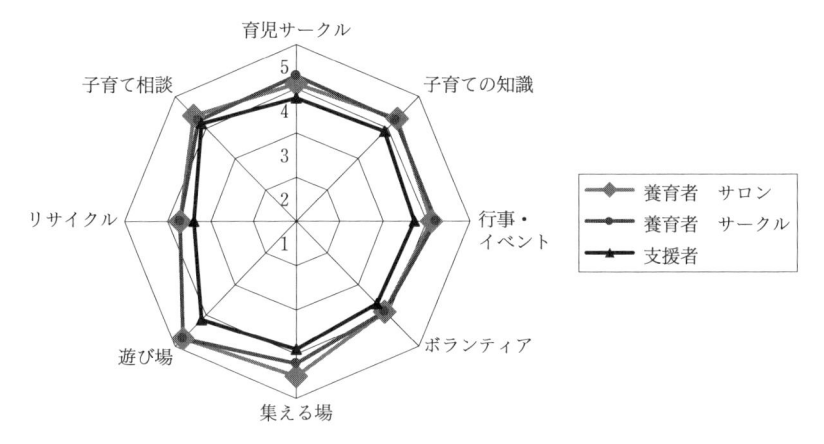

図 11-7 子育て支援拠点センターに必要な機能

出所：図 11-5 と同じ。

ている。とりわけ「リサイクル」についての情報提供のニーズが養育者・支援者いずれも低いのが目立つところである。

以上みてきたように，厳密な標本調査ではないが，同一項目の質問とほぼ同じ5段階評価の組み合わせで養育者と支援者の認識や評価のズレに気づかせてくれるこうした調査は，各地区中の詳細な——いわばミクロな——情報の収集と分析の必要性にも気づかせてくれるという点でも有効である。

おわりに——コミュニティベースの「統治力」と「統計力」を

本章では，格差社会の地域ガバナンス・コミュニケーションと地状学というテーマのもと，「コミュニティベースの統計」の試みについて具体的事例の紹介を含め，論じてきた。

まず，民主主義の基盤の一つである統計・統計情報の充実という点からみた「平成の大合併」の評価としては，地方自治体を「踏み台」にしたものとなりつつあること，また，合併後の姿が中央集権的性格を帯び，地方自治体の財政基盤の弱化が統計・統計情報の環境にも直接・間接に影響を及ぼすものとなることを指摘した。

すなわち，「地方分権」というスローガンのもと，マクロ経済的なグローバ

ル化がローカルなレベルでの効率性を基準とした最適な行政単位の設定(再設定)と運営を強要し，①地域ガバナンス主体の分断と多様化，②地方政府・インフラ基盤の弱体化が促進されてきたことを確認した。

　次に，地域ガバナンス・コミュニケーションと統計作成・利用主体の多様化というテーマで，地域における自治会・町内会組織や子育て支援組織，政令指定都市に存在する「区民会議」，さらには地域において新たに登場した担い手であるNPOやボランティアを行う個人・団体，コミュニティビジネス・SOHO，また市民活動支援を行う行政組織(担当部署)・中間支援組織などの活動は，地域における統計の作成や利用にも影響を与えており，統計の作成はもとより，その利用においても行政や諸主体の協働(Collaboration)が進んできたことをこの間の大きな特徴として指摘した。こうした統計をコミュニティベースの統計と呼ぶとすれば，地方財政危機の中で進行していく民間委託や指定管理者制度などの実態把握や評価のためにもこうしたコミュニティベースの統計・統計情報の作成・利用する力が重要な課題となることを指摘した。

　また，IT化というコミュニケーション手段の発展と統計・統計情報の作成・分析・利用という点では，IT化の4つの負の要素のうち，情報の「実物」と「複製」に違いがなくなり，その加工も容易であるために，「情報の真正さ」を見極めることが難しくなってきたことに注目し，この「情報の真正さ」は統計の信頼性・正確性とも関わる重要なものであることを指摘した。

　加えて，ウェブ情報として掲載される統計・統計情報は，課題に即した調査の企画・立案，調査の実施と回収，まとめと分析というプロセスを踏んだ後に初めて獲得できるものであり，諸課題の正確な把握のために，リアル・ワールドに対し，偏りなく作成されるべきものであり，地域課題の発見や解決のために，ウェブ上に「存在しない情報」を絶えず構想する力，発見する意欲を維持し，具体化していく仕組みと実践が重要であることを指摘した。本章で取り上げたさいたま市南区の「防災アンケート」ならびに横浜市金沢区の「キラキラ輝くかなざわっ子アンケート」はこうした役割を担う，IT化の中での簡易調査として意義をもつものである。

　真の地方自治の確立に向けた「地方分権改革」とは地方公共団体の自己決定，自己責任の幅を拡大し，自由度を高めて創意工夫に富んだ施策を展開すること

により，住民ニーズに対応した多様で個性的な地域づくりを行い，国民が豊かさとゆとりを実感できる生活を実現することができるよう，財政面での自立度を高めるための改革である。そのために，地域ガバナンスの主体である地域住民は地方自治体・職員とともに，地方公共団体の自己決定，自己責任の幅を拡大する努力を行うとともに，意思決定のための，民主主義の基礎としての統計・統計情報・財務情報(公会計)等の情報基盤に絶えず関心をもつとともに，その整備に努め，地方自治体の側でも，行政評価の3つのレベル(政策・施策・事業)に対応した統計の作成や統計情報の収集・分析・利用・広報等に努めていく必要がある。この課題に照らした地方自治体の統計組織の現状についての冷静な分析・評価も必要となる。

地方分権にふさわしい住民統治と参加には，住民の「統治力」とコミュニティベースの統計・統計情報の企画・立案，実施，まとめ，分析，利用，広報そして予算への反映という「統計・統計情報活用力」すなわち「統計力」が必要とされているのである。

筆者流にいえば「地状学」が求められているのであり，統計研究者の役割はますます大きくなることを指摘して稿を閉じたい。

注
1) 2007年12月14日～16日に乱数番号(RDD)方式により，電話で実施。大都市(東京23区，さいたま市，千葉市，横浜市，川崎市，名古屋市，大阪市，堺市，神戸市)と町村部(東京，大阪，神奈川，愛知，兵庫の各都府県を除く全国の村と人口1万人以下の町)に住む20歳以上を対象に，2403世帯から1032件の回答を得た(回答率は42.9％)。電話調査という限界はあるが，回答者の問題意識を理解することは意味をもつ。
2) 「構造改革」の中身を明確にせずに，「構造改革」一般を否定するということは難しいかもしれない。ちょうど「経済整合性」一般を否定することが難しいように。
3) 拙稿「地域における統計の作成と利用」経済統計学会『統計学』90号，経済統計学会，2007年。そこでは，「地状学」を「地域の状態を記述・分析する学問領域」と定義した。
4) 川瀬光義『幻想の自治体財政改革』日本経済評論社，2007年，1頁および215頁。
5) 過去において，人口3万人を基準にした「市への昇格」という認定があり，「人口水増し事件」などもあった。表11-1に明確に示されているような，合併の繰り返しは，合併による町村の減少ならびに市の増加，その構成の変化が社会的格差問題の解決につながるとは限らないことを示しているのである。

6) 国庫補助金改革・税源移譲・地方交付税改革の3つの改革の総称。
7) 川瀬・前掲書，220-222頁。
8) 外岡秀俊『情報のさばき方』朝日新聞社，2006年，234-236頁。
9) 同上書，235頁。
10) 同上書，236-238頁。
11) 同上。
12) わが国地方自治体でITを活用している自治体は多いが，三鷹市は1980年代からINS(Information Network System)に取り組むなどいち早くIT活用に取り組んだ自治体である。この三鷹市を含め，地方自治体では「基本計画」の策定をはじめ基本的な計画策定のために必要な統計・統計情報が整備されることになるが，行政政策・施策・事業という異なるレベル(行政評価の3つのレベルでもある)で活用されている統計や統計情報をわかりやすく解説しているHPはほとんどない。
13) さいたま市南区区民会議「南区区民会議の可能性と力量の拡大を目指して」『第1期さいたま市南区区民会議活動報告書』2004年より。
14) 東京ガス浦和支社が後援し，民間主導のボランティアにより企画・立案・実施されている防犯キャンペーンである。
15) 実は高層住宅については12階以上についてははしご車が届かず，防火に対する対応が物理的に難しいという現実がある。
16) さいたま市南区区民会議「防犯・防災・救急部会報告」『第II期さいたま市南区区民会議活動報告書』2007年より。

第12章　健康の不平等
——長崎原子爆弾被爆者の健康と社会的支援の課題

はじめに

　健康問題は，現代における大きな社会的関心事であり，健康に関する統計研究は社会統計学の重要な一分野である。WHO(世界保健機関)によれば，「健康とは，身体的，精神的，社会的に完全に良好な状態であり，単に疾病又は病弱の存在しないことではない」と定義されている。そして，「達成可能な最高水準の健康を享受することは，人種，宗教，政治的信条，経済的あるいは社会的条件にかかわらず，すべての人間が有する基本的人権の一つである」[1]とうたわれている。しかし，現代社会においては，社会・経済的諸条件による様々な健康の不平等が存在しており，特に世界の各地域にみられる貧困や紛争，戦争などに関わる健康問題は依然として深刻な社会問題である。そのなかでも，核兵器による人間の生命・健康の破壊はきわめて甚大かつ深刻なものである。

　日本は，原子爆弾による唯一の被爆国であり，原爆が広島，長崎に投下されて60年以上が経過したが，今もなお健康状態の不調や健康不安を訴える被爆者が少なくないということは一般にはよく知られていない。被爆者の健康問題については，長年，放射線被曝による身体的影響に関する調査，研究が中心的に行われてきた。その一方で，凄惨な被爆体験による被爆者の「心の傷」の問題や被爆者の精神的苦痛に関わる調査・研究が進められてきた。また，被爆者の社会・経済的不利益や生活困難に関わる問題の指摘もみられる。現在もなお続く被爆者の健康不調に，それらの要因が影響を及ぼしている可能性が示唆されている。

　被爆後の時間的経過とともに，生存被爆者数は減少し，被爆者の高年齢化が

進行していく。そのため，被爆体験やその後の生活体験を含めた被爆者特有の健康問題と，加齢にともなう疾病や生活機能低下による健康障害との判別がますます困難になっていく。従来，これらの複雑な問題に関して全体を対象とした統計的な調査はきわめて少なく，数量的な実態は十分に把握されていなかった。

このような背景のもとで，2003年3月に，長崎市では，筆者らが参加して同市の被爆者の全数を対象に心身の健康状態に関する調査が実施された。ここでは，本調査に基づき，被爆者の健康を規定する諸要因を明らかにし，問題改善のための社会的支援の方向を検討するなかで，現代社会に存する健康の不平等の一端に迫る。

1．原子爆弾による被爆災害と健康破壊

(1) 原子爆弾による被爆災害の特殊性

被爆者における心身の健康問題を統計的に把握するためには，原爆被爆災害の特殊性について共通の理解をしておくことが不可欠であると思われる。

2007年3月末時点における日本国内に居住する認定原子爆弾被爆者数(被爆者健康手帳保持者数，以下本章では被爆者という)は25万1834人，広島市では7万8111人，長崎市で4万7109人となっている。

長崎では，1945(昭和20)年8月9日に原子爆弾が投下され，長崎市内北部，浦上の上空500m付近で炸裂した。原爆のエネルギーは，熱線約35％，爆風約50％，放射線約15％で，爆発時に空中に発生した火球の表面温度は1秒後に約5000度にも達したとされている。原爆炸裂後に放たれた熱線，爆風，放射線により，瞬時に生命や建物の大量破壊が引き起こされた。爆風による直接被害，熱線と爆風と火災による総合的被害に，放射線の影響が加わり，原爆による総合的な被害は，死者が当時の長崎市の推定在住人口約27万人(長崎市民推定約24万人)の4分の1以上に当たる7万3884人，重軽傷者7万4909人，全焼1万1574戸(全戸数の約1/4)，全壊1326戸，半壊5509戸と報告されている[2]。

原子爆弾による人体への傷害作用，いわゆる原子爆弾症(原爆症)は，I．原子

爆弾熱傷，II．原子爆弾外傷，III．原子爆弾放射能症に分類される。Ｉの熱傷は，原爆の爆発時に発生する熱線が人体に直接達して生ずる第１次熱傷と火災によって間接的に生ずる第２次熱傷がある。前者は原爆に特有のもので，異常な高熱が熱線の照射方向に面した体表皮膚表層部に作用し，表皮組織の発赤，死滅・凝固，多数の水泡の発生，表皮の炭化を生起する。熱線エネルギーが強い場合は，その影響は表皮にとどまらず内臓の蒸発，即死につながるとされる。IIの外傷では，第１次損傷(爆風傷)と第２次損傷(埋没損傷，圧迫損傷，破片損傷)があり，また，IIIの原子爆弾放射能症は第１次放射能症(原子爆弾の炸裂により発生した放射線の作用によるもの)と第２次放射能症(炸裂後の空中・地上の放射性元素や放射性降下物の作用によるもの)に分けられる。放射線は人体深部まで透過し，細胞内の分子や分子団の変質や破壊を引き起こすとされている[3]。

　爆心地付近ではこのような原爆による被災が瞬時に大量に発生し，急性期には，「建物などの破壊による致命的な外傷」，「家屋の崩壊による圧死」，「火災による死亡」が多く，「全身熱傷による死者の続出」，「熱傷による各臓器障害」，やがて火傷のない被爆者にも「全身倦怠，発熱，皮膚や粘膜の出血などの放射線傷害」が生じてきた[4]。

　当時の状況について，被爆者の「心の傷」との関連における多くの聞き取り記録がある。たとえば，原爆炸裂直後の混乱した状況で，火災が迫るなか，倒壊家屋の下で助けを求める家族を救えず，その場から逃げざるをえなかった人の「見捨て体験」，勢いよく転がる火の玉に包まれ焼け死んでいく人の「地獄絵」の光景，そして，火災がおさまった後，熱傷により剝けた「皮を垂らし」，「トボトボと歩く行列」と，「「水，水……」「痛い，痛い……」「助けて……」という小声のつぶやきだけ」が聞こえる「「静かな」「音のない」地獄風景」[5]などの記述がある。肉親や親しい人の死に直面した経験は，数多く報告されている。他者がそれらの人々の惨苦に満ちた心情を理解することは容易ではない。

　やがて，被災者は，行政機構も医療施設も破壊されたなかで，「軽傷で余力のある人が大量の死体を見，運び，名前も確認せず焼き，うめる。非日常的な異常な光景」の中に身を置かれることになったのである[6]。

　被爆者の中には，このような被爆後の惨状に直面した人々が多数存在したと考えられる。他者が当事者の惨苦に満ちた心情を理解することは容易ではない。

しかし，それらのことに関わる「心の傷」の深い含意の理解への努力は，本章での統計分析の前提となる。

原爆症は，その経過により被爆直後から4カ月後までの急性原爆症と，それ以降の後障害症に分けられる。原爆後障害症の特徴的なものとしては，原爆ケロイド，原爆白内障，血液疾患(白血病，真性多血症)，悪性リンパ腫，多発性骨髄腫，悪性腫瘍(甲状腺癌，乳癌，肺癌，胃癌，唾液腺腫瘍，その他)，染色体の変化，胎内被爆(小頭症)，遺伝的影響，精神神経系の障害等があげられている[7]。

これらの後障害が，被爆後の就学や就職，就労，結婚，生活などに際しての社会的な差別や偏見の体験[8]につながることがあった。原爆は，大量の人的・物的被害や心理的・精神的打撃，地域社会の崩壊などの被害を総合的・複合的に引き起こした。そして，放射線による健康障害は，長期間持続し，被爆者のその後の生活において様々な影響をもたらした。被爆者の心身の健康状態は，放射線による後障害と健康不安，被爆体験に基づく心の傷，偏見や差別体験に関わる精神的苦痛，生活上の不利益や生活不安，社会関係などにみられる原爆被爆災害の特殊性と切り離して考えることはできない。

(2) 被爆者の健康問題の研究

原爆被爆者に関する後障害研究は，1959年から広島・長崎で発足した原爆後障害研究会を中心に進められ，1962年には長崎大学医学部に原爆後障害医療研究施設が設置された。これらの研究においては，医学的な視点，すなわち被爆者やその子どもに関する放射線障害と疾病の関連，放射線の人体影響に関する病理学的分析などを中心に数多くの研究が蓄積されてきた。また，疫学面においては，被爆者の健康実態調査，検診や疾病，死亡特性などについての研究がなされてきた[9]。

しかし，被爆体験による心理的・精神的影響，いわゆる「心の傷」の問題についての調査・研究は，問題の複雑さや調査の難しさもあり，限定されたものとなっている。さらに，心の傷と健康状態との関連については，その実態把握が一層困難であった。

精神医学者の中澤正夫は，心の傷の複雑な内容について，長期間にわたる被爆者の症例研究をもとに以下のように分析している。同氏によれば，心の傷は，

「「聞けば，知ればだれでもわかる」心の被害」と「「自身も自覚しない」心の傷」に分けられる。前者については，「一瞬にして消えたまち，目の前で肉親・知人が死んでいくさま，大量の異型の死体，幽鬼のごとき被災者の列，手助けできない自分，末期の水さえ与えられなかった自分……。これらの傷を体験すればだれでも「心に深い傷」を受ける」「それはその深さゆえに何年経っても忘れるものではない」。

後者の「自覚しない心の傷」は，一層複雑であり，「ふだんは意識下」にあるが，感覚刺激や病気，語ること，映像や現場に立つことにより意識にのぼってくると分析し，心の傷の複雑さを指摘している[10]。

「心の傷」に関する研究[11]に関しては，まず，アメリカの心理学者・精神分析医学者ロバート・J. リフトンによる研究(1962年，広島)を取り上げねばならない。この研究は，被爆者の心理の深奥にまで迫るもので，豊富な内容を含んでいる。リフトンは，被爆者の心理的，精神的状況について，第1に，「死の刻印」，「死の呪縛」をあげ，それを「生存者が死との遭遇そのものに隷属している状態」，死の不安としている。第2に，死者にしたこと，できなかったことに関わって，自分が生き残ったことへの罪の意識，第3に，それらを麻痺させて生きる「精神的麻痺」等の問題として把握した[12]。そして，「死の不安や罪の意識ははっきりと残ることが多く，それらは身体的障害を生む原因となることもしばしばあった」[13]と指摘している。

社会調査によって「心の傷」の問題に迫る研究は，一橋大学の石田忠を中心としたグループによって行われた。同氏の研究によれば，原爆の特殊性は，放射能による被害，および社会全体の破壊に加えて，人間の精神的荒廃にある。原爆は，「むごい死」と「むごい生」として体験される。「むごい死」は，生存者には，「人としてではない，〈モノとしての死〉の表象」と，「罪と恥の意識」が残ることになるとする。他方，「むごい生」は，「生存者の〈生〉の破壊」として現れる。「原爆は，生存者から生の〔i〕肉体的条件の喪失(原爆症に象徴，一方で労働の能力の喪失・減退)，他方で死の恐怖」，および「〔ii〕社会的条件の喪失(家屋，財産等生活手段の焼失・破損，ならびに家，職場，近隣，地域全体等人間関係の崩壊による)に至らしめた」と総括する[14]。

石田らは，1977年7月に開催されたNGO被爆問題シンポジウム[15]のため

に，16都道府県に居住する被爆者100名を対象に，生活史調査を実施した。この調査結果から，生きていることに罪の意識をもつ者が3割，原爆症の不安をもつ者は8割，さらに，経済的な生活の苦しさを感じる「落層感」をもつ者は6割であったことが示された。石田は，「この〈落層感〉が〈生活の不安〉を増幅させる」とする。そして，「〈原爆症〉の不安は〈死の恐怖〉となって原爆生存者の〈惨苦の生〉を形成することになる」と結論づけた[16]。

　被爆者の社会調査研究は，濱谷正晴によってさらに発展する。同氏が分析のもととする調査は，日本原水爆被害者団体協議会(被団協)によって1985年に，全国47都道府県に居住する1万3168人の原爆生存者と220人余の非被爆遺族を対象に実施されたもので，濱谷は石田とともにこの調査に参加した[17]。

　観察・分析条件を満たした6744人を対象とした詳細な分析によれば，「死の恐怖」を感じるときは，〈体の傷〉や〈不安〉に関わることとして，「病気したり，からだのぐあいが悪くなったとき」(57.7%)，「身内や，まわりの被爆者の死(死に方)を見聞きしたとき」(33.6%)である。また，「「あの日」の記憶」による「〈恐怖心〉」(心の傷)に関わるものは，「被爆当時の，ひとびとの死のありさまを思いだしたとき」(41.7%)，「新聞やテレビなどで，原爆や核兵器のことを見聞きしたとき」(30.9%)などとなっている[18]。

　同氏は，被爆者における就職・仕事の悩みや，結婚の悩み，被爆による生活苦などの割合と病態類型の重篤さとの正方向の規則的関係を示した[19]。さらに，同氏は，記述データの詳細な分析により，それらの具体的内容の検討を進め，結婚については，「病気や健康が不安で」，「結婚に反対された」，「家族の死・病で婚期逸した」，就職・仕事では，「望んだ仕事に就けなかった」，「人並みに仕事できなかった」，「まったく働けなくなった」，生活苦では，「病気して収入が減損した」，「安定した仕事に就けなかった」，「病気し医療費がかさんだ」などの項目において，病態類型が重くなるに従って「規則的に正比例して(それらの)比率が増大」[20]していることを明らかにした。

　被爆地の長崎における調査研究として，以下のものがある。長崎市では，1997年に，原子爆弾被爆者健康調査を実施した。この調査は，第1次調査と第2次調査に分かれ，第1次調査では，被爆者健康手帳保持者5万6969人を対象として居住状況や健康状態，病気や介護状況などが調査された。第2次調

査では，第 1 次調査で回答のあった者から無作為に抽出された 5000 人に対して面接調査が実施され，身体状況や生活状況，必要な支援とともに，「こころの健康」についても調査がなされた。その結果，被爆後 53 年を経た後でも「被爆者は，被爆が健康状態に影響を及ぼしていると考え，発病の不安を抱えながら生活しており，被爆体験の精神的・身体的影響が大きい」ことが明らかになった。第 2 次の面接調査では，「身近な人を喪った悲しさと後悔・自責の念」，「被爆直後の惨状の想起とそれによる苦痛」，被爆による「身体的健康度の喪失」などの実態が示され，被爆後長期間を経過しても，「驚愕的な被爆体験自体と放射線による身体疾患発病への不安・恐怖などが，なお強く被爆者の生活に影響を及ぼしていること」が判明した[21]。

その後，1999 年に長崎市と長崎県は，被爆体験に関わる住民の証言調査を実施し，被爆体験に基づく PTSD(Post Traumatic Stress Disorder：外傷後ストレス障害)などの問題の存在を示した。この調査では，原爆が投下された当時に爆心地から 12 km 以内の被爆未指定地域に居住していた住民において，面接調査がなされ，家族や親しい友人の死や被災し原爆症に罹った人の介抱や火葬の体験，被災地の光景の記憶，後障害への恐怖体験，助けを求める被爆者に対応できなかった罪責的体験などを通して，生活上のストレスを連続的に加重させた人や心的外傷(トラウマ)を受けた事例が多く認められた。また，原爆症の遺伝的影響への不安が被爆者の心理的苦悩になっていることが確認された[22]。

これを受けて，2000 年に，厚生労働省は原子爆弾被爆未指定地域証言調査報告書に関する検討会を設置し，また，専門家による研究班を編成し，住民面接調査を実施した[23]。2001 年 8 月には，原子爆弾被爆未指定地域証言調査報告書に関する検討会意見として，「(被爆)体験群では，原爆体験がトラウマとなり今も不安が続き，精神上の健康に悪影響を与え」，「身体的健康度の低下にも繋がっている可能性」が示された。このような健康水準の低下は，「原爆投下時に発生した放射線による直接的な影響ではなく，もっぱら被爆体験に起因する不安による可能性が高いものと判断された」[24]と結論が出された。

2. 長崎市における原爆被爆者の健康調査

(1) 調査の準備

　原子爆弾被爆災害の特性と被爆者の心身の健康問題，すなわち被爆体験に基因するPTSDやその後の生活体験における健康状態への影響に関わる調査・研究の蓄積と課題を踏まえ，長崎市では，被爆者健康手帳保持者に対する健康調査を実施することになった。この調査は，被爆者の健康状態とその背景にある被爆体験や生活に関わる諸問題を明らかにし，被爆者支援の方向を検討することを目的とし，2003年に「原子爆弾被爆者健康意識調査」[25]として実施された。本調査は，上記の問題に関連して被爆者の全数を対象に統計的に調査したものとしては，被爆後初めてのものであった。この調査は，長崎市が実施したが，その実施にあたっては，研究者として，原爆被爆者問題の専門的立場から，被爆者のPTSD研究を続けている太田保之，被爆者の健康問題に関する研究を行っている三根真理子が参加した。また，筆者の藤岡光夫は，社会統計学，社会調査の専門的立場から本調査に協力し，調査の準備段階から調査の企画，調査票の設計，結果の分析に中心的に関わった。調査票の設計には，太田，三根が専門的立場から加わった。吉峯悦子と鳥山ふみ子は，長崎市の原爆被爆対策部援護課において，長年被爆者援護活動に従事してきたが，同課保健師らとともにこの調査の実施に携わった。

　本調査では，原子爆弾被爆による健康への影響における重層的，複合的特性をより明確にするため，標本調査ではなく，悉皆調査により対象者の全数を調査する方法を採用した。悉皆調査は，本来は，統計調査の基本的方法であるが，調査に多大な時間や労力，経費が必要となり，さらに回収率が低い場合に，対象の全体集団の特徴を統計的に評価することが困難になる等のいくつかの制約をともなう。

　本調査において，高い回収率を達成するためには，調査票において簡潔で的確な設問文と回答の選択肢を作成することが求められた。特に，「心の傷」や「差別・偏見」の体験など心理的，精神的な内面に関わる調査内容を調査票に簡潔に表現することはきわめて難しい。深い心の傷に関わる問題は，被爆者意

識への慎重な配慮が求められるものであった。

　そこで，統計的な調査を実施する前に，基礎調査を実施し，調査内容を当事者の視点から的確に把握することを目指した。この基礎調査では，まず，断片的ではあるが，実態把握のための当事者視点での調査への手がかりを得るため，集団的聞き取り調査が行われた。対象は，健康教室参加者，自主活動グループ，要援護者グループとした。次に，その結果をもとに，より詳細な情報を得るため事例調査を実施した。事例調査は，調査について本人の同意が得られた被爆者 10 名について保健師による個別面接調査で詳細な聞き取りが行われた。さらに，個別事例のもつ偏りを少なくして多様な情報を収集するために，対象者を拡大し，同意が得られた 103 名について面接および郵送による記述式調査が実施された。

(2) 調査票の設計と調査の実施

　これらの結果を踏まえ，統計調査の調査票が設計された。調査内容は，心身の健康状態，被爆体験，健康診断の状況，生活状況，社会関係，社会交流意識，等とした。

　調査の対象は，長崎市が交付する被爆者健康手帳所持者 4 万 8867 人(2003 年 1 月 31 日時点)と，長崎市民全体の年齢構成と近似する A 町に居住する 1946 年 6 月 3 日以前に生まれた一般市民 4549 人(比較対象群)で，いずれも郵送による自計式調査とし，長崎市が実施した。調査期間は 2003 年 3 月 1 日〜3 月 15 日であった。

　本章の分析に関わる身体的健康状態，有病状況，被爆体験，差別や偏見に関わる精神的苦痛の体験，生活における経済状態，社会交流意識に関しては，次のような設問文と回答選択肢とした。

　調査の有効回答数は被爆者 3 万 5035 人(有効回答率 70.3%)，一般 2242 人(同 49.3%)であり，郵送による悉皆調査にもかかわらず，当初の目的に沿った高い有効回答率を達成することができた。

〔設問〕 あなたの今の健康状態はどうですか
　1．非常に良い　　2．良い　　3．普通　　4．よくない　　5．非常に良くない

〔設問〕 あなたは，現在かかっている病気がありますか。あてはまるものすべてを○で囲んで下さい。（複数回答）
　1．高血圧　　2．脳卒中　　3．心臓病　　4．糖尿病　　5．貧血・血液の病気
　6．関節痛，腰痛，関節炎　　7．神経痛　　8．目の病気　　9．耳・鼻の病気
　10．腎臓の病気　　11．肝臓の病気　　12．消化器の病気　　13．呼吸器の病気
　14．婦人科の病気　　15．骨折・骨の病気　　16．泌尿器の病気　　17．精神の病気
　18．皮膚の病気　　19．甲状腺の病気　　20．がん　　21．なし　　22．その他
　※○で囲んだ中で，あなたが原爆と関係があると思うのはどれですか。番号をお書き下さい。

〔設問〕 原爆投下後，次のような体験がありましたか。
　1．爆心地へ行った
　2．被害を受けた建物を見た
　3．負傷者を見た
　4．亡くなった人を見た
　5．原爆の死傷者に触れた
　6．上記のような体験はない

〔設問〕 これまで，被爆者であること（被爆者手帳を持っていること）を言えなかったときがありましたか。
　1．はい　　2．いいえ

〔設問〕 たとえばどんなときですか，差し支えなかったら教えてください。
　1．就職　　2．自分や兄弟姉妹の結婚　　3．子供の結婚　　4．県外での生活　　5．入院
　6．病院にかかったとき　　7．その他

〔設問〕 あなたは経済的にゆとりはありますか
　1．かなりある　　2．すこしある　　3．普通　　4．あまりない　　5．まったくない

〔設問〕 地域社会との交流についてどんなことを希望されますか。
　　　　　あてはまるものすべてを○で囲んでください。
　1．人と会ったり話したりする，体力や元気がない
　2．あまり人とは会ったり，話したくない
　3．自宅に訪問して話相手になってほしい
　4．在宅で，電話やインターネットなど何らかの形で，人と交流を持ちたい
　5．自宅の近くの人ともっと交流の機会を持ちたい
　6．買い物や催し物に行くときの援助者がほしい
　7．被爆者どうしの集まりがあれば参加したい
　8．講座や健康教室を受講したいが，一人で出れないので，援助者がほしい
　9．講座や健康教室に参加したい
　10．何か仕事をしたい
　11．特技（絵画・書・音楽・小物づくり・体操等）を活かす場所があれば，出かけたい
　12．講座や教室などの講師や助言者，指導者などがあればやりたい
　13．何か社会の役に立つボランティア活動をしたい
　14．被爆体験を社会に伝えていきたい
　15．被爆者のおかれた状況や被爆後の経験を社会に伝えていきたい
　16．戦争のない平和な社会のために何か役に立つことをしたい
　17．特にない
　18．その他

（注）調査票の一部掲載。紙幅の制約上，回答の選択肢は，間隔を狭めて表示した。

表 12-1 原爆投下後の体験(認定被爆者および一般市民)

(総数:人、比率:%)

	被爆者		一般市民	
総数	35,035	100.0	2,188	100.0
1. 爆心地へ行った	16,439	46.9	304	13.9
2. 被害を受けた建物を見た	20,085	57.3	429	19.6
3. 負傷者を見た	19,619	56.0	349	16.0
4. 亡くなった人を見た	15,452	44.1	186	8.5
5. 原爆の死傷者に触れた	6,377	18.2	87	4.0
6. 上記のような体験はない	4,570	13.0	1,020	46.6
7. 無回答	3,514	10.0	525	24.0
(再掲)驚愕的な被爆体験あり (3, 4, 5のいずれかに該当)	21,695	61.9	396	18.1
(再掲)驚愕的な被爆体験なし (上記以外で無回答を除く)	9,826	28.0	1,267	57.9

注:一般市民は、年齢不詳を除いた数。
出所:長崎市原爆被爆対策部援護課『被爆者健康意識調査』2004年。

3. 被爆者の健康状態と関連する諸要因

(1) 健康状態に関わる諸要因とそれらの類型化

本調査は多様な内容を含むが、本章では、驚愕的な被爆体験による心の傷(トラウマ)や健康不安、被爆者であることにともなう社会的差別・偏見に関わる精神的苦痛体験(スティグマ)、現在の経済的生活状況(経済的ゆとり感)などと、被爆者の健康状態、社会交流意識との関連を把握することを目的としている。

これらの目的のために、ここでは本調査が悉皆調査であることの優位性を活かし、各要因の重層的な組み合わせによる統計的パターン分析(藤岡の研究)法を用いる。その際、それぞれの要因は、基本的に問題の有無により2つの類型として分け、以下のように類型化された要因を組み合わせてパターン化し、パターン間の特性の比較をする。

被爆体験にともなう「心の傷」(トラウマ)は、既存研究を踏まえ、表12-1のように、驚愕的な被爆体験の有無により類型化し、上記調査票の回答選択肢のうち「負傷者を見た」、「亡くなった人を見た」、「原爆の死傷者に触れた」の3つのいずれか、あるいは複数の体験をし、心的外傷(トラウマ)をもっていると

表12-2 被爆者であることを言えなかった経験
(単位：人，％)

被爆者と言えなかった経験	認定被爆者総数	35,035	100.0
	(1) 経験がある	5,555	15.9
	(2) 経験がない	26,947	76.9
	不詳	2,533	7.2
それはどのようなときか	(1) 経験がある(総数)	5,555	100.0
	就職	937	16.9
	自分や兄弟姉妹の結婚	1,866	33.6
	子供の結婚	1,815	32.7
	県外での生活	841	15.1
	入院	244	4.4
	病院にかかったとき	349	6.3
	その他	572	10.3

出所：表12-1に同じ。

推定される群と，非該当(無回答を除く)の2類型とした。

　社会的な差別や偏見に関わる経験(スティグマ)は，被爆者(または，被爆体験者)と言えないときがあったかどうかを判断基準とし，この経験の有無により，2分類した。その内容は，表12-2にみられるように，自分や子どもの結婚に関わるものが最も多い。なお，ここでのトラウマやスティグマについて，本調査の設問は，現在の精神的状況を直接把握したものではなく，被調査者の意識への配慮をし，過去の経験を問うことでそれらを間接的に把握しようとしたものである。

　生活不安に関わる「経済的ゆとり」は，第1の類型を「ゆとりなし」(「あまりない」，「まったくない」をあわせたもの)と，第2類型を「普通」，第3類型を「ゆとりあり」(「かなりある」と「すこしある」をあわせたもの)の3類型を用いる。

　また，被爆と関わる健康不安については，現在かかっている病気の中に，本人が原爆と関係があると思っているものが含まれる場合を，「健康不安有り」とし，それ以外を「非該当」の2類型とした。

　健康状態は，自覚的身体健康状態と現在かかっている病気による有病率をみる。

　被爆者支援において社会との関係は特に重要であり，被爆者援護事業も被爆者の孤立化を予防することが柱のひとつとなっている。ここでは，地域社会と

の交流に関して，社会的関係を拒絶する意識，反対に，被爆体験と関わる積極的な社会的交流への意識，また，自らの健康や精神的支えを求める交流意識などについて検討する。

(2) 被爆者における自覚的身体健康状態

まず，被爆者の健康状態を観察する前提として，健康への影響があると推定されるトラウマ(心の傷)やスティグマ(差別・偏見体験)の有無について表12-3 でみておく。

これによると，被爆者において，原爆投下後に驚愕的な被爆体験がある(トラウマ有)と，被爆者であることを言えなかった経験がある(スティグマ有)の両方が重なる者は10.5%，スティグマはないがトラウマはある者が48.6%となっている。驚愕的な被爆体験によるトラウマ有と推定される被爆者は，全体の61.9%，また，被爆後のスティグマ経験者は，15.9%(回答者の17%)を占める。

一般市民についても，原爆投下後に驚愕的な被爆体験がある者と非体験群に分けた。さらに，被爆者と一般市民との年齢構成の違いによる影響を取り除くため，一般市民で算出された比率について，被爆者と年齢構成が同じ場合に相当する年齢調整比率を算出し，その結果を示した。

図12-1は，被爆者と一般市民について，A 被爆者(驚愕的な被爆体験あり)，B 被爆者(同体験なし)，C 一般市民(同体験あり)，D 一般市民(同体験なし)の4つのグループに分けて，体調を比較したものである。これによると，A 被爆者(同体験あり)の中では，体調が良くない者が占める割合が最も多く，その逆に，D 一般市民(同体験なし)では，その割合が4つのグループの中で最も少ない。さらに，一般市民の中でも，同体験ありの層では体調不良者が多いこともわかる。

自覚的身体的健康状態に対する諸条件の影響について，驚愕的な被爆体験によるトラウマや，被爆者であることによるスティグマ体験，生活不安(経済的ゆとり感)の諸要因によって，健康状態にどのような差異が生じているか，表12-3 を用いて詳しく観察してみる。一般市民については，被爆者との比較が可能なように年齢調整比率を算出してその結果を掲載している。これによると，「体調がよくない」者の割合は，被爆者全体の約半数の45.8%で，1997年に実施した長崎市の被爆者健康調査の回答48.7%と比べて大きな差はみられない。

表12-3 被爆者の自覚的身体健康状態(体調)および被爆と関連する健康不安

区分				実数	比率	体調(比率)			健康不安(比率)
						総数	良い・普通	良くない	
被爆者	被爆者総数		総数	35,035	100.0	100.0	51.2	45.8	43.7
	驚愕的な被爆体験(心の傷,トラウマ)		有	21,695	61.9	100.0	47.3	50.1	47.7
			無	9,826	28.0	100.0	59.8	38.4	40.7
	被爆者と言えなかった経験(スティグマ)		有	5,555	15.9	100.0	42.3	55.3	54.1
			無	26,947	76.9	100.0	53.6	44.2	43.4
	トラウマ	有	スティグマ有	3,694	10.5	100.0	37.1	60.3	56.9
			スティグマ無	17,024	48.6	100.0	49.9	47.9	46.9
		無	スティグマ有	1,470	4.2	100.0	53.0	45.1	51.1
			スティグマ無	8,001	22.8	100.0	61.3	37.0	39.3
	経済的なゆとり		無	11,706	33.4	100.0	39.2	58.3	47.5
			普通	18,790	53.6	100.0	58.0	39.8	43.9
			有	2,999	8.6	100.0	60.0	37.4	38.9
	トラウマ有—スティグマ有—経済的ゆとり無			1,505	4.3	100.0	27.6	70.3	58.3
	トラウマ無—スティグマ無—経済的ゆとり普通・有			5,206	14.9	100.0	67.9	30.7	37.5
一般市民	総数			2,188	100.0	100.0	64.0	32.9	—
	驚愕的な被爆体験		有	396	18.1	100.0	52.2	45.0	—
			無	1,267	57.9	100.0	69.0	29.1	—

注：1) トラウマは，〔驚愕的な被爆体験〕がある者。
2) スティグマ(差別・偏見体験)有は，被爆者であることが言えなかったことがある者。
3) 経済的ゆとりは，「あまりない」「まったくない」を合わせたものを「無」とし，「十分ある」「ややある」を「有」とした。
4) 健康不安有は，現在何らかの病気にかかっており，それらの病気が原爆と関連すると思っている者。
5) 一般市民の比率は，被爆者と同じ年齢構成(標準人口)の場合に示される比率に調整(以下の計算式による)。
〔(標準人口の5歳階級別人口×一般市民の年齢5歳階級別比率)の55歳以上から90歳以上までの総計〕÷55歳以上標準人口総数×100
6) 総数は，回答なし，不詳を含むので，それぞれの計と一致しない。
7) 一般市民については，長崎市内で，年齢構成が長崎市全体と近似するA町の居住者全数を調査対象とした。
資料：長崎市原爆被爆対策部援護課「原子爆弾被爆者健康意識調査」2003年，調査結果より作成。

　体調不良者の割合は，驚愕的な被爆体験がある〈トラウマ有〉層では50.1％，「被爆者と言えなかったことがある」〈スティグマ有〉層で55.3％と高率になる。さらに，この比率は，〈トラウマ〉に加えて，〈スティグマ〉が重なる層では，60.3％と一層高く，一般市民(非体験)29.1％の2倍以上の高率となり，これらの条件が体調不良に重層的な影響を及ぼしていることが示されている。
　また，〈経済的なゆとり〉と体調不良との関係について，経済的条件が悪化す

第12章 健康の不平等　303

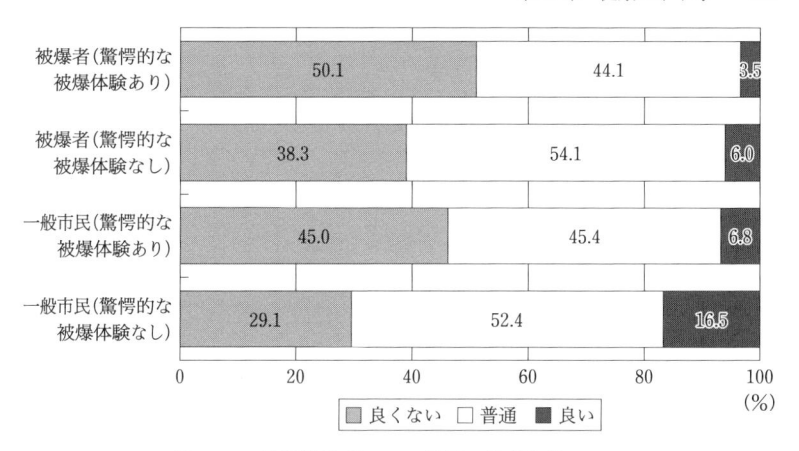

被爆体験	良くない	普通	良い
被爆者(驚愕的な被爆体験あり)	50.1	44.1	3.5
被爆者(驚愕的な被爆体験なし)	38.3	54.1	6.0
一般市民(驚愕的な被爆体験あり)	45.0	45.4	6.8
一般市民(驚愕的な被爆体験なし)	29.1	52.4	16.5

図12-1　被爆体験別にみた体調の構成比較

出所：表12-3に同じ。

るに従い，体調不良者が増加する傾向がみられ，経済的条件による健康格差がみられる。〈トラウマ〉，〈スティグマ〉に加えて，〈生活不安〉(経済的なゆとりがない)の3条件が重複した場合，健康状態が良くない者の割合は，70.3％と非常に高率となっている。

(3) 原爆被爆と関連する病気への不安

表12-3に，原爆体験に関わる健康不安の指標として，被爆に関わる健康不安をもつ比率(現在何らかの病気にかかっており，それらが原爆と関連すると思っている人が総数に占める割合)を示した。これによれば，被爆者全体の43.7％，また，原爆投下後に驚愕的な被爆体験がある被爆者の47.7％の人々が，現在も原爆と関連する健康不安を抱えていることがわかる。

さらに，〈トラウマ〉，〈スティグマ〉，〈生活不安〉の3要因が重なっている層では，この比率は，その層全体の約6割(58.3％)を占める。被爆後約60年を経過した後も，原爆と関わる病気の不安をもちながら，心の傷や生活の不安を抱えて生活をしている数多くの被爆者の実態があることが示されている。

(4) 被爆者の有病状況

被爆者における不健康状態を，調査時点で病気を有する人の全体に占める割

表 12-4　被爆者の有病率の比較　　　　　　　　　　　　　　　　（単位：％）

	被爆者				一般市民			有病率比較	
	総数	驚愕的な被爆体験無	驚愕的な被爆体験有（A）	同体験有・健康不安有（B）	総数	同体験無（C）	同体験有	Cに対するAの倍率	Cに対するBの倍率
総数（人）	35,035	9,826	21,695	10,345	2,188	1,267	396	—	—
総数（％）	100.0	100.0	100.0	100.0	100.0	100.0	100.0	—	—
高血圧	43.6	39.7	46.3	49.0	36.2	35.7	44.4	1.3	1.4
脳卒中	2.7	1.8	2.7	3.0	2.1	2.3	1.7	1.2	1.3
心臓病	23.5	18.6	26.4	30.6	15.8	14.3	20.2	1.9	2.1
糖尿病	13.6	12.6	14.3	15.1	9.7	8.7	15.1	1.7	1.8
貧血，血液の病気	13.8	11.3	15.5	21.4	6.9	6.3	9.4	2.5	3.4
関節痛，腰痛，関節炎	65.9	62.9	69.1	75.6	42.4	39.8	52.6	1.7	1.9
神経痛	16.7	12.9	19.1	22.3	11.5	10.5	17.6	1.8	2.1
目の病気	38.2	29.8	43.6	49.0	28.0	26.4	33.2	1.7	1.9
耳・鼻の病気	20.4	17.4	22.3	26.1	14.0	12.4	19.2	1.8	2.1
腎臓の病気	5.5	4.5	6.1	7.6	3.8	3.4	3.9	1.8	2.2
肝臓の病気	10.7	10.2	11.2	14.6	5.3	4.9	6.6	2.3	3.0
消化器の病気	16.2	13.9	17.9	22.6	10.4	10.0	13.8	1.8	2.3
呼吸器の病気	10.4	8.0	11.8	14.9	7.6	8.0	10.6	1.5	1.9
婦人科の病気	2.6	2.5	2.6	3.0	1.3	1.4	1.3	1.8	2.1
骨折，骨の病気	14.5	10.3	17.0	20.2	7.6	6.1	12.4	2.8	3.3
泌尿器の病気	13.3	10.2	15.3	18.3	11.0	12.1	9.4	1.3	1.5
精神の病気	4.8	4.2	5.0	6.0	4.2	4.4	2.6	1.1	1.4
皮膚の病気	18.3	15.4	20.6	24.3	13.1	10.4	21.4	2.0	2.3
甲状腺の病気	6.0	5.0	6.5	9.4	2.8	2.4	3.9	2.7	3.9
がん	3.7	2.8	4.2	6.2	2.1	2.1	1.4	1.9	2.9
なし	1.6	2.3	1.3	0.4	8.6	10.4	4.4	0.1	0.0

注：驚愕的な被爆体験，健康不安，一般市民に関する注は表12-3に同じ。
出所：表12-3に同じ。

合，有病率について，上記の諸要因の組み合わせで比較したものが表12-4である。これによれば，被爆者において顕著に高率を示す疾患は，貧血・血液の病気，骨折・骨の病気，甲状腺の病気，がんで，驚愕的な被爆体験をもつ被爆者層で一般市民の1.9～2.8倍，さらに被爆と関わる健康不安が重なる層で，同じく2.9～3.9倍の高い有病率が確認される。

また，有病率水準が高く，一般市民と比べて被爆者において相対的な高比率が認められる，関節痛・腰痛・関節炎，目の病気，心臓病，耳・鼻の病気，皮

膚の病気などでも，上記被爆体験群で一般市民の 2 倍程度の高い有病率となっている。

(5) 被爆者支援の課題――地域社会との関係・交流

表 12-5 は，被爆者における驚愕的な被爆体験や被爆者であることによるスティグマ（差別・偏見体験），被爆による健康不安などの諸要因を組み合わせて，被爆者の社会交流への意識を比較したものである。図 12-2 は，トラウマやスティグマ，健康不安の条件不利重複パターンの被爆者の中で，地域社会との交流に消極的または拒絶の意志を示す項目，心身の健康のために社会的交流を希望する項目，被爆体験や被爆後の経験に関連して積極的に社会との交流意欲を示す項目の 3 種類に分けて，比較したものである。

これらの項目において，上記の 3 つの条件が重なる層では，「体力・元気がないので，特に希望はない」13.2％や，「人と会ったり話したりしたくない」の項目の比率が 14.8％と，被爆者全体の 9.2％，8.8％よりも多く，また，一般市民の 6.4％，6.7％とは顕著な差がある。原爆の被爆に関わる不利な条件をもつ層で社会的な関係が一層疎遠になっており，相対的に孤立化傾向がみられるとともに，被爆者の精神的苦悩の深さがうかがえる。

その一方で，「講座や健康教室に参加したい」，「被爆者同士の集まりがあれば参加したい」，「支援があれば温泉等保養施設へ行きたい」のような心身の健康に関わり社会交流を希望する比率は，トラウマ・スティグマ・健康不安が重なる被爆者層では，それぞれ 16.5％，11.2％，9.7％といずれも一般市民，被爆者平均よりも顕著に高くなっている。

さらに，「被爆体験を伝えていきたい」，「被爆者の状況・経験を伝えていきたい」，「平和な社会のために役立つ事をしたい」など被爆体験やその後の生活体験に関わって，積極的に社会との関わりをもつことを希望する人々が，被爆者総数で，それぞれ 4.0％，3.4％，7.9％に対して，トラウマ，スティグマ，健康不安の 3 条件が重なる層では，9.6％，8.6％，14.2％と 2 倍前後の高い割合を占めていることもわかる。図 12-2 にみられるように，被爆体験に関わる社会的活動についての積極的意欲を示す人々の比率が，トラウマやスティグマ，健康不安など，被爆による様々な不利な条件を抱える層で一層高い事実は，被

表 12-5　被爆者の社会交流への意識

	被爆者						一般市民
	総数	トラウマ該当無し	トラウマ有	トラウマ有・健康不安有	トラウマ有・スティグマ有	トラウマ有・スティグマ有・健康不安有	総数（年齢調整比率）
総数　実数　（人）	35035	9826	21695	10345	3694	2103	2188
総数　　　　（％）	100.0	100.0	100.0	100.0	100.0	100.0	100.0
体力・元気がないので，特に希望はない	9.2	6.5	11.1	12.5	12.4	13.2	6.4
人と会ったり話したりしたくない	8.8	8.2	9.7	11.1	13.6	14.8	6.7
自宅に訪問する話し相手がほしい	2.8	1.9	3.5	3.8	4.5	4.2	2.6
電話・インターネットで交流したい	1.5	1.3	1.8	2.3	2.8	3.4	1.8
支援があれば温泉等保養施設へ行きたい	5.1	3.2	6.4	7.7	8.9	9.7	2.8
自宅近くの人と交流を持ちたい	4.8	4.5	5.3	6.6	7.0	7.8	5.5
買い物・催し物に行く時の援助者が欲しい	1.7	1.1	2.2	2.6	2.8	2.7	1.3
被爆者同士の集まりがあれば参加したい	5.2	3.5	6.4	8.0	10.3	11.2	1.1
講座や健康教室に参加したい	9.2	9.2	9.9	12.7	14.2	16.5	7.4
教室にでかけたいので援助者が欲しい	0.8	0.5	1.0	1.2	1.8	1.8	0.5
何か仕事がしたい	3.3	4.2	3.1	3.8	5.1	5.6	3.8
特技を活かせる場所があれば出かけたい	4.4	4.6	4.5	5.5	7.0	7.4	4.1
教室の講師や助言者があればやりたい	1.6	1.4	1.8	2.3	3.0	3.3	1.5
何か社会に役立つボラ活動をしたい	3.8	4.6	3.7	4.5	5.7	5.8	5.5
被爆体験を伝えていきたい	4.0	1.6	5.5	7.1	8.1	9.6	1.4
被爆者の状況・経験を伝えていきたい	3.4	1.6	4.5	6.0	7.1	8.6	―
平和な社会のために役立つ事をしたい	7.9	7.0	8.9	11.0	12.9	14.2	6.0
特にない	31.1	37.7	30.5	30.1	23.8	24.3	29.7
その他	1.9	1.6	2.2	2.5	3.1	3.2	―

注および出所は表12-3に同じ。

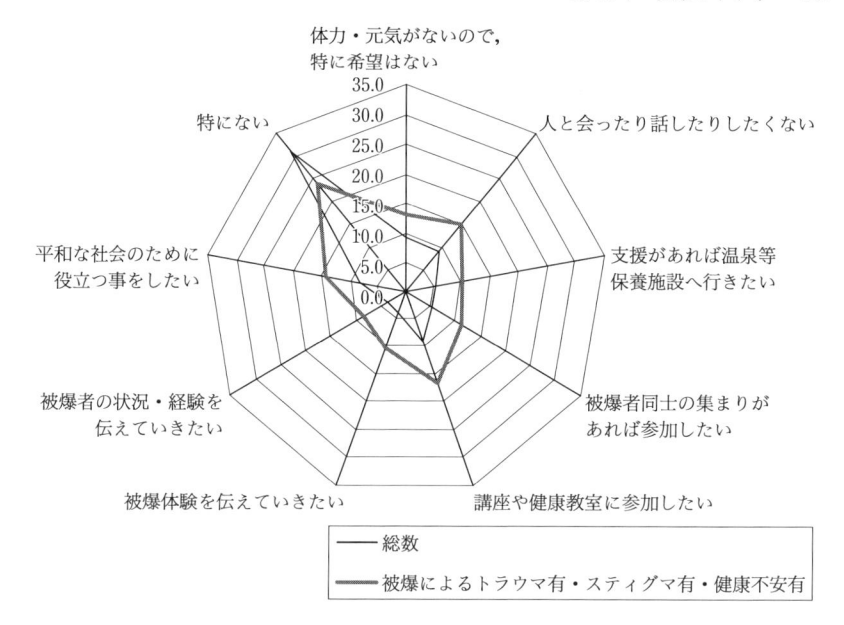

図 12-2　被爆者の社会的交流への意識

出所：表 12-3 に同じ。

爆者からの平和へのメッセージとして社会的に認識されるべきことであろう。

むすび

　核兵器の脅威が高まる現代世界の情勢の中で，日本は唯一の被爆国として，原子爆弾による被爆者の健康の問題に対する特別の配慮の必要性と，その改善に対する社会的支援の責務をもっている。長崎市における被爆者の健康調査により，被爆後約 60 年を経過した時点においても，被爆者の多くが，驚愕的な被爆体験にともなう心の深い傷をもつことにより不健康な状態にあり，原爆と関わる病気の不安をもちながら生活をしている実態が，統計的に明らかになった。被爆者の中で，心の傷や，被爆後の生活における差別や偏見に関わる精神的苦痛体験，経済的な生活不安などの不利な条件が重なるにつれて，不健康な状態にある者の割合が一層多くなっている傾向も示された。これらの被爆者においては，一般市民よりも高い比率で様々な病気を有することも把握された。

社会交流意識に関しては，被爆体験による心の傷をもち，偏見・差別に関わる精神的苦痛を経験した被爆者では，人との交流を拒絶する人々がより多く存在し，社会的孤立化の傾向がみられた。このことは，従来から問題とされてきたことであるが，悉皆調査である本調査により，その実態が統計的な集団現象として明確になった。

　一方，本調査の結果から，社会的関係が疎遠になりがちな被爆者の社会交流への意識が示され，社会的支援の具体的な課題が提示された。被爆者の中では，社会的関係をもつことへの拒絶感や消極的姿勢がみられる一方で，保養や健康等に関する催しへの参加意欲があることが確認された。さらに，自らの凄惨な被爆体験の伝承や平和への貢献など社会的活動への積極的意欲をもつ被爆者が少なからず存在し，それは，被爆にともなう様々な不利な条件を強いられてきた層において，一層強いことが把握された。

　これらのことは，自己責任ではなく，戦争と核兵器という社会的責任により，深刻な身体的，精神的健康破壊を強いられてきた被爆者自身の社会に対する意志表示であると考えられる。社会統計学は，単なる観察・分析の道具ではなく，真実を明らかにし，問題改善のための道筋を示す重要な方法であり，ここで提起されている原爆被爆者への支援課題を真摯に受け止めねばならない。

　WHOのアルマ・アタ宣言は，「人々の健康状態の著しい不平等は，政治的，社会的そして経済的に容認できるものではなく」，「可能な最高水準の健康への到達が，保健分野に加え他の多くの社会的経済的分野の行動を必要とする最も重要な世界的な社会目標である」[26] としている。

　そして，世界健康宣言は，「人間の健康と福祉の改善は，社会的，経済的発展の最終的な目標」であるとして，「一人一人の人間の尊厳と価値，健康に対する平等な権利」を確認し，「不健康に苦しみ，十分な健康支援を受けず，あるいは貧困の影響を受けて，もっとも困難な状況にある人々に対して，必ず最大限の留意をしなければならない」[27] と明記している。

　統計的な分析を通じて，原子爆弾による被爆者問題は，過去の問題ではなく，現代社会の抱える重大な社会問題であることが明確になった。核兵器がもたらす長期的かつ深刻な心身の健康破壊について，再認識されねばならない。

注

1) WHO(世界保健機関)憲章,前文, *Official Records of the World Health Organization*, No. 2, WHO, 1946, p. 100(本文書は,WHO のサイトから入手できる)。http://whqlibdoc.who.int/hist/official_records/2e.pdf.
2) 長崎市原爆被爆対策部編『長崎原爆被爆50年史』長崎市,1996年。
3) 広島市・長崎市原爆災害誌編集委員会編『広島・長崎の原爆災害』岩波書店,1979年,253-297頁。簡約版は,広島市・長崎市原爆災害誌編集委員会『原爆災害——ヒロシマ・ナガサキ』岩波書店,2005年。
4) 立命館大学国際平和ミュージアム監修,安斉育郎編『ヒロシマ・ナガサキ』岩波書店,2007年,22頁。
5) 中澤正夫『ヒバクシャの心の傷を追って』岩波書店,2007年,48-51頁。
6) 同上書,84-86頁。
7) 広島市・長崎市原爆災害誌編集委員会・前掲『広島・長崎の原爆災害』。
8) 濱谷正晴『原爆体験——6744人・死と生の証言』岩波書店,2005年,155-159頁。
9) 被爆60周年記念事業実行委員会『長崎医科大学と原爆——被爆60周年記念誌』長崎大学大学院医歯薬学総合研究科原爆後障害医療研究施設・長崎医学同窓会,2006年3月。長崎医学会『長崎医学会雑誌』79巻,2004年,は,「第45回原子爆弾後障害研究会講演集」の特集号となっている。
10) 中澤・前掲書,162頁。
11) 中澤正夫「被爆者の「心の被害研究」歴史と解説」中澤・前掲書。
12) ロバート J. リフトン(桝井迪夫監修,湯浅信之・越智道雄・松田誠思共訳)『死の内の生命——ヒロシマの生存者』(原著題名は, *Death in Life*)朝日新聞社,1971年,437-502頁。
13) 同上書,452頁。
14) 石田忠『原爆体験の思想化——反原爆論集 I』未来社,1986年,127頁,243-244頁(石田忠らの研究には,石田忠『反原爆——長崎被爆者の生活史』未来社,1973年,石田忠『続反原爆——長崎被爆者の生活史』未来社,1974年などがあり,生活史調査の方法により詳細な事例研究がなされた)。
15) ISDA JNPC 編集出版委員会編『被爆の実相と被爆者の実情——1977 NGO 被爆問題シンポジウム報告書』朝日イブニングニュース社,1978年。
16) 石田・前掲書,191-205頁。
17) 濱谷・前掲書,はじめに,XVI 頁。
18) 同上書,82頁。
19) 同上書,118頁。
20) 同上書,123-125頁。
21) 長崎市原爆被爆対策部援護課『原子爆弾被爆者健康調査報告書』長崎市,1998年。
22) 太田保之「証言の心理的影響に関する分析結果」長崎市・長崎県『聞いてください!私たちの心のいたで——原子爆弾被爆未指定地域証言調査報告書』2000年,87-92頁。
23) 吉川武彦(主任研究者),平成12年度厚生科学特別研究事業『PTSD 等に関連した健

康影響に関する研究』H 12-特別-038，2001 年。
24) 原子爆弾被爆未指定地域証言調査報告書に関する検討会『原子爆弾被爆未指定地域証言調査報告書に関する検討会報告書』2001 年 8 月，『長崎被爆体験者に対する支援事業の手引き――平成 13 年度厚生科学特別研究事業「トラウマのある集団に対する長期的な健康管理に関する調査研究」報告書』2002 年，115 頁。
25) 長崎市原爆被爆対策部援護課『原子爆弾被爆者健康意識調査』長崎市，2003 年。
26) WHO, *Declaration of Alma-Ata*, International Conference on Primary Health Care, Alma-Ata, USSR, 6-12 September 1978.
27) WHO, *World Health Declaration*, The Fifty-first World Health Assembly, WHO, May 1998.

執　筆　者
○藤岡光夫(静岡大学人文学部，教授)
　吉峯悦子(長崎市高齢者すこやか支援課，課長，元長崎市原爆被爆対策部援護課)
　鳥山ふみ子(長崎市医師会保健福祉センター，センター長，元長崎市原爆被爆対策部援護課)
　太田保之(長崎大学医学部，教授)
　三根真理子(長崎大学大学院医歯薬学総合研究科，准教授)

第13章　地球温暖化問題における二酸化炭素排出格差
──日独比較を中心として

はじめに

　最近，深刻化しつつある地球温暖化の影響を伝える報道や映像が増えてきている[1]。特に2007年には，元アメリカ副大統領アル・ゴア氏による映画『不都合な真実』が公開され，第79回アカデミー賞長編ドキュメンタリー部門賞を獲得するなど話題となった。その書籍も出版されたが，書店に山積みされた本が飛ぶように売れたことからも，一般市民の地球温暖化への関心の深さがうかがわれる。もちろんこれ以外にも様々な書籍，マスコミ等の報道，政府や自治体，NGO等の周知活動も活発化してきており，また台風や異常気象を通して一般市民が実感するようになってきたことも確かである。実際，気候変動に関する専門家ではなくても，気象庁のサイトから平均気温データをダウンロードし，それをグラフにすれば温暖化を実感できるようになってきた。

　しかし他方において，二酸化炭素排出による温暖化に疑問を呈する本も，特に2006年あたりから多々出版されてきている[2]。おそらく一般の書籍としては薬師院仁志『地球温暖化論への挑戦』(八千代出版，2002年)あたりから本格化する流れであるが，明日香壽川によれば，それぞれの論調は微妙に異なるものの，以下の8つにグループ化できるという[3]。

1. 温暖化は起きていないと主張するグループ
2. 二酸化炭素よりも水蒸気・太陽活動の影響の方が大きいとするグループ
3. 気候モデルの予測など信用できないとするグループ
4. 大気中二酸化炭素上昇に人為的起源の排出は関係ないとするグループ

5．エネルギー浪費は人間の性で，逆に文明を発展させるとするグループ
6．地球温暖化問題は原子力推進派やリベラル派の陰謀とするグループ
7．京都議定書の目標を守っても温暖化防止には微々たる貢献しかできないとするグループ
8．貧困や AIDS の方が優先度は高く，温暖化対策によって経済は破綻するというグループ

　これらの温暖化懐疑派・否定派の多くは，温室効果ガス以外の温暖化にマイナスの影響ある要因（アルベド，雲，水蒸気，エアロゾル等）を主に取り上げて，人為的な二酸化炭素排出の増加によって気候温暖化につながるかどうかはわからない，といった疑問を呈するにとどまっている。あるいは，太陽活動の活発化等によって温暖化しているからこそ，その結果，海中に溶けていた二酸化炭素が空気中に放出されて濃度が高まっているのであって，決してその逆ではないということを説く者までいる[4]。ただ彼らは，人為的な二酸化炭素の増加によっては温暖化しないことを逆に証明や実証しているわけではなく，せいぜい疑問を呈するにとどまっており，その点では説得性には欠けているといってもよい。

　たしかに IPCC（政府間パネル）の第 3 次報告までは，地球温暖化に対する人為的要因は 66％とされており，逆に自然的要因等による温暖化の可能性も未だ残されていたために，懐疑派が異論を唱える余地も大いにあった。しかし 2007 年 5 月に承認された IPCC 第 4 次評価報告書をみると，人為的起源の可能性が 90〜95％となっており，検討はさらに進んでいる。IPCC も温暖化にマイナスの要因を考慮していないわけではない。温暖化にプラス，マイナスに作用する様々な要因を同時に考慮しつつシミュレーションすることによって，自然的な要因も温暖化には作用しているが，人間の活動による温室効果ガスも加えることによってのみ，過去の温暖化は十分に説明可能となること，そして今後も温暖化が進行する可能性がかなり高いことを確認している。今後も一部の科学者からは温暖化への懐疑論が依然提出されるだろうが，一般的には第 4 次報告で温暖化への疑問は終息に向かい，少しでも悪化を緩和するための対策への議論が一層高まってゆくに違いない。

　しかし仮に，人為的な温室効果ガスよりも自然的要素の影響力の方が大きく，

地球が近未来に温暖化しなかったとして，今日行われている温暖化対策はどんな意味をもつのだろうか。まったく意味がない，あるいは発展にとってマイナスであるといえるのだろうか。

　まず，温室効果ガスによる地球温暖化効果が一定程度認められ，それによる地球温暖化やその様々な影響が少しでも懸念されている以上，実際には温暖化しないとしても，予防措置，リスク回避措置をとるのは当然だということである。それが持続可能社会を模索する日本にとって，将来や子孫への責任ある態度である。IPCCが温暖化を予測し，無為にこのまま推移した場合の被害拡大が予測されているとするならば，そのリスクを少しでも軽減・緩和し，管理するリスクマネジメントが求められている。

　また地球温暖化問題は，産業や企業，官庁，家計，交通，等の社会全般にわたって，戦後のそのあり方を問うものとなっており，この点でもむしろ有意義なものとなっている。ゴミだけではなく二酸化炭素もある意味では廃棄物であり，それを削減することは化石燃料の消費削減につながり，資源問題とも関連している。また無駄を省くということはあらゆる意味で必要なことであり，企業経営にとってもプラスである[5]。

　ところで経済学をはじめとする文系諸学問領域では，温室効果ガスと地球温暖化との関連を周知の事実，あるいは自然科学分野のこととして棚上げし，温室効果ガスの人為的排出，すなわちその原因であるエネルギー・化石燃料の消費に特化した議論を展開している。たとえば経済学においては，温暖化への影響は抜きにして，様々な経済活動からどのように二酸化炭素が発生しているのかといったLCA(ライフ・サイクル・アセスメント)的視点からの分析や，様々な政策手段によって二酸化炭素の発生をいかに抑えられるかといった視点からの研究が盛んである[6]。しかしとりあえず，どの分野からどの程度の二酸化炭素が排出されているか，あるいはその増加の原因となっているのは何なのかといった現状の把握が，炭素税や排出枠取引等を考察する上でもまず重要となる。この認識なしでは，二酸化炭素の排出を1990年水準よりも6％削減するという京都議定書の約束達成の可能性すら把握しえないものとなってしまうからである。

　日本ではマウナロア島(ハワイ)のように二酸化炭素を実際に測定しているわ

けではなく，エネルギー消費統計に各エネルギー源別の排出係数を掛けることにより推計していることが多い。地球温暖化問題が温室効果ガス，とりわけ二酸化炭素の排出問題に，さらにそれはエネルギー消費問題に還元されることによって，地球環境問題におけるエネルギー消費統計や家計調査等の経済統計の重要性がクローズアップされることとなった[7]。エネルギー統計というと，以前は埋蔵量等の資源問題，さらに特に日本の場合は自給自足率，エネルギー安全保障といった観点，すなわち供給・調達サイドから参照されることが多かった。エネルギー需要・消費のあり方がこれほど問われることはなかったし，地球温暖化問題は，エネルギー消費のあり方の変更を迫るものとなっている。そこで本章でも，そのエネルギー消費の国際比較，特に日独比較を中心にエネルギー消費と二酸化炭素の排出の問題を考察してみよう。

1. エネルギー消費の地域・国際比較

　二酸化炭素の人為的排出を考察する上では，まずどのような化石燃料・エネルギー源をどの程度使用しているかが問題となる。この節ではエネルギーフロー表を図示して，簡単な国際比較を試みる。エネルギーフロー表は，国内生産と輸入から構成される第1次エネルギーが，発電や精製等のエネルギー転換を経て，最終エネルギーとして消費される過程を詳細に記載した統計表であるが，ここでは逆に最終エネルギー消費の方から考察し，電力に関しては転換するエネルギー源に遡って国際比較を試みよう[8]。

　図13-1は日本の最終エネルギー消費をまとめたものである。日本の場合，最終エネルギー消費全体が段階的に増加しているが，2000年以降は若干の伸び悩み状況である。エネルギー源別では原油・石油製品が全体の60～70%を占め，最も大きな割合となっているが，近年，最終エネルギー消費に占める電力の割合が高まり全体の20%を超えている。石炭は最終エネルギー消費だけに限ると増加が止まっているようにみえるが，電力生産のためのエネルギー源を示した図13-2をみるとわかるように，実際はかなり増加していることがわかる。また石油ショック以降の日本の電力は，エネルギー安全保障という点からも特定のエネルギー源に偏ることなく分散化してきたことも明らかである。

第13章 地球温暖化問題における二酸化炭素排出格差　315

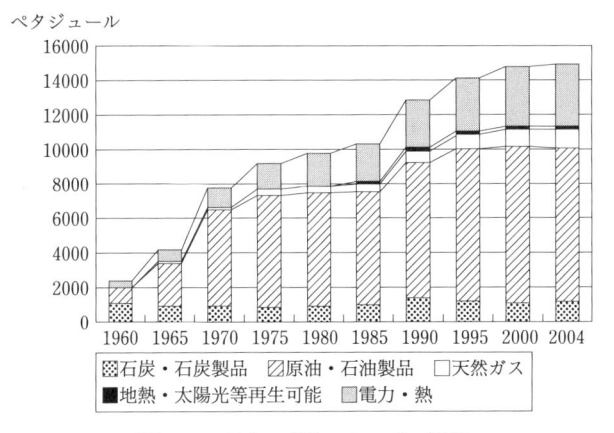

図13-1　日本の最終エネルギー消費

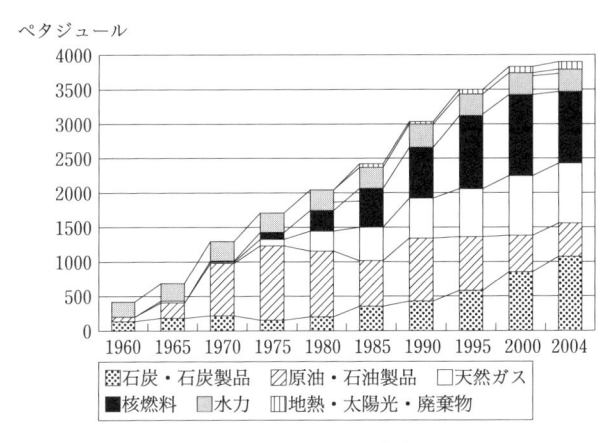

図13-2　日本の電力生産量

しかし近年の傾向は原子力発電(核燃料)が伸び悩み，原油・石油への依存度は低下し，逆に天然ガスと石炭への依存度が増している。

　図13-3はアメリカの最終エネルギー消費であるが，日本の約4.5倍の規模であることがわかる。日本と同様に1980年代に停滞したものの，1990年代以降は大幅に増加している。日本との大きな相違は，アメリカの方が原油・石油製品への依存度が10％程度低い代わりに，天然ガスへの依存度がはるかに高いことである。当初最終エネルギーに占める割合が10％以下だった電力は，2000年には20％近くを占めるようになったが，図13-4をみると，その約半分

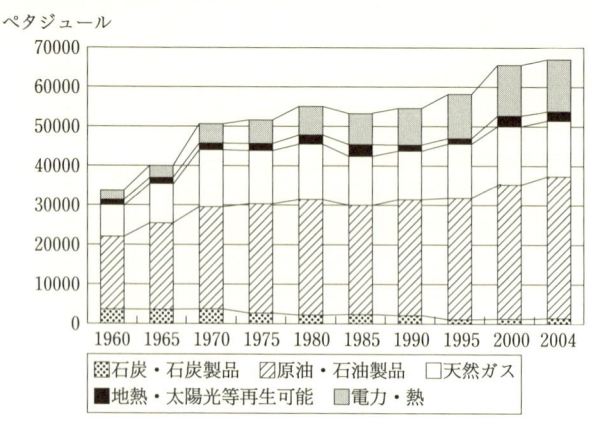

図 13-3　アメリカ合衆国の最終エネルギー消費

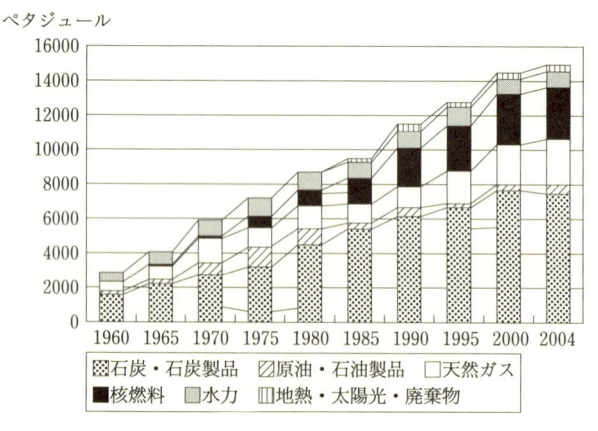

図 13-4　アメリカ合衆国の電力生産量

は石炭によって発電されていることがわかる。アメリカというと核大国のイメージがあるが，発電における核燃料への依存は 20％程度であって，天然ガスへの依存度をわずかに上回る程度である。

　日米に続いて，いくつかの EU 諸国をみてゆこう。まずは環境先進国のドイツである。まずドイツの特徴は，1980 年代当初よりほとんど最終エネルギー消費の総額が増加してはいないことである。2000 年まではむしろ多少減少傾向を示している。そして何よりも石炭の使用が減少し，代わって天然ガスや電力の使用量が増加していることである。電力の増加を図 13-6 の生産量でみる

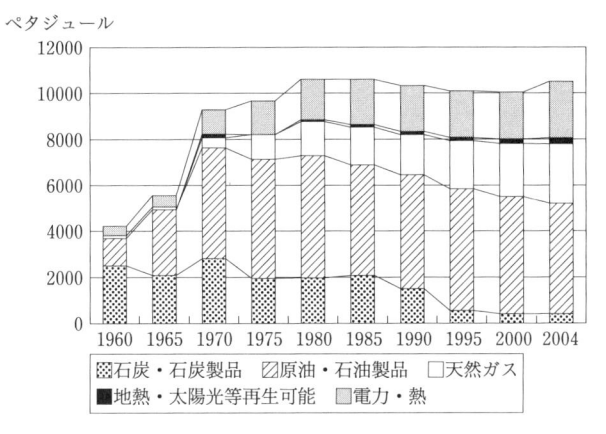

図 13-5　ドイツの最終エネルギー消費

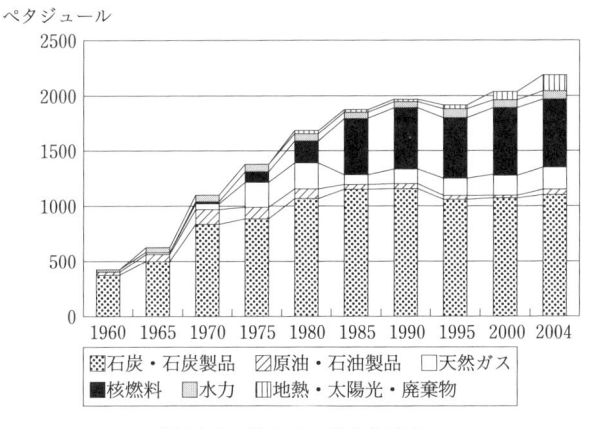

図 13-6　ドイツの電力生産量

と，石炭に大きく依存している点は変わりないが，その伸びは 1980 年代には止まっており，原子力発電によって賄ってきたことがわかる。しかし 2000 年以降は，原子力の伸びも止まり，天然ガスや自然(再生可能)エネルギーが増加傾向を示していることもうかがうことができる[9]。

　ドイツと並んで二酸化炭素の排出を減少させていることで有名なイギリスのエネルギー消費をみてみよう。図 13-7 をみると，やはりドイツと同じように石炭の使用が大幅に減少しており，その分，天然ガスの使用が増加し，1995年には 30％を超えている。また電力も 20％近くを占めるに至っているが，図

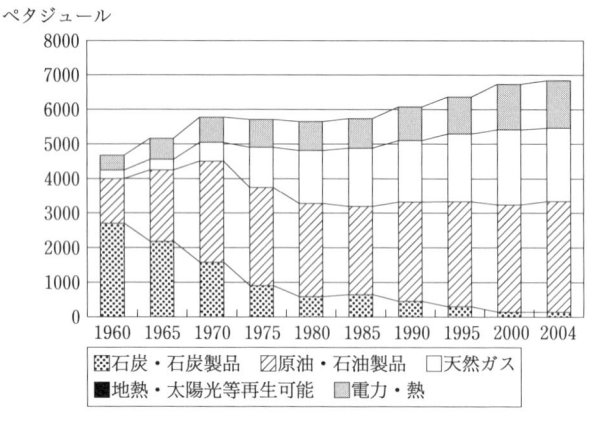

図 13-7　イギリスの最終エネルギー消費

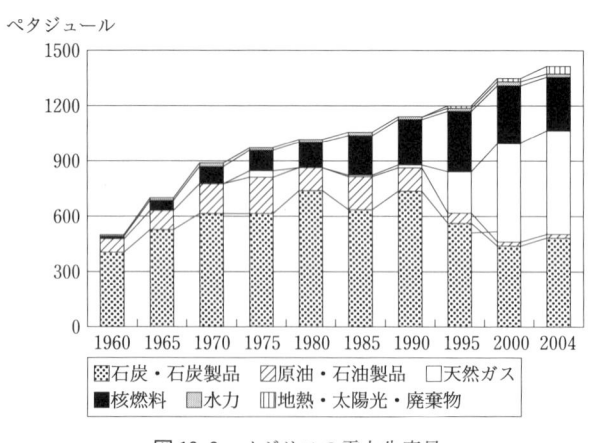

図 13-8　イギリスの電力生産量

13-8 をみてもわかるように，1990 年頃までは圧倒的に石炭が用いられてきた。しかし 1995 年以降は天然ガスによる発電が増え，2004 年には 40％を超え，核燃料の倍になっている。このような急速なガス化こそが，イギリスの二酸化炭素削減に大きく寄与していることは間違いない。

　次はフランスである。フランスの場合も，最終エネルギー消費に関しては，ドイツやイギリスと同様の傾向をうかがうことができる。すなわち石炭の使用が減少するとともに，天然ガスや電力の使用が増加している。また全体としてのエネルギー使用量も，イギリスと同様に 1985 年以降増加傾向である。しか

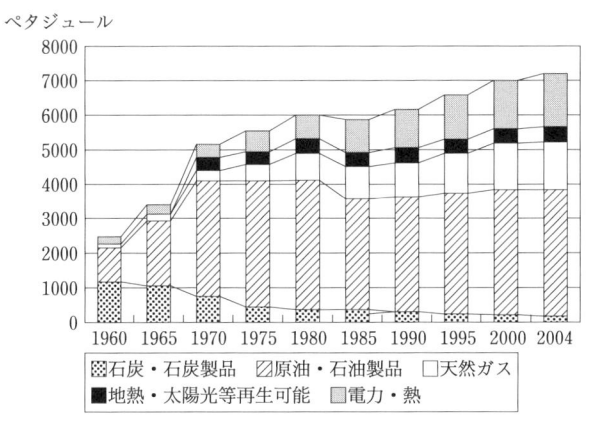

図13-9　フランスの最終エネルギー消費

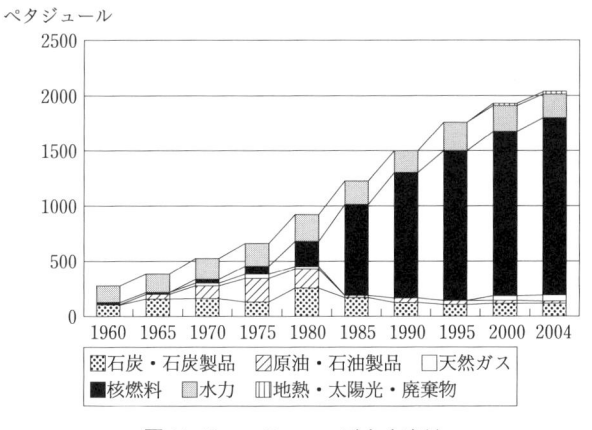

図13-10　フランスの電力生産量

しフランスが他の国と大きく異なるのは，電力生産のエネルギー構成である。図13-10からも明らかなように，1980年以降，異常ともいえるほど原子力発電が増加し，2004年には全電力生産の79%にも達している。2番目に多い水力発電も含め，発電時には二酸化炭素を発生しないという観点からは環境に優しいともいえるが，OECD主要国の中でも突出した原子力発電大国となっている[10]。

やはり環境に優しい国として有名なデンマークのエネルギー事情についてもみておこう。図13-11をみると，全体としてのエネルギー消費は，ドイツと同

320　第3部　地域・環境と統計

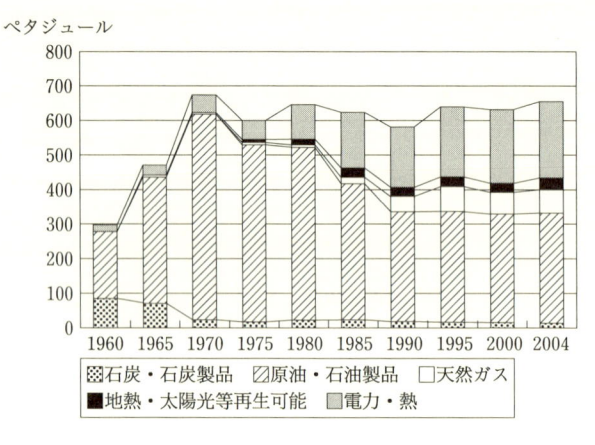

図13-11　デンマークの最終エネルギー消費

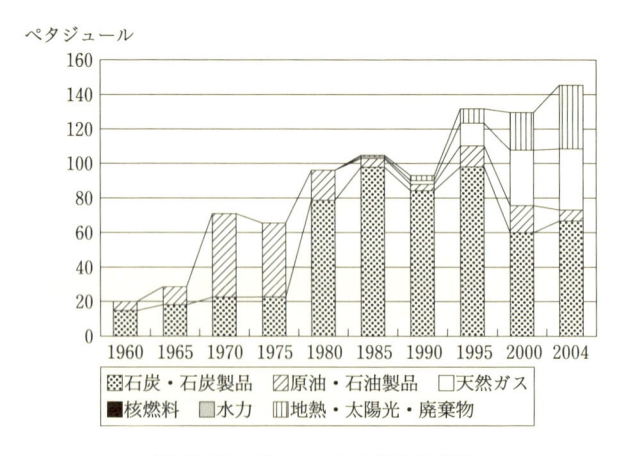

図13-12　デンマークの電力生産量

様に1980年代から大きな増減はなく推移している。そのなかで1970年には約90％も占めていた原油・石油製品が2004年には48.9％にまで減少し、逆に電力使用が同時期に9.5％から33.9％にまで増加している。その電力生産は、1980年代に入り石炭への依存が著しく高まったが、2000年以降は天然ガスや自然エネルギー(特に風力発電)が著しく増加し、両者で約50％に達している(図13-12)[11]。自然エネルギーの割合がこれほどまでに高い国は、EU諸国の中でもデンマークのみであり、きわめてユニークなエネルギー政策となっている[12]。

　以上、いくつかの国のエネルギー消費構造をみてきたが、EU諸国の場合は

(100万トン)

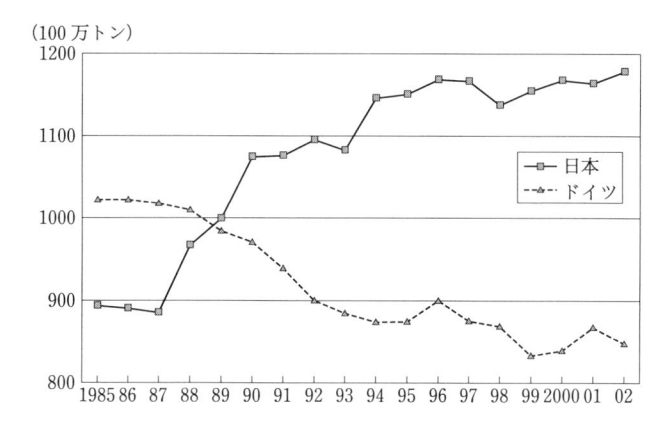

図 13-13　日本とドイツのエネルギー消費による二酸化炭素排出量推移

石炭の消費を減らし，天然ガスや電力の消費に切り替える動きが共通にみられた。しかしどのように電力を生産するかに関しては，様々なエネルギー源に依存しており，国によって様々である。

2. 環境先進国ドイツとの比較

　京都議定書の目標の達成に向けて，1990年代から二酸化炭素を顕著に，しかも傾向的に削減しているのはドイツ，イギリスだけであって，日本やアメリカは逆に増加を続けている[13]。図13-13はOECDの統計から，日本とドイツのエネルギー消費による二酸化炭素の排出量を比較したものであるが，1989年に日本はドイツを上回って以来，1997〜98年に若干減少はしたものの傾向的には増加している。ドイツとはまったく異なる傾向であることがわかる[14]。ドイツは周知のように，1990年に旧東西ドイツの再統一が行われ，旧東側をリストラするなかで二酸化炭素も削減できることから，京都議定書の公約を達成する上では有利であることがいわれた。たしかに1990年代の減少はそのような要因も含んでいるが，実は再統一以前から二酸化炭素排出量の減少は始まっていることも，図13-13から明らかである。

　ではドイツと日本の二酸化炭素の発生構造はどのように異なるのだろうか。表13-1は産業連関表の各部門が消費したエネルギーから推計した二酸化炭素

322 第3部 地域・環境と統計

表13-1 日本とドイツの産業部門別二酸化炭素排出の推移

(100万CO₂トン)

		ドイツ							日本				
		1990		1995		2000		2003		1990		1995		2000	
1	農　林　水　産　業	15,803	1.6%	9,859	1.1%	8,306	1.0%	7,564	0.9%	21,905	1.9%	20,245	1.6%	16,776	1.3%
2	鉱　　　　　　　業	13,157	1.3%	11,354	1.3%	8,046	0.9%	7,748	0.9%	1,137	0.1%	1,861	0.1%	1,617	0.1%
3	食料品・飲料・たばこ	11,522	1.1%	10,704	1.2%	9,138	1.1%	9,328	1.1%	15,265	1.3%	15,102	1.2%	14,848	1.1%
4	繊維・衣料・皮革	2,493	0.2%	1,380	0.2%	1,028	0.1%	1,047	0.1%	5,969	0.5%	5,441	0.4%	3,687	0.3%
5	木材・パルプ・印刷・出版	12,086	1.2%	10,036	1.1%	8,804	1.0%	8,934	1.0%	18,334	1.6%	38,397	3.0%	38,332	2.9%
6	石　炭　石　油　製　品	45,498	4.5%	22,227	2.5%	22,558	2.6%	22,001	2.6%	40,964	3.6%	44,514	3.5%	40,789	3.1%
7	化　　　　　学　　　　　品	39,799	3.9%	24,471	2.7%	20,321	2.4%	19,718	2.3%	54,024	4.7%	58,497	4.6%	49,659	3.7%
8	ゴム・プラスチック製品	2,331	0.2%	1,851	0.2%	1,543	0.2%	1,518	0.2%	4,149	0.4%	4,090	0.3%	4,965	0.4%
9	窯　業　・　土　石　製品	36,184	3.6%	36,997	4.1%	33,613	3.9%	31,218	3.6%	79,157	6.9%	87,139	6.8%	68,159	5.1%
10	金　　　　　属	65,006	6.4%	63,759	7.1%	63,464	7.4%	57,644	6.7%	154,415	13.4%	145,852	11.4%	174,897	13.2%
11	一　　般　　機　　械	5,710	0.6%	3,687	0.4%	2,902	0.3%	2,952	0.3%	4,536	0.4%	3,457	0.3%	4,213	0.3%
12	事務・情報処理機械	429	0.0%	314	0.0%	285	0.0%	295	0.0%	430	0.0%	431	0.0%	550	0.0%
13	電気・通信機械	4,956	0.5%	3,008	0.3%	2,540	0.3%	2,367	0.3%	3,359	0.3%	3,870	0.3%	5,349	0.4%
14	精　密　機　械	1,203	0.1%	857	0.1%	749	0.1%	782	0.1%	386	0.0%	412	0.0%	533	0.0%
15	道路運送機械・部品	5,895	0.6%	5,424	0.6%	5,330	0.6%	5,751	0.7%	4,578	0.4%	3,862	0.3%	5,702	0.4%
16	その他の輸送機械	826	0.1%	821	0.1%	837	0.1%	916	0.1%	1,205	0.1%	1,046	0.1%	1,184	0.1%
17	その他の製造業	2,252	0.2%	1,837	0.2%	1,605	0.2%	1,611	0.2%	1,200	0.1%	1,228	0.1%	1,485	0.1%
18	電　気　・　ガ　ス	408,823	40.4%	352,321	39.2%	340,964	39.9%	359,811	41.8%	322,034	27.9%	348,850	27.3%	378,565	28.5%
19	水　　　　　道	107	0.0%	110	0.0%	89	0.0%	89	0.0%	326	0.0%	183	0.0%	175	0.0%
20	建　　　　　設	14,015	1.4%	10,330	1.1%	8,421	1.0%	7,806	0.9%	15,253	1.3%	16,608	1.3%	14,310	1.1%
21	卸売・仲介	6,318	0.6%	7,399	0.8%	7,037	0.8%	6,869	0.8%	5,786	0.5%	5,793	0.5%	5,414	0.4%
22	小売・修理・給油	10,222	1.0%	11,440	1.3%	12,030	1.4%	12,159	1.4%	9,923	0.9%	9,098	0.7%	7,846	0.6%
23	運輸・通信	28,538	2.8%	32,889	3.7%	35,427	4.1%	34,027	4.0%	188,655	16.4%	212,346	16.6%	212,430	16.0%
24	金融・保険・不動産	2,654	0.3%	2,986	0.3%	2,889	0.3%	3,011	0.4%	3,895	0.3%	4,378	0.3%	4,326	0.3%
25	飲食・宿泊	3,319	0.3%	3,418	0.4%	3,301	0.4%	3,472	0.4%	7,485	0.6%	12,072	0.9%	10,302	0.8%
26	ビジネスサービス	13,515	1.3%	13,883	1.5%	16,716	2.0%	16,442	1.9%	10,795	0.9%	9,295	0.7%	12,882	1.0%
27	行政・保健・廃棄物処理	25,286	2.5%	20,415	2.3%	17,492	2.0%	17,373	2.0%	35,395	3.1%	50,371	3.9%	55,647	4.2%
28	教育・文化・利益代表	14,388	1.4%	12,375	1.4%	13,464	1.6%	13,537	1.6%	11,861	1.0%	11,573	0.9%	11,220	0.8%
29	その他のサービス	1,562	0.2%	1,870	0.2%	2,272	0.3%	2,214	0.3%	4,553	0.4%	5,236	0.4%	6,558	0.5%
30	分　類　不　明	―		―		―		―		9,950	0.9%	3,093	0.2%	1,728	0.1%
31	生　産　部　門　計	793,900	78.4%	678,023	75.5%	651,171	76.2%	658,403	76.6%	1,036,922	90.0%	1,124,340	88.1%	1,154,148	87.0%
32	家　　計　　計	219,283	21.6%	220,518	24.5%	203,689	23.8%	201,546	23.4%	115,459	10.0%	151,686	11.9%	171,902	13.0%
33	合　　　　　計	1,013,182	100.0%	898,541	100.0%	854,860	100.0%	859,949	100.0%	1,152,381	100.0%	1,276,026	100.0%	1,326,050	100.0%

出所：Statistishes Bundesamt, *Umweltökonomische Gesamtrechnungen—Material und Energieflussrechnungen, Teil 3: Kohlendioxid*, Wiesbaden, 2003, 南齋規介・森口祐一・東野達「産業連関表による環境負荷原単位データブック (3EID)——LCAのインベントリデータとして」独立行政法人・国立環境研究所・地球環境研究センター, 2002年, などより作成。

排出量を，日独で比較可能なように調整したものである[15]。これをみると，まず両国ともエネルギー転換部門である電力・ガスが，最も多くの二酸化炭素を排出していることがわかる。ドイツの場合は1990年代を通して減少したが，全体の排出量も減少しているために，構成比は4割前後を占めほとんど変化がない。

日本と比べても異常に多い電力・ガス部門の二酸化炭素排出は，実は図13-6でみたように，ドイツが電力生産のエネルギー源として依然石炭に大きく依存していることも関与している。一方の日本は，ドイツと好対照に排出量自体が増加し続けており，2000年にはドイツの排出量を超え，構成比も3割近くに達している。

最終需要部門である家計を除けば，ドイツで2番目に排出量が多いのは金属製品であるが，やはり量的には減少傾向を示している。日本でも金属製品は排出量全体の10％を超える部門であり，特に1995年以降大幅に増加している。しかし日本では2番目に排出が多いのは運輸・通信部門であり，ドイツとはこの点が大きく異なっている。ここには家計部門の交通等は含まれていないため，いかに産業間の輸送・移動が多いかがわかる。とはいえ1995～2000年は排出量の増加はほとんどみられなかったといってもよいだろう。

日本とドイツがさらに大きく異なっているのは，最終需要の家計部門である。すなわち，家計が直接排出する二酸化炭素の量とその全体に占める割合である。一般にEU諸国の家計部門の排出は，日本よりも全体に占める割合が高く，しかし日本も，今後は家計部門の排出が増加してゆくことが予想されている。実際このデータをみるとドイツは減少傾向にあり，一方日本は増加の一途をたどっており，いずれドイツの家計部門の排出量を上回るだろうことが予想できる。日本も家計から直接発生している二酸化炭素をいかに抑えるか，それがますます問題となってくるだろう。そこで次に，家計の民間最終消費として直接排出されている二酸化炭素の背景を探るために，家計のエネルギー消費を日本とドイツで比較してみよう。

表13-2は，日独両国それぞれの産業連関表の付帯表として公表されている物量表から，家計のエネルギー消費を抽出・要約したものである。ただし電力や熱供給は，消費の末端である家計からは二酸化炭素を発生しないクリーンな

表 13-2 民間最終消費(家計)におけるエネルギー使用

	単位	ドイツ 1991	ドイツ 1995	ドイツ 2000	日本 1990	日本 1995	日本 2000
		エネルギー使用(各物的単位)					
電　　力	100万kWh	125,112	130,393	132,057	139,941	179,063	281,828
熱 供 給	Terajoule	166,246	166,687	140,500	1,288	2,596	3,267
ガ　　ス	100万m3	19,834	27,637	28,644	8,496	9,288	10,170
石炭・褐炭	1000 t	12,340	4,621	1,797	30	9	5
ガソリン	1000 t	27,396	26,793	25,490	24,263	28,866	36,916
ディーゼル	1000 t	3,259	3,893	4,554	530	2,578	2,743
暖房用灯油	1000 t	25,567	26,353	22,748	9,554	14,189	15,570
液体ガス	1000 t	679	902	965	5,057	6,371	7,117
		エネルギー使用(熱量換算；テラジュール)					
電　　力	Terajoule	450,403	469,415	475,405	503,787	644,627	1,014,581
熱 供 給	Terajoule	166,246	166,687	140,500	1,288	2,596	3,267
ガ　　ス	Terajoule	672,880	880,307	937,699	269,630	294,749	322,739
石炭・褐炭	Terajoule	256,745	104,003	35,843	721	188	104
ガソリン	Terajoule	1,133,912	1,108,971	1,055,041	1,056,492	1,256,919	1,607,442
ディーゼル	Terajoule	140,013	167,246	187,319	22,645	110,099	117,146
暖房用灯油	Terajoule	879,642	906,707	782,646	408,019	605,923	664,897
液体ガス	Terajoule	31,168	41,505	37,668	232,069	292,332	326,562
合　　計	Terajoule	3,731,008	3,844,841	3,652,120	2,494,651	3,207,433	4,056,738
		構　成　比					
電　　力	Terajoule	12.1%	12.2%	13.0%	20.2%	20.1%	25.0%
熱 供 給	Terajoule	4.5%	4.3%	3.8%	0.1%	0.1%	0.1%
ガ　　ス	Terajoule	18.0%	22.9%	25.7%	10.8%	9.2%	8.0%
石炭・褐炭	Terajoule	6.9%	2.7%	1.0%	0.0%	0.0%	0.0%
ガソリン	Terajoule	30.4%	28.8%	28.9%	42.4%	39.2%	39.6%
ディーゼル	Terajoule	3.8%	4.3%	5.1%	0.9%	3.4%	2.9%
暖房用灯油	Terajoule	23.6%	23.6%	21.4%	16.4%	18.9%	16.4%
液体ガス	Terajoule	0.8%	1.1%	1.0%	9.3%	9.1%	8.0%
合　　計	Terajoule	100.0%	100.0%	100.0%	100.0%	100.0%	100.0%
		1人当たりエネルギー使用(メガジュール)					
電　　力	Megajoule	5,611	5,737	5,779	4,076	5,134	7,993
熱 供 給	Megajoule	2,071	2,037	1,708	10	21	26
ガ　　ス	Megajoule	8,382	10,759	11,399	2,181	2,347	2,543
石炭・褐炭	Megajoule	3,198	1,271	436	6	1	1
ガソリン	Megajoule	14,125	13,554	12,826	8,547	10,010	12,664
ディーゼル	Megajoule	1,744	2,044	2,277	183	877	923
暖房用灯油	Megajoule	10,958	11,082	9,514	3,301	4,825	5,238
液体ガス	Megajoule	388	507	458	1,877	2,328	2,573
合　　計	Megajoule	46,478	46,993	44,398	20,181	25,609	31,961

出所：日独ともに各年産業連関表の付帯表(物量表)より計算。

エネルギーであるが，他のエネルギーとの比較のために掲載している。また家計からは直接排出しないとしても，家計の電力需要が電気・ガス部門でのエネルギー転換を誘発し，発電所から排出しているという点では，家計におけるエネルギー需要の動向を把握することが重要だからである。

まずドイツの家計においても，電力やガス，ディーゼル等の消費は増加しているものの，その増加率はわずかである。逆にガソリンや，特に石炭・褐炭は1990年代を通して減少し，熱供給や灯油も1995年以降大幅に減少している。ちょうどガソリンがディーゼルにわずかながら代替され，石炭や灯油もガスや電力に代替された形である。ところが日本はこれとは大きく異なっている。もともと家計ではほとんど使用されない石炭を除いて，ほとんどのエネルギー源が増加している。特に電力は10年間で倍以上に急増し，ドイツの2倍以上に達している。ガソリンも50％増加し，1995年にドイツを上回って以降の増加が著しい。

発熱量でみると，自動車大国である両国ともにガソリンが最も大きな割合を占め，特に日本では4割近くを占めている。日本では電力が25％を占め，ガソリンに次いで2番目に多くなっているが，ドイツではガスや灯油の方が多く，電力消費は4番目である。ドイツの家計のガス化は発熱量からみても明らかであり，全体の25％を占めるまでになっているが，一方日本では，ガスの発熱量は増加しているが，全体に占める構成比は8％にまで低下している。その分，全体としてのエネルギー需要の増加が大きいことを意味している。2000年には発熱量で，ドイツの家計全体のエネルギー需要を日本が上回っている。

最後に，1人当たりのエネルギー消費量もみておこう。日本よりも高い緯度に位置し，平均気温も低いという気候風土も大きく影響し，ドイツの家計が消費するエネルギーは，電力や液体ガスを除くほとんどすべてのエネルギーで日本を上回っている。そのために，全体としてもドイツの方がはるかに多いが，日本の方がこの10年間での増加が急であるために，このまま推移するとすれば，いつかはドイツを抜くことが予想できるほどである。日本の場合は，特に家計のガソリン消費増加が著しく，1人当たりでみると2000年にはドイツとほぼ同じ水準になっているが，そのドイツでは日本よりもディーゼル車が普及しているために，ディーゼル燃料の消費量も多く，ガソリンを代替する効果を

もった。また日本では，1990年代に家計の電化が一層進展したために電力需要の増加が著しく，1人当たりでみても1995～2000年に56%も増加し，ドイツを一挙に，しかも大幅に上回っている。しかしこの電力は家計ではクリーンなエネルギーであり，その誘発するエネルギー需要や排出する二酸化炭素は，エネルギー転換部門に計上されている。そこでこのような誘発効果も含めたより総合的な研究には，産業連関分析が必要となる。

3. 新たな要因分解式による分析

最後に本節では産業連関分析の要因分解法によって，ドイツで二酸化炭素の排出が減少し，逆に日本で増加している背景を検討してみよう。そのために，この種の研究で従来行われてきたものとは異なる，新たなコンセプトに基づく要因分解式を開発することにした。

その新たなコンセプトとはまず，あるエネルギー源から別のエネルギー源への消費のシフトを捉えられるように，エネルギー源別投入係数をエクスプリシットに組み込むことである。従来は国内生産額と二酸化炭素排出量を直接関係づけた単位排出量(排出係数；CO_2発生量／生産額)を用いた分析がほとんどであった。しかしこれでは，単位排出量が変化したのは，エネルギー全体の投入量が減少したからなのか，特定のエネルギーから別のエネルギーへの切り替えが生じたからなのかがわからない。第1節でみたように，実はドイツやイギリスの場合は石炭から天然ガスへのエネルギーシフトが生じており，これが二酸化炭素の排出減少に及ぼしている影響も捉えられるようにするには，要因分解式の中にエネルギー源別の投入係数を導入する必要がある。

また，国内生産の輸入による代替を中間財・最終財別に捉えられるようにしたい。というのも1990年代は経済のグローバル化が一層進展し，ドイツはEU市場統合の渦中に席巻され，一方日本でも従来の原材料を中心とした輸入から，製品輸入も大幅に増加した。輸入が国内生産を代替したならば，その分，生産から発生する二酸化炭素は減少したはずであるが，これはどの程度の規模なのか，それも十分に捉えられるようにしたいからである。

さらに，多くの研究が仮定しているように，単位エネルギー当たりの二酸化

炭素発生量(c)は物理学的に安定(一定)しているものとして，要因分解式を構成する。ただしここで，部門別・エネルギー源別エネルギー投入係数行列(Terajoule)を E，レオンチェフ逆行列 $(I-A^d)^{-1}$ を B，最終需要項目別総額(輸入含)対角行列を $\hat{Y}$，最終需要項目別構成(構造)行列を S(ただし輸入を含む総額に占める割合)，最終需要の国産化率を表す行列を D，輸入を含む競争輸入表の最終需要構成を行列 T，中間投入係数行列の国産化率を表す行列を O とする。このとき t～t+1期における二酸化炭素排出量の変化は，以下のようなエネルギー投入量の変化に分解される。

$$\Delta C = c \cdot \Delta(EBSY) = c(E_{t+1}B_{t+1}S_{t+1}Y_{t+1} - E_t B_t S_t Y_t)$$

このとき，部門別のエネルギー利用変化は以下のように分解されるが，詳細は文末の数学注を参照されたい(ただし $\otimes$ はアダマール積)[16]。

$$\begin{aligned}
\Delta(EBSY) = & \frac{1}{2}\Delta E(B_t S_t \hat{Y}_t + B_{t+1}S_{t+1}\hat{Y}_{t+1}) \\
& \cdots\cdots\cdots\text{エネルギー投入係数の変化による効果} \\
& + \frac{1}{4}[E_t B_t \{(O_{t+1}+O_t) \otimes \Delta A\} B_{t+1}S_{t+1}\hat{Y}_{t+1} \\
& \quad + E_{t+1}B_{t+1}\{(O_{t+1}+O_t) \otimes \Delta A\} B_t S_t \hat{Y}_t] \\
& \cdots\cdots\cdots\text{中間投入係数行列の変化による効果} \\
& + \frac{1}{4}[E_t B_t \{\Delta O \otimes (A_{t+1}+A_t)\} B_{t+1}S_{t+1}\hat{Y}_{t+1} \\
& \quad + E_{t+1}B_{t+1}\{\Delta O \otimes (A_{t+1}+A_t)\} B_t S_t \hat{Y}_t] \\
& \cdots\cdots\cdots\text{中間投入の国産化率(輸入率)の変化による効果} \\
& + \frac{1}{4}[E_t B_t \{\Delta D \otimes (T_{t+1}+T_t)\}\hat{Y}_{t+1} \\
& \quad + E_{t+1}B_{t+1}\{\Delta D \otimes (T_{t+1}+T_t)\}\hat{Y}_t] \\
& \cdots\cdots\cdots\text{最終需要の国産化率(輸入率)の変化による効果} \\
& + \frac{1}{4}[E_t B_t \{(D_{t+1}+D_t) \otimes \Delta T\}\hat{Y}_{t+1} \\
& \quad + E_{t+1}B_{t+1}\{(D_{t+1}+D_t) \otimes \Delta T\}\hat{Y}_t] \\
& \cdots\cdots\cdots\text{最終需要の構成の変化による効果} \\
& + \frac{1}{2}(E_{t+1}B_{t+1}S_{t+1}+E_t B_t S_t)\Delta\hat{Y} \\
& \cdots\cdots\cdots\text{最終需要規模の変化による効果}
\end{aligned}$$

このそれぞれの要因の変化によるエネルギー需要変動効果に，二酸化炭素排出係数行列を掛けたものが，エネルギー源別・最終需要別の二酸化炭素排出量の変化である。

ところで，この式に載せるためのデータには一工夫が必要である。というのも，要因分解をするための産業連関表は，できれば名目価格ではなく実質価格の方が望ましく，それには基本表よりも接続(リンク)表が比較可能性も高く便利である。ところが経済産業省の作成している接続表は自家輸送を特掲せずに，実際にエネルギーを使用している各部門に，各エネルギー別にバラまいた表であるのに対して，総務省の作成している基本表は，自家輸送を一つの部門として特掲した表となっている。しかも南齋・森口・東野(注19参照)が推計しているエネルギー投入表や，それから推計される二酸化炭素の排出量も，自家輸送を特掲した基本表やその付帯表である物量表をベースに推計されている。どちらかに統一する必要が生じるが，ここでは実質価格表やドイツとの比較可能性を考慮し，自家輸送を各部門にバラまくことにした。そのために，自家輸送部門のエネルギー投入量を，提供された自家輸送サービス量に按分比例して各部門にエネルギー源別に分割して，エネルギー投入表や二酸化炭素排出表を再推計した。

また，接続表は競争輸入表しか公表されていないため，ここでの要因分解式に必要な実質価格の輸入表(マトリックス)を推計しなくてはならない。そこで，実質価格接続表(競争輸入表)の輸入ベクトルを，基本表の輸入表数値に従って按分比例し，輸入表を作成することにした。

表13-3は，日本の1995～2000年のエネルギー消費の変化を要因分解した計算結果であり，表13-4は各エネルギー・各要因の変化を，全体の変化に対する寄与率で表したものである[17]。また，表13-5は表13-3の計算結果に，エネルギー源別に明らかにされている単位エネルギー当たりの二酸化炭素発生量を掛けて，エネルギー源別・要因別の二酸化炭素排出量変化を求めたものであり，表13-6は全体の排出量変化に対する寄与率で表したものである。ただし日本の場合，通常はエネルギー消費量の単位はTOE，二酸化炭素排出量の単位はt-C(炭素トン)で公表されているので，ここでもそれに従っている。

まず表13-3と表13-4をみると，日本の1995～2000年にエネルギー消費の増加に大きく寄与したのは，最終需要規模の増大と中間投入係数の変化である。最終需要の構成もエネルギー消費を増加する方向で変化したが，その影響はきわめて小さい。主としてエネルギー投入係数が変化することによって，このエ

第13章　地球温暖化問題における二酸化炭素排出格差　329

表 13-3　日本のエネルギー消費量変化の要因分解分析（1995～2000 年）

単位：TOE（石油換算 100 万トン）

	エネルギー消費量変化の要因分解分析	Factor 1 エネルギー投入係数	Factor 2 中間投入係数行列	Factor 3 中間投入輸入率	Factor 4 最終需要輸入率	Factor 5 最終需要構成変化	Factor 6 最終需要規模変化	合　計
1	原料炭・一般炭・無煙炭	6,989,076	4,551,282	−330,727	−397,988	798,409	3,140,659	14,750,710
2	コークス・高炉コークス	−676,635	−676,995	−110,009	−277,919	−2,442,209	3,277,517	−906,250
3	炉ガス（COG・BFG・LDG）	−1,978,595	941,801	−52,293	−66,042	543,316	267,159	−344,655
4	原　　　　　　　油	−12,027,771	1,579,775	−77,591	−88,970	744,014	603,619	−9,266,923
5	A　重　　　　　　油	−654,320	−102,258	−145,281	−289,061	381,602	230,720	−578,599
6	B 重油・C 重油	−11,180,538	2,115,502	−469,006	−581,703	719,602	2,560,441	−6,835,702
7	灯　　　　　　　油	90,795	57,811	−41,339	−59,000	79,189	290,107	417,563
8	軽　　　　　　　油	138,794	22,145	−401,414	−421,612	−508,471	2,002,216	831,658
9	揮　発　　　　　油	254,518	81,801	−247,800	−265,433	−323,344	1,267,949	767,691
10	ジェット燃料油	1,113,039	−33,163	−126,206	−101,441	2,437	547,686	1,402,352
11	ナ　フ　サ	−351,676	10,336	−1,901	−2,956	7,393	12,747	−326,057
12	石油系炭化水素ガス	1,119,030	−339,517	−181,485	−186,292	381,900	758,989	1,552,626
13	炭　化　水　素　油	553,492	−67,381	−35,873	−23,727	57,396	144,997	628,904
14	石油コークス	751,325	−99,418	−40,339	−33,163	−158,176	203,635	623,864
15	L　　P　　G	−1,339,197	18,171	−100,711	−102,474	−89,506	669,293	−944,423
16	L N G・天然ガス	−3,916,967	6,496,581	−229,232	−318,605	2,665,794	2,217,987	6,915,557
17	都　市　ガ　ス	3,256,961	35,273	−76,143	−116,447	−86,468	679,920	3,693,096
18	廃　タ　イ　ヤ	104,556	−2,043	−5,979	−3,708	−28,844	29,169	93,150
19	一　般　廃　棄　物	1,353,118	528,017	−14,378	−25,232	−267,045	249,772	1,824,251
20	産　業　廃　棄　物	2,559,555	248,630	−6,530	−11,654	−129,443	117,598	2,778,156
21	合　　　　　計	−13,841,442	15,366,347	−2,694,236	−3,373,427	2,347,546	19,272,181	17,076,970

表 13-4　日本のエネルギー消費量変化の要因分解分析（1995～2000 年：寄与率）

	二酸化炭素排出量変化の要因分解分析(寄与率)	Factor 1 エネルギー投入係数	Factor 2 中間投入係数行列	Factor 3 中間投入輸入率	Factor 4 最終需要輸入率	Factor 5 最終需要構成変化	Factor 6 最終需要規模変化	合　計
1	原料炭・一般炭・無煙炭	40.9%	26.7%	−1.9%	−2.3%	4.7%	18.4%	86.4%
2	コークス・高炉コークス	−4.0%	−4.0%	−0.6%	−1.6%	−14.3%	19.2%	−5.3%
3	炉ガス（COG・BFG・LDG）	−11.6%	5.5%	−0.3%	−0.4%	3.2%	1.6%	−2.0%
4	原　　　　　　　油	−70.4%	9.3%	−0.5%	−0.5%	4.4%	3.5%	−54.3%
5	A　重　　　　　　油	−3.8%	−0.6%	−0.9%	−1.7%	2.2%	1.4%	−3.4%
6	B 重油・C 重油	−65.5%	12.4%	−2.7%	−3.4%	4.2%	15.0%	−40.0%
7	灯　　　　　　　油	0.5%	0.3%	−0.2%	−0.3%	0.5%	1.7%	2.4%
8	軽　　　　　　　油	0.8%	0.1%	−2.4%	−2.5%	−3.0%	11.7%	4.9%
9	揮　発　　　　　油	1.5%	0.5%	−1.5%	−1.6%	−1.9%	7.4%	4.5%
10	ジェット燃料油	6.5%	−0.2%	−0.7%	−0.6%	0.0%	3.2%	8.2%
11	ナ　フ　サ	−2.1%	0.1%	0.0%	0.0%	0.0%	0.1%	−1.9%
12	石油系炭化水素ガス	6.6%	−2.0%	−1.1%	−1.1%	2.2%	4.4%	9.1%
13	炭　化　水　素　油	3.2%	−0.4%	−0.2%	−0.1%	0.3%	0.8%	3.7%
14	石油コークス	4.4%	−0.6%	−0.2%	−0.2%	−0.9%	1.2%	3.7%
15	L　　P　　G	−7.8%	0.1%	−0.6%	−0.6%	−0.5%	3.9%	−5.5%
16	L N G・天然ガス	−22.9%	38.0%	−1.3%	−1.9%	15.6%	13.0%	40.5%
17	都　市　ガ　ス	19.1%	0.2%	−0.4%	−0.7%	−0.5%	4.0%	21.6%
18	廃　タ　イ　ヤ	0.6%	0.0%	0.0%	0.0%	−0.2%	0.2%	0.5%
19	一　般　廃　棄　物	7.9%	3.1%	−0.1%	−0.1%	−1.6%	1.5%	10.7%
20	産　業　廃　棄　物	15.0%	1.5%	0.0%	−0.1%	−0.8%	0.7%	16.3%
21	合　　　　　計	−81.1%	90.0%	−15.8%	−19.8%	13.7%	112.9%	100.0%

表 13-5　日本の二酸化炭素排出量変化の要因分解分析（1995〜2000 年）

単位：t-C（炭素トン）

	二酸化炭素排出量変化の要因分解分析	Factor 1 エネルギー投入係数	Factor 2 中間投入係数行列	Factor 3 中間投入輸入率	Factor 4 最終需要輸入率	Factor 5 最終需要構成変化	Factor 6 最終需要規模変化	合　計
1	原料炭・一般炭・無煙炭	7,222,983	4,616,870	−336,538	−406,129	790,446	3,215,202	15,102,834
2	コークス・高炉コークス	−833,002	−833,446	−135,431	−342,145	−3,006,594	4,034,938	−1,115,681
3	炉ガス(COG・BFG・LDG)	−1,926,314	1,114,455	−33,233	−20,264	927,249	−221,101	−159,208
4	原　　　　　油	−9,520,259	1,250,428	−61,415	−70,421	588,904	477,778	−7,334,984
5	Ａ　重　　　油	−529,473	−82,747	−117,561	−233,907	308,790	186,698	−468,199
6	Ｂ重油・Ｃ重油	−9,074,203	1,716,956	−380,649	−472,115	584,034	2,078,072	−5,547,904
7	灯　　　　　油	70,712	45,024	−32,195	−45,950	61,673	225,938	325,202
8	軽　　　　　油	109,677	17,499	−317,203	−333,165	−401,802	1,582,183	657,189
9	揮　発　　　油	193,808	62,289	−188,693	−202,119	−246,217	965,507	584,575
10	ジェット燃料油	846,124	−25,210	−95,941	−77,115	1,853	416,347	1,066,058
11	ナ　フ　　　サ	−262,685	7,720	−1,420	−2,208	5,522	9,521	−243,549
12	石油系炭化水素ガス	581,075	−176,308	−94,239	−96,715	198,308	394,118	806,227
13	炭　化　水　素　油	487,075	−59,295	−31,568	−20,880	50,508	127,598	553,436
14	石油コークス	797,332	−105,506	−42,809	−35,194	−167,862	216,105	662,066
15	Ｌ　　Ｐ　　Ｇ	−921,722	12,506	−69,316	−70,529	−61,604	460,651	−650,013
16	ＬＮＧ・天然ガス	−2,291,726	3,800,998	−134,119	−186,408	1,559,694	1,297,692	4,046,131
17	都　市　ガ　ス	1,942,852	21,041	−45,421	−69,463	−51,580	405,588	2,203,017
18	廃　タ　イ　ヤ	95,508	−1,867	−5,461	−3,387	−26,348	26,645	85,090
19	一般廃棄物	465,770	181,754	−4,949	−8,685	−91,922	85,976	627,943
20	産業廃棄物	1,443,711	140,239	−3,683	−6,573	−73,012	66,331	1,567,013
21	合　　　　　計	−11,102,757	11,703,409	−2,131,844	−2,703,393	950,041	16,051,787	12,767,243

表 13-6　日本の二酸化炭素排出量変化の要因分解分析（1995〜2000 年；寄与率）

	二酸化炭素排出量変化の要因分解分析	Factor 1 エネルギー投入係数	Factor 2 中間投入係数行列	Factor 3 中間投入輸入率	Factor 4 最終需要輸入率	Factor 5 最終需要構成変化	Factor 6 最終需要規模変化	合　計
1	原料炭・一般炭・無煙炭	56.6%	36.2%	−2.6%	−3.2%	6.2%	25.2%	118.3%
2	コークス・高炉コークス	−6.5%	−6.5%	−1.1%	−2.7%	−23.5%	31.6%	−8.7%
3	炉ガス(COG・BFG・LDG)	−15.1%	8.7%	−0.3%	−0.2%	7.3%	−1.7%	−1.2%
4	原　　　　　油	−74.6%	9.8%	−0.5%	−0.6%	4.6%	3.7%	−57.5%
5	Ａ　重　　　油	−4.1%	−0.6%	−0.9%	−1.8%	2.4%	1.5%	−3.7%
6	Ｂ重油・Ｃ重油	−71.1%	13.4%	−3.0%	−3.7%	4.6%	16.3%	−43.5%
7	灯　　　　　油	0.6%	0.4%	−0.3%	−0.4%	0.5%	1.8%	2.5%
8	軽　　　　　油	0.9%	0.1%	−2.5%	−2.6%	−3.1%	12.4%	5.1%
9	揮　発　　　油	1.5%	0.5%	−1.5%	−1.6%	−1.9%	7.6%	4.6%
10	ジェット燃料油	6.6%	−0.2%	−0.8%	−0.6%	0.0%	3.3%	8.3%
11	ナ　フ　　　サ	−2.1%	0.1%	0.0%	0.0%	0.0%	0.1%	−1.9%
12	石油系炭化水素ガス	4.6%	−1.4%	−0.7%	−0.8%	1.6%	3.1%	6.3%
13	炭　化　水　素　油	3.8%	−0.5%	−0.2%	−0.2%	0.4%	1.0%	4.3%
14	石油コークス	6.2%	−0.8%	−0.3%	−0.3%	−1.3%	1.7%	5.2%
15	Ｌ　　Ｐ　　Ｇ	−7.2%	0.1%	−0.5%	−0.6%	−0.5%	3.6%	−5.1%
16	ＬＮＧ・天然ガス	−18.0%	29.8%	−1.1%	−1.5%	12.2%	10.2%	31.7%
17	都　市　ガ　ス	15.2%	0.2%	−0.4%	−0.5%	−0.4%	3.2%	17.3%
18	廃　タ　イ　ヤ	0.7%	0.0%	0.0%	0.0%	−0.2%	0.2%	0.7%
19	一般廃棄物	3.6%	1.4%	0.0%	−0.1%	−0.7%	0.7%	4.9%
20	産業廃棄物	11.3%	1.1%	0.0%	−0.1%	−0.6%	0.5%	12.3%
21	合　　　　　計	−87.0%	91.7%	−16.7%	−21.2%	7.4%	125.7%	100.0%

ネルギー消費増大効果を減少させる方向に作用したが，半分も相殺できなかったことになる。中間投入(需要)および最終需要としての輸入の増加は，国内生産を代替することによって，たしかにエネルギー消費を減少させる効果があったが，その規模はきわめて小さく，全体を減少させるにはほど遠かった。

　これをエネルギー源別にみるならば，原油やB・C重油，さらにコークスは，主としてエネルギー投入係数の変化によって，エネルギー消費全体を削減する方向に作用したことがわかる。LPG(液化石油ガス)やA重油なども，わずかであるがマイナス要因である。ところが，一般炭・亜炭・無煙炭が中間投入係数やエネルギー投入係数，最終需要規模の変化にともなって増加し，また原料炭もエネルギー投入係数の変化によって増加し，これがエネルギー消費の増加にプラスの要因として働いている。つまり，最終需要の増大もさることながら，石油から石炭へというエネルギーシフトが働いていることになる。さらに石炭だけではなく，天然ガスや都市ガスの増大効果も大きく作用している。

　このエネルギー消費変化の要因分解から得られる二酸化炭素排出変化の要因分解をみると(表13-5〜13-6)，二酸化炭素の排出増加に大きな影響を与えた要因は，エネルギー消費と同様に最終需要の増加や中間投入係数の変化によるエネルギー使用および二酸化炭素排出の増加である。そして実際に増加したのは，エネルギー投入係数の変化によるエネルギー使用および二酸化炭素排出削減がこれを相殺しきれなかったためである。エネルギー源でみると，コークスや原油，B・C重油は二酸化炭素の削減要因として作用しているが，原料炭，一般炭，天然ガス，都市ガス等が大幅に増加要因として作用しており，全体としての増加につながっている。なお，発熱量当たりの二酸化炭素発生量は石炭＞石油＞天然ガスであり，これがエネルギー消費量の要因分解と二酸化炭素発生量の要因分解の違いに大きく影響している[18]。すなわち，原料炭や一般炭，さらには原油やB・C重油の寄与率は二酸化炭素でみた方が高く，逆に天然ガスや都市ガスは二酸化炭素でみた方が寄与率は低くなっている。

　次に同様の手法で，ドイツのエネルギー消費と二酸化炭素発生を分析し，日本と比べてみよう。ただしエネルギー源の分類等が日本とドイツは異なっており，完全な形での比較は不可能であるが，傾向の類似点と相違点を捉えることができればよいだろう。表13-7〜表13-10がそれぞれ日本の表13-3〜13-6に

表 13-7 ドイツのエネルギー消費量変化の要因分解分析(1995～2000年)

単位：テラジュール

二酸化炭素排出量変化の要因分解分析	Factor 1 エネルギー投入係数	Factor 2 中間投入係数行列	Factor 3 中間投入輸入率	Factor 4 最終需要輸入率	Factor 5 最終需要構成変化	Factor 6 最終需要規模変化	合　計
1　石炭・石炭製品	−83,277	−125,585	−128,522	−68,306	−97,794	368,839	−134,645
2　褐炭・褐炭製品	−16,969	−110,857	−118,096	−49,635	−80,084	250,747	−124,895
3　ガ　ソ　リ　ン	−34,166	7,253	−3,782	−4,005	−2,148	27,728	−9,119
4　ディーゼル燃料	−19,189	29,220	−19,358	−17,327	−21,694	143,511	95,163
5　ジェット燃料	18,126	17,409	−8,164	−7,419	−5,694	53,878	68,135
6　灯　油　（軽）	−202,866	5,183	−12,893	−12,967	−7,607	78,156	−152,994
7　灯　油　（重）	−96,134	−7,101	−11,324	−9,500	−7,174	44,872	−86,361
8　その他の石油製品	−28,093	−5,031	−25,207	−20,802	−4,110	75,640	−7,602
9　ガ　　　　　ス	44,090	−46,091	−106,612	−89,649	−54,496	426,387	173,628
10　再生可能エネルギー	31,701	−6,727	−8,059	−3,697	−5,595	19,029	26,653
11　合　　　　計	−386,776	−242,327	−442,017	−283,307	−286,396	1,488,785	−152,037

表 13-8 ドイツのエネルギー消費量変化の要因分解分析(1995～2000年；寄与率)

二酸化炭素排出量変化の要因分解分析(寄与率)	Factor 1 エネルギー投入係数	Factor 2 中間投入係数行列	Factor 3 中間投入輸入率	Factor 4 最終需要輸入率	Factor 5 最終需要構成変化	Factor 6 最終需要規模変化	合　計
1　石炭・石炭製品	−54.8%	−82.6%	−84.5%	−44.9%	−64.3%	242.6%	−88.6%
2　褐炭・褐炭製品	−11.2%	−72.9%	−77.7%	−32.6%	−52.7%	164.9%	−82.1%
3　ガ　ソ　リ　ン	−22.5%	4.8%	−2.5%	−2.6%	−1.4%	18.2%	−6.0%
4　ディーゼル燃料	−12.6%	19.2%	−12.7%	−11.4%	−14.3%	94.4%	62.6%
5　ジェット燃料	11.9%	11.5%	−5.4%	−4.9%	−3.7%	35.4%	44.8%
6　灯　油　（軽）	−133.4%	3.4%	−8.5%	−8.5%	−5.0%	51.4%	−100.6%
7　灯　油　（重）	−63.2%	−4.7%	−7.4%	−6.2%	−4.7%	29.5%	−56.8%
8　その他の石油製品	−18.5%	−3.3%	−16.6%	−13.7%	−2.7%	49.8%	−5.0%
9　ガ　　　　　ス	29.0%	−30.3%	−70.1%	−59.0%	−35.8%	280.4%	114.2%
10　再生可能エネルギー	20.9%	−4.4%	−5.3%	−2.4%	−3.7%	12.5%	17.5%
11　合　　　　計	−254.4%	−159.4%	−290.7%	−186.3%	−188.4%	979.2%	−100.0%

対応したものである。

　まずエネルギー消費量変化の要因分解結果をみると，日本とは異なり，中間投入係数行列の変化を含め，最終需要規模の変化を除くほとんどの項目でマイナスを示している。しかも中間投入も最終需要も，輸入による国内生産の代替効果がかなり大きく，エネルギー投入係数の変化による効果をも上回っているほどである。他の EU 諸国とは地続きで，相互依存状況が進展しているドイツの特徴といえるかもしれない。特に 1990 年代以降の EU の拡大にともなって，農産物や軽工業品は新規加盟国からの輸入代替が大いに進展したことが想像される。いずれにしても最終需要規模が拡大しエネルギー需要が増大したプラス要因を，他の 5 つのマイナス要因で相殺し，全体としての減少を達成している。

第13章 地球温暖化問題における二酸化炭素排出格差　333

表13-9　ドイツの二酸化炭素排出量変化の要因分解分析(1995～2000年)

単位：CO₂-1000 t

二酸化炭素排出量変化の要因分解分析	Factor 1 エネルギー投入係数	Factor 2 中間投入係数行列	Factor 3 中間投入輸入率	Factor 4 最終需要輸入率	Factor 5 最終需要構成変化	Factor 6 最終需要規模変化	合計
1 石炭・石炭製品	−16,710	−7,066	−6,419	−2,698	−17,373	40,791	−9,475
2 褐炭・褐炭製品	−19,259	−2,621	−3,105	−2,375	−15,454	28,080	−14,733
3 ガソリン	−2,588	321	−212	−152	−542	2,033	−1,140
4 ディーゼル燃料	17	908	−1,486	−948	−3,324	12,307	7,474
5 ジェット燃料	338	2,472	−126	−155	−1,730	3,938	4,739
6 灯油 (軽)	−7,309	−2,003	−969	−1,147	−1,395	4,627	−8,195
7 灯油 (重)	−14,096	−242	−647	−625	−1,146	5,592	−11,164
8 その他の石油製品	4,726	−3,681	−1,006	−2,535	−1,391	4,133	246
9 ガス	−2,042	−2,383	−4,851	−3,257	−5,906	24,456	6,018
10 再生可能エネルギー	948	−5	−61	−33	−167	414	1,096
11 合計	−55,974	−14,298	−18,881	−13,926	−48,427	126,371	−25,135

表13-10　ドイツの二酸化炭素排出量変化の要因分解分析(1995～2000年；寄与率)

二酸化炭素排出量変化の要因分解分析(寄与率)	Factor 1 エネルギー投入係数	Factor 2 中間投入係数行列	Factor 3 中間投入輸入率	Factor 4 最終需要輸入率	Factor 5 最終需要構成変化	Factor 6 最終需要規模変化	合計
1 石炭・石炭製品	−66.5%	−28.1%	−25.5%	−10.7%	−69.1%	162.3%	−37.7%
2 褐炭・褐炭製品	−76.6%	−10.4%	−12.4%	−9.5%	−61.5%	111.7%	−58.6%
3 ガソリン	−10.3%	1.3%	−0.8%	−0.6%	−2.2%	8.1%	−4.5%
4 ディーゼル燃料	0.1%	3.6%	−5.9%	−3.8%	−13.2%	49.0%	29.7%
5 ジェット燃料	1.3%	9.8%	−0.5%	−0.6%	−6.9%	15.7%	18.9%
6 灯油 (軽)	−29.1%	−8.0%	−3.9%	−4.6%	−5.5%	18.4%	−32.6%
7 灯油 (重)	−56.1%	−1.0%	−2.6%	−2.5%	−4.6%	22.2%	−44.4%
8 その他の石油製品	18.8%	−14.6%	−4.0%	−10.1%	−5.5%	16.4%	1.0%
9 ガス	−8.1%	−9.5%	−19.3%	−13.0%	−23.5%	97.3%	23.9%
10 再生可能エネルギー	3.8%	0.0%	−0.2%	−0.1%	−0.7%	1.6%	4.4%
11 合計	−222.7%	−56.9%	−75.1%	−55.4%	−192.7%	502.8%	−100.0%

　エネルギー源別にみると，石炭・褐炭や灯油から天然ガスへのエネルギーシフトが浮き彫りにされている．全体としてのエネルギー消費の削減には，やはり石炭・褐炭消費の削減が大きく寄与している．

　さらに表13-9～13-10をみると，ドイツは二酸化炭素の排出削減に成功していることがわかるが，それは表13-7～13-8でみたようにエネルギーの使用自体の削減に成功していること，そしてエネルギーシフトによって，単位当たりの二酸化炭素排出が多い石炭・褐炭や灯油から，より二酸化炭素の排出が少ない天然ガスへの移行が進行しているためである．最終需要の増加にともなって生産が増加し，それは二酸化炭素の排出を増加させる効果があったが，エネルギー投入係数や最終需要構成の変化がこれを相殺・減少させる効果を発揮した．

表 13-11 日本の家計(最終需要)エネルギー消費と二酸化炭素排出の変化(1995～2000年)

(単位:エネルギーは TOE, CO_2 は t-C)

家計の直接排出	エネルギー消費			CO_2 排出量		
	1995	2000	寄与率	1995	2000	寄与率
一般炭・亜炭・無煙炭	2,981	3,063	0.0%	3,027	3,111	0.0%
灯　　　　　油	13,394,345	13,779,163	5.2%	10,431,651	10,731,351	5.4%
軽　　　　　油	2,423,952	2,412,321	−0.2%	1,915,445	1,906,254	−0.2%
揮　発　油	24,436,389	30,718,351	84.8%	18,607,615	23,391,151	86.8%
L　　P　　G	7,228,145	7,110,450	−1.6%	4,974,878	4,893,872	−1.5%
都　市　ガ　ス	9,118,529	9,985,370	11.7%	5,439,414	5,956,505	9.4%
合　　　　計	56,604,343	64,008,718	100.0%	41,372,031	46,882,243	100.0%

注:南齋・森口・東野(2002)等から計算。TOE は石油換算トン,t-C は炭素トン。

表からは,ガスは使用が増えたとしても,エネルギーほど二酸化炭素の増加には寄与しない,したがって環境により優しいエネルギーであること,逆にたとえば褐炭はエネルギーの削減以上に二酸化炭素の排出削減に大きな意義をもつこと等も明らかである。

以上の要因分解からの考察は,家計やその他の最終需要が誘発した生産に必要なエネルギー,そして各産業がそのエネルギーを使用するなかで排出される二酸化炭素が対象である。しかし家計のエネルギー使用から直接排出される二酸化炭素も,一国全体の二酸化炭素を考慮する際には含める必要がある。そこで表 13-11～13-12 は,日本とドイツのそれを求めたものである。

日本では家計から直接排出される二酸化炭素も大幅に増加しているが,これに大きく影響したのは揮発油,すなわち自動車等で使用したガソリンの増加であったことがわかる[19]。この点がドイツと大きく異なる点のひとつである。そのドイツでは,石炭・褐炭,ガソリン,灯油等の消費削減が二酸化炭素排出の減少につながっており,一方,家計もエネルギーシフトによってディーゼル,天然ガスの使用が増加し,これにともなって二酸化炭素の排出も増加している。全体としては二酸化炭素の排出削減に最も影響が大きかったのは,暖房用灯油の使用減少であるが,ガソリン消費の大幅な減少は,ディーゼル燃料の消費増加を考慮しても驚きである。

表13-12 ドイツの家計(最終需要)エネルギー消費と二酸化炭素排出の変化(1995～2000年)

(単位：エネルギーはテラジュール，CO₂ は CO₂t)

家計の直接排出	エネルギー消費			CO₂ 排出量		
	1995	2000	寄与率	1995	2000	寄与率
石炭・コークス	37,959	14,988	−24.9%	3,722,855	1,507,182	−15.8%
褐炭・褐炭ブリケット	66,072	20,898	−48.9%	6,408,984	2,027,106	−31.3%
ガソリン	1,108,971	1,055,041	−58.4%	79,845,913	75,962,921	−27.7%
ジェット燃料	5,401	3,553	−2.0%	399,650	262,885	−1.0%
ディーゼル燃料	167,246	187,319	21.7%	12,376,226	13,861,585	10.6%
暖房用灯油	906,707	782,646	−134.4%	67,096,302	57,915,789	−65.5%
その他石油製品	42,327	38,191	−4.5%	2,761,763	2,489,044	−1.9%
天然ガス・都市ガス等	883,490	938,699	59.8%	49,437,244	52,567,144	22.3%
廃棄物・バイオマス	91,612	175,125	90.5%	1,557,404	2,977,125	10.1%
他の再生可能エネルギー	4,536	5,560	1.1%	77,112	94,520	0.1%
合計	3,314,321	3,222,018	−100.0%	223,683,453	209,665,302	−100.0%

注：Statistisches Bundesamt (2003a): *Volkswirtschaftliche Gesamtrechnungen, Aufkommen und Verwendung von Energie Ergebnisse der Input-Output-Rechnung nach 30 Energieträgern / 71 Produktionsbereichen 1991 bis 1998*, Wiesbaden. Statistisches Bundesamt (2003b): *Umweltökonomische Gesamtrechnungen—Material und Energieflussrechnungen, Teil 3: Kohlendioxid*, Wiesbaden 等より作成。

むすびにかえて

以上本章では主に，エネルギー消費統計と産業連関表という経済統計を使って，地球温暖化の主要因とされている二酸化炭素の排出構造を日独で比較した。京都議定書での国際的な約束にもかかわらず排出が増え続けている日本に対して，ドイツではすでに減少が始まっている。エネルギー源を明示した要因分解式からは，石炭の消費を減少させて二酸化炭素の排出がより少ない天然ガスへとエネルギーシフトさせているドイツ，他方で天然ガスや都市ガスとともに，むしろ二酸化炭素の排出が多い石炭の消費が増加している日本の姿が浮かび上がってきた。家計も電化に大きく依存している日本では，単なる節電だけではなく，電力そのものをどのようなエネルギー源から生産してゆくのか，今後大いに問われなくてはならないだろう[20]。そして自動車等の移動排出源のガソリン・ディーゼル燃料消費も，その温室効果ガス全体に占める割合や増加寄与率を考慮しても，環境税等の早急な対策が必要である。

本章の最初に述べたように，IPCC の第 4 次報告によって，深刻化する地球温暖化は人為的要因に起因することがほぼ間違いないと示された以上は，否定

説・懐疑説を乗り越え，様々な検討が一層必要となっている。たとえばエネルギー消費統計や家計調査，産業連関表等の経済統計を用いて，どのような消費形態やライフスタイルが二酸化炭素の排出が少なく，環境にも優しいのかを検討することが可能であり，そのような情報が果たす役割はきわめて大きいといえるだろう。

注

1) たとえば山本良一編『気候変動＋2℃』ダイヤモンド社，2006年，伊藤翠他『このままでは地球はあと10年で終わる！』洋泉社，2007年，田中優『地球温暖化／人類滅亡のシナリオは回避できるか』扶桑社新書，2007年等。
2) 池田清彦『環境問題のウソ』ちくまプリマー新書，2006年，近藤邦明『温暖化は憂うべきことだろうか』不知火書房，2006年，槌田敦『CO_2地球温暖化説は間違っている』ほたる出版，2006年等。
3) 私見によればさらに，シミュレーションの意義を理解しない，できない等のグループも存在する。
4) たとえば薬師院仁志『地球温暖化論への挑戦』八千代出版，2002年，274-301頁。
5) 最近は各自治体や大学等の非営利組織でも，ISO 14001 を認証・取得するところが増えてきている。
6) たとえば環太平洋産業連関分析学会誌『イノベーション＆I-Oテクニーク』を参照されたい。ほとんど毎号のように環境分析が掲載されている。
7) 気候ネットワーク『地球温暖化防止の市民戦略』中央法規，2005年は，日本の温室効果ガス排出に関する統計・データの問題点を検討している。43-50頁を参照。
8) エネルギーフロー表の読み方は日本エネルギー経済研究所計量分析ユニット編『図解エネルギー・経済データの読み方入門』(財)省エネルギーセンター，2004年，参照。ここで用いているデータは，OECDが提供しているIEA(国際エネルギー機関)のエネルギーデータである。
9) IEAの統計では，2004年の太陽光・風力発電が全体に占める割合は4.3％，バイオマス発電は2.6％となっている。
10) 実はフランス以上に原子力発電に依存した国はリトアニアであり，2003年に82.2％に達している。2003～2004年に原子力依存の高い国は，以下順にベルギー(56.1％)，スロバキア(55.9％)，スウェーデン(51.1％)，スロベニア(37.1％)，ハンガリー(35.5％)と続き，北欧や旧東欧に目立っている。
11) 2004年に風力・太陽光発電の全体に占める割合は16.3％，バイオマス発電は8.8％に達している。
12) スペインも風力・太陽光発電が全体に占める割合は5.6％(2004年)で高い方ではあるが，原子力にも23％依存している。
13) ドイツやイギリス以外のEU諸国も増加している国がほとんどである。

14) OECD, *OECD Environmental Data Compendium 2004*, (Online), 参照．ドイツは 1990 年以前も旧東側を含んだデータである．
15) たとえば自家輸送から発生する二酸化炭素は，ドイツの産業連関表に調整するならば，実際に自家輸送を行っている各部門に割り振らなくてはならない．
16) ここでの完全要因分解法は，A. R. Hoen, *An Input-Output Analysis of European Integration*, North Holland, 2002，等を参考にしつつ環境分析用に分解したものである．完全要因分解法については日本エネルギー経済研究所計量分析ユニット編・前掲書，も参照．
17) ドイツに関しては良永康平「ガス化するドイツ」環太平洋産業連関分析学会『産業連関イノベーション&I-O テクニック』13 巻 1 号，2005 年で公表しているが，日本に関しては今回が初公開である．
18) 実際 1 TOE(石油換算トン)当たりの二酸化炭素排出量は，一般炭で 1.016 t-C，原油で 0.792 t-C，灯油で 0.779 t-C，LNG・天然ガスで 0.585 t-C といった具合で，石炭よりも天然ガスの方がはるかに環境に優しくなっている．
19) データは産業連関表の付帯表(物量表)から求めた表 13-2 とは異なり，ここでは南齋規介・森口祐一・東野達『産業連関表による環境負荷原単位データブック(3 EID)——LCA のインベントリデータとして』独立行政法人・国立環境研究所・地球環境研究センター，2002 年，と国立環境研究所地球環境研究センター『産業連関表による環境負荷原単位データブック(3 EID)』オンラインデータ，2007 年(http://www-cger.nies.go.jp/publication/D031/index-j.html)を用いている．
20) ドイツは近い将来の原発撤廃を決め，フランスとはまったく異なった選択をしている．そのためには一層のガス化や，自然(再生可能)エネルギーの早急な開発と移行が不可欠だろう．では日本はどうするのか，たとえばドイツ型を選択するのか，フランス型を選択するのか，急速に進展しつつある地球温暖化を前に，国民のコンセンサスを得た早急なる対策が必要であろう．

【数学注】最終需要のエネルギー源別二酸化炭素誘発排出量変化の要因分解式

エネルギー源別・最終需要項目別の CO_2 排出量行列 H を，とりあえず

$$H = \hat{C}EBF^d$$

と分解しておく．ここで $\hat{C}$ はエネルギー源別二酸化炭素排出係数，すなわちエネルギー源別の発熱量(Terajoule)当たりの CO_2 排出量を対角行列にしたものを表し，E は部門別単位エネルギー投入量(Terajoule)行列とする．またレオンチェフ逆行列 $(I-A^d)^{-1}$ を B (ただし I：単位行列，A^d：非競争輸入表の投入係数行列)，最終需要行列を F^d (非競争輸入表の最終需要行列)とする．

$$\hat{C} = \begin{bmatrix} c_1 & 0 & \cdots & 0 \\ 0 & c_2 & \cdots & 0 \\ \vdots & \vdots & \ddots & \vdots \\ 0 & 0 & \cdots & c_k \end{bmatrix} \qquad E = \begin{bmatrix} \dfrac{e_{11}}{x_1} & \dfrac{e_{12}}{x_2} & \cdots & \dfrac{e_{1n}}{x_n} \\ \dfrac{e_{21}}{x_1} & \dfrac{e_{22}}{x_2} & \cdots & \dfrac{e_{2n}}{x_n} \\ \vdots & \vdots & \ddots & \vdots \\ \dfrac{e_{k1}}{x_1} & \dfrac{e_{k2}}{x_2} & \cdots & \dfrac{e_{kn}}{x_n} \end{bmatrix}$$

(ここで x_j は j 部門生産額, e_{ij} は j 部門の第 i 種エネルギー投入量 $(i=1, 2, \cdots k)$ を表す)

最終需要行列 F^d をさらに項目別最終需要総額(輸入含)を表す行列 $\hat{Y}$ と, 項目別最終需要構成(構造)を表す行列 S (ただし輸入を含む総額に占める割合)を用いて表すことにすると,

$$H = \hat{C}EBF^d = \hat{C}EBS\hat{Y} \tag{1}$$

ただし,

$$S = \begin{bmatrix} \dfrac{f_{11}^d}{f_1} & \dfrac{f_{12}^d}{f_2} & \cdots & \dfrac{f_{1m}^d}{f_m} & \dfrac{e_1}{e} \\ \dfrac{f_{21}^d}{f_1} & \dfrac{f_{22}^d}{f_2} & \cdots & \dfrac{f_{2m}^d}{f_m} & \dfrac{e_2}{e} \\ \vdots & \vdots & \ddots & \vdots & \vdots \\ \dfrac{f_{n1}^d}{f_1} & \dfrac{f_{n2}^d}{f_2} & \cdots & \dfrac{f_{nm}^d}{f_m} & \dfrac{e_n}{e} \end{bmatrix} \qquad \hat{Y} = \begin{bmatrix} f_1 & 0 & \cdots & 0 & 0 \\ 0 & f_2 & \cdots & 0 & 0 \\ \vdots & \vdots & \ddots & \vdots & \vdots \\ 0 & 0 & \cdots & f_m & 0 \\ 0 & 0 & \cdots & 0 & e \end{bmatrix}$$

(m 種類の国内各最終需要計 $f_1 \sim f_m$ だけではなく, 輸出 e も考慮している)

各エネルギー源の燃焼時の単位当たり CO_2 発生量は一定であると仮定すると, $\hat{C}$ は生産からは独立に一定であるため, H の増加量は,

$$\Delta H = \hat{C} \cdot \Delta(EBSY) = \hat{C}(E_{t+1}B_{t+1}S_{t+1}\hat{Y}_{t+1} - E_t B_t S_t \hat{Y}_t) \tag{2}$$

ところで一般に $Z_t = P_t Q_t$ とすると, その増分 ΔZ は

$$\begin{aligned} \Delta Z = Z_{t+1} - Z_t &= P_{t+1}Q_{t+1} - P_t Q_t \\ &= P_{t+1}Q_{t+1} - P_t Q_{t+1} + P_t Q_{t+1} - P_t Q_{t+1} \\ &= (P_{t+1} - P_t)Q_{t+1} + P_t(Q_{t+1} - Q_t) \\ &= \Delta P \cdot Q_{t+1} + P_t \Delta Q \end{aligned} \tag{3}$$

であるから, $\Delta(EBS\hat{Y})$ についても次の分解式が成立する.

$$\Delta(EBS\hat{Y}) = \Delta E \cdot B_{t+1}S_{t+1}\hat{Y}_{t+1} + E_t \cdot \Delta(BS\hat{Y}) \tag{4}$$

同様に,

$$\Delta(BS\hat{Y}) = \Delta B \cdot S_{t+1}\hat{Y}_{t+1} + B_t \cdot \Delta(S\hat{Y}) \tag{5}$$

$$\Delta(S\hat{Y}) = \Delta S \cdot \hat{Y}_{t+1} + S_t \cdot \Delta \hat{Y} \tag{6}$$

いま(6)式を(5)式に代入し, それをさらに(4)に代入すれば,

$$\begin{aligned} \Delta(EBS\hat{Y}) &= \Delta E \cdot B_{t+1}S_{t+1}\hat{Y}_{t+1} + E_t\{\Delta B \cdot S_{t+1}\hat{Y}_{t+1} + B_t(\Delta S \cdot \hat{Y}_{t+1} + S_t \Delta \hat{Y})\} \\ &= \Delta E \cdot B_{t+1}S_{t+1}\hat{Y}_{t+1} + E_t \Delta B \cdot S_{t+1}\hat{Y}_{t+1} + E_t B_t \Delta S \cdot \hat{Y}_{t+1} + E_t B_t S_t \Delta \hat{Y} \end{aligned} \tag{7}$$

ところで(3)式は, 以下のように分解することもできる.

第13章 地球温暖化問題における二酸化炭素排出格差

$$\begin{aligned}
\Delta Z = Z_{t+1} - Z_t &= P_{t+1}Q_{t+1} - P_t Q_t \\
&= P_{t+1}Q_{t+1} - P_t Q_t + P_{t+1}Q_t - P_{t+1}Q_t \\
&= P_{t+1}(Q_{t+1} - Q_t) + (P_{t+1} - P_t) Q_t \\
&= P_{t+1} \Delta Q + \Delta P \cdot Q_t
\end{aligned} \tag{8}$$

これを(4)〜(7)に適用するならば，(7)は以下のようにも展開できる。

$$\Delta(EBS\hat{Y}) = \Delta E \cdot B_t S_t \hat{Y}_t + E_{t+1} \Delta B \cdot S_t \hat{Y}_t + E_{t+1} B_{t+1} \Delta S \cdot \hat{Y}_t + E_{t+1} B_{t+1} S_{t+1} \Delta \hat{Y} \tag{9}$$

したがって(7)および(9)式より

$$\begin{aligned}
\Delta(EBS\hat{Y}) = &\frac{1}{2} \Delta E (B_t S_t \hat{Y}_t + B_{t+1} S_{t+1} \hat{Y}_{t+1}) \\
&+ \frac{1}{2} (E_{t+1} \Delta B \cdot S_t \hat{Y}_t + E_t \Delta B \cdot S_{t+1} \hat{Y}_{t+1}) \\
&+ \frac{1}{2} (E_{t+1} B_{t+1} \Delta S \cdot \hat{Y}_t + E_t B_t \Delta S \cdot \hat{Y}_{t+1}) \\
&+ \frac{1}{2} (E_{t+1} B_{t+1} S_{t+1} + E_t B_t S_t) \Delta \hat{Y}
\end{aligned} \tag{10}$$

この(10)式の右辺第1項は部門別エネルギー投入係数の変化による影響を，また右辺第4項は最終需要規模の変化による影響を表している。右辺第2・3項は，さらに展開する必要がある。まず第2項から展開していこう。

いま，最終需要の構成を表す行列 S を，最終需要の国産化率を表す行列 D と輸入を含む競争輸入表の最終需要構成を表す T を用いて改めて書き直すと，次のように表現できる。

$$S = D \otimes T \tag{11}$$

$$D = \begin{bmatrix} \frac{f_{11}^d}{f_{11}} & \frac{f_{12}^d}{f_{12}} & \cdots & \frac{f_{1m}^d}{f_{1m}} & 1 \\ \frac{f_{21}^d}{f_{21}} & \frac{f_{22}^d}{f_{22}} & \cdots & \frac{f_{2m}^d}{f_{2m}} & 1 \\ \vdots & \vdots & \ddots & \vdots & \vdots \\ \frac{f_{n1}^d}{f_{n1}} & \frac{f_{n2}^d}{f_{n2}} & \cdots & \frac{f_{nm}^d}{f_{nm}} & 1 \end{bmatrix} \quad T = \begin{bmatrix} \frac{f_{11}}{f_1} & \frac{f_{12}}{f_2} & \cdots & \frac{f_{1m}}{f_m} & \frac{e_1}{e} \\ \frac{f_{21}}{f_1} & \frac{f_{22}}{f_2} & \cdots & \frac{f_{2m}}{f_m} & \frac{e_2}{e} \\ \vdots & \vdots & \ddots & \vdots & \vdots \\ \frac{f_{n1}}{f_1} & \frac{f_{n2}}{f_2} & \cdots & \frac{f_{nm}}{f_m} & \frac{e_n}{e} \end{bmatrix}$$

ただしここで，演算子の $\otimes$ はアダマール積(Hadamard product；行列の要素ごとの積)を表すものとする。たとえば，

$$P \otimes Q = \begin{bmatrix} p_{11} & p_{12} \\ p_{21} & p_{22} \end{bmatrix} \otimes \begin{bmatrix} q_{11} & q_{12} \\ q_{21} & q_{22} \end{bmatrix} = \begin{bmatrix} p_{11}q_{11} & p_{12}q_{12} \\ p_{21}q_{21} & p_{22}q_{22} \end{bmatrix}$$

(11)式についても(3)(8)の2種類の分解法を考慮すると，

$$\Delta S = \Delta D \otimes T_{t+1} + D_t \otimes \Delta T$$
$$\Delta S = \Delta D \otimes T_t + D_{t+1} \otimes \Delta T$$

の2種類の分解が可能であり，この2式から

$$\Delta S = \Delta D \otimes \frac{1}{2}(T_{t+1} + T_t) + \frac{1}{2}(D_{t+1} + D_t) \otimes \Delta T \tag{12}$$

が成り立つ。また，レオンチェフ逆行列も中間投入係数行列の国産化率を表す O 行列を用いて，

$$B=(I-O\otimes A)^{-1} \tag{13}$$

と表すことができる（A は競争輸入表の中間投入係数行列）ので，

$$B_{t+1}=B_{t+1}B_t^{-1}B_t=B_{t+1}(I-O_t\otimes A_t)B_t \tag{14}$$

$$B_t=B_{t+1}B_{t+1}^{-1}B_{t+1}=B_{t+1}(I-O_{t+1}\otimes A_{t+1})B_t \tag{15}$$

の2式が成立する。(14)式から(15)式を引くことにより，

$$\begin{aligned}\Delta B &= B_{t+1}-B_t \\ &= B_{t+1}(I-O_t\otimes A_t)B_t - B_{t+1}(I-O_{t+1}\otimes A_{t+1})B_t \\ &= B_{t+1}(O_{t+1}\otimes A_{t+1}-O_t\otimes A_t)B_t \\ &= B_{t+1}\Delta(O\otimes A)B_t \end{aligned} \tag{16}$$

また(14)(15)の代わりに以下のように展開することもできる。

$$B_{t+1}=B_tB_t^{-1}B_{t+1}=B_t(I-O_t\otimes A_t)B_{t+1} \tag{17}$$

$$B_t=B_tB_{t+1}^{-1}B_{t+1}=B_t(I-O_{t+1}\otimes A_{t+1})B_{t+1} \tag{18}$$

(17)式から(18)式を引けば，やはり次式を得る。

$$\begin{aligned}\Delta B &= B_{t+1}-B_t \\ &= B_t(I-O_t\otimes A_t)B_{t+1} - B_t(I-O_{t+1}\otimes A_{t+1})B_{t+1} \\ &= B_t(O_{t+1}\otimes A_{t+1}-O_t\otimes A_t)B_{t+1} \\ &= B_t\Delta(O\otimes A)B_{t+1} \end{aligned} \tag{19}$$

ところで，$\Delta(O\otimes A)$については，(12)式を参考にして

$$\Delta(O\otimes A)=\frac{1}{2}\Delta O\otimes(A_{t+1}+A_t)+\frac{1}{2}(O_{t+1}+O_t)\otimes\Delta A \tag{20}$$

したがって(16)は，

$$\Delta B=\frac{1}{2}[B_{t+1}\{\Delta O\otimes(A_{t+1}+A_t)\}B_t+B_{t+1}\{(O_{t+1}+O_t)\otimes\Delta A\}B_t] \tag{21}$$

また(19)式も，

$$\Delta B\,\frac{1}{2}[B_t\{\Delta O\otimes(A_{t+1}+A_t)\}]B_{t+1}+B_t\{(O_{t+1}+O_t)\otimes\Delta A\}B_{t+1}] \tag{22}$$

よって(10)式の右辺第2項は，

$$\begin{aligned}&\frac{1}{2}(E_{t+1}\Delta B\cdot S_t\hat{Y}_t+E_t\Delta B\cdot S_{t+1}\hat{Y}_{t+1}) \\ &=\frac{1}{4}[E_{t+1}B_{t+1}\{\Delta O\otimes(A_{t+1}+A_t)\}B_tS_t\hat{Y}_t+E_{t+1}B_{t+1}\{(O_{t+1}+O_t)\otimes\Delta A\}B_tS_t\hat{Y}_t] \\ &\quad+\frac{1}{4}[E_tB_t\{\Delta O\otimes(A_{t+1}+A_t)\}B_{t+1}S_{t+1}\hat{Y}_{t+1}+E_tB_t\{(O_{t+1}+O_t)\otimes\Delta A\}B_{t+1}S_{t+1}\hat{Y}_{t+1}] \\ &=\frac{1}{4}[E_tB_t\{(O_{t+1}+O_t)\otimes\Delta A\}B_{t+1}S_{t+1}\hat{Y}_{t+1}+E_{t+1}B_{t+1}\{(O_{t+1}+O_t)\otimes\Delta A\}B_tS_t\hat{Y}_t] \\ &\quad+\frac{1}{4}[E_tB_t\{\Delta O\otimes(A_{t+1}+A_t)\}B_{t+1}S_{t+1}\hat{Y}_{t+1}+E_{t+1}B_{t+1}\{\Delta O\otimes(A_{t+1}+A_t)\}B_tS_t\hat{Y}_t] \end{aligned} \tag{23}$$

(23)式の最右辺第1項は中間投入係数行列の変化による効果を表し，最右辺第2項は中間投入係数行列の国産化率の変化による効果を表している．最後に，(10)式の右辺第3項も(12)式を代入し，

$$\frac{1}{2}(E_{t+1}B_{t+1}\Delta S \cdot \hat{Y}_t + E_t B_t \Delta S \cdot \hat{Y}_{t+1})$$
$$= \frac{1}{4}[E_{t+1}B_{t+1}\{\Delta D \otimes (T_{t+1}+T_t)\}\hat{Y}_t + E_{t+1}B_{t+1}\{(D_{t+1}+D_t) \otimes \Delta T\}\hat{Y}_t]$$
$$+ \frac{1}{4}[E_t B_t\{\Delta D \otimes (T_{t+1}+T_t)\}\hat{Y}_{t+1} + E_t B_t\{(D_{t+1}+D_t) \otimes \Delta T\}\hat{Y}_{t+1}]$$
$$= \frac{1}{4}[E_t B_t\{\Delta D \otimes (T_{t+1}+T_t)\}\hat{Y}_{t+1} + E_{t+1}B_{t+1}\{\Delta D \otimes (T_{t+1}+T_t)\}\hat{Y}_t]$$
$$+ \frac{1}{4}[E_t B_t\{(D_{t+1}+D_t) \otimes \Delta T\}\hat{Y}_{t+1} + E_{t+1}B_{t+1}\{(D_{t+1}+D_t) \otimes \Delta T\}\hat{Y}_t] \tag{24}$$

(24)式の最右辺第1項は，最終需要の国産化率を表す行列 D の変化による効果を表し，最右辺第2項は最終需要自体の構成を表す行列 T の変化による効果を表している．

以上をまとめよう．部門別のエネルギー利用変化は以下のように分解される．

$$\Delta(EBSY) = \frac{1}{2}\Delta E(B_t S_t \hat{Y}_t + B_{t+1} S_{t+1} \hat{Y}_{t+1})$$
$$+ \frac{1}{4}[E_t B_t\{(O_{t+1}+O_t) \otimes \Delta A\}B_{t+1}S_{t+1}\hat{Y}_{t+1} \quad \cdots\cdots\cdots エネルギー投入係数の変化による効果$$
$$+ E_{t+1}B_{t+1}\{(O_{t+1}+O_t) \otimes \Delta A\}B_t S_t \hat{Y}_t] \quad \cdots\cdots\cdots 中間投入係数行列の変化による効果$$
$$+ \frac{1}{4}[E_t B_t\{\Delta O \otimes (A_{t+1}+A_t)\}B_{t+1}S_{t+1}\hat{Y}_{t+1}$$
$$+ E_{t+1}B_{t+1}\{\Delta O \otimes (A_{t+1}+A_t)\}B_t S_t \hat{Y}_t] \quad \cdots 中間投入の国産化率(輸入率)の変化による効果$$
$$+ \frac{1}{4}[E_t B_t\{\Delta D \otimes (T_{t+1}+T_t)\}\hat{Y}_{t+1}$$
$$+ E_{t+1}B_{t+1}\{\Delta D \otimes (T_{t+1}+T_t)\}\hat{Y}_t] \quad \cdots\cdots\cdots 最終需要の国産化率(輸入率)の変化による効果$$
$$+ \frac{1}{4}[E_t B_t\{(D_{t+1}+D_t) \otimes \Delta T\}\hat{Y}_{t+1}$$
$$+ E_{t+1}B_{t+1}\{(D_{t+1}+D_t) \otimes \Delta T\}\hat{Y}_t] \quad \cdots\cdots\cdots\cdots\cdots 最終需要の構成の変化による効果$$
$$+ \frac{1}{2}(E_{t+1}B_{t+1}S_{t+1} + E_t B_t S_t)\Delta \hat{Y} \quad \cdots\cdots\cdots\cdots\cdots\cdots\cdots 最終需要規模の変化による効果$$

このそれぞれの要因の変化によるエネルギー需要変動効果に，二酸化炭素排出係数行列 $\hat{C}$ を掛けたものが，エネルギー源別・最終需要別の二酸化炭素排出量の変化である．

索　引

あ　行

IPCC　312
アジア太平洋経済社会報告　85
硫黄島作戦　236
イギリスの顕在的失業指標　44
イギリスのパートタイム比率　41
イギリスの不安定就業　46
育児　79
一般階層　131
一般統計　257, 260
医療制度改革大綱　177
医療保険制度　163
エキヴァレント・スケール(equivalent scale, 等価尺度)　146
エネルギー統計　314
エネルギーフロー表　314
M字型就業分布　45
LGWANネット　265
OECDの「補足的尺度」　34
オーダーメード集計　243, 257
温暖化懐疑派　312
女の単独世帯　152

か　行

階級社会　217
階層社会　217
皆保険制　162, 163
隠された失業　33
隠された貧困　157
学生納付特例制度　139
家事　79
餓死事件　216, 236
火事による高齢者の死亡事件　156
家庭・家族の世話　41
稼働能力の活用　231, 232
過労死　61, 63
過労自殺　63
川瀬光義　272

完全失業率　245
完全週休2日制　64
機会費用　12
機関委任事務　251
基幹統計　257, 260
擬似パート労働者　68
規制緩和　65
基礎年金制度　132
「基本年金」構想　132
逆累進性　173, 177
求職意欲喪失者　41
給付・反対給付均等の原則　162
驚愕的な被爆体験　295
業況判断　244
行財政改革　251
行政改革　243, 249
行政のための統計　243, 257
業績主義の年金　144
京都議定書　321
キラキラ輝くかなざわっ子アンケート調査　278, 283
均等割　174
勤労福祉政策　31
組合管掌健康保険　164
グローバリゼーション　28
経済社会統計整備推進委員会　257
経歴分析　13
健康　308
健康格差　303
顕在的失業　27
原子爆弾　290
高学歴化　16
後期高齢者医療支援金　178, 179, 182, 184
後期高齢者医療制度　178-183
公共サービス改革　252
合計(特殊)出生率　3
耕作放棄地　206
厚生年金の算定式　138
厚生年金の低額受給層　142

厚生年金の平均給付月額　140
公的統計　257
公表失業率　38
高齢化　4, 84
高齢化率　168
高齢者世帯　147
高齢者の医療の確保に関する法律　177
高齢者の最低生活費　154
高齢者の就労機会　150
高齢の単親＋未婚子世帯　152
国保・国年層　132
国民医療費　167
国民皆年金　130, 131
国民健康保険　165
国民年金の算定式　137
国民年金の平均給付月額　141
心の傷　292
コミュニケーションとしての統計学　272
コミュニティベースの統計　276, 279, 282, 286
雇用形態　66, 68, 89
雇用と失業の中間形態　33
混合診療　180

さ 行

最終エネルギー　314
さいたま市南区区民会議　278
最低生活基準（生活保護基準）　34, 35
最低生活費　238
最低賃金制　220
差異としての格差　217
サービス残業時間　64
残業時間　63, 64
35時間未満の短時間就業者　39
三位一体改革　251
山林　192, 194, 195, 207
資格証明書　175, 177
自給的農家　206
資産割　174
市場化テスト　252
下請　33
自治事務　251
悉皆調査　248, 296
失業者の安全ネットワーク　49
失業・就労貧困率　35
失業の欧米化　30
失業の潜在化　32

失業の代替指標　34
失業貧困者　35
失業・不安定就業　27
失業・不安定就業の性別格差　47
失業・不安定就業の日英比較　37
失業・不安定就業の年齢別性別指標　41
失業保険　229
質的な格差　217
児童手当　233
ジニ係数　84, 105, 109, 116, 124, 198, 209, 215, 216, 224, 236
四半期別労働力調査　37
社会的排除　31
社会的・文化的活動　79
社会の情報基盤としての統計　243, 257
社会保険　162
社会保障給付費　226
若年低所得層　52, 53
就業構造基本調査　34, 49, 67
週35時間未満の短時間就業者　47
収支相当の原則　162
自由診療　180
住宅階梯　202
周辺労働力　33
就労貧困者　35
出生行動　14
出生率低下の理論　11
少子化　7
少子化社会対策大綱　9
少子化の人口学的要因　8
消費税　225
常用労働者　88
職業　70, 71, 75, 78
所得格差医療　180
所得再分配　224
所得再分配調査　215, 216, 224
所得水準　61, 66, 75, 78
所得税　224
所得割　174
自立支援　232
自立自助　218-220
新家政学的モデル　12
人口学　4
人口減少　3
人口転換理論　11
人口統計学　4

索　引　345

新時代の「日本的経営」　216
数値目標の設定　243
生活時間　80
生活保護裁判　232
生活保護周辺層　230
生活保護世帯　57
生活保護の捕捉率　229
正規雇用（者）　62, 68, 70, 79
正規・非正規間の賃金格差　90
政策評価　249, 255, 257
政策評価法　243
政府管掌健康保険　164
政府統計　244
政府統計共同利用システム　258
政府統計の構造改革　257
世帯員1人当たり所得　145
世帯員1人当たり平均所得　144
世帯割　174
前期高齢者医療費に関する保険者間財政調整　178-181
潜在的失業　27, 33
選択と集中　261
総合計画　248
相続税　225
相対的貧困率　106, 215, 236

た　行

第1号被保険者　133
第1次エネルギー　314
第2号被保険者　133
第3号被保険者　132
退職者医療制度　173, 181
大数の法則　162
滞納問題　173, 175, 177
対立としての格差　217
宅地　190, 192, 194, 195
短時間労働者　89
男女間賃金格差　93
男性正規雇用（者）　66, 79, 80
地域ガバナンス主体の分断　274
地域再生　247
地域保険　163
小さな政府　219, 226
地球温暖化　311
地状学　272
地方自治法　248

地方分権　251
超過累進税率　224, 238
長期不況　37
調査票　297
長時間労働問題　61, 62
「貯蓄がない」世帯　222
貯蓄ゼロの世帯　153, 154
賃金センサス　88
低所得層　49, 50, 55
定量的評価　243
転職・追加就業希望　33
転職・追加就業希望者　39, 41
等価所得　113, 236
統計委員会　258
統計改革　243
『統計行政の新たな展開方向』　256, 259
『統計行政の新中・長期構想』　256
統計主管課　259, 261
統計情報力　285, 287
統計審議会　256, 261
統計制度改革検討委員会　257
統計的パターン分析　299
統計・統計情報活用力　287
統計法　243, 256
統計報告調整法　256
統治力　285, 287
都市型の小規模住宅　197
土地の取得方法　197
トラウマ　295

な　行

ニート　47, 52
NEET（Not in Education, Employment or Training）　47
日本型企業社会　218
日本型福祉社会　218
日本的雇用制度　30
日本の顕在的失業指標　41
日本の潜在的失業指標　45
日本の不安定就業指標　45
日本の労働力調査　37
日本版ホワイトカラー・エグゼンプション　65
ニューディール　31
年金のモラル・ハザード　140
年次有給休暇日　63

年齢による労働時間格差　61, 66, 70
年齢階級間賃金格差　97
年齢別求職意欲喪失者　45
農業経営体　206
農業事業体　206
農村型の住宅　197
農地　190, 192, 194, 195, 206
農林業経営体　208
野澤正徳　271

は　行

派遣労働者　33, 69
パート・アルバイト　68, 70, 78, 79
パートタイム　29, 41
パートタイムの動向　29
バブルの崩壊　37
半失業者(部分就労者)　33
販売農家　206
BLSのWorking Poor　34
非自発的失職失業　38
非自発的パートタイム　34
非正規雇用(者)　29, 41, 47, 62, 66, 176, 177
PTSD　295
PDCAサイクル　252, 263, 264, 276
秘匿処理済ミクロデータ　34
被爆者　290
被保険者　162-164
被保護世帯最低生活費　34
日雇　33
評価指標の策定　243
被用者保険　163
標準化失業率　29
標準賞与額　171
標準報酬月額　139, 171, 234, 235
不安定就業　35, 49
不安定就業階層　131
不安定就業層　49
「フィクションの高齢者」像　152
福祉元年　218
藤本武　66, 80
負担力ある高齢者　148
「負担力のある高齢者」論　144
『不都合な真実』　311
不払残業時間　64
不平等　308
部分就業(半失業)　35

部分就労者　33
プライマリーバランスの黒字化　253
フリーター　47
フルタイム・パート労働者　68
分散型統計機構　256
平成の大合併　271, 272, 274
変形労働時間制　65
法定受託事務　251
保険者　162-164
保険者機能の強化　178, 180
保険診療　180
保険料収納率　140
保険料納入期間　137
「保険料納入期間比例」制の算定方式　142
保険料免除制度　138
poverty share　54

ま　行

マニフェスト選挙　254
見かけ上の格差拡大　84
ミクロ統計データ　67
未婚化　15
水際作戦　236
みなし労働制　65
無年金者　137
持ち家取得　199
森岡孝二　66, 80

や　行

有効求人倍率　30
要因分解　15
要因分解法　326
横浜市金沢区健やか子育て連絡会　278, 283

ら　行

ライフステージ　66, 79, 80
量的な格差　217
臨時雇　41
老人保健制度　166, 178, 179, 181
老人保健法　166
労働基準監督署　63, 64
労働基準法　64, 65
労働災害　63
労働時間格差　61, 67, 80
労働時間規制　65
労働時間の二極化傾向　66

労働市場の規制緩和　55
労働条件　63
労働ビッグバン　65
労働力調査ミクロデータ　37
老年従属人口比率　5
老齢加算　147
老齢最低保障年金(MV)　137
老齢年金の受給権者　136

65歳以上の高齢者が1人以上いる世帯　150, 151

わ行

「ワーキングプア」　28, 35
ワーキングプア　33, 215, 230
「ワーキングプア」の雇用形態別属性　35
割増し賃金　64

執筆者紹介

岩井　浩　　関西大学経済学部特契教授・関西大学名誉教授(第2章)
福島利夫　　専修大学経済学部教授(第9章)
菊地　進　　立教大学経済学部教授(第10章)
藤江昌嗣　　明治大学経営学部教授(第11章)

廣嶋清志　　島根大学法文学部教授(第1章)
村上雅俊　　関西大学ソシオネットワーク戦略研究機構ポスト・ドクトラル・フェロー(第2章)
水野谷武志　北海学園大学経済学部准教授(第3章)
小野寺剛　　法政大学経済学部非常勤講師(第4章)
山口秋義　　九州国際大学経済学部教授(第5章)
唐鎌直義　　専修大学経済学部教授(第6章)
鳴海清人　　北海道労働保健管理協会(第7章)
田中　力　　立命館大学経営学部教授(第8章)
藤岡光夫　　静岡大学人文学部教授(第12章)
良永康平　　関西大学経済学部教授(第13章)

現代社会と統計 2

格差社会の統計分析
――――――――――――――――――――――――
2009 年 6 月 25 日　第 1 刷発行
2009 年 12 月 10 日　第 2 刷発行

編著者	岩　井　　　浩 福　島　利　夫 菊　地　　　進 藤　江　昌　嗣

発行者　吉　田　克　己
――――――――――――――――――――――――
発行所　北海道大学出版会
札幌市北区北 9 条西 8 丁目北大構内（〒 060-0809）
tel. 011(747)2308・fax. 011(736)8605・http://www.hup.gr.jp/

㈱アイワード　　Ⓒ2009　岩井　浩・福島利夫・菊地　進・藤江昌嗣

ISBN 978-4-8329-6704-5

現代社会と統計 1
社会の変化と統計情報
  杉森滉一・木村和範
  金子治平・上藤一郎 編著

A5 判・304 頁
定価 2800 円

統計と社会経済分析 3
日本経済の分析と統計
  近　昭夫・藤江昌嗣　編著

A5 判・372 頁
定価 4400 円

現代イギリスの政治算術
————統計は社会を変えるか————
  D. ドーリング・S. シンプソン　編著
  岩井・金子・近・杉森　監訳

A5 判・622 頁
定価 6800 円

ジニ係数の形成
  木村和範　著

A5 判・372 頁
定価 3800 円

〈定価は税別〉